中华正史经典

汉书

一

〔汉〕班固 撰

〔唐〕颜师古 注

中华书局

汉书出版说明

一

汉书亦称前汉书，班固撰。固字孟坚，后汉扶风安陵（故城在今陕西咸阳市东）人，生于光武帝建武八年（公元三二年）。他的父亲班彪字叔皮，生平好述作，专心于史籍。当时有好些人做过司马迁史记的续篇，班彪都觉得不满意，于是博采遗事异闻，作成后传六十五篇。班彪死于建武三十年（公元五四年），班固回到家乡，有志完成父业，就着手这部大著作，那时他才二十三岁。后来有人上书明帝，告他私改国史，他因此被捕下狱，所有的书稿都被抄。他的弟弟班超怕他遭遇危险，赶到洛阳去替他上书辨白，同时当地官吏也把他的书稿送到京师。明帝看过了，觉得他才能卓异，就把他叫到京师，派他做兰台令史（事在永平五年，公元六二年）。兰台是汉朝皇家藏书的地方，有六名官员叫令史，他就是这六员之一。随后他升迁为郎，典校秘书，明帝叫他把他那部没有完成的书继续做下去。从此一连做了二十多年，直到章帝建初的中叶。

和帝永元初，窦宪出击匈奴，以班固为中护军，参与谋议。此后几年，班固都在窦宪幕中。窦宪在燕然山刻石勒功，那篇大文章就是班固的手笔。窦宪原是外戚，此番出击匈奴立了功，封了侯，威势更可炙手。因此班固家里的人也不免有仗势欺人的事。有一次洛阳令种兢路遭班固家奴的侮辱，不久之后，窦宪失势自杀，宾客都遭拿问，种兢就趁此逮捕了班固。永元四年（公元九二年），固死在狱中，时年六十一。

他死时，汉书还有八表和天文志没有作成，和帝命其妹班昭参考东观藏书替他补作，又命他的同郡人马续帮助班昭作成天文志。所以这部汉书正如赵翼所指出，是“经过四人（即彪、固、昭、续）手，阅三四十年始成完书”的。

二

汉书是我国第一部纪传体的断代史。

我国古代原有像春秋那样按年月记事的史书，叫做编年体。至于用“本纪”序帝王，“列传”志人物的纪传体，则创始于司马迁的史记。班固作汉书沿袭史记，所不同的是史记有“世家”，汉书没有；史记记载典章制度的部分叫做“书”，汉书改称“志”。一部汉书就是由十二本纪、八表、十志和七十列传组成的。

史记上起黄帝，下迄汉武，通贯古今，不以一个朝代为限，所以叫通史。汉书纪传所记则断自汉高祖，止于王莽，都是西汉一代的史实，所以叫断代史（表、志也有不限于西汉的，如古今人表就包括很多汉以前的人物，但这是个别的）。断代为史始于班固，以后列朝的所谓“正史”都沿袭汉书的体裁，正如刘知几所说“自尔讫今，无改斯道”了。

班固在叙传里说“为春秋考纪、表、志、传，凡百篇”，那末汉书的自定本是一百卷。而隋书经籍志和旧唐书经籍志著录都作一百十五卷，唐志又说颜师古注汉书一百二十卷。四库书目提要仅云“皆以卷帙太重，故析为子卷”，没有说明那第一次被析出的十五卷和第二次被析出的五卷到底是哪几卷。现在我们查出第五十七、六十四、八十、九十六和一百卷的篇题底下都有颜师古说明析卷的注文（武英殿本第一百卷的篇题底下漏脱了那条注），从此可知颜师古作注时析出的就是这五卷。今本卷一、十五、十九、二十一、二十四、二十五、二十八、九十四、九十七都有一个分卷，卷二十七有四个分卷，卷九十九有两个分卷，一共多出十五卷来，那第一次析出的大概就是这一部分。汉书经过了一分再分，本纪就有十三卷，表有十卷，志有十八卷，列传有七十九卷，这才是我们现在这部一百二十卷本汉书的面貌。

三

后汉书班昭传说：“时汉书始出，多未能通者。同郡马融伏于阁下，从昭受读。”又三国吴志孙登传说：“权欲登读汉书，习知近代之事，以张昭有师法，重烦劳之，乃令休从昭受读，还以授登。”由此可见汉书是自始就认为难读的，所以它行世不及百年，到了灵帝时代（公元一六八—— 一八九）就有服虔、应劭等人替它作了音义。魏、晋、南北朝作汉书音注的人更多，到了唐初颜师古（公元五八一—— 六四五）作注，所征引的注本已共有二十三家，具见本书前面他所撰的叙例。

宋、明两朝治汉书侧重校订，清代学者才并重释义，成书也比前代多得多。到了光绪二十六年（公元一九零零年）王先谦的汉书补注刊行，被征引的专著和参订者多至六十七家，在当时可说是集大成了。

四

现在我们用王先谦的汉书补注本（下面简称王本）作为底本，分段标点，析出注文，可是只收颜注，不收补注。校勘记里有时征引补注诸家说，读者欲知其来源，请参看补注本的序例。此外还有近人杨树达的汉书窥管（科学出版社一九五五年版），校勘记也征引到它。

我们用来校王本的是北宋景祐本（商务印书馆影印的百衲本）、明末毛氏汲古阁本、清乾隆武英殿本（简称殿本）和同治金陵书局本（简称局本）四种本子。这几种本子互有短长，但王本最后出，注中备录诸家的意见，对以前各本的得失已经有所论证，所以用它作底本较为方便。

我们的校勘方法是不主一本，择善而从。除了比较各本的异文，也参考了前人的研究成果，二者之中，侧重前者。前人的说法如果在版本上找不出根据，我们就不轻易信从。例如天文志的“中宫”、“东宫”、“南宫”、“西宫”、“北宫”，王念孙和钱大昕都说“宫”当为“官”，但是我们查不出版本的征据，而且本志上文明说“皆有州国官宫物类之象”，王氏补注说“官如三公、藩臣，宫如紫宫、阁道”，可见官与宫各为一事，不得混而为一。所以我们仍存其旧文，没有照王、钱之说校改。

但是也有本书没有版本的征据而在别的书里可以找到旁证的，我们就根据旁证校改了。例如高帝本纪上“雍地定八十馀县”一句（三八页九行），各本都作“雍州”。王先谦说“州”字误，当为“地”。我们查了通鉴这一句正作“雍地”，而地理志里也没有雍州，我们就根据王说校改了。

我们用来互校的五种本子可以区分成两个系统。王本自言“以汲古本为主”，局本也自称“毛氏正本”，所以汲古本和局本、王本成一个系统。殿本根据明监本，明监本根据南宋刘之问的建安本，这一条线往上通过宋祁的校本而连到北宋景祐本，所以景祐本跟殿本成一个系统。我们的校勘记里以“景祐、殿本都作某”的形式为最多，就是这一个缘故。

王本以汲古本为主，它对汲古本非常忠实，但王氏仍旧“遵用官本（即殿本）校定，详载文字异同”，只是不用殿本改汲古本的正文和注文。这就是王本跟局本不同的一点。王氏发见的文字异同详载他的补注中。注文有两种形式：其一是“某字官本作某，是”，又其一是“某字官本作某”，不下断语。凡是他用第一形式作注的地方，我们拿殿本的异文去对景祐本，往往彼此符合，而异文也往往比原文所用的字优长，因此我们就把底本原来的字用圆括弧括起来放在上头，再把改正的字用方括弧括起来放在底下，同时在校勘记里写着“景祐、殿本都作某。王先谦说作某是”（其他各家之说可从的，也同样处理）。至于他用第二形式不下断语的地方，我们拿殿本的异文去对景祐本，往往不合，倒是底本原来的字跟景祐本相同，我们就照底本不改动，也不提殿本的异文。这就是我们校勘本书的一般方法。此外，校勘记里也有说“景祐、殿、局本都作某”的，也有说“景祐、汲古、殿、局本都作某”的，也有说“殿、局本都作某”的，也有单说“景祐本作某”或是“殿本作某”的，读者可由我们的一般方法推知其意。

我们不仅校字而已，同时还校正旧注的句读，例如卷一上的校勘记一零页四行和卷七的校勘记二二三页一行。

这个本子的标点符号使用法和本局出版的标点本史记大体一致，只有一点需要说明，即遇有含义复杂的名词，我们或者标专名线或者不标。例如“三辅”，作为地名用就标线，作为官名用就不标。又如“后土”，用于一般意义的“祠后土”就不标线，用于专指汾阴后土祠的“汾阴后土”就标线。再如“拔胡将军”、“度辽将军”、“贰师将军”、“因杅将军”之类，因胡、辽、贰师、因杅已经失去专名的原意，都不标线。

这个本子是西北大学历史系的同志们分段标点的，经傅东华先生整理加工作了校勘记，难免有不妥之处，希望读者指正。

中华书局编辑部　一九六零年七月

汉书叙例

唐正议大夫行秘书少监琅邪县开国子 颜师古撰

储君体上哲之姿，膺守器之重，俯降三善，博综九流，观炎汉之馀风，究其终始，懿孟坚之述作，嘉其宏赡，以为服、应曩说疏紊尚多，苏、晋众家剖断盖尠，蔡氏纂集尤为抵牾，自兹以降，蔑足有云。怅前代之未周，愍将来之多惑，顾召幽仄，俾竭刍荛，匡正睽违，激扬郁滞，将以博喻胄齿，远覃邦国，弘敷锦带，启导青衿。曲禀宏规，备蒙嘉惠，增荣改观，重价流声。斗筲之材，徒思罄力，驽蹇之足，终惭远致。岁在重光，律中大吕，是谓涂月，其书始就。不耻狂简，辄用上闻，粗陈指例，式存扬搉。

汉书旧无注解，唯服虔、应劭等各为音义，自别施行。至典午中朝，爰有晋灼，集为一部，凡十四卷，又颇以意增益，时辩前人当否，号曰汉书集注。属永嘉丧乱，金行播迁，此书虽存，不至江左。是以爰自东晋迄于梁、陈，南方学者皆弗之见。有臣瓒者，莫知氏族，考其时代，亦在晋初，又总集诸家音义，稍以己之所见，续厕其末，举驳前说，喜引竹书，自谓甄明，非无差爽，凡二十四卷，分为两帙。今之集解音义则是其书，而后人见者不知臣瓒所作，乃谓之应劭等集解。王氏七志，阮氏七录，并题云然，斯不审耳。学者又斟酌瓒姓，附著安施，或云傅族，既无明文，未足取信。蔡谟全取臣瓒一部散入汉书，自此以来始有注本。但意浮功浅，不加隐括，属辑乖舛，错乱实多，或乃离析本文，隔其辞句，穿凿妄起。职此之由，与未注之前大不同矣。谟亦有两三处错意，然于学者竟无弘益。

汉书旧文多有古字，解说之后屡经迁易，后人习读，以意刊改，传写既多，弥更浅俗。今则曲覈古本，归其真正，一往难识者，皆从而释之。

古今异言，方俗殊语，末学肤受，或未能通，意有所疑，辄就增损，流遁忘返，秽滥实多。今皆删削，克复其旧。

诸表列位，虽有科条，文字繁多，遂致舛杂。前后失次，上下乖方，昭穆参差，名实亏废。今则寻文究例，普更刊整，澄荡愆违，审定阡陌，就其区域，更为局界，非止寻读易晓，庶令转写无疑。

礼乐歌诗，各依当时律吕，修短有节，不可格以恒例。读者茫昧，无复识其断章，解者支离，又乃错其句韵，遂使一代文采，空韫精奇，累叶钻求，罕能通习。今并随其曲折，剖判义理，历然易晓，更无疑滞，可得讽诵，开心顺耳。

凡旧注是者，则无间然，具而存之，以示不隐。其有指趣略举，结约未伸，衍而通之，使皆备悉。至于诡文僻见，越理乱真，匡而矫之，以祛惑蔽。若汎说非当，芜辞竞逐，苟出异端，徒为烦冗，祇秽篇籍，盖无取焉。旧所阙漏，未尝解说，普更详释，无不洽通。上考典谟，旁究苍雅，非苟臆说，皆有援据。六艺残缺，莫睹全文，各自名家，扬镳分路。是以向、歆、班、马、仲舒、子云所引诸经或有殊异，与近代儒者训义弗同，不可追驳前贤，妄指瑕颣，曲从后说，苟会扃涂。今则各依本文，敷畅厥指，非不考练，理固宜然，亦犹康成注礼，与其书、易相偝，元凯解传，无系毛、郑诗文。以类而言，其意可了。爰自陈、项，以讫哀、平，年载既多，综缉斯广，所以纪传表志时有不同，当由笔削未休，尚遗秕稗，亦为后人传授，先后错杂，随手率意，遂有乖张。今皆穷波讨源，搆会甄释。

字或难识，兼有借音，义指所由，不可暂阙。若更求诸别卷，终恐废于披览。今则各于其下，随即翻音。至如常用可知，不涉疑昧者，众所共晓，无烦翰墨。

近代注史，竞为该博，多引杂说，攻击本文，至有诋诃言辞，掎摭利病，显前修之纰僻，骋己识之优长，乃效矛盾之仇雠，殊乖粉泽之光润。今之注解，翼赞旧书，一遵轨辙，闭绝歧路。

诸家注释，虽见名氏，至于爵里，颇或难知。传无所存，具列如左：

荀悦字仲豫，颍川人，后汉秘书监。撰汉纪三十卷，其事皆出汉书。

服虔字子慎，荥阳人，后汉尚书侍郎，高平令，九江太守。初名重，改名祇，后定名虔。

应劭字仲瑗，一字仲援，一字仲远。汝南南顿人，后汉萧令，御史营令，泰山太守。

伏俨字景宏，琅邪人。

刘德，北海人。

郑氏，晋灼音义序云不知其名，而臣瓒集解辄云郑德。既无所据，今依晋灼但称郑氏耳。

李斐，不详所出郡县。

李奇，南阳人。

邓展，南阳人，魏建安中为奋威将军，封高乐乡侯。

文颖字叔良，南阳人，后汉末荆州从事，魏建安中为甘陵府丞。

张揖字稚让，清河人，一云河间人。魏太和中为博士。止解司马相如传一卷。

苏林字孝友，陈留外黄人，魏给事中领秘书监，散骑常侍，永安卫尉，太中大夫，黄初中迁博士，封安成亭侯。

张晏字子博，中山人。

如淳，冯翊人，魏陈郡丞。

孟康字公休，安平广宗人，魏散骑常侍，弘农太守，领典农校尉，勃海太守，给事中，散骑侍郎，中书令，后转为监，封广陵亭侯。

项昭，不详何郡县人。

韦昭字弘嗣，吴郡云阳人，吴朝尚书郎，太史令，中书郎，博士祭酒，中书仆射，封高陵亭侯。

晋灼，河南人，晋尚书郎。

刘宝字道真，高平人，晋中书郎，河内太守，御史中丞，太子中庶子，吏部郎，安北将军。侍皇太子讲汉书，别有驳义。

臣瓒，不详姓氏及郡县。

郭璞字景纯，河东人，晋赠弘农太守。止注相如传序及游猎诗赋。

蔡谟字道明，陈留考城人，东晋侍中五兵尚书，太常领秘书监，都督徐、兖、青三州诸军事，领徐州刺史，左光禄大夫开府仪同三司，领扬州牧，侍中司徒不拜，赠侍中司空，谥文穆公。

崔浩字伯深，清河人，后魏侍中特进抚军大将军，左光禄大夫，司徒，封东郡公。撰荀悦汉纪音义。

汉书目录

第二册

第四册

汉书卷一上

高帝纪第一上

师古曰："纪，理也，统理众事而系之于年月者也。"

高祖，①沛丰邑中阳里人也，②姓刘氏。③母媪④尝息大泽之陂，⑤梦与神遇。⑥是时雷电晦冥，⑦父太公往视，则见交龙于上。已而有娠，⑧遂产高祖。

①荀悦曰："讳邦，字季。邦之字曰国。"张晏曰："礼谥法无'高'，以为功最高而为汉帝之太祖，故特起名焉。"师古曰："邦之字曰国者，臣下所避以相代也。"

②应劭曰："沛，县也。丰，其乡也。"孟康曰："后沛为郡而丰为县。"师古曰："沛者，本秦泗水郡之属县。丰者，沛之聚邑耳。方言高祖所生，故举其本称以说之也。此下言'县乡邑告喻之'，故知邑系于县也。"

③师古曰："本出刘累，而范氏在秦者又为刘，因以为姓。"

④文颖曰："幽州及汉中皆谓老妪为媪。"孟康曰："媪，母别名，音乌老反。"师古曰："媪，女老称也，孟音是矣。史家不详著高祖母之姓氏，无得记之，故取当时相呼称号而言也。其下王媪之属，意义皆同。至如皇甫谧等妄引谶记，好奇骋博，强为高祖父母名字，皆非正史所说，盖无取焉。宁有刘媪本姓实存，史迁肯不详载？即理而言，断可知矣。他皆类此。"

⑤师古曰："蓄水曰陂。盖于泽陂堤塘之上休息而寝寐也。陂音彼皮反。"

⑥师古曰："遇，会也。不期而会曰遇。"

⑦师古曰："晦冥皆谓暗也。言大雷电而云雾昼暗。"

⑧应劭曰："娠，动，怀任之意。左传曰邑姜方娠。"孟康曰："娠音身，汉史身多作娠，古今字也。"师古曰："孟说是也。汉书皆以娠为任身字。'邑姜方震'，自为震动之字，不作娠。"

高祖为人，隆準而龙颜，①美须髯，②左股有七十二黑子。③宽仁爱人，意豁如也。④常有大度，不事家人生产作业。及壮，试吏，⑤为泗上亭长，⑥廷中吏无所不狎侮。⑦好酒及色。常从王媪、武负贳酒，⑧时饮醉卧，武负、王媪见其上常有怪。高祖每酤留饮，酒雠数倍。⑨及见怪，岁竟，此两家常折券弃责。⑩

①服虔曰："準音拙。"应劭曰："隆，高也。準，頬权準也。颜，頟颡也。"李斐曰："準，鼻也。"文颖曰："音準的之準。"晋灼曰："战国策云'眉目準(頬)〔頞〕权衡'，[1]史记秦始皇蜂目长準。李说文音是也。"师古曰："頬权頔字，岂当借準为之？服音应说皆失之。"

②师古曰："在颐曰须，在頬曰髯。髯音人占反。"

③师古曰："今中国通呼为黡子，吴楚俗谓之志。志者，记也。"

④师古曰："豁然开大之貌，音呼活反。"

⑤应劭曰："试用补吏。"

⑥师古曰："秦法十里一亭。亭长者，主亭之吏也。亭谓停留行旅宿食之馆。"

⑦师古曰："廷中，郡府廷之中。廷音定。他皆类此。"

⑧如淳曰："武，姓也。俗谓老大母为阿负。"师古曰："刘向列女传云'魏曲沃负者，魏大夫如耳之母也'。此则古语谓老母为负耳。王媪，王家之媪也。武负，武家之母也。贳，赊也。李登、吕忱并音式制反，而今之读者谓与射同，乃引地名射阳其字作贳以为证验，此说非也。假令地名为射，自是假借，亦犹鲖阳音纣，莲勺音酌，当时所呼，别有意义，岂得即定其字以为正音乎？"

⑨如淳曰："雠，亦售也。"

⑩师古曰："以简牍为契券，既不征索，故折毁之，弃其所负。"

高祖常繇咸阳，①纵观秦皇帝，②喟然大息，曰："嗟乎，大丈夫当如此矣！"③

①应劭曰："繇者，役也。"文颖曰："咸阳，今渭北渭城是也。"师古曰："咸阳，秦所都。繇读曰徭，古通用字。"

②师古曰："纵，放也。天子出行，放人令观。观音工唤反。"

③师古曰："喟，叹息貌。大息言其叹息之大。喟音丘位反。"

单父人吕公①善沛令，辟仇，从之客，因家焉。②沛中豪杰吏闻令有重客，皆往贺。③萧何为主吏，④主进，⑤令诸大夫曰："进不满千钱，坐之堂下。"⑥高祖为亭长，素易诸吏，⑦乃绐为谒曰"贺钱万"，⑧实不持一钱。谒入，吕公大惊，起，迎之门。⑨吕公者，好相人，见高祖状貌，因重敬之，引入坐上坐。⑩萧何曰："刘季固多大言，少成事。"高祖因狎侮诸客，遂坐上坐，无所诎。⑪酒阑，⑫吕公因目固留高祖。⑬竟酒，后。吕公曰："臣少好相人，⑭相人多矣，无如季相，愿季自爱。臣有息女，愿为箕帚妾。”⑮酒罢，吕媪怒吕公曰：“公始常欲奇此女，与贵人。⑯沛令善公，求之不与，何自妄许与刘季？”吕公曰：“此非儿女子所知。”卒与高祖。⑰吕公女即吕后也，生孝惠帝、鲁元公主。⑱

①孟康曰：“单音善。父音甫。”师古曰：“地理志山阳县也。”

②师古曰：“与沛令相善，因辟仇亡匿，初就为客，后遂家沛也。仇，雠也，音求。”

③师古曰：“以礼物相庆曰贺。”

④孟康曰：“主吏，功曹也。”

⑤文颖曰：“主赋敛礼进，为之帅也。”郑氏曰：“主赋敛礼钱也。”师古曰：“进者，会礼之财也。字本作赆，又作賮，音皆同耳。古字假借，故转而为进。赆又音才忍反。陈遵传云陈遂与宣帝博，数负进，帝后诏云可以偿博进未。其进虽有别解，然而所赌者之财疑充会食，义又与此通。”

⑥师古曰：“令，号令也。大夫，客之贵者总称耳。”

⑦师古曰：“素，故也，谓旧时也。易，轻也，音弋豉（也）〔反〕。”〔2〕

⑧应劭曰：“绐，欺也。”师古曰：“为谒者，书刺自言爵里，若今参见尊贵而通名也。盖当时自陈姓名，并列贺钱数耳。绐音徒在反。”

⑨师古曰：“以其钱多，故特礼之。”

⑩师古曰：“上坐，尊处也。令于尊处坐。上坐音才卧反，次下亦同。”

⑪师古曰：“诎，曲慑也，音丘勿反。”

⑫文颖曰：“阑言希也。谓饮酒者半罢半在，谓之阑。”

⑬师古曰：“不欲对坐者显言，故动目而留之。”

⑭张晏曰：“古人相与语多自称臣，自卑下之道也，若今人相与言自称仆也。”

⑮师古曰："息，生也。言己所生之女。"

⑯师古曰："奇，异也。谓显而异之，而嫁于贵人。"

⑰师古曰："卒，终也。"

⑱服虔曰："元，长也。食邑于鲁。"韦昭曰："元，谥也。"师古曰："公主，惠帝之姊也，以其最长，故号曰元。吕后谓高帝曰张王以鲁元故不宜有谋，齐悼惠王尊鲁元公主为太后，当时并已谓之元，不得为谥也。韦说失之。"

高祖尝告归之田。①吕后与两子居田中，有一老父过请饮，吕后因馆之。②老父相后曰："夫人天下贵人也。"令相两子，见孝惠帝，曰："夫人所以贵者，乃此男也。"③相鲁元公主，亦皆贵。老父已去，高祖适从旁舍来，吕后具言客有过，相我子母皆大贵。高祖问，曰："未远。"乃追及，问老父。老父曰："乡者夫人儿子皆以君，④君相贵不可言。"高祖乃谢曰："诚如父言，不敢忘德。"⑤及高祖贵，遂不知老父处。

①服虔曰："告音如嗥呼之嗥。"李斐曰："休谒之名，吉曰告，凶曰宁。"孟康曰："古者名吏休假曰告。告又音嚳。汉律，吏二千石有予告，有赐告。予告者，在官有功最，法所当得也。赐告者，病满三月当免，天子优赐其告，使得带印绶将官属归家治病。至成帝时，郡国二千石赐告不得归家。至和帝时，予赐皆绝。"师古曰："告者，请谒之言，谓请休耳。或谓之谢，谢亦告也。假为嗥嚳二音，并无别义，固当依本字以读之。左氏传曰'韩献子告老'，礼记曰'若不得谢'。汉书诸云谢病皆同义。"

②师古曰："馆食之馆，屈原曰'馆其糟'是也。以食食人亦谓之馆，国语曰'国中童子无不馆也'，吕氏春秋曰'下壶飧以馆之'是也。父本请饮，后因食之，故言馆也。馆音必胡反。"

③师古曰："言因有此男，故大贵。"

④如淳曰："言并得君之贵相也。以或作似。"师古曰："如说非也。言夫人及儿子以君之故，因得贵耳，不当作似也。乡读曰向。"

⑤师古曰："诚，实也。"

高祖为亭长，乃目竹皮为冠，令求盗之薛治，①时时冠之，②及贵常冠，所谓"刘氏冠"也。③

①应劭曰："以竹始生皮作冠，今鹊尾冠是也。求盗者，亭卒。旧时亭有两卒，一为亭父，掌开闭埽除，一为求盗，掌逐捕盗贼。薛，鲁国县也，有作冠师，故往治之。"文颖曰："高祖居贫志大，取其约省，与众有异。"韦昭曰："竹皮，竹筠也。今南夷取竹幼时绩以为帐。"师古曰："之，往也。竹皮，笋皮，谓笋上所解之箨耳，非竹筠也。今人亦往往为笋皮巾，古之遗制也。韦说失之。目，古以字。箨音托。"

②师古曰："爱珍此冠，休息之暇则冠之。"

③师古曰："后遂号为'刘氏冠'者，即此冠也。后诏曰'爵非公乘以上不得冠刘氏冠'者，即此冠。"

高祖以亭长为县送徒骊山，①徒多道亡。自度比至皆亡之，②到丰西泽中亭，止饮，③夜皆解纵所送徒。④曰："公等皆去，吾亦从此逝矣！"⑤徒中壮士愿从者十馀人。高祖被酒，⑥夜径泽中，⑦令一人行前。⑧行前者还报曰："前有大蛇当径，愿还。"高祖醉，曰："壮士行，何畏！"乃前，拔剑斩蛇。蛇分为两，道开。行数里，醉困卧。后人来至蛇所，有一老妪夜哭。人问妪何哭，妪曰："人杀吾子。"人曰："妪子何为见杀？"妪曰："吾子，白帝子也，化为蛇，当道，今者赤帝子斩之，⑨故哭。"人乃以妪为不诚，⑩欲苦之，⑪妪因忽不见。⑫后人至，高祖觉。⑬告高祖，高祖乃心独喜，自负。⑭诸从者日益畏之。

①应劭曰："秦始皇葬于骊山，故郡国送徒士往作。"文颖曰："在新丰南。"项氏曰："故骊戎国也。"

②师古曰："度音徒各反。比音必寐反。他皆类此。"

③师古曰："丰邑之西，其亭在泽中，因以为名。"

④师古曰："纵，放也。"

⑤师古曰："逝，往也。"

⑥师古曰："被，加也。被酒者，为酒所加。被音皮义反。"

⑦师古曰："径，小道也。言从小道而行，于泽中过，故其下曰有大蛇当径。"

⑧师古曰："行，案行也，音胡更反。"

⑨应劭曰："秦襄公自以居西，主少昊之神，作西畤，祠白帝。至献公时栎阳雨金，以为瑞，又作畦畤，祠白帝。少昊，金德也。赤帝尧后，谓汉也。杀之者，明汉当灭秦也。"

⑩师古曰："谓所言不实。"

⑪苏林曰："欲困苦辱之。"师古曰："今书苦字或作笞。笞，击也，音丑之反。"

⑫师古曰："见音胡电反。他皆类此。"

⑬师古曰："觉谓寝寐而寤也，音功效反。"

⑭应劭曰："负，恃也。"

秦始皇帝尝曰"东南有天子气"，于是东游以猒当之。①高祖隐于芒、砀山泽间，②吕后与人俱求，常得之。高祖怪，问之，吕后曰："季所居上常有云气，故从往常得季。"③高祖又喜。沛中子弟或闻之，多欲附者矣。

①师古曰："猒，塞也，音一涉反。"

②应劭曰："芒属沛国，砀属梁国，二县之界有山泽之固，故隐其间。"苏林曰："芒音忙遽之忙。砀音唐。"师古曰："砀亦音宕。所言属

沛国、梁国者，皆是注释之人据见在所属，非必本当时称号境界。他皆类此。”

③师古曰：“言随云气所在而求得之。”

秦二世元年秋七月①，陈涉起蕲，②至陈，自立为楚王，③遣武臣、张耳、陈馀略赵地。④八月，武臣自立为赵王。郡县多杀长吏以应涉。九月，沛令欲以沛应之。掾、主吏萧何、曹参曰：⑤“君为秦吏，今欲背之，帅沛子弟，恐不听。愿君召诸亡在外者，⑥可得数百人，因以劫众，⑦众不敢不听。”乃令樊哙召高祖。⑧高祖之众已数百人矣。

①应劭曰：“始皇欲以一至万，示不相袭。始者一，故称二世。”

②苏林曰：“蕲音机，县名，属沛国。”

③李奇曰：“秦灭楚，楚人怨秦，故涉因民之欲，自称楚王，从民望也。”

④师古曰：“凡言略地者，皆谓行而取之，用功力少。”

⑤师古曰：“曹参为掾，萧何为主吏。”

⑥师古曰：“时苦秦虐政，赋役烦多，故有逃亡辟吏。”

⑦师古曰：“劫谓威胁之。”

⑧师古曰：“哙音快。”

于是樊哙从高祖来。沛令后悔，恐其有变，乃闭城城守，①欲诛萧、曹。萧、曹恐，逾城保高祖。②高祖乃书帛射城上，与沛父老曰：“天下同苦秦久矣。今父老虽为沛令守，诸侯并起，今屠沛。③沛今共诛令，择可立立之，以应诸侯，即室家完。④不然，父子俱屠，无为也。”父老乃帅子弟共杀沛令，开城门迎高祖，欲以为沛令。高祖曰：“天下方扰，诸侯并起，⑤（令）〔今〕置将不善，[3]一败涂地。⑥吾非敢自爱，恐能薄，⑦不能完父兄子弟。⑧此大事，愿(吏)〔更〕择可者。”〔4〕萧、曹(等)皆文吏，〔5〕自爱，恐事不就，⑨后秦种族其家，⑩尽让高祖。诸父老皆曰：“平生所闻刘季奇怪，当贵，且卜筮之，莫如刘季最吉。”高祖数让。众莫肯为，⑪高祖乃立为沛公。⑫祠黄帝，祭蚩尤于沛廷，⑬而衅鼓旗。⑭帜皆赤，⑮〔6〕由所杀蛇白帝子，(所)杀者赤帝子故也。〔7〕于是少年豪吏如萧、曹、樊哙等皆为收沛子弟，得三千人。

①师古曰：“城守者，守其城也。守音狩。他皆类此。”

②师古曰：“保，安也，就高祖以自安。”

③师古曰：“屠谓破取城邑，诛杀其人，如屠六畜然。”

④师古曰：“完，全也。”

⑤师古曰：“扰，乱也。”

⑥师古曰：“一见破败，即当肝脑涂地。”

⑦师古曰：“能谓材也。能本兽名，形似熊，足似鹿，为物坚中而强力，故人之有贤材者，皆谓之能。”

⑧师古曰：“乡邑之人，老及长者父兄之行，少及幼者子弟之党，故总而言之。”

⑨师古曰：“就，成也。”

⑩师古曰：“诛及种族也。”

⑪师古曰：“数音所角反。他皆类此。”

⑫孟康曰：“楚旧僭称王，其县宰为公。陈涉为楚王，沛公起应涉，故从楚制，称曰公。”

⑬应劭曰：“黄帝战于阪泉，以定天下。蚩尤亦古天子，好五兵，故祠祭之，求福祥也。”臣瓒曰：“孔子三朝记云蚩尤庶人之贪者，非天子也。管仲曰‘割庐山发而出水，金从之出，蚩尤受之以作剑戟’也。”师古曰：“瓒所引者同是大戴礼，出用兵篇，而非三朝记也。其馀则如应说。沛廷，沛县之廷。”

⑭应劭曰："衅，祭也。杀牲以血涂鼓衅呼为衅。"臣瓒曰："礼记及大戴礼有衅庙之礼，皆无祭事。"师古曰："许慎云'衅，血祭也'，然即凡杀牲以血祭者皆为衅，安在其无祭事乎？又古人新成钟鼎，亦必衅之，岂取衅呼为义？应氏之说亦未允也。呼音火亚反。"

⑮师古曰："帜，幖也，音式志反。旗旐之属，帜即总称焉，史家字或作识，或作志，音义皆同。"

是月，项梁与兄子羽起吴。田儋与从弟荣、横起齐，①自立为齐王。韩广自立为燕王。魏咎自立为魏王。陈涉之将周章西入关，至戏，②秦将章邯距破之。③

①服虔曰："儋音负担之担。"师古曰："音丁甘反。"

②应劭曰："章字文，陈人也。戏，弘农湖县西界也。"孟康曰："水名也。"苏林曰："在新丰东南三十里。"师古曰："戏在新丰东，今有戏水驿。其水本出蓝田北界横岭，至此而北流入渭。孟、苏说是。东越郑及华阴数百里，然始至湖西界，应说大失之矣。戏音许宜反。"

③苏林曰："邯音酒酣之酣。"师古曰："音下甘反。"

秦二年十月，①沛公攻胡陵、②方与，③还守丰。秦泗川监平将兵围丰。④二日，出与战，破之。令雍齿守丰。十一月，沛公引兵之薛。秦泗川守壮兵败于薛，⑤走至戚，⑥沛公左司马得杀之。⑦沛公还军亢父，⑧至方与。赵王武臣为其将所杀。十二月，楚王陈涉为其御庄贾所杀。魏人周市略地丰沛，使人谓雍齿曰："丰，故梁徙也，⑨今魏地已定者数十城。齿今下魏，魏以齿为侯守丰；⑩不下，且屠丰。"雍齿雅不欲属沛公，⑪及魏招之，即反为魏守丰。⑫沛公攻丰，不能取。沛公还之沛，怨雍齿与丰子弟畔之。

①文颖曰："十月，秦正月。始皇即位，周火德，以五胜之法胜火者水，秦文公获黑龙，此水德之瑞，于是更名河为'德水'，十月为正月，谓建亥之月水得位，故以为岁首。"

②邓展曰："属山阳，章帝元和元年改为胡陵。"

③郑氏曰："音房预，属山阳郡。"

④文颖曰："泗川，今沛郡也，高祖更名沛。秦时御史监郡，若今刺史。平，其名也。"师古曰："泗川郡川字或为水，其实一也。"

⑤如淳曰："秦并天下为三十六郡，置守、尉、监。此泗川有监有守。壮，其名也。"

⑥郑氏曰："音忧戚之戚。"如淳曰："音将毒反。"师古曰："东海之县也，读如本字。"

⑦师古曰："得者，司马之名。"

⑧郑氏曰："亢音人相抗答，父音甫，属任城郡。"

⑨文颖曰："晋大夫毕万封魏，今河东河北县是也。其后为秦所逼徙都，今魏郡魏县是也。至文侯孙惠王，畏秦，复徙都大梁，今浚仪县大梁亭是也。故世或言魏惠王，或言梁惠王。至孙假为秦所灭，转东徙于丰，故曰丰故梁徙也。"臣瓒曰："史记及世本毕万居魏，昭子徙安邑，文侯亦居之。汲郡古文云惠王之六年自安邑迁于大梁。"师古曰："魏不常都于魏郡魏县，瓒说是也。其他则如文氏之释。"

⑩师古曰："封为侯，因令守丰。"

⑪苏林曰："雅，素也。"

⑫师古曰："为音于伪反。"

正月，张耳等立赵后赵歇为赵王。①东阳甯君、秦嘉立景驹为楚王，②在留。③沛公往从之，道得张良，遂与俱见景驹，请兵以攻丰。时章邯从陈，别将④司马𡰱将兵北定楚地，⑤屠相，⑥至砀。东阳甯君、沛公引兵西，与战萧西，⑦不利，还收兵聚留。二月，攻砀，三日拔之。⑧收砀兵，得六千人，与故合九千人。三月，攻下邑，拔之。⑨还击丰，不下。四月，项梁击杀景驹、秦嘉，止薛，沛公往见之。项梁益沛公卒五千人，五大夫将十人。⑩沛公还，引兵攻丰，拔之。雍齿奔魏。

①郑氏曰："歇音遏绝之遏。"苏林曰："歇音毒歇。"师古曰："依本字以读之，不当借音。"

②文颖曰："秦嘉，东阳郡人，为甯县君。景驹，楚族。景，氏；驹，名也。"晋灼曰："东阳，县也。"臣瓒曰："陈胜传云'凌人秦嘉'，然即嘉非东阳人。嘉初起于郯，号大司马，又不为甯县君。东阳甯君自一人，秦嘉又一人。"师古曰："东阳甯君及秦嘉二人是也。东阳者，为其所属县名。甯君者，姓甯，时号为君。"

③师古曰："留，县名。"

④如淳曰："从陈涉将也。涉在陈，其将相别在他许，皆称陈。"师古曰："从谓追讨也。尚书曰'夏师败绩，汤遂从之'。"

⑤如淳曰："尸，章邯司马。"师古曰："尸，古夷字。"

⑥师古曰："相，县名。"

⑦师古曰："萧县之西。"

⑧师古曰："拔者，破城邑而取之，言若拔树木，并得其根本也。"

⑨师古曰："下邑，县名。"

⑩苏林曰："五大夫，弟九爵名。以五大夫为将，凡十人。"

五月，项羽拔襄城还。项梁尽召别将。①六月，沛公如薛，②与项梁共立楚怀王孙心为楚怀王。③章邯破杀魏王咎、齐王田儋于临济。④七月，大霖雨。⑤沛公攻亢父。章邯围田荣于东阿。沛公与项梁共救田荣，大破章邯东阿。田荣归，沛公、项羽追北，[⑥]至城阳，攻屠其城。军濮阳东，复与章邯战，又破之。

①师古曰："别将，谓小将别在他所者。"

②师古曰："如，往也。他皆类此。"

③应劭曰："六国为秦所并，楚最无罪，为百姓所思，故求其后，立为楚怀王，以祖谥为号，顺民望也。"

④师古曰："破其军而杀其身。"

⑤师古曰："雨三日以上为霖。"

⑥服虔曰："师败曰北。"韦昭曰："古背字也，背去而走也。"师古曰："北，阴幽之处，故谓退败奔走者为北。老子曰'万物向阳而负阴'。许慎说文解字云'北，乖也'。史记乐书曰'纣为朝歌北鄙之音'，'朝歌者不时，北者败也，鄙者陋也'。是知北即训乖，训败，无劳借音。韦昭之徒并为妄矣。"

章邯复振，[①]守濮阳，环水。[②]沛公、项羽去，攻定陶。八月，田荣立田儋子市为齐王。定陶未下，沛公与项羽西略地至雍丘，与秦军战，大败之，斩三川守李由。[③]还攻外黄，外黄未下。

①李奇曰："振，整也。"如淳曰："振，起也，收散卒自振迅而起。"晋灼曰："左氏云'振废滞'，如说是也。"

②文颖曰："决水以自环守为固也。"张晏曰："依河水以自环绕作垒。"师古曰："文说是也。环音宦。"

③应劭曰："三川，今河南郡也。由，李斯子。"韦昭曰："有河、洛、伊，故曰三川也。"

项梁再破秦军，有骄色。宋义谏，不听。秦益章邯兵。九月，章邯夜衔枚击项梁定陶，[①]大破之，杀项梁。时连雨自七月至九月。沛公、项羽方攻陈留，闻梁死，士卒恐，乃与将军吕臣引兵而东，徙怀王自盱台都彭城。[②]吕臣军彭城东，项羽军彭城西，沛公军砀。魏咎弟豹自立为魏王。后九月，[3]怀王并吕臣、项羽军自将之。以沛公为砀郡长，[4]封武安侯，将砀郡兵。以羽为鲁公，封长安侯，吕臣为司徒，其父吕青为令尹。[5]

①师古曰："衔枚者，止言语讙嚣，欲令敌人不知其来也。周官有衔枚氏。枚状如箸，横衔之，繣挈于项。繣者，结碍也。挈，绕也。盖为结纽而绕项也。繣音获。挈音颉。"

②郑氏曰："音眗怡。"师古曰："眗音许于反。"

③文颖曰："即闰九月也。时律历废，不知闰，谓之后九月。"如淳曰："时因秦以十月为岁首，至九月则岁终。后九月即闰月。"师古曰："文说非也。若以律历废不知闰者，则当径谓之十月，不应有后九月。盖秦之历法，应置闰者总致之于岁末。观其此意，当取左传所谓归馀于终耳。何以明之？据汉书表及史记，汉未改秦历之前，迄至高后、文帝，屡书后九月，是知故然，非历废也。"

④苏林曰："长如郡守也。"韦昭曰："秦名曰守，是时改曰长。"

⑤应劭曰："天子曰师尹，诸侯曰令尹。时去六国尚近，故置令尹。"臣瓒曰："诸侯之卿，唯楚称令尹，其馀国称相。时立楚之后，故置官司皆如楚旧也。"师古曰："瓒说得之。"

章邯已破项梁，以为楚地兵不足忧，乃渡河北击赵王歇，大破之。歇保钜鹿城，秦将王离围之。赵数请救，怀王乃以宋义为上将，项羽为次将，范增为末将，北救赵。

初，怀王与诸将约，先入定关中者王之。[1]当是时，秦兵强，常乘胜逐北，诸将莫利先入关。[2]独羽怨秦破项梁，奋势，[3]愿与沛公西入关。怀王诸老将皆曰："项羽为人慓悍祸贼，[4]尝攻襄城，襄城无噍类，[5]所过无不残灭。且楚数进取，[6]前陈王、项梁皆败，[7]不如更遣长者扶义而西，[8]告谕秦父兄。秦父兄苦其主久矣，今诚得长者往，毋侵暴，宜可下。项羽不可遣，独沛公素宽大长者。”卒不许羽，而遣沛公西收陈王、项梁散卒。乃道砀⑨至（阳城）〔城阳〕[8]与杠里，⑩攻秦军壁，破其二军。

①师古曰：“约，要也，谓言契也。自函谷关以西总名关中。”

②师古曰：“不以入关为利，言畏秦也。”

③晋灼曰：“愤激也。”

④师古曰：“慓，疾也。悍，勇也。祸贼者，好为祸害而残贼也。慓音频妙反，又匹妙反。悍音胡旦反。”

⑤如淳曰：“噍音祚笑反。无复有活而噍食者也。青州俗呼无孑遗为无噍类。”

⑥如淳曰：“楚谓陈涉。数进取，多所攻取也。”师古曰：“楚者，总言楚兵，陈涉、项梁皆是。”

⑦孟康曰：“前陈王，陈涉也。”师古曰：“孟说非也。此言前者陈王及项梁皆败，今须得长者往，非谓涉为前陈王也，安有后陈王乎？”

⑧师古曰：“扶，助也，以义自助也。扶字或作杖，杖亦倚任之意。”

⑨孟康曰：“道由砀。”

⑩孟康曰：“二县名也。”师古曰：“杠音江。”

秦三年十月，齐将田都畔田荣，将兵助项羽救赵。沛公攻破东郡尉于成武。①十一月，项羽杀宋义，并其兵渡河，自立为上将军，诸将黥布等皆属。十二月，沛公引兵至栗，②遇刚武侯，③夺其军四千馀人，并之，与魏将皇欣、武满军合，攻秦军，破之。故齐王建孙田安④下济北，从项羽救赵。羽大破秦军钜鹿下，虏王离，走章邯。⑤

①孟康曰：“尉，郡都尉也。”师古曰：“本谓之郡尉，至景帝时乃改曰都尉。”

②韦昭曰："栗，沛郡县名也。"

③应劭曰："楚怀王将也。功臣表棘蒲刚侯陈武。武一姓柴。刚武侯宜为刚侯武，魏将也。"孟康曰："功臣表柴武以将军起薛，至霸上，入汉中，非怀王将，又非魏将也，例未有称谥者。"师古曰："史失其名姓，唯识其爵号，不知谁也。不当改刚武侯为刚侯武。应氏以为怀王将，又云魏将，无所据矣。"

④师古曰："建，齐襄王子也，立四十四年为秦兵所击，以兵降秦。秦虏之，迁建于河内，遂灭齐。"

⑤师古曰："章邯被破而走。"

二月，沛公从砀北攻昌邑，遇彭越。越助攻昌邑，未下。沛公西过高阳，①郦食其为里监门，②曰："诸将过此者多，吾视沛公大度。"乃求见沛公。沛公方踞床，使两女子洗。③郦生不拜，长揖曰：④"足下必欲诛无道秦，不宜踞见长者。"于是沛公起，摄衣谢之，延上坐。食其说沛公袭陈留。⑤沛公以为广野君，以其弟商为将，将陈留兵。三月，攻开封，未拔。⑥西与秦将杨熊会战白马，⑦又战曲遇东，⑧大破之。杨熊走之荥阳，⑨二世使使斩之以徇。⑩四月，南攻颍川，屠之。因张良遂略韩地。⑪

①文颖曰："聚邑名，属陈留圉。"臣瓒曰："陈留传在雍丘西南。"

②服虔曰："音历异基。"苏林曰："监门，门卒也。"

③师古曰："踞，反企也。洗，洗足也。踞音据。洗音先典反。"

④师古曰："长揖者，手自上而极下。"

⑤臣瓒曰："轻行无钟鼓曰袭。"

⑥师古曰："开封，县名，属荥阳。"

⑦师古曰："白马亦县名，属东郡。"

⑧文颖曰："地名也。"苏林曰："曲音龋。遇音颙。"师古曰："龋音

丘羽反。”

⑨师古曰：“西走也。”

⑩师古曰：“徇，行示也。司马法曰‘斩以徇’，言使人将行徧示众士以为戒。”

⑪文颖曰：“河南新郑南至颍川南北，皆韩地也。以良累世相韩，故因之。”

时赵别将司马卬①方欲渡河入关，沛公乃北攻平阴，②绝河津。南，战雒阳东，军不利，从轘辕③至阳城，收军中马骑。六月，与南阳守齮战犨东，④（大）破之。[9]略南阳郡，南阳守走，保城守宛。⑤沛公引兵过宛西。⑥张良谏曰：“沛公虽欲急入关，秦兵尚众，距险。⑦今不下宛，宛从后击，强秦在前，此危道也。”于是沛公乃夜引军从他道还，偃旗帜，迟明，围宛城三帀。⑧南阳守欲自刭，⑨其舍人陈恢曰：⑩“死未晚也。”乃逾城见沛公，曰：“臣闻足下约先入咸阳者王之，今足下留守宛。宛郡县连城数十，其吏民自以为降必死，故皆坚守乘城。⑪今足下尽日止攻，士死伤者必多；引兵去宛，宛必随足下。足下前则失咸阳之约，后有强宛之患。为足下计，莫若约降，⑫封其守，因使止守，⑬引其甲卒与之西。诸城未下者，闻声争开门而待足下，足下通行无所累。”⑭沛公曰：“善。”七月，南阳守齮降，封为殷侯，封陈恢千户。引兵西，无不下者。至丹水，高武侯鳃、襄侯王陵降。⑮还攻胡阳，遇番君别将梅鋗，⑯与偕攻析、郦，⑰皆降。所过毋得卤掠，⑱秦民喜。遣魏人甯昌使秦。是月章邯举军降项羽，羽以为雍王。瑕丘申阳下河南。⑲

①师古曰：“卬音五刚反。”

②孟康曰：“县名也，属河南。魏文帝改曰河阴。”

③臣瓒曰："险道名也，在缑氏东南。"师古曰："直渡曰绝。轘音环。"

④师古曰："犨，县名也。犄音蚁。犨音昌由反。"

⑤师古曰："宛，南阳之县也，音於元反。"

⑥师古曰："未拔宛城而兵过宛城西出。"

⑦师古曰："依险阻而自固以距敌。"

⑧服虔曰："欲天疾明也。"文颖曰："迟，未（明）也。[10]天未明之顷已围其城矣。"晋灼曰："文说是也。"师古曰："文、晋二家得其大意耳。此言围城事毕，然后天明，明迟于事，故曰迟明。变为去声，音丈二反。汉书诸言迟某事者，义皆类此。史记迟字作遂，亦徐缓之意也，音黎。"

⑨郑氏曰："到音姑鼎反。以刀割颈为到。"

⑩文颖曰："主厩内小吏，官名也。"苏林曰："蔺相如为宦者令舍人。韩信为侯，亦有舍人。"师古曰："舍人，亲近左右之通称也，后遂以为私属官号。恢音口回反。"

⑪师古曰："乘，登也，谓上城而守也。春秋左氏传曰'授兵登陴'。"

⑫师古曰："共为要约，许其降也。"

⑬师古曰："封其郡守为侯，即令守其郡。"

⑭师古曰："累音力瑞反。"

⑮苏林曰："鳃音鱼鳃之鳃。"晋灼曰："功臣表戚鳃也。王陵，安国侯王陵也。"韦昭曰："汉封王陵为安国侯，初起兵时在南阳。南阳有穰县，疑襄当为穰，而无禾，字省耳。"臣瓒曰："时韩成封穰侯，江夏有襄，是陵所封也。"师古曰："戚鳃初从即为郎，以都尉守蕲城，非至丹水乃降也。此自一人耳，不知其姓。王陵亦非安国侯者。晋说非也。韦氏改襄为穰者，盖亦穿凿也。"

⑯苏林曰："番，音婆，豫章番阳县。"韦昭曰："吴芮初为番令，故号曰番君。铜音呼玄反。"

⑰苏林曰："郦音蹢躅之蹢。"如淳曰："音持益反。"师古曰："析、

郦，二县名。苏、如两音并同耳。析县今内乡。郦即菊潭县也。”

⑱应劭曰：“卤与虏同。”师古曰：“毋，止之辞也，音与无同。他皆类此。掠音力向反，谓略夺也。”

⑲服虔曰：“瑕丘，县名。申，姓；阳，名也。”文颖曰：“姓瑕丘，字申阳。”臣瓒曰：“项羽传瑕丘公申阳，是瑕丘县公也。”师古曰：“文说非也。此申阳即项羽所封河南王者耳，何云姓瑕丘乎？”

八月，沛公攻武关，①入秦。秦相赵高恐，乃杀二世，使人来，欲约分王关中，②沛公不许。九月，赵高立二世兄子子婴为秦王。子婴诛灭赵高，遣将将兵距峣关。③沛公欲击之，张良曰：“秦兵尚强，未可轻。愿先遣人益张旗帜于山上为疑兵，④使郦食其、陆贾往说秦将，啗以利。”⑤秦将果欲连和，沛公欲许之。张良曰：“此独其将欲叛，恐其士卒不从，不如因其怠懈击之。”沛公引兵绕峣关，逾蒉山，⑥击秦军，大破之蓝田南。遂至蓝田，又战其北，秦兵大败。

①应劭曰：“武关，秦南关，通南阳。”文颖曰：“武关在析西百七十里。”

②师古曰：“自与沛公中分关中之地。”

③应劭曰：“峣音尧。峣山之关。”李奇曰：“在上洛北，蓝田南，武关之西。”

④师古曰：“益，多也。多张旗帜，过其人数，令敌疑有多兵。”

⑤师古曰：“啗者，本谓食啗耳，音徒敢反。以食餧人，令其啗食，音则改变为徒滥反。今言以利诱之，取食为譬。他皆类此。”

⑥郑氏曰：“蒉音匮。”苏林曰：“蒉音蒯。”师古曰：“苏音是也，丘怪反。”

元年冬十月，①五星聚于东井。②沛公至霸上。③秦王子婴素车白马，系颈以组，④封皇帝玺符节，⑤降枳道旁。⑥诸将或言诛秦王，沛公曰：“始怀王遣我，固以能宽容，且人已服降，杀之不祥。”乃以属吏。⑦遂西入咸阳，欲止宫休舍，⑧樊哙、张良谏，乃封秦重宝财物府库，还军霸上。萧何尽收秦丞相府图籍文书。十一月，召诸县豪桀曰：“父老苦秦苛法久矣，⑨诽谤者族，耦语者弃市。⑩吾与诸侯约，先入关者王之，吾当王关中。与父老约，法三章耳：杀人者死，伤人及盗抵罪。⑪馀悉除去秦法。吏民皆按堵如故。⑫凡吾所以来，为父兄除害，非有所侵暴，毋恐！且吾所以军霸上，待诸侯至而定要束耳。”⑬乃使人与秦吏行至县乡邑告谕之。⑭秦民大喜，争持牛羊酒食献享军士。沛公让不受，曰：“仓粟多，不欲费民。”民又益喜，唯恐沛公不为秦王。

①如淳曰：“张（仓）〔苍〕传云[11]以高祖十月至霸上，故因秦以十月为岁首。”

②应劭曰：“东井，秦之分野。五星所在，其下当有圣人以义取天下。占见天文志。”

③应劭曰：“霸上，地名，在长安东三十里，古曰滋水，秦穆公更名霸。”师古曰：“霸水上，故曰霸上，即今所谓霸头。”

④应劭曰：“子婴不敢袭帝号，但称王耳。素车白马，丧人之服。组者，天子韨也。系颈者，言欲自杀也。”师古曰：“此组谓绶也，所以带玺也。韨音弗。”

⑤应劭曰：“玺，信也，古者尊卑共之。左传襄公在楚，季武子使公冶问玺书，追而与之。秦汉尊者以为信，群下乃避之。”师古曰：“符谓诸所合符以为契者也。节以毛为之，上下相重，取象竹节，因以为名，将命者持之以为信。”

⑥苏林曰：“亭名也，在长安东十三里。”师古曰：“枳音轵。轵道亭

在霸成观西四里。"

⑦师古曰："属，委也，音之欲反。"

⑧师古曰："舍，息也，于殿中休息也。一曰舍谓屋舍也。"

⑨师古曰："苛，细也，音何。"

⑩应劭曰："秦法禁民聚语。耦，对也。"师古曰："族谓诛及其族也。弃市者，取刑人于市，与众弃之。"

⑪服虔曰："随轻重制法也。"李奇曰："伤人有曲直，盗臧有多少，罪名不可豫定，故凡言抵罪，未知抵何罪也。"师古曰："抵，至也，当也。服、李二说，意并得之，自外诸家，皆妄解释，故不取也。抵音丁礼反。"

⑫应劭曰："按，按次第。堵，墙堵也。"师古曰："言不迁动也。堵音睹。"

⑬师古曰："要亦约。"

⑭师古曰："军中遣人与秦吏相随，徧至诸县乡邑而告谕也。"

或说沛公曰："秦富十倍天下，地形强。今闻章邯降项羽，羽号曰雍王，王关中。即来，沛公恐不得有此。可急使守函谷关，①毋内诸侯军，稍征关中兵以自益，距之。"沛公然其计，从之。十二月，项羽果帅诸侯兵欲西入关，关门闭。闻沛公已定关中，羽大怒，使黥布等攻破函谷关，遂至戏下。沛公左司马曹毋伤闻羽怒，欲攻沛公，使人言羽曰："沛公欲王关中，令子婴相，珍宝尽有之。"欲以求封。亚父范增说羽曰：②"沛公居山东时，贪财好色，今闻其入关，珍物无所取，妇女无所幸，此其志不小。吾使人望其气，皆为龙，成五色，此天子气。急击之，勿失。"于是飨士，旦日合战。③是时，羽兵四十万，号百万。沛公兵十万，号二十万，④力不敌。会羽季父左尹项伯素善张良，⑤夜驰见张良，具告其实，欲与俱去，毋特俱死。⑥良曰："臣为韩王送沛公，不可不告，亡去不义。"乃与项伯俱见沛公。沛公与伯约为婚姻，曰："吾入关，秋豪无所敢取，⑦籍吏民，封府库，待将军。⑧所以守关者，备他盗也。日夜望将军到，岂敢反邪！愿伯明言不敢背德。"项伯许诺，即夜复去。戒沛公曰："旦日不可不早自来谢。"项伯还，具以沛公言告羽，因曰："沛公不先破关中兵，公巨能入乎？⑨且人有大功，击之不祥，不如因善之。"羽许诺。

①文颖曰："是时关在弘农县衡岭，今移东，在河南穀城县。"师古曰："今桃林县南有洪溜涧水，即古所谓函谷也。其水北流入河，夹河之岸尚有旧关馀迹焉。穀城即新安。"

②如淳曰："亚，次也。尊敬之次父，犹管仲为仲父。"

③师古曰："飨谓饮食也。旦日，明旦也。"

④师古曰："兵家之法，不言实数，皆增之。"

⑤师古曰："伯者，其字也，名缠。"

⑥文颖曰："特，独也。无为独与沛公俱死。"苏林曰："特，但也。"师古曰："苏说是也。但，空也，空死而无成名。"

⑦文颖曰："豪，秋乃成好，举盛而言也。"师古曰："豪成之时，端极纤细，适足谕小，非言其盛。"

⑧师古曰："籍谓为簿籍。"

⑨服虔曰："巨音渠，犹未应得入也。"师古曰："服说非也。巨读曰讵，讵犹岂也。"

沛公旦日从百馀骑见羽鸿门，①谢曰："臣与将军勠力攻秦，②将军战河北，臣战河南，不自意先入关，能破秦，与将军复相见。③今者有小人言，令将军与臣有隙。"④羽曰："此沛公左司马曹毋伤言之，不然，籍何以（生）〔至〕此？”〔12〕羽因留沛公饮。范增数目羽击沛公，⑤羽不应。范增起，出谓项庄曰：“君王为人不忍，⑥汝入以剑舞，因击沛公，杀之。不者，汝属且为所虏。”庄入为寿。⑦寿毕，曰：“军中无以为乐，请以剑舞。”因拔剑舞。项伯亦起舞，常以身翼蔽沛公。樊哙闻事急，直入，怒甚。羽壮之，赐以酒。哙因谯让羽。⑧有顷，沛公起如厕，招樊哙出，置车官属，⑨独骑，与樊哙、靳彊、滕公、纪成步，从间道走军，⑩使张良留谢羽。羽问：“沛公安在？”⑪曰：“闻将军有意督过之，⑫脱身去，间至军，⑬故使臣献璧。”羽受之。又献玉斗范增。增怒，撞其斗，起曰：“吾属今为沛公虏矣！”⑭

①孟康曰：“在新丰东十七里，旧大道北下坂口名。”

②师古曰：“勠力，并力也，音力竹反，又力周反。”

③师古曰：“意不自谓得然。”

④师古曰：“隙谓间隙，言乖离不合。”

⑤师古曰：“动目以谕之。”

⑥师古曰：“庄，项羽从弟。”

⑦师古曰：“凡言为寿，谓进爵于尊者，而献无疆之寿。”

⑧师古曰：“谯让，以辞相责也。谯音才笑反。”

⑨师古曰：“置，留也，不以自随。”

⑩晋灼曰：“纪成，纪通父也。”服虔曰：“走音奏。”师古曰：“间，空也，投空隙而行，不公显也。走谓趣向也，服音是矣。凡此之类，音义皆同。”

⑪师古曰：“安在，何在也。他皆类此。”

⑫师古曰：“督谓视责也。”

⑬师古曰：“脱，免也，不敢谒辞，苟自免而去，间行以至军也。脱音

他活反。”

⑭师古曰：“撞音丈江反。”

沛公归数日，羽引兵西屠咸阳，杀秦降王子婴，烧秦宫室，所过无不残灭。秦民大失望。羽使人还报怀王，怀王曰：“如约。”①羽怨怀王不肯令与沛公俱西入关，而北救赵，后天下约。乃曰：“怀王者，吾家所立耳，非有功伐，何以得专主约！②本定天下，诸将与籍也。”春正月，③阳尊怀王为义帝，实不用其命。

①师古曰：“谓令沛公王关中。”

②师古曰：“积功曰伐。春秋左氏传曰‘大夫称伐’。”

③如淳曰：“以十月为岁首，而正月更为三时之月。”服虔曰：“汉正月也。”师古曰：“凡此诸月号，皆太初正历之后，记事者追改之，非当时本称也。以十月为岁首，即谓十月为正月。今此真正月，当时谓之四月耳。他皆类此。”

二月，羽自立为西楚霸王，①王梁、楚地九郡，都彭城。背约，更立沛公为汉王，王巴、蜀、汉中四十一县，都南郑。②三分关中，立秦三将：章邯为雍王，都废丘；③司马欣为塞王，④都栎阳；⑤董翳为翟王，⑥都高奴。⑦楚将瑕丘申阳为河南王，都洛阳。赵将司马卬为殷王，都朝歌。⑧当阳君英布为九江王，都六。⑨怀王柱国共敖为临江王，⑩都江陵。⑪番君吴芮为衡山王，都邾。⑫故齐王建孙田安为济北王。徙魏王豹为西魏王，都平阳。徙燕王韩广为辽东王。燕将臧荼为燕王，⑬都蓟。⑭徙齐王田市为胶东王。齐将田都为齐王，都临菑。⑮徙赵王歇为代王。赵相张耳为常山王。汉王怨羽之背约，欲攻之，丞相萧何谏，乃止。⑯

①文颖曰：“史记货殖传曰淮以北沛、陈、汝南、南郡为西楚，彭城以

东东海、吴、广陵为东楚，衡山、九江、江南、豫章、长沙为南楚。羽欲都彭城，故自称西楚。”孟康曰：“旧名江陵为南楚，吴为东楚，彭城为西楚。”师古曰：“孟说是也。”

②师古曰：“即今之梁州南郑县。”

③孟康曰：“县名，今槐里是。”韦昭曰：“即周时犬丘，懿王所都，秦欲废之，更名废丘。”

④韦昭曰：“在长安东，名桃林塞。”师古曰：“取河、华之固为阨塞耳，非桃林也。塞音先代反。”

⑤苏林曰：“栎音药。”师古曰：“即今之栎阳县是其地。”

⑥文颖曰：“本上郡，秦所置，项羽以董翳为王，更名为翟。”

⑦师古曰：“今在鄜州界。”

⑧师古曰：“即今之朝歌县也。”

⑨师古曰：“六者，县名，本古国，皋陶之后。”

⑩应劭曰：“柱国，上卿官也，若相国矣。共敖，其姓名也。”孟康曰：“本南郡，改为临江国。”师古曰：“共音龚。”

⑪师古曰：“即今之荆州江陵县。”

⑫文颖曰：“邾音朱，县名，属江夏。”

⑬郑氏曰：“荼音荼毒之荼。”如淳曰：“音舒。”师古曰：“郑音是也，音大胡反。”

⑭师古曰：“蓟即幽州蓟县。”

⑮师古曰：“在今青州。”

⑯服虔曰：“称丞相者，录事追言之。”

夏四月，诸侯罢戏下，各就国。① 羽使卒三万人从汉王，楚子、诸侯人之慕从者数万人，② 从杜南入蚀中。③ 张良辞归韩，汉王送至褒中，④ 因说汉王烧绝栈道，⑤ 以备诸侯盗兵，亦视项羽无东意。⑥

①师古曰："戏谓军之旌麾也，音许宜反，亦读曰麾。先是，诸侯从项羽入关者，各帅其军，听命于羽，今既受封爵，各使就国，故总言罢戏下也。一说云时从项羽在戏水之上，故言罢戏下，此说非也。项羽见高祖于鸿门，已过戏矣。又入秦烧秦宫室，不复在戏也。汉书通以戏为麾字，义见窦田灌韩传。"

②文颖曰："楚子，犹言楚人也。诸侯人，犹诸侯国人。"

③李奇曰："蚀音力，在杜南。"如淳曰："蚀，入汉中道川谷名。"

④师古曰："即今梁州之褒县也。旧曰褒中，言居褒谷之中。隋室讳忠，改为褒内。"

⑤师古曰："栈即阁也，今谓之阁道。"

⑥如淳曰："视音示。"师古曰："言令羽知汉王更无东出之意也。汉书多以视为示，古通用字。"

汉王既至南郑，诸将及士卒皆歌讴思东归，①多道亡还者。②韩信为治粟都尉，亦亡去，萧何追还之，因荐于汉王，曰："必欲争天下，非信无可与计事者。"于是汉王齐戒设坛场，③拜信为大将军，问以计策。信对曰："项羽背约而王君王于南郑，④是迁也。⑤吏卒皆山东之人，日夜企而望归，⑥及其锋而用之，可以有大功。天下已定，民皆自宁，不可复用。⑦不如决策东向。"因陈羽可图、⑧三秦易并之计。⑨汉王大说，⑩遂听信策，部署诸将。⑪留萧何收巴蜀租，给军〔粮〕食。[13]

①师古曰："讴，齐歌也，谓齐声而歌，或曰齐地之歌。讴音一侯反。"

②师古曰："未至南郑，在道即亡归。"

③师古曰："齐读曰斋。筑土而高曰坛，除地为场。"

④师古曰："上王音于放反。"

⑤如淳曰："秦法，有罪迁徙之于蜀汉。"

⑥师古曰："企谓举足而竦身。"

⑦师古曰："宁，安也，各安其处。"

⑧师古曰："图谓谋而取之。"

⑨应劭曰："章邯为雍王，司马欣为塞王，董翳为翟王，分王秦地，故曰三秦。"

⑩师古曰："说读曰悦。"

⑪师古曰："分部而署置。"

五月，汉王引兵从故道[1]出袭雍。雍王邯迎击汉陈仓，雍兵败，还走；战好畤，[2]又大败，走废丘。汉王遂定雍地。东如咸阳，引兵围雍王废丘，而遣诸将略地。

①孟康曰："县名，属武都。"

②孟康曰："畤音止，神灵之所止也。好畤，县名，属右扶风。"师古曰："即今雍州好畤县。"

田荣闻羽徙齐王市于胶东而立田都为齐王，大怒，以齐兵迎击田都。都走降楚。六月，田荣杀田市，自立为齐王。时彭越在钜野，[1]众万馀人，无所属。荣与越将军印，因令反梁地。越击杀济北王安，荣遂并三齐之地。[2]燕王韩广亦不肯徙辽东。秋八月，臧荼杀韩广，并其地。塞王欣、翟王翳皆降汉。

①师古曰："钜野，泽名，因以为县，今属郓州。"

②服虔曰："齐与济北、胶东。"

初，项梁立韩后公子成为韩王，张良为韩司徒。羽以良从汉王，韩王成又无功，故不遣就国，与俱至彭城，杀之。及闻汉王并关中，而齐、梁畔之，羽大怒，乃以故吴令郑昌为韩王，距汉。令萧公角击彭越，[1]越败角兵。时张良徇韩地，[2]遗羽书曰："汉欲得关中，如约即止，不敢复东。"羽以故无西意，而北击齐。

①苏林曰："萧公，官号也。"孟康曰："萧令也，时令皆称公。"师古曰："孟说是也。"

②苏林曰："徇音巡，抚其民人也。"孟康曰："徇，略也。"师古曰："孟说是。音辞峻反。"

九月，汉王遣将军薛欧、王吸出武关，①因王陵兵，②从南阳迎太公、吕后于沛。羽闻之，发兵距之阳夏，③不得前。

①师古曰："欧音乌垢反。吸音翕。"

②如淳曰："王陵亦聚党数千人，居南阳。"

③郑氏曰："音假借之假。"师古曰："即今亳州阳夏县。"

二年冬十月，项羽使九江王布杀义帝于郴。①陈馀亦怨羽独不王己，从田荣藉助兵，②以击常山王张耳。耳败走降汉，汉王厚遇之。陈馀迎代王歇还赵，歇立馀为代王。张良自韩间行归汉，汉王以为成信侯。

①文颖曰："郴，县名，属桂阳。"如淳曰："郴音綝。"师古曰："说者或以为史记本纪及汉注云衡山、临江王杀之江中，谓汉书言黥布杀之为错。然今据史记黥布传四月阴令九江王等行击义帝，其八月布使将追杀之郴，又与汉书项羽、英布传相合，是则衡山、临江与布同受羽命，而杀之者布也。非班氏之错。郴綝二字并音丑林反。"

②师古曰："藉，借也。"

汉王如陕，①镇抚关外父老。②河南王申阳降，置河南郡。使韩太尉韩信击韩，韩王郑昌降。十一月，立韩太尉信为韩王。汉王还归，都栎阳，使诸将略地，拔陇西。以万人若一郡降者，封万户。[3]缮治河上塞。[4]故秦苑囿园池，令民得田之。[5]

①师古曰："陕，今陕州陕县也，音式冉反。"

②师古曰："镇，安也。抚，慰也。"

③师古曰："若者，豫及之辞，言以万人或以一郡降者，皆封万户。"

④晋灼曰："晁错传秦北攻胡，筑河上塞。"师古曰："缮，补也。"

⑤师古曰："养鸟兽曰苑，苑有垣曰囿，所以种植谓之园。田谓耕作也。囿音宥。"

春正月，羽击田荣城阳，荣败走平原，平原民杀之。齐皆降楚，楚焚其城郭，齐人复畔之。诸将拔北地，虏雍王弟章平。赦罪人。二月癸未，令民除秦社稷，立汉社稷。施恩德，赐民爵。[1]蜀汉民给军事劳苦，复勿租税二岁。[2]关中卒从军者，复家一岁。举民年五十以上，有修行，能帅众为善，置以为三老，乡一人。择乡三老一人为县三老，与县令丞尉以事相教，复勿繇戍。[3]以十月赐酒肉。

①臣瓒曰："爵者，禄位。民赐爵，有罪得以减也。"

②师古曰："复者，除其赋役也，音方目反。其下并同。"

③师古曰："繇读曰徭。"

三月，汉王自临晋渡河，[1]魏王豹降，将兵从。下河内，虏殷王卬，置河内郡。至脩武，陈平亡楚来降。汉王与语，说之，[2]使参乘，监诸将。南渡平阴津，[3]至洛阳，新城三老董公遮说汉王曰："臣闻'顺德者昌，逆德者亡'，'兵出无名，事故不成'。[4]故曰：'明其为贼，敌乃可服。'[5]项羽为无道，放杀其主，[6]天下之贼也。夫仁不以勇，义不以力，[7]三军之众为之素服，以告之诸侯，为此东伐，[8]四海之内莫不仰德。此三王之举也。”[⑨]汉王曰：“善，非夫子无所闻。”于是汉王为义帝发丧，袒而大哭，[⑩]哀临三日。[⑪]发使告诸侯曰：“天下共立义帝，北面事之。今项羽放杀义帝江南，大逆无道。寡人亲为发丧，兵皆缟素。[⑫]悉发关中兵，收三河士，[⑬]南浮江汉以下，愿从诸侯王[⑭]击楚之杀义帝者。”

①师古曰：“旧县名，其地居河之西滨，东临晋境，本列国时秦所名也，即今之同州朝邑县界也。”

②师古曰：“说读曰悦。”

③苏林曰：“在河阴。”

④苏林曰：“名者，伐有罪。”

⑤应劭曰：“为音无为之为。布告天下，言项羽杀义帝，明其为贼乱，举兵征之，乃可服也。”郑氏曰：“为音人相为之为。”师古曰：“应说是也。”

⑥师古曰：“杀读曰弑。诸弑君者，其例皆同。”

⑦李奇曰：“彼有仁，我不能以勇服；彼有义，我不能以力服。”文颖曰：“以，用也。己有仁，天下归之，可不用勇而天下自服；己有义，天下奉之，可不用力而天下自定。”师古曰：“为义帝发丧，此为行仁义，不用勇力，文说是也。”

⑧师古曰：“为并音于伪反。”

⑨师古曰：“三王：夏、殷、周也。言以德义取天下，则可比踪于三王。”

⑩如淳曰：“袒亦如礼袒踊也。”师古曰：“袒谓脱衣之袖也，音徒旱反。”

⑪师古曰：“众哭曰临，音力禁反。”

⑫师古曰：“缟，白素也，音工老反。”

⑬韦昭曰：“河南、河东、河内也。”

⑭服虔曰："汉名王为诸侯王。"师古曰："服说非也。当时汉未有此称号，直言诸侯及王耳。自谦言随诸侯王之后也。"

夏四月，田荣弟横收得数万人，立荣子广为齐王。羽虽闻汉东，既击齐，欲遂破之而后击汉，汉王以故得劫五诸侯兵，①东伐楚。到外黄，彭越将三万人归汉。汉王拜越为魏相国，令定梁地。汉王遂入彭城，收羽美人货赂，置酒高会。②羽闻之，令其将击齐，而自以精兵三万人从鲁出胡陵，至萧，晨击汉军，大战彭城灵壁东③睢水上，④大破汉军，多杀士卒，睢水为之不流。⑤围汉王三帀。大风从西北起，折木发屋，扬砂石，昼晦，⑥楚军大乱，而汉王得与数十骑遁去。过沛，使人求室家，室家亦已亡，不相得。汉王道逢孝惠、鲁元，载行。楚骑追汉王，汉王急，推堕二子。滕公下收载，遂得脱。⑦审食其从太公、吕后间行，反遇楚军，⑧羽常置军中以为质。诸侯见汉败，皆亡去。塞王欣、翟王翳降楚，殷王卬死。

①应劭曰："雍、翟、塞、殷、韩也。"如淳曰："塞、翟、魏、殷、河南也。"韦昭曰："塞、翟、韩、殷、魏也。雍时已败。"师古曰："诸家之说皆非也。张良遗羽书云：'汉欲得关中，如约即止，不敢复东。'东谓出关之东。今羽闻汉东之时，汉固已得三秦矣。五诸侯者，谓常山、河南、韩、魏、殷也。此年十月，常山王张耳降，河南王申阳降，韩王郑昌降。(二)〔三〕月，[14]魏王豹降，虏殷王卬。皆在汉东之后，故知谓此为五诸侯。时虽未得常山之地，据功臣表云张耳弃国，与大臣归汉，则亦有士卒也。又叔孙通传云二年汉王从五诸侯入彭城。尔时雍王犹在废丘被围，即非五诸侯之数也。寻此纪文昭然可晓，前贤注释，并失指趣。"

②服虔曰："大会也。"

③孟康曰："故小县，在彭城南。"

④师古曰："睢音虽。"

⑤师古曰："杀人既多，填于睢水。"

⑥师古曰："晦，暗也。"

⑦郑氏曰："滕公，夏侯婴也。"师古曰："脱音他活反。"

⑧师古曰："此审食其及武帝时赵食其读皆与郦食其同，音异基。而近代学者，郦则为异基，审则为食基，赵则食其，非也。同是人名，更无别义，就中舛驳，何所据依？且荀悦汉纪三者并为异基字，断可知矣。太公、吕后本避楚军，乃反与之遇，而见拘执。"

吕后兄周吕侯①将兵居下邑，②汉王往从之。稍收士卒，军砀。

①苏林曰："以姓名侯也。"晋灼曰："外戚表周吕令武侯泽也。吕，县名，封于吕以为国。"师古曰："周吕，封名；令武，其谥也。苏云以姓名侯，非也。"

②师古曰："县名也。"

汉王西过梁地，至虞，①谓谒者随何曰："公能说九江王布使举兵畔楚，项王必留击之。得留数月，吾取天下必矣。"随何往说布，果使畔楚。

①师古曰："即今宋州虞城县。"

五月，汉王屯荥阳，萧何发关中老弱未傅者悉诣军。①韩信亦收兵与汉王会，兵复大振。与楚战荥阳南京、索间，破之。②筑甬道，属河，③以取敖仓粟。④魏王豹谒归视亲疾。⑤至则绝河津，反为楚。⑥

①服虔曰："傅音附。"孟康曰："古者二十而傅，三年耕有一年储，

故二十三而后役之。”如淳曰：“律，年二十三傅之畴官，各从其父畴学之，高不满六尺二寸以下为罢癃。汉仪注云民年二十三为正，一岁为卫士，一岁为材官骑士，习射御骑驰战陈。又曰年五十六衰老，乃得免为庶民，就田里。今老弱未尝傅者皆发之。未二十三为弱，过五十六为老。”师古曰：“傅，著也。言著名籍，给公家徭役也。服音是。”

②应劭曰：“京，县名。今有大索、小索亭。”晋灼曰：“音册。”师古曰：“音求索之索。”

③应劭曰：“恐敌钞辎重，故筑垣墙如街巷也。”郑氏曰：“甬音踊。”师古曰：“属，联也，音之欲反。”

④孟康曰：“敖，地名，在荥阳西北，山上临河有大仓。”

⑤师古曰：“谒，请也。亲谓母也。”

⑥师古曰：“断其津济以距汉军。为音于伪反。”

六月，汉王还栎阳。壬午，立太子，赦罪人。令诸侯子在关中者皆集栎阳为卫。引水灌废丘，废丘降，章邯自杀。雍（州）〔地〕[15]定，八十馀县，置河上、渭南、中地、陇西、上郡。①令祠官祀天地四方上帝山川，以时祠之。兴关中卒乘边塞。②关中大饥，米斛万钱，③人相食。令民就食蜀汉。

①服虔曰：“河上，即左冯翊也。渭南，京兆也。中地，右扶风也。”师古曰：“凡新置五郡。”

②李奇曰：“乘，守也。”师古曰：“乘，登也。登而守之，义与上乘城同。”

③师古曰：“一斛直万钱。”

秋八月，汉王如荥阳，谓郦食其曰：“缓颊往说魏王豹，①能下之，以魏地万户封生。”②食其往，豹不听。汉王以韩信为左丞相，与曹参、灌婴俱击魏。食其还，汉王问："魏大将谁也？"对曰："柏直。"王曰："是口尚乳臭，不能当韩信。[3]骑将谁也？"曰："冯敬。"曰："是秦将冯无择子也，虽贤，不能当灌婴。步卒将谁也？"曰："项它。"[4]曰："是不能当曹参。吾无患矣。"九月，信等虏豹，传诣荥阳。定魏地，置河东、太原、上党郡。信使人请兵三万人，愿以北举燕赵，东击齐，南绝楚粮道。汉王与之。

①张晏曰："缓颊，徐言引譬喻也。"

②师古曰："生犹言先生。他皆类此。"

③师古曰："乳臭，言其幼少。"

④师古曰："它字与他同，并音徒何反。"

三年冬十月，韩信、张耳东下井陉击赵，[1]斩陈馀，获赵王歇。置常山、代郡。甲戌晦，日有食之。十一月癸卯晦，日有食之。

①服虔曰："井陉，山名，在常山，今为县。"师古曰："陉音形。"

随何既说黥布，布起兵攻楚。楚使项声、龙且攻布，[1]布战不胜。十二月，布与随何间行归汉。汉王分之兵，与俱收兵至成皋。

①韦昭曰："且音子闾反。"

项羽数侵夺汉甬道，汉军乏食，与郦食其谋桡楚权。[1]食其欲立六国后以树党，[2]汉王刻印，将遣食其立之。以问张良，良发八难。汉王辍饭吐哺，[3]曰："竖儒[4]几败乃公事！"[5]令趋销印。[6]又问陈平，乃从其计，与平黄金四万斤，以间疏楚君臣。[7]

①服虔曰："桡，弱也。"师古曰："音女教（而）〔反〕，[16]其字从木。"

②师古曰："树，立也。"

③师古曰："辍，止也。哺，口中所含食也。饭音扶晚反。哺音步。"

④师古曰："言其贱劣无智，若童竖也。"

⑤师古曰："几，近也。乃，汝也。公，汉王自谓也。几音钜依反。"

⑥师古曰："趋读曰促。促，速也。他皆类此。"

⑦师古曰："间音居苋反。次下反间，其音亦同。"

夏四月，项羽围汉荥阳，汉王请和，割荥阳以西者为汉。亚父劝项羽急攻荥阳，汉王患之。陈平反间既行，羽果疑亚父。亚父大怒而去，发病死。

五月，将军纪信曰："事急矣！臣请诳楚，可以间出。"①于是陈平夜出女子东门二千馀人，楚因四面击之。纪信乃乘王车，黄屋左纛，②曰："食尽，汉王降楚。"楚皆呼万岁，之城东观，以故汉王得与数十骑出西门遁。令御史大夫周苛、魏豹、枞公守荥阳。③羽见纪信，问："汉王安在？"曰："已出去矣。"羽烧杀信。而周苛、枞公相谓曰："反国之王，难与守城。"④因杀魏豹。

①师古曰："间出，投间隙私出，若言间行微行耳。纪信诈为汉王，而王出西门遁，是私出也。"

②李斐曰："天子车以黄缯为盖里。纛，毛羽幢也，在乘舆车衡左方上注之。蔡邕曰以犛牛尾为之，如斗，或在骓头，或在衡。"应劭曰："雉尾为之，在左骖，当镳上。"师古曰："纛音毒，又徒到反。应说非也。"

③应劭曰："枞公者，不知其名，故曰公。"苏林曰："音枞木之枞。"师古曰："音千容反。"

④师古曰："谓豹先已经畔汉。"

汉王出荥阳，至成皋。自成皋入关，收兵欲复东。辕生说汉王[①]曰："汉与楚相距荥阳数岁，汉常困。愿君王出武关，项王必引兵南走，[②]王深壁，令荥阳成皋间且得休息。使韩信等得辑河北赵地，[③]连燕齐，君王乃复走荥阳。如此，则楚所备者多，力分。汉得休息，复与之战，破之必矣。"汉王从其计，出军宛叶间，[④]与黥布行收兵。

①文颖曰："辕姓，生谓诸生。"

②师古曰："走亦谓趋，向也，音奏。次后亦同。"

③师古曰："辑与集同，谓和合也。诗序曰'劳来还定安集之'。春秋左氏传曰'群臣辑睦'。他皆类此。"

④师古曰："叶，县名，古叶公之国，音式涉反。宛县叶县之间也。"

羽闻汉王在宛，果引兵南，汉王坚壁不与战。是月，彭越渡睢，[①]与项声、薛公战下邳，破杀薛公。羽使终公守成皋，而自东击彭越。汉王引兵北，击破终公，复军成皋。六月，羽已破走彭越，[②]闻汉复军成皋，乃引兵西拔荥阳城，生得周苛。羽谓苛："为我将，以公为上将军，封三万户。"周苛骂曰："若不趋降汉，今为虏矣！[③]若非汉王敌也。"羽亨周苛，[④]并杀枞公，而虏韩王信，遂围成皋。汉王跳，[⑤]独与滕公共车出成皋玉门，[⑥]北渡河，宿小脩武。[⑦]自称使者，晨驰入张耳、韩信壁，而夺之军。乃使张耳北收兵赵地。

①师古曰："过睢水也。睢音虽。"

②师古曰："破之而令遁走。"

③师古曰："若，汝也。趋读曰促。"

④师古曰："亨谓煮而杀之，音普庚反。他皆类此。"

⑤如淳曰："跳音逃，谓走也。史记作逃。"晋灼曰："跳，独出意

也。”师古曰：“晋说是也，音徒彫反。”

⑥张晏曰：“成皋北门。”

⑦晋灼曰：“在大脩武城东。”

秋七月，有星孛于大角。[①]汉王得韩信军，复大振。八月，临河南乡，[②]军小脩武，欲复战。郎中郑忠说止汉王，高垒深堑勿战。汉王听其计，使卢绾、刘贾将卒二万人，骑数百，[③]渡白马津入楚地，佐彭越烧楚积聚，[④]复击破楚军燕郭西，[⑤]攻下睢阳、外黄十七城。九月，羽谓海春侯大司马曹咎曰：“谨守成皋。即汉王欲挑战，慎勿与战，[⑥]勿令得东而已。我十五日必定梁地，复从将军。”[⑦]羽引兵东击彭越。

①李奇曰：“孛，彗类也，是谓妖星，所以除旧布新也。”师古曰：“孛音步内反。”

②师古曰：“乡读曰向。”

③苏林曰：“绾音以绳绾结物之绾。”师古曰：“音乌板反。”

④师古曰：“所畜军粮刍稿之属也。积音子赐反。聚音才喻反。”

⑤师古曰：“燕，县名，古南燕国。”

⑥李奇曰：“挑音徒了反。”臣瓒曰：“挑战，擿娆敌求战也，古谓之致师。”师古曰：“李音瓒说是。擿音他历反。娆音乃了反。”

⑦师古曰：“从，就也。”

汉王使郦食其说齐王田广，罢守兵与汉和。

四年冬十月，韩信用蒯通计，袭破齐。齐王亨郦生，东走高密。项羽闻韩信破齐，且欲击楚，使龙且救齐。

汉果数挑成皋战，楚军不出，使人辱之数日，大司马咎怒，渡兵汜水。[①]士卒半渡，汉击之，大破楚军，尽得楚国金玉货赂。

大司马咎、长史欣皆自到汜水上。汉王引兵渡河，复取成皋，军广武，[2]就敖仓食。

①张晏曰："汜水在济阴界。"如淳曰："汜音祀。左传曰'郿在郑地汜'。"臣瓒曰："高祖攻曹咎于成皋，咎渡汜水而战，今成皋城东汜水是也。"师古曰："瓒说得之，此水不在济阴也。'郿在郑地汜'，释者又云在襄城，则非此也。此水旧读音凡，今彼乡人呼之音祀。"

②孟康曰："于荥阳筑两城而相对，名为广武城，在敖仓西三室山上。"

羽下梁地十馀城，闻海春侯破，乃引兵还。汉军方围锺离眜于荥阳东，[1]闻羽至，尽走险阻。[2]羽亦军广武，与汉相守。丁壮苦军旅，老弱罢转饷。[3]汉王、羽相与临广武之间而语。羽欲与汉王独身挑战，汉王数羽曰：[4]"吾始与羽俱受命怀王，曰先定关中者王之。羽负约，王我于蜀汉，罪一也。羽矫杀卿子冠军，自尊，罪二也。[5]羽当以救赵还报，[6]而擅劫诸侯兵入关，罪三也。怀王约入秦无暴掠，羽烧秦宫室，掘始皇帝冢，收私其财，罪四也。[7]又强杀秦降王子婴，罪五也。诈阬秦子弟新安二十万，王其将，[8]罪六也。皆王诸将善地，而徙逐故主，令臣下争畔逆，罪七也。出逐义帝彭城，自都之，夺韩王地，并王梁楚，多自与，罪八也。使人阴杀义帝江南，罪九也。夫为人臣而杀其主，杀其已降，为政不平，主约不信，天下所不容，大逆无道，罪十也。吾以义兵从诸侯诛残贼，使刑馀罪人击公，[9]何苦乃与公挑战！"羽大怒，伏弩射中汉王。汉王伤胸，乃扪足曰："虏中吾指！"[10]汉王病创卧，张良强请汉王起行劳军，以安士卒，[11]毋令楚乘胜。汉王出行军，疾甚，因驰入成皋。

①师古曰："眛音莫葛反。其字从本末之末。"

②师古曰："走音奏。"

③师古曰："罢读曰疲。转，运；饷，馈也，音式向反。"

④师古曰："数，责其罪也，音所具反。"

⑤如淳曰："卿者，卿大夫之号。子者，子男之爵。冠军，人之首也。"文颖曰："卿子，时人相褒尊之辞，犹言公子也。时上将，故言冠军。"师古曰："矫，託也，託怀王命而杀之也。卿子冠军，文说是也。"

⑥李奇曰："前受命于怀王往救赵，当还反报。"

⑦师古曰："掘而发之，收取其财以私自有也。掘音其勿反。"

⑧李奇曰："章邯等为王。"

⑨师古曰："言轻贱也。"

⑩师古曰："扪，摸也。伤胸而扪足者，以安众也。扪音门。中音竹仲反。"

⑪师古曰："行音下更反。其下亦同。"

十一月，韩信与灌婴击破楚军，杀楚将龙且，追至城阳，虏齐王广。齐相田横自立为齐王，奔彭越。汉立张耳为赵王。

汉王疾瘉，[①]西入关，至栎阳，存问父老，置酒。枭故塞王欣头栎阳市。[②]留四日，复如军，军广武。关中兵益出，而彭越、田横居梁地，往来苦楚兵，绝其粮食。

①师古曰："瘉与愈同。愈，差也。"

②师古曰："枭，县首于木上。"

韩信已破齐，使人言曰："齐边楚，[①]权轻，不为假王，恐不能安齐。"汉王怒，欲攻之。张良曰："不如因而立之，使自为守。"春二月，遣张良操印，立韩信为齐王。[②]秋七月，立黥布为淮南王。八月，初为算赋。③北貉、燕人来致枭骑助汉。④汉王下令：⑤军士不幸死者，吏为衣衾棺敛，⑥转送其家。⑦四方归心焉。⑧

①师古曰："边，共为边界。"

②师古曰："操，持也，音千高反。"

③如淳曰："汉仪注民年十五以上至五十六出赋钱，人百二十为一算，为治库兵车马。"

④应劭曰："北貉，国也。枭，健也。"张晏曰："枭，勇也，若六博之枭也。"师古曰："貉在东北方，三韩之属皆貉类也，音莫客反。"

⑤师古曰："令，教命也。下音胡嫁反。他皆类此。"

⑥师古曰："棺音工唤反。敛音力赡反。与作衣衾而敛尸于棺。"

⑦师古曰："转，传送也。"

⑧师古曰："以仁爱故。"

项羽自知少助食尽，韩信又进兵击楚，羽患之。汉遣陆贾说羽，请太公，羽弗听。汉复使侯公说羽，羽乃与汉约，中分天下，割鸿沟以西为汉，①以东为楚。九月，归太公、吕后，军皆称万岁。乃封侯公为平国君。②羽解而东归。汉王欲西归，张良、陈平谏曰："今汉有天下太半，③而诸侯皆附，楚兵罢食尽，④此天亡之时，不因其幾而遂取之，⑤所谓养虎自遗患也。"汉王从之。

①应劭曰："在荥阳东南二十里。"文颖曰："于荥阳下引河东南为鸿沟，以通宋、郑、陈、蔡、曹、卫，与济、汝、淮、泗会于楚，即今官渡水也。"

②师古曰："以其善说，能平和邦国。"

③韦昭曰："凡数三分有二为（大）〔太〕半，[17]有一分为少半。"

④师古曰："罢读曰疲。"

⑤郑氏曰："幾，微也。"师古曰："幾，危也。"

【校勘记】

〔1〕 眉目準（類）〔頞〕权衡，　景祐、汲古、殿、局本都作"頞"。王先谦说作"頞"是。

〔2〕 音弋豉（也）〔反〕。　景祐、殿、局本都作"反"。王先谦说作"反"是。

〔3〕 （令）〔今〕置将不善，　景祐、殿本都作"今"。王先谦说作"今"是。

〔4〕 愿（吏）〔更〕择可者。　景祐、殿本都作"更"。王先谦说作"更"是。

〔5〕 萧、曹（等）皆文吏，　景祐本无"等"字。杨树达说无"等"字是。

〔6〕 祭蚩尤于沛廷，而衅鼓旗。⑭帜皆赤，　注⑭原在"鼓"字下，明颜读"衅鼓"句绝。吴仁傑据封禅书"祠蚩尤，衅鼓旗"之文，以为"旗"字当属上句。王先谦、杨树达都说吴读是。

〔7〕 （所）杀者赤帝子故也。　王念孙说下"所"字涉上"所"字而衍。

〔8〕 至（阳城）〔城阳〕　齐召南据史记及曹参传改。王先谦说齐说是。

〔9〕 （大）破之。　景祐本无"大"字，史记亦无。王念孙说系后人所加。

〔10〕 迟，未（明）也。　景祐、殿本都无"明"字。王先谦说无"明"字是。

〔11〕 张（仓）〔苍〕传云　殿本作"苍"。王先谦说作"苍"是。

〔12〕 籍何以(生)〔至〕此？ 钱大昭说明南监、闽本都作“至”。王念孙据史记项羽纪、高祖纪及通鉴汉纪，以为“生”当为“至”字之误。

〔13〕 给军〔粮〕食。 景祐、殿本及通鉴都有“粮”字。

〔14〕 (二)〔三〕月， 景祐、汲古、殿、局本都作“三”。王先谦说作“三”是。

〔15〕 雍(州)〔地〕 王先谦说“州”字误，当为“地”。按通鉴亦作“地”。

〔16〕 音女教(而)〔反〕， 景祐、殿本都作“反”。王先谦说作“反”是。

〔17〕 为(大)〔太〕半， 景祐、汲古、殿、局本都作“太”。

汉书卷一下

高帝纪第一下

五年冬十月，汉王追项羽至阳夏南①止军，与齐王信、魏相国越期会击楚，至固陵，②不会。楚击汉军，大破之。汉王复入壁，深堑而守。谓张良曰："诸侯不从，奈何?"良对曰："楚兵且破，未有分地，③其不至固宜。④君王能与共天下，可立致也。⑤齐王信之立，非君王意，信亦不自坚。⑥彭越本定梁地，始君王以魏豹故，拜越为相国。今豹死，越亦望王，而君王不早定。今能取睢阳以北至穀城皆以王彭越，⑦从陈以东傅海与齐王信，⑧信家在楚，其意欲复得故邑。能出捐此地以许两人，⑨使各自为战，则楚易败也。"于是汉王发使使韩信、彭越。至，皆引兵来。

①师古曰："夏音工雅反，已解于上。"

②晋灼曰："即固始也。"师古曰："后改为固始耳。地理志固始属淮阳。"

③李奇曰："信、越等未有益地之分。"师古曰："分音扶问反。"

④师古曰："理宜然也。"

⑤师古曰："共有天下之地，割而封之。"

⑥师古曰："因信自请为假王，乃立之耳，故曰非君王意。"

⑦师古曰："睢音虽。"

⑧师古曰："傅读曰附。"

⑨师古曰："捐，弃也，音弋全反。"

十一月，刘贾入楚地，围寿春。汉亦遣人诱楚大司马周殷。殷畔楚，以舒屠六，①举九江兵迎黥布，并行屠城父，②随刘贾皆会。

①如淳曰："以舒之众屠破六县。"师古曰："六者，县名，即上所谓九江王都六者也，后属庐江郡。"

②如淳曰："并行，并击也。"师古曰："城父，县名。父音甫。"

十二月，围羽垓下。①羽夜闻汉军四面皆楚歌，②知尽得楚地，羽与数百骑走，是以兵大败。灌婴追斩羽东城。③楚地悉定，独鲁不下。汉王引天下兵欲屠之，为其守节礼义之国，乃持羽头示其父兄，鲁乃降。初，怀王封羽为鲁公，及死，鲁又为之坚守，故以鲁公葬羽于穀城。④汉王为发（葬）〔丧〕，[1]哭临而去。⑤封项伯等四人为列侯，赐姓刘氏。⑥诸民略在楚者皆归之。汉王还至定陶，驰入齐王信壁，夺其军。初项羽所立临江王共敖前死，子尉嗣立为王，不降。遣卢绾、刘贾击虏尉。

①应劭曰："垓音该。"李奇曰："沛洨县聚邑名也。"师古曰："洨音衡交反。"

②应劭曰："楚歌者，鸡鸣歌也。汉已略得其地，故楚歌者多鸡鸣时歌

也。”师古曰：“楚歌者，为楚人之歌，犹言吴歈越吟耳。若以鸡鸣为歌曲之名，于理则可，不得云鸡鸣时也。高祖令戚夫人楚舞，自为作楚歌，岂亦鸡鸣时乎？”

③晋灼曰：“九江县。”

④师古曰：“即济北穀城。”

⑤师古曰：“临音力禁反。”

⑥师古曰：“皆羽之族，先有功于汉者。”

春正月，追尊兄伯号曰武哀侯。①下令曰：“楚地已定，义帝亡后，欲存恤楚众，以定其主。齐王信习楚风俗，更立为楚王，②王淮北，都下邳。魏相国建城侯彭越勤劳魏民，卑下士卒，③常以少击众，数破楚军，其以魏故地王之，号曰梁王，都定陶。”又曰：“兵不得休八年，万民与苦甚，④今天下事毕，其赦天下殊死以下。”⑤

①应劭曰：“兄伯早亡，追谥之。”

②师古曰：“更，改也。”

③师古曰：“言安辑魏地，保其人众也。下音胡稼反。”

④如淳曰：“与音相干与之与。”师古曰：“音弋庶反。”

⑤如淳曰：“死罪之明白也。左传曰斩其木而弗殊。”韦昭曰：“殊死，斩刑也。”师古曰：“殊，绝也，异也，言其身首离绝而异处也。”

于是诸侯上疏曰：“楚王韩信、韩王信、淮南王英布、梁王彭越、故衡山王吴芮、①赵王张敖、燕王臧荼昧死再拜言，②大王陛下：③先时秦为亡道，天下诛之。大王先得秦王，定关中，于天下功最多。存亡定危，救败继绝，以安万民，功盛德厚。又加惠于诸侯王有功者，使得立社稷。地分已定，而位号比拟，亡上下之分，④大王功德之著，于后世不宣。⑤昧死再拜上皇帝尊号。”

汉王曰："寡人闻帝者贤者有也，[⑥]虚言亡实之名，非所取也。今诸侯王皆推高寡人，将何以处之哉？"诸侯王皆曰："大王起于细微，灭乱秦，威动海内。又以辟陋之地，[⑦]自汉中行威德，诛不义，立有功，平定海内，功臣皆受地食邑，非私之也。大王德施四海，诸侯王不足以道之，居帝位甚实宜，愿大王以幸天下。"[⑧]汉王曰："诸侯王幸以为便于天下之民，则可矣。"于是诸侯王及太尉长安侯臣绾等三百人，[⑨]与博士稷嗣君叔孙通[⑩]谨择良日二月甲午，上尊号。汉王即皇帝位于汜水之阳。[⑪]尊王后曰皇后，太子曰皇太子，追尊先媪曰昭灵夫人。

①张晏曰："汉元年，项羽立芮为衡山王，后又夺之地，谓之番君，是以曰故。"

②张晏曰："秦以为人臣上书当言昧犯死罪而言，汉遂遵之。"

③应劭曰："陛者，升堂之陛。王者必有执兵陈于阶陛之侧，群臣与至尊言，不敢指斥，故呼在陛下者而告之，因卑以达尊之意也。若今称殿下、阁下、侍者、执事，皆此类也。"

④师古曰："言大王与臣等并称王，是为比类相拟，无尊卑之差别也。地分音扶问反。"

⑤师古曰："言位号不殊，则功德之著明者，不宣于后世也。"

⑥师古曰："言贤德之人乃可有帝号。"

⑦师古曰："辟读曰僻。"

⑧晋灼曰："汉仪注民臣被其德以为侥幸也。"师古曰："幸者，吉而免凶，可庆幸也，故福喜之事皆称为幸，而死谓之不幸。"

⑨师古曰："绾，卢绾也。"

⑩孟康曰："稷嗣，邑名。"

⑪张晏曰："在济阴界，取其泛爱弘大而润下也。"师古曰："据叔孙

通传曰为皇帝于定陶，则此水在济阴是也。音敷剑反。”

诏曰：[①]“故衡山王吴芮与子二人、兄子一人，从百粤之兵，[②]以佐诸侯，诛暴秦，有大功，诸侯立以为王。项羽侵夺之地，谓之番君。[③]其以长沙、豫章、象郡、桂林、南海立番君芮为长沙王。”[④]又曰：“故粤王亡诸世奉粤祀，秦侵夺其地，使其社稷不得血食。[⑤]诸侯伐秦，亡诸身帅闽中兵以佐灭秦，[⑥]项羽废而弗立。今以为闽粤王，王闽中地，勿使失职。”

①如淳曰：“诏，告也。自秦汉以下，唯天子独称之。”

②服虔曰：“非一种，若今言百蛮也。”

③师古曰：“番音蒲何反。”

④臣瓒曰：“茂陵书象郡治临尘，去长安万七千五百里。”文颖曰：“桂林，今郁林也。”师古曰：“桂林，今之桂州境界左右皆是其地，非郁林也。”

⑤师古曰：“祭者尚血腥，故曰血食也。”

⑥如淳曰：“闽音緍。”应劭曰：“音文饰之文。”师古曰：“闽越，今泉州建安是其地也。其人本蛇种，故其字从虫。如音是也。虫音许尾反。”

帝乃西都洛阳。夏五月，兵皆罢归家。诏曰：“诸侯子在关中者，复之十二岁，[①]其归者半之。[②]民前或相聚保山泽，不书名数，[③]今天下已定，令各归其县，复故爵田宅，[④]吏以文法教训辨告，勿笞辱。[⑤]民以饥饿自卖为人奴婢者，皆免为庶人。军吏卒会赦，其亡罪而亡爵及不满大夫者，皆赐爵为大夫。[⑥]故大夫以上赐爵各一级，[⑦]其七大夫以上，皆令食邑，[⑧]非七大夫以下，皆复其身及户，勿事。”[⑨]又曰：“七大夫、公乘以上，皆高爵也。[⑩]诸侯子及从军归者，甚多高爵，吾数诏吏先与田宅，及所当求于吏者，亟与。⑪爵或人君，上所尊礼，⑫久立吏前，曾不为决，⑬甚亡谓也。⑭异日秦民爵公大夫以上，令丞与亢礼。⑮今吾于爵非轻也，吏独安取此！⑯且法以有功劳行田宅，⑰今小吏未尝从军者多满，⑱而有功者顾不得，⑲背公立私，守尉长吏教训甚不善。⑳其令诸吏善遇高爵，称吾意。㉑且廉问，有不如吾诏者，以重论之。"㉒

①师古曰："复音方目反。"

②师古曰："各已还其本土者，复六岁也。"

③师古曰："保，守也，安也。守而安之，以避难也。名数，谓户籍也。"

④师古曰："复，还也，音扶目反。"

⑤师古曰："辨告者，分别义理以晓喻之。"

⑥如淳曰："军吏卒会赦，得免罪，及本无罪而亡爵级者，皆赐爵为大夫。"师古曰："大夫，第五爵也。"

⑦师古曰："就加之也。级，等也。"

⑧臣瓒曰："秦制，列侯乃得食邑，今七大夫以上皆食邑，所以宠之也。"师古曰："七大夫，公大夫也，爵第七，故谓之七大夫。"

⑨应劭曰："不输户赋也。"如淳曰："事谓役使也。"师古曰："复其身及一户之内皆不傜赋也。复音扶目反。"

⑩师古曰："公乘，第八爵。"

⑪师古曰："亟，急也，音居力反。"

⑫师古曰："爵高有国邑者，则自君其人，故云或人君也。上谓天子。"

⑬师古曰："有辨（说）〔讼〕及陈请者，[2]不早为决断。"

⑭师古曰："亡谓者，失于事宜，不可以训。"

⑮应劭曰："言从公大夫以上，民与令丞亢礼。亢礼者，长揖不拜。"师古曰："异日，犹言往日也。亢者，当也，言高下相当，无所卑

屈，不独谓揖拜也。”

⑯师古曰：“于何得此轻爵之法也。”

⑰苏林曰：“行音行酒之行，犹付与也。”

⑱如淳曰：“多自满足也。”

⑲师古曰：“顾犹反也，言若人反顾然。”

⑳师古曰：“守，郡守也。尉，郡尉也。长吏，谓县之令长。”

㉑师古曰：“称，副也。”

㉒师古曰：“廉，察也。廉字本作覝，其音同耳。”

帝置酒雒阳南宫。上曰：①“通侯诸将②毋敢隐朕，③皆言其情。吾所以有天下者何？项氏之所以失天下者何？”高起、王陵对曰：④“陛下嫚而侮人，⑤项羽仁而敬人。然陛下使人攻城略地，所降下者，因以与之，与天下同利也。项羽妒贤嫉能，有功者害之，贤者疑之，战胜而不与人功，得地而不与人利，此其所以失天下也。”上曰：“公知其一，未知其二。夫运筹帷幄之中，决胜千里之外，吾不如子房；填国家，抚百姓，给饷餽，不绝粮道，吾不如萧何；⑥连百万之众，战必胜，攻必取，吾不如韩信。三者皆人杰，吾能用之，⑦此吾所以取天下者也。项羽有一范增而不能用，此所以为我禽也。”群臣说服。⑧

①如淳曰：“蔡邕云上者尊位所在也。但言上，不敢言尊号耳。”

②应劭曰：“旧曰彻侯，避武帝讳曰通侯。通亦彻也。通者，言其功德通于王室也。”张晏曰：“后改为列侯。列者，见序列也。”

③如淳曰：“朕，我也。蔡邕曰古者上下共之。咎繇与帝舜言称朕，屈原曰‘朕皇考’，至秦独以为尊称，汉遂因之而不改也。”

④张晏曰：“诏使高官者起，故陵先对。”孟康曰：“姓高，名起。”臣瓒曰：“汉帝年纪高帝时有信平侯臣陵、都武侯臣起。魏相、邴吉高

帝时奏事有将军臣陵、臣起。”师古曰：“张说非也。若言高官者起，则丞相萧何、太尉卢绾及张良、陈平之属时皆在陵上，陵不得先对也。”

⑤师古曰：“嫚，易也，读与慢同。”

⑥师古曰：“填与镇同。镇，安也。餽亦馈字。”

⑦师古曰：“杰言桀然独出也。”

⑧师古曰：“说读曰悦。”

初，田横归彭越。项羽已灭，横惧诛，与宾客亡入海。上恐其久为乱，遣使者赦横，曰：“横来，大者王，小者侯；①不来，且发兵加诛。”横惧，乘传诣雒阳，②未至三十里，自杀。上壮其节，为流涕，发卒二千人，以王礼葬焉。

①师古曰：“大者，谓其长率，即横身也。小者，其徒属也。”

②如淳曰：“律，四马高足为置传，四马中足为驰传，四马下足为乘传，一马二马为轺传。急者乘一乘传。”师古曰：“传者，若今之驿，古者以车，谓之传车，其后又单置马，谓之驿骑。传音张恋反。”

戍卒娄敬求见，说上曰：“陛下取天下与周异，而都雒阳，不便，不如入关，据秦之固。”上以问张良，良因劝上。是日，车驾西都长安。①拜娄敬为奉春君，②赐姓刘氏。六月壬辰，大赦天下。

①师古曰：“凡言车驾者，谓天子乘车而行，不敢指斥也。是日，即其日也。著是日者，言从善之速也。长安本秦之乡名，高祖作都焉。”

②张晏曰：“春，岁之始也，今娄敬发事之始，故号曰奉春君也。”

秋七月，燕王臧荼反，上自将征之。九月，虏荼。诏诸侯王视有功者立以为燕王。荆王臣信等十人①皆曰：“太尉长安侯卢绾功最多，请立以为燕王。”使丞相哙将兵平代地。

①如淳曰：“荆亦楚也。”贾逵曰：“秦庄襄王名楚，故改讳荆，遂行于世。”晋灼曰：“诗曰‘奋伐荆楚’，自秦之先故以称荆也。”师古曰：“晋说是也。左传又云‘荆尸而举’，亦已久矣。”

利幾反，上自击破之。利幾者，项羽将。羽败，利幾为陈令，降，上侯之颍川。上至雒阳，举通侯籍召之，①而利幾恐，反。②

①苏林曰：“都以侯籍召之。”

②师古曰：“普召通侯，而利幾自以项羽将，故恐惧而反也。”

后九月，徙诸侯子关中。治长乐宫。

六年冬十月，令天下县邑城。①

①张晏曰：“皇后、公主所食曰邑。令各自筑其城也。”师古曰：“县之与邑，皆令筑城。”

人告楚王信谋反，上问左右，左右争欲击之。用陈平计，乃伪游云梦。①十二月，会诸侯于陈，楚王信迎谒，因执之。诏曰：“天下既安，豪桀有功者封侯，新立，未能尽图其功。②身居军九年，或未习法令，或以其故犯法，③大者死刑，吾甚怜之。其赦天下。”田肯贺上曰：“甚善，陛下得韩信，又治秦中。④秦，形胜之国也，⑤带河阻山，县隔千里，⑥持戟百万，秦得百二焉。⑦地势便利，其以下兵于诸侯，譬犹居高屋之上建瓴水也。⑧夫齐，东有琅邪、即墨之饶，⑨南有泰山之固，西有浊河之限，⑩北有勃海之利，地方二千里，持戟百万，县隔千里之外，齐得十二焉。⑪此东西秦也。非亲子弟，莫可使王齐者。”上曰：“善。”

赐金五百斤。上还至雒阳，赦韩信，封为淮阴侯。

①韦昭曰："在南郡之华容也。"师古曰："梦读如本字，又音莫风反。"

②师古曰："新立，言新即帝位也。图谓谋而赏之。"

③韦昭曰："言未习知法令而犯之者，有司因以故犯法之罪罪之，故帝愍焉。"师古曰："此说非也，言以未习法令之故，不知避罪，遂致犯刑，帝原其本情，故加怜之。"

④师古曰："治谓都之也。秦中谓关中，秦地也。"

⑤张晏曰："得形势之胜便也。"

⑥郑氏曰："县音悬。"师古曰："此本古之悬字耳，后人转用为州县字，乃更加心以别之，非当借音。他皆类此。"

⑦应劭曰："言河山之险，与诸侯相县隔，绝千里也。所以能禽诸侯者，得天下之利百二也。"李斐曰："河山之险，由地势高，顺流而下易，故天下于秦县隔千里也。持戟百万，秦得百二焉。"苏林曰："百二，得百中之二，二万人也。秦地险固，二万人足当诸侯百万人也。"师古曰："县隔千里，李、应得之。秦得百二，苏说是也。"

⑧如淳曰："瓴，盛水瓶也。居高屋之上而幡瓴水，言其向下之势易也。建音謇。"苏林曰："瓴读曰铃。"师古曰："如、苏音说皆是。建音居偃反。"

⑨师古曰："二县近海，财用之所出。"

⑩晋灼曰："齐西有平原，河水东北过高唐。高唐即平原也。孟津号黄河，故曰浊河也。"

⑪应劭曰："齐得十之二耳，故愍王称东帝，后复归之，卒为秦所灭者，利钝之势异也。"李斐曰："齐有山河之限，地方二千里，是与天下县隔也。设有持戟百万之众，齐得十中之二焉。百万十分之二，亦二十万也。但文相避，故言东西秦，其势敌也。"苏林曰："十二，得十中之二，二十万人当百万。言齐虽固，不如秦二万乃当百万也。"晋灼

曰："案文考义，苏说是也。"师古曰："苏、晋之释得其意也。秦得百二者，二万人当诸侯百万人也。齐得十二者，二十万人当诸侯百万也。所以言县隔千里之外者，除去秦地，而齐乃与诸侯计利便也。"

甲申，始剖符封功臣曹参等为通侯。①诏曰："齐，古之建国也，今为郡县，其复以为诸侯。②将军刘贾数有大功，及择宽惠脩絜者，王齐、荆地。"春正月丙午，韩王信等奏请以故东阳郡、鄣郡、吴郡五十三县立刘贾为荆王，③以砀郡、薛郡、郯郡三十六县立弟文信君交为楚王。④壬子，以云中、雁门、代郡五十三县立兄宜信侯喜为代王，以胶东、胶西、临淄、济北、博阳、城阳郡七十三县立子肥为齐王，以太原郡三十一县为韩国，徙韩王信都晋阳。

①师古曰："剖，破也，与其合符而分授之也。剖音普口反。"

②师古曰："为国以封诸侯王。"

③文颖曰："东阳，今下邳也。鄣郡，今丹（杨）〔阳〕[3]也。吴郡，本会稽也。"韦昭曰："鄣郡，今故鄣县也，后郡徙丹（杨）〔阳〕，转以为县，故谓之故鄣也。"师古曰："鄣音章。"

④文颖曰："薛郡，今鲁国是也。郯郡，今东海郡也。"师古曰："郯音谈。"

上已封大功臣（三）〔二〕十馀人，[4]其馀争功，未得行封。上居南宫，从复道上①见诸将往往耦语，以问张良。良曰："陛下与此属共取天下，今已为天子，而所封皆故人所爱，所诛皆平生仇怨。今军吏计功，以天下为不足用徧封，②而恐以过失及诛，故相聚谋反耳。"上曰："为之奈何？"良曰："取上素所不快，③计群臣所共知最甚者一人，先封以示群臣。"三月，上置酒，封雍齿，因趣丞相急定功行封。④罢酒，群臣皆喜，曰："雍齿且侯，吾属亡患矣！”

①如淳曰：“复音複，上下有道，故谓之复。”

②师古曰：“言有功者多，而土地少。”

③师古曰：“言有旧嫌者也。”

④师古曰：“趣读曰促。”

上归栎阳，五日一朝太公。太公家令说太公曰：“天亡二日，土亡二王。皇帝虽子，人主也；太公虽父，人臣也。奈何令人主拜人臣！如此，则威重不行。”后上朝，太公拥彗，[①]迎门却行。[②]上大惊，下扶太公。太公曰：“帝，人主，奈何以我乱天下法！”于是上心善家令言，[③]赐黄金五百斤。夏五月丙午，诏曰：“人之至亲，莫亲于父子，故父有天下传归于子，子有天下尊归于父，此人道之极也。前日天下大乱，兵革并起，万民苦殃，朕亲被坚执锐，[④]自帅士卒，犯危难，平暴乱，立诸侯，偃兵息民，天下大安，此皆太公之教训也。诸王、通侯、将军、群卿、大夫已尊朕为皇帝，而太公未有号。今上尊太公曰太上皇。”[⑤]

①李奇曰：“为恭也，如今卒持帚也。”师古曰：“彗者，所以埽也，音似岁反。”

②师古曰：“却退而行也，音丘略反。”

③师古曰：“晋太子庶子刘宝云善其发悟己心，因得尊崇父号，非善其令父敬己。”

④师古曰：“被坚谓甲胄也。执锐谓利兵也。被音皮义反。”

⑤师古曰：“太上，极尊之称也。皇，君也。天子之父，故号曰皇。不预治国，故不言帝也。”

秋九月，匈奴围韩王信于马邑，信降匈奴。

七年冬十月，上自将击韩王信于铜鞮，①斩其将。信亡走匈奴，（与）其将曼丘臣、王黄②共立故赵后赵利为王，③[5]收信散兵，与匈奴共距汉。上从晋阳连战，乘胜逐北，至楼烦，会大寒，士卒堕指者什二三。④遂至平城，为匈奴所围，七日，用陈平秘计得出。⑤使樊哙留定代地。

①师古曰："县名也。鞮音丁奚反。"

②师古曰："姓曼丘，名臣也。曼丘、母丘本一姓也，语有缓急耳。曼音万。"

③师古曰："故赵，六国时赵也。"

④师古曰："十人之中，二三堕指。"

⑤应劭曰："陈平使画工图美女，间遣人遗阏氏，云汉有美女如此，今皇帝困厄，欲献之。阏氏畏其夺己宠，因谓单于曰：'汉天子亦有神灵，得其土地，非能有也。'于是匈奴开其一角，得突出。"郑氏曰："以计鄙陋，故秘不传。"师古曰："应氏之说出桓谭新论，盖谭以意测之，事当然耳，非纪传所说也。"

十二月，上还过赵，不礼赵王。是月，匈奴攻代，代王喜弃国，自归雒阳，赦为合阳侯。辛卯，立子如意为代王。

春，令郎中有罪耐以上，请之。①民产子，复勿事二岁。②

①应劭曰："轻罪不至于髡，完其耏鬓，故曰耏。古耐字从彡，发肤之意也。杜林以为法度之字皆从寸，后改如是。言耐罪已上，皆当先请也。耐音若能。"如淳曰："耐犹任也，任其事也。"师古曰："依应氏之说，耏当音而，如氏之解则音乃代反，其义亦两通。（而）〔耏〕谓颊旁毛也。[6]彡，毛发貌也，音所廉反，又先廉反。而功臣侯表宣曲侯通耏为鬼薪，则应氏之说斯为长矣。"

②师古曰："勿事，不役使也。"

二月，至长安。萧何治未央宫，立东阙、北阙、前殿、武库、大仓。①上见其壮丽，甚怒，谓何曰："天下匈匈，劳苦数岁，成败未可知，②是何治宫室过度也！"何曰："天下方未定，故可因以就宫室。③且夫天子以四海为家，非令壮丽亡以重威，且亡令后世有以加也。"上说。④自栎阳徙都长安。置宗正（宫）〔官〕[7]以序九族。夏四月，行如雒阳。⑤

①师古曰："未央殿虽南向，而上书奏事谒见之徒皆诣北阙，公车司马亦在北焉。是则以北阙为正门，而又有东门、东阙。至于西南两面，无门阙矣。盖萧何初立未央宫，以厌胜之术，理宜然乎？"

②师古曰："匈匈，喧扰之意。"

③师古曰："就，成也。"

④师古曰："说读曰悦。"

⑤师古曰："如，往也。"

八年冬，上东击韩信馀寇于东垣。①还过赵，赵相贯高等耻上不礼其王，阴谋欲弑上。上欲宿，心动，问："县名何？"曰："柏人。"上曰："柏人者，迫于人也。"去弗宿。

①孟康曰："真定也。"师古曰："垣音辕。"

十一月，令士卒从军死者为槥，①归其县，县给衣衾棺葬具，②祠以少牢，长吏视葬。十二月，行自东垣至。③

①服虔曰："槥音卫。"应劭曰："小棺也，今谓之椟。"

②如淳曰："棺音贯，谓棺敛之服也。"臣瓒曰："初以槥致其尸于家，县官更给棺衣更敛之也。金布令曰'不幸死，死所为椟，传归所居县，赐以衣棺'也。"师古曰："初为槥椟，至县更给衣及棺，备其葬具耳。不劳改读音为贯也。金布者，令篇（者）〔名〕，[8]若今言仓库令也。"

③师古曰："至京师。"

春三月，行如雒阳。令吏卒从军至平城及守城邑者[①]皆复终身勿事。[②]爵非公乘以上毋得冠刘氏冠。[③]贾人毋得衣锦绣绮縠絺纻罽，操兵，乘骑马。[④]秋八月，吏有罪未发觉者，赦之。九月，行自雒阳至，淮南王、梁王、赵王、楚王皆从。

①如淳曰："平城左右诸城能坚守（也）〔者〕。"[9]

②师古曰："复音方目反。"

③文颖曰："即竹皮冠也。"

④师古曰："贾人，坐贩卖者也。绮，文缯也，即今之细绫也。絺，细葛也。纻，织纻为布及疏也。罽，织毛若今毼及氍毹之类也。操，持也。兵，凡兵器也。乘，驾车也。骑，单骑也。贾音古。絺音丑知反。纻音伫。罽音居例反。操音千高反。"

九年冬十月，淮南王、梁王、赵王、楚王朝未央宫，置酒前殿。上奉玉卮[①]为太上皇寿，[②]曰："始大人常以臣亡赖，[③]不能治产业，不如仲力。[④]今某之业所就孰与仲多？"[⑤]殿上群臣皆称万岁，大笑为乐。

①应劭曰："饮酒礼器也，古以角作，受四升。古卮字作觗。"晋灼曰："音支。"师古曰："卮，饮酒圆器也，今尚有之。"

②师古曰："进酒而献寿也，已解于上。"

③应劭曰："赖者，恃也。"晋灼曰："许慎云'赖，利也'，无利入于家也。或曰江淮之间谓小儿多诈狡狯为亡赖。"师古曰："晋说是也。狯音工外反。"

④服虔曰："力，勤力也。"

⑤师古曰："就，成也。与亦如也。"

十一月，徙齐楚大族昭氏、屈氏、景氏、怀氏、田氏五姓关中，与利田宅。①十二月，行如雒阳。

①师古曰："利谓便好也。屈音九勿反。"

贯高等谋逆发觉，逮捕高等，①并捕赵王敖下狱。诏敢有随王，罪三族。②郎中田叔、孟舒等十人自髡钳为王家奴，③从王就狱。王实不知其谋。春正月，废赵王敖为宣平侯。徙代王如意为赵王，王赵国。丙寅，前有罪殊死以下，皆赦之。

①师古曰："逮捕，谓事相连及者皆捕之也。一曰，在道守禁，相属不绝，若今之传送囚耳。"

②张晏曰："父母兄弟妻子也。"如淳曰："父族、母族、妻族也。"师古曰："如说是也。"

③师古曰："钳，以铁束颈也，音其炎反。"

二月，行自雒阳至。贤赵臣田叔、孟舒等十人，召见与语，汉廷臣无能出其右者。①上说，②尽拜为郡守、诸侯相。

①师古曰："古者以右为尊，言材用无能过之者，故云不出其右也。他皆类此。"

②师古曰："说读曰悦。"

夏六月乙未晦，日有食之。

十年冬十月，淮南王、燕王、荆王、梁王、楚王、齐王、长沙王来朝。

夏五月，太上皇后崩。①秋七月癸卯，太上皇崩，葬万年。②赦栎阳囚死罪以下。③八月，令诸侯王皆立太上皇庙于国都。

①如淳曰："王陵传楚取太上皇、吕后为质。又项羽归太公、吕后，不

见归媪也。又上五年追尊母媪为昭灵夫人，高后时乃追尊为昭灵后耳。汉仪注高帝母兵起时死小黄北，后于小黄作陵庙。以此二者推之，不得有太上皇后崩也。”李奇曰：“高祖后母也。”晋灼曰：“五年，追尊先媪曰昭灵夫人，言追尊，则明其已亡。史记十年春夏无事，七月太上皇崩，葬栎阳宫，明此长‘夏五月太上皇后崩’八字也。又汉仪注先媪已葬陈留小黄。”师古曰：“如、晋二说皆得之，无此太上皇后也。诸家之说更有异端，適为烦秽，不足采也。”

②师古曰：“三辅黄图云高祖初居栎阳，故太上皇因在栎阳。十年太上皇崩，葬其北原，起万年邑，置长丞也。”

③臣瓒曰：“万年陵在栎阳县界，故特赦之。”

九月，代相国陈豨反。[①]上曰：“豨尝为吾使，甚有信。[②]代地吾所急，故封豨为列侯，以相国守代，今乃与王黄等劫掠代地！吏民非有罪也，能去豨、黄来归者，皆赦之。”[③]上自东，至邯郸。上喜曰：“豨不南据邯郸而阻漳水，吾知其亡能为矣。”赵相周昌奏常山二十五城亡其二十城，请诛守尉。[④]上曰：“守尉反乎？”对曰：“不。”上曰：“是力不足，亡罪。”上令周昌选赵壮士可令将者，白见四人。[⑤]上嫚骂曰：[⑥]“竖子能为将乎！”四人惭，皆伏地。上封各千户，以为将。左右谏曰：“从入蜀汉，伐楚，赏未徧行，今封此，何功？”上曰：“非汝所知。陈豨反，赵代地皆豨有。吾以羽檄征天下兵，未有至者，[⑦]今计唯独邯郸中兵耳。吾何爱四千户，不以慰赵子弟！”皆曰：“善。”又求：“乐毅有后乎？”[⑧]得其孙叔，封之乐乡，号华成君。问豨将，皆故贾人。上曰：“吾知与之矣。”[⑨]乃多以金购豨将，[⑩]豨将多降。

①邓展曰：“东海人名猪曰豨。”师古曰：“豨音许岂反。”

②师古曰：“为音于伪反。”

③师古曰："去谓弃离之而来也。"

④师古曰："守者，郡守；尉者，郡尉也。"

⑤师古曰："白于天子而召见也。"

⑥师古曰："嫚者，渫污也。"

⑦师古曰："檄者，以木简为书，长尺二寸，用征召也。其有急事，则加以鸟羽插之，示速疾也。魏武奏事云今边有警，辄露檄插羽。檄音胡历反。"

⑧师古曰："乐毅，战国时燕将也。"

⑨师古曰："与，如也，言能如之何也。"

⑩师古曰："购，设赏募也，〔音搆〕。"〔10〕

十一年冬，上在邯郸。豨将侯敞将万馀人游行，王黄将骑千馀军曲逆，①张春将卒万馀人度河攻聊城。②汉将军郭蒙与齐将击，大破之。太尉周勃道太原入定代地，③至马邑，马邑不下，攻残之。④豨将赵利守东垣，高祖攻之不下。卒骂，上怒。城降，卒骂者斩之。诸县坚守不降反寇者，复租赋三岁。

①文颖曰："今中山蒲阴是也。"

②师古曰："即今博州聊城县。"

③师古曰："道由太原也。"

④师古曰："残谓多所杀戮也。"

春正月，淮阴侯韩信谋反长安，夷三族。将军柴武斩韩王信于参合①。

①师古曰："代之县也。"

上还雒阳。诏曰："代地居常山之北，与夷狄边，赵乃从山南有之，远，数有胡寇，难以为国。颇取山南太原之地益属代，①代之云中以西为云中郡，则代受边寇益少矣。王、相国、通侯、吏二千石择可立为代王者。”燕王绾、相国何等三十三人皆曰：“子恒贤知温良，请立以为代王，都晋阳。”②大赦天下。

①师古曰：“少割以益之，不尽取也。颇音普我反。后皆类此。”

②如淳曰：“文纪言都中都，又文帝过太原，复晋阳、中都二岁，似迁都于中都也。”

二月，诏曰：“欲省赋甚。①今献未有程，②吏或多赋以为献，而诸侯王尤多，民疾之。③令诸侯王、通侯常以十月朝献，及郡各以其口数率，④人岁六十三钱，以给献费。”又曰：“盖闻王者莫高于周文，伯者莫高于齐桓，⑤皆待贤人而成名。今天下贤者智能岂特古之人乎？⑥患在人主不交故也，士奚由进！⑦今吾以天之灵，贤士大夫定有天下，以为一家，欲其长久，世世奉宗庙亡绝也。贤人已与我共平之矣，而不与吾共安利之，可乎？贤士大夫有肯从我游者，吾能尊显之。布告天下，使明知朕意。御史大夫昌下相国，⑧相国酂侯下诸侯王，⑨御史中执法下郡守，⑩其有意称明德者，必身劝，为之驾，⑪遣诣相国府，署行、义、年。⑫有而弗言，觉，免。年老癃病，勿遣。”⑬

①师古曰：“意甚欲省赋敛也。”

②师古曰：“程，法式也。”

③师古曰：“诸侯王赋其国中，以为献物，又多于郡，故百姓疾苦之。”

④师古曰：“率，计也。”

⑤师古曰：“伯读曰霸。”

⑥师古曰：“特，独也。”

⑦师古曰：“奚，何也。”

⑧臣瓒曰："周昌已为赵相，御史大夫是赵尧耳。"

⑨臣瓒曰："茂陵书何封国在南阳。酂音赞。"师古曰："瓒说是也。而或云何封沛郡酂县，音才何反，非也。案地理志南阳酂县云侯国，沛酂县不云侯国也。又南阳酂者，本是春秋时阴国，所谓迁阴于下阴者也。今为襄州阴城县，有酂城，城西见有萧何庙。彼土又有筑水，筑水之阳古曰筑阳县，与酂侧近连接。据何本传，何薨之后子禄无嗣，高后封何夫人同为酂侯，小子延为筑阳侯。孝文罢同，更封延为酂侯。是知何封酂国兼得筑阳，此明验也。但酂字别有酂音，是以沛之酂县，史记、汉书皆作酂字，明其音同也。班固泗水亭碑以萧何相国所封，与何同韵，于义无爽。然其封邑实在南阳，非沛县也。且地理志云王莽改沛酂曰赞治，然而沛酂亦有赞音。酂、酂相乱，无所取信也。说者又引江统徂淮赋以为证，此乃统之疏谬，不可考覈，亦犹潘岳西征以陕之曲沃为成师所居耳。斯例甚多，不可具载。"

⑩晋灼曰："中执法，中丞也。"

⑪文颖曰："有贤者，郡守身自往劝勉，令至京师，驾车遣之。"

⑫苏林曰："行状年纪也。"

⑬师古曰："癃，疲病也，音隆。"

三月，梁王彭越谋反，夷三族。①诏曰："择可以为梁王、淮阳王者。"燕王绾、相国何等请立子恢为梁王，子友为淮阳王。罢东郡，颇益梁；罢颍川郡，颇益淮阳。

①师古曰："夷，平也，谓尽诛除之。"

夏四月，行自雒阳至。令丰人徙关中者皆复终身。①

①应劭曰："太上皇思（上）欲归丰，[11]高祖乃更筑城寺市里如丰县，号曰新丰，徙丰民以充实之。"师古曰："徙丰人所居，即今之新丰

古城是其处。复音方目反。”

五月，诏曰：“粤人之俗，好相攻击，前时秦徙中县之民南方三郡，①使与百粤杂处。②会天下诛秦，南海尉它居南方长治之，③甚有文理，中县人以故不耗减，④粤人相攻击之俗益止，俱赖其力。今立它为南粤王。”使陆贾即授玺绶。⑤它稽首称臣。

①如淳曰：“中县之民，中国县民也。秦始皇略取（彊）〔陆〕梁地以为桂林、[12]象郡、南海郡，故曰三郡。”

②李奇曰：“欲以介其间，使不相攻击也。”

③晋灼曰：“长音长吏之长。”师古曰：“它，古佗字也，书本亦或作他，并音徒何反。它者，南海尉之名也，姓赵。长治，谓为之长（治）〔帅〕而治理之也。”[13]

④师古曰：“耗，损也，音火到反。”

⑤师古曰：“即，就也，就其所居而立之。”

六月，令士卒从入蜀、汉、关中者皆复终身。①

①师古曰：“复音方目反。”

秋七月，淮南王布反。上问诸将，滕公言故楚令尹薛公有筹策。上（见公）〔召见〕，[14]薛公言布形势，上善之，封薛公千户。诏王、相国择可立为淮南王者，群臣请立子长为王。上乃发上郡、北地、陇西车骑，巴蜀材官及中尉卒三万人①为皇太子卫，军霸上。布果如薛公言，东击杀荆王刘贾，劫其兵，度淮击楚，楚王交走入薛。上赦天下死罪以下，皆令从军；征诸侯兵，上自将以击布。

①应劭曰：“材官，有材力者。”张晏曰：“材官、骑士习射御骑驰战陈，常以八月，太守、都尉、令、长、丞会都试，课殿最。水处则习船，

边郡将万骑行障塞。光武时省。”韦昭曰：“中尉即执金吾也。”

十二年冬十月，上破布军于会缶，①布走，令别将追之。

①孟康曰：“音侩保，邑名，属沛国蕲县。”苏林曰：“缶音甀。”晋灼曰：“蕲县乡名也。”师古曰：“会音工外反。缶音丈瑞反。苏音是也。此字本作甀，而转写者误为缶字耳。音保，非也。黥布传则正作甀字，此足明其不作缶也。”

上还，过沛，留，置酒沛宫，悉召故人父老子弟佐酒。①发沛中儿得百二十人，教之歌。酒酣，②上击筑，③自歌曰：“大风起兮云飞扬，威加海内兮归故乡，安得猛士兮守四方！”令儿皆和习之。④上乃起舞，忼慨伤怀，⑤泣数行下。⑥谓沛父兄曰：“游子悲故乡。⑦吾虽都关中，万岁之后吾魂魄犹思（乐）沛。[15]且朕自沛公以诛暴逆，遂有天下，其以沛为朕汤沐邑，⑧复其民，世世无有所与。”⑨沛父老诸母故人日乐饮极欢，道旧故为笑乐。⑩十馀日，上欲去，沛父兄固请。上曰：“吾人众多，父兄不能给。”乃去。沛中空县皆之邑西献。⑪上留止，张饮三日。⑫沛父兄皆顿首曰：“沛幸得复，丰未得，唯陛下哀矜。”上曰：“丰者，吾所生长，极不忘耳。⑬吾特以其为雍齿故反我为魏。”沛父兄固请之，乃并复丰，比沛。

①应劭曰：“助行酒。”

②师古曰：“酣，洽也，音胡甘反。”

③邓展曰：“筑音竹。”应劭曰：“状似琴而大，头安弦，以竹击之，故名曰筑。”师古曰：“今筑形似瑟而细颈也。”

④师古曰：“和音胡卧反。”

⑤师古曰："忼音口朗反。慨音口代反。"

⑥师古曰："泣，目中泪也。"

⑦师古曰："游子，行客也。悲谓顾念也。"

⑧师古曰："凡言汤沐邑者，谓以其赋税供汤沐之具也。"

⑨师古曰："复音方目反。与读曰豫。"

⑩师古曰："言日日乐饮也。乐并音来各反。"

⑪如淳曰："献牛酒也。"师古曰："之，往也。皆往邑西，竟有所献，故县中空无人。"

⑫张晏曰："张，帷帐也。"师古曰："张音竹亮反。"

⑬师古曰："极，至也。至念之不忘也。"

汉别将击布军洮水南北，[①]皆大破之，追斩布番阳。[②]

①苏林曰："洮音兆。"

②师古曰："番音蒲何反。"

周勃定代，斩陈豨于当城。[①]

①韦昭曰："代郡县也。"

诏曰："吴，古之建国也，日者荆王兼有其地，[①]今死亡后。朕欲复立吴王，其议可者。"长沙王臣等言：[②]"沛侯濞重厚，[③]请立为吴王。"已拜，上召谓濞曰："汝状有反相。"因拊其背，曰："汉后五十年东南有乱，岂汝邪？[④]然天下同姓一家，汝慎毋反。"濞顿首曰："不敢。"

①师古曰："日者，犹往日也。"

②师古曰："臣者，长沙王之名，吴芮之子也。今书本或臣下有芮字者，流俗妄加也。"

③服虔曰："濞音滂濞。"师古曰："音普懿反。"

④应劭曰："高祖有聪略，反相径可知。至于东南有乱，克期五十，占者所知也。若秦始皇东巡以厌气，后刘项起东南，疑当如此耳。"如淳曰："度其贮积足用为难，又吴楚世不宾服。"师古曰："应说是也。拊谓摩循之。"

十一月，行自淮南还。过鲁，以大牢祠孔子。

十二月，诏曰："秦皇帝、楚隐王、①魏安釐王、②齐愍王、③赵悼襄王④皆绝亡后。其与秦始皇帝守冢二十家，楚、魏、齐各十家，赵及魏公子亡忌各五家，⑤令视其冢，复亡与它事。"⑥

①师古曰："陈胜也。"

②师古曰："昭王之子也。釐读曰僖。汉书僖谥及福禧字，例多为釐。"

③师古曰："宣王之子，为淖齿所杀。"

④师古曰："孝成王之子。"

⑤师古曰："亡忌即信陵君也。"

⑥师古曰："复音方目反。与读曰豫。"

陈豨降将言豨反时燕王卢绾使人之豨所阴谋。①上使辟阳侯审食其迎绾，②绾称疾。食其言绾反有端。春二月，使樊哙、周勃将兵击绾。诏曰："燕王绾与吾有故，爱之如子，闻与陈豨有谋，吾以为亡有，故使人迎绾。绾称疾不来，谋反明矣。燕吏民非有罪也，赐其吏六百石以上爵各一级。与绾居，去来归者，赦之，③加爵亦一级。"诏诸侯王议可立为燕王者，长沙王臣等请立子建为燕王。

①师古曰："之，往也。"

②师古曰："辟音必亦反。食其音异基。"

③师古曰："先与绾居，今能去之来归汉者，赦其罪。"

诏曰："南武侯织亦粤之世也，立以为南海王。"[1]

①文颖曰："高祖五年，以象郡、桂林、南海、长沙立吴芮为长沙王。象郡、桂林、南海属尉佗，佗未降，遥虚夺以封芮耳。后佗降汉，十一年，更立佗为南越王，自此王三郡。芮唯得长沙、桂林、零陵耳。今复封织为南海王，复遥夺佗一郡，织未得王之。"

三月，诏曰："吾立为天子，帝有天下，十二年于今矣。与天下之豪士贤大夫共定天下，同安辑之。[1]其有功者上致之王，次为列侯，下乃食邑。[2]而重臣之亲，或为列侯，皆令自置吏，得赋敛，女子公主。[3]为列侯食邑者，皆佩之印，赐大第室。[4]吏二千石，徙之长安，受小第室。入蜀汉定三秦者，皆世世复。[5]吾于天下贤士功臣，可谓亡负矣。其有不义背天子擅起兵者，与天下共伐诛之。[6]布告天下，使明知朕意。"

①师古曰："辑与集同。"

②师古曰："谓非列侯而特赐食邑者。"

③如淳曰："公羊传曰'天子嫁女于诸侯，必使诸侯同姓者主之'，故谓之公主。百官表'列侯所食曰国，皇后、公主所食曰邑'。帝姊妹曰长公主，诸王女曰翁主。"师古曰："如说得之。天子不亲主婚，故谓之公主。诸王即自主婚，故其女曰翁主。翁者，父也，言父主其婚也。亦曰王主，言王自主其婚也。高祖答项羽曰'吾翁即若翁也'。扬雄方言云'周、晋、秦、陇谓父曰翁'。而臣瓒、王楙或云公者比于上爵，或云主者妇人尊称，皆失之。"

④孟康曰："有甲乙次第，故曰第也。"

⑤师古曰："复音方目反。"

⑥师古曰："擅，专也，音上战反。他皆类此。"

上击布时，为流矢所中，行道疾。疾甚，吕后迎良医。医入见，上问医。曰："疾可治（不医曰可治）。"〔16〕于是上嫚骂之，曰："吾以布衣提三尺取天下，①此非天命乎？命乃在天，虽扁鹊何益！"②遂不使治疾，赐黄金五十斤，罢之。吕后问曰："陛下百岁后，萧相国既死，谁令代之？"上曰："曹参可。"问其次，曰："王陵可，然少戆，③陈平可以助之。陈平知有馀，然难独任。周勃重厚少文，然安刘氏者必勃也，可令为太尉。"吕后复问其次，上曰："此后亦非乃所知也。"④

①师古曰："三尺，剑也。下韩安国传所云三尺亦同，而流俗书本或云提三尺剑，剑字后人所加耳。"

②韦昭曰："泰山卢人也。名越人，魏桓侯时医也。"臣瓒曰："史记云齐勃海人也，魏无桓侯。"师古曰："瓒说是也。扁音步典反。"

③师古曰："戆，愚也，古音下绀反，今则竹巷反。"

④师古曰："乃，汝也。言自此之后，汝亦终矣，不复知之。"

卢绾与数千人居塞下候伺，幸上疾愈，自入谢。①夏四月甲辰，帝崩于长乐宫。②卢绾闻之，遂亡入匈奴。

①师古曰："冀得上疾愈，自入谢以为己身之幸也。"

②臣瓒曰："帝年四十二即位，即位十二年，寿五十三。"

吕后与审食其谋曰："诸将故与帝为编户民，①北面为臣，心常鞅鞅，②今乃事少主，非尽族是，天下不安。"③以故不发丧。人或闻，以语郦商。郦商见审食其曰："闻帝已崩，四日不发丧，欲诛诸将。诚如此，天下危矣。陈平、灌婴将十万守荥阳，樊哙、周勃将二十万定燕代，此闻帝崩，诸将皆诛，必连兵还乡，以攻关中。④大臣内畔，诸将外反，亡可蹻足待也。"⑤审食其入言之，乃以丁未发丧，大赦天下。

①师古曰："编户者，言列次名籍也。编音鞭。"

②师古曰："鞅鞅，不满足也，音於亮反。他皆类此。"

③师古曰："族谓族诛之。是亦此也。"

④师古曰："乡读曰向。还向，犹言反向、内向也。"

⑤文颖曰："蹻犹翘也。"如淳曰："蹻音如今作乐蹻行之蹻。"晋灼曰："许慎云'蹻，举足小高也'，音矫。"师古曰："晋说是也。"

五月丙寅，葬长陵。①已下，②皇太子群臣皆反至太上皇庙。群臣曰："帝起细微，拨乱世反之正，③平定天下，为汉太祖，功最高。"上尊号曰高皇帝。④

①臣瓒曰："自崩至葬凡二十三日。长陵在长安北四十里。"

②苏林曰："下音下书之下。"郑氏曰："已下棺也。"师古曰："苏音郑说是也。下音胡亚反。"

③师古曰："反，还也，还之于正道。"

④师古曰："尊号，谥也。"

初，高祖不修文学，而性明达，好谋，能听，自监门戍卒，见之如旧。初顺民心作三章之约。天下既定，命萧何次律令，韩信申军法，张苍定章程，①叔孙通制礼仪，陆贾造新语。又与功臣剖符作誓，②丹书铁契，金匮石室，③藏之宗庙。虽日不暇给，规摹弘远矣。④

①如淳曰："章，历数之章术也。程者，权衡丈尺斗斛之平法也。"师古曰："程，法式也。"

②如淳曰："谓功臣表誓'使河如带，泰山若厉，国乃灭绝'。"

③如淳曰："金匮，犹金縢也。"师古曰："以金为匮，以石为室，重缄封之，保慎之义。"

④邓展曰："若画工规模物之摹。"韦昭曰："正员之器曰规。摹者，

如画工未施采事摹之矣。”师古曰：“取喻规摹，谓立制垂范也。给，足也。日不暇足，言众事繁多，常汲汲也。”

赞曰：春秋晋史蔡墨有言，陶唐氏既衰，①其后有刘累，学扰龙，事孔甲，②范氏其后也。③而大夫范宣子亦曰：“祖自虞以上为陶唐氏，④在夏为御龙氏，⑤在商为豕韦氏，⑥在周为唐杜氏，⑦晋主夏盟为范氏。”范氏为晋士师，⑧鲁文公世奔秦。⑨后归于晋，其处者为刘氏。⑩刘向云战国时刘氏自秦获于魏。⑪秦灭魏，迁大梁，⑫都于丰，故周市说雍齿曰“丰，故梁徙也”。是以颂高祖云：“汉帝本系，出自唐帝。降及于周，在秦作刘。涉魏而东，遂为丰公。”⑬丰公，盖太上皇父。其迁日浅，坟墓在丰鲜焉。⑭及高祖即位，置祠祀官，则有秦、晋、梁、荆之巫，⑮世祠天地，缀之以祀，岂不信哉！⑯由是推之，汉承尧运，德祚已盛，断蛇著符，旗帜上赤，协于火德，自然之应，得天统矣。⑰

①荀悦曰：“唐者，帝尧有天下号。陶，发声也。”韦昭曰：“陶唐皆国名，犹汤称殷商矣。”臣瓒曰：“尧初居于唐，后居陶，故曰陶唐也。”师古曰：“三家之说皆非也。许慎说文解字云：‘陶，丘再成也，在济阴。夏书曰东至陶丘。陶丘有尧城，尧尝居之，后居于唐，故尧号陶唐氏。’斯得之矣。”

②应劭曰：“扰，驯也，能顺养得其嗜欲也。孔甲，夏天子也。”师古曰：“扰音绕，又音饶。”

③师古曰：“晋司空士蔿之孙士会为晋大夫，食采于范，因号范氏。”

④师古曰：“范宣子即士会之孙士匄也。”

⑤师古曰：“即刘累也。”

⑥师古曰：“豕韦，国名，在东郡白马县东南。”

⑦师古曰："唐、杜，二国名也。殷末豕韦徙国于唐，周成王灭唐，迁之于杜，为杜伯。杜伯之子隰叔奔晋。士会即隰叔之玄孙也。唐，太原晋阳县也。杜，京兆杜县也。"

⑧师古曰："言晋为霸，主诸夏之盟，而范氏为晋正卿。"

⑨师古曰："文公六年，晋襄公卒，士会与先蔑如秦逆公子雍，欲以为嗣。七年，以秦师纳雍，而赵宣子立灵公，与秦师战，败之于刳首。先蔑奔秦，士会从之。"

⑩师古曰："文十三年，晋人使魏寿馀伪以魏畔，诱士会而纳之。秦人归其帑，其别族留在秦者既无官邑，而乃复刘累之姓也。"

⑪文颖曰："六国时，秦伐魏，刘氏随军为魏所获，故得复居魏也。"师古曰："春秋之后，周室卑微，诸侯强盛，交相攻伐，故总谓之战国。"

⑫师古曰："秦昭王伐魏，魏惠王弃安邑，东徙大梁，更号曰梁，非始皇灭六国之时。"

⑬晋灼曰："涉犹入也。"

⑭师古曰："鲜，少也，音先浅反。"

⑮应劭曰："先人所在之国，悉致祠巫祝，博求神灵之意也。"文颖曰："巫，掌神之位次者也。范氏世仕于晋，故祠祀有晋巫。范会支庶，留秦为刘氏，故有秦巫。刘氏随魏都大梁，故有梁巫。后徙丰，丰属荆，故有荆巫也。"

⑯师古曰："缀，言不绝也。"

⑰孟康曰："十一月天统，物萌色赤，故云得天统也。"臣瓒曰："汉承尧绪，为火德。秦承周后，以火代木，得天之统序，故曰得天统。汉初因秦正，至太初元年始用夏正，不用十一月为正也。"师古曰："瓒说得之。"

【校勘记】

〔1〕 汉王为发（葬）〔丧〕，景祐、汲古、殿本都作“丧”。王先谦说作“丧”是。

〔2〕 有辨（说）〔讼〕及陈请者，景祐、殿本都作“讼”。王先谦说作“讼”是。

〔3〕 丹（杨）〔阳〕景祐、殿本都作“阳”。

〔4〕 上已封大功臣（三）〔二〕十馀人，周寿昌说高帝功臣表六年正月以前封二十七人，合韩信二十八人，“三”是“二”之误。王先谦说通鉴亦作“二十馀人”，此积画传写之误。

〔5〕（与）其将曼丘臣、王黄共立故赵后赵利为王，朱子文说“与”字衍。王先谦说朱说是。

〔6〕（而）〔耏〕谓颊旁毛也。景祐、殿本都作“耏”。按下句云“彡，毛发貌也”，是释“耏”字所从，则作“耏”是。

〔7〕 置宗正（宫）〔官〕景祐、殿、局本都作“官”。钱大昭说“宫”当作“官”。

〔8〕 金布者，令篇（者）〔名〕，景祐、汲古、殿、局本都作“名”。

〔9〕 能坚守（也）〔者〕。殿本作“者”。王先谦说作“者”是。

〔10〕 购；设赏募也；〔音搆〕。景祐、殿本都多“音搆”二字。

〔11〕 太上皇思（上）欲归丰，殿、局本“上”作“土”。景祐本无此字。

〔12〕 略取（彊）〔陆〕梁地以为桂林 史记秦始皇本纪作“陆梁”，地名。王先谦说作“陆”是。

〔13〕 谓为之长（治）〔帅〕而治理之也。景祐、殿、局本都作“帅”。王先谦说作“帅”是。

〔14〕 上（见公）〔召见〕，景祐、殿本都作“召见”。

〔15〕 吾魂魄犹思（乐）沛。景祐本无“乐”字。

〔16〕（不医曰可治） 宋祁说旧本及越本并无“不医曰可治”五字。王念孙说景祐本无五字是。

汉书卷二

惠帝纪第二

孝惠皇帝，①高祖太子也，母曰吕皇后。帝年五岁，高祖初为汉王。二年，立为太子。十二年四月，高祖崩。五月丙寅，太子即皇帝位，尊皇后曰皇太后。赐民爵一级。②中郎、郎中满六岁爵三级，四岁二级。③外郎满六岁二级。④中郎不满一岁一级。外郎不满二岁赐钱万。⑤宦官尚食比郎中。⑥谒者、执楯、执戟、武士、驺比外郎。⑦太子御骖乘赐爵五大夫，舍人满五岁二级。⑧赐给丧事者，二千石钱二万，六百石以上万，五百石、二百石以下至佐史五千。⑨视作斥上者，将军四十金，⑩二千石二十金，六百石以上六金，五百石以下至佐史二金。减田租，复十五税一。⑪爵五大夫、吏六百石以上及宦皇帝而知名者有罪当盗械者，皆颂系。⑫上造以上及内外公孙耳孙有罪当刑及当为城旦舂者，皆耐为鬼薪白粲。⑬民年七十以上若不满十岁有罪当刑者，皆完之。⑭又曰："吏所以治民也，能尽其治则民赖之，故重其禄，所以为民也。⑮今吏六百石以上父母妻子与同居，及故吏尝佩将军都尉印将兵及佩二千石官印者，家唯给军赋，他无有所与。"⑯

①荀悦曰："讳盈之字曰满。"应劭曰："礼谥法'柔质慈民曰惠'。"师古曰："孝子善述父之志，故汉家之谥，自惠帝已下皆称孝也。臣下以满字代盈者，则知帝讳盈也。他皆类此。"

②师古曰："帝初即位为恩惠也。"

③苏林曰："中郎，省中郎也。"

④苏林曰："外郎，散郎也。"

⑤张晏曰："不满一岁，谓不满四岁之一岁，作郎三岁也。不满二岁，谓不满六岁之二岁，作郎四岁也。"师古曰："此说非也。直谓作郎未经一岁二岁耳。"

⑥应劭曰："宦官，阉寺也。尚，主也。旧有五尚。尚冠、尚帐、尚衣、尚席亦是。"如淳曰："主天子物曰尚，主文书曰尚书，又有尚符玺郎也。汉仪注省中有五尚，而内官妇人有诸尚也。"

⑦应劭曰："执楯、执戟，亲近陛卫也。武士，力士也，高祖使武士缚韩信是也。驺，驺骑也。"师古曰："驺本厩之驭者，后又令为骑，因谓驺骑耳。"

⑧师古曰："武士、驺以上，皆旧侍从天子之人也。舍人以上，太子之官属。"

⑨如淳曰："律有斗食佐史。"韦昭曰："若今曹史书佐也。"师古曰："自五百石以下至于佐史皆赐五千。今又言二百石者，审备其等也。"

⑩服虔曰："斥上，圹上也。"如淳曰："斥，开也。开土地为冢圹，故以开斥言之。"郑氏曰："四十金，四十斤金也。"晋灼曰："近上二千石赐钱二万，此言四十金，实金也。下凡言黄金，真金也。不

言黄，谓钱也。食货志黄金一斤直万钱。”师古曰：“诸赐言黄金者，皆与之金。不言黄者，一金与万钱也。”

⑪邓展曰：“汉家初十五税一，俭于周十税一也。中间废，今复之也。”如淳曰：“秦作阿房之宫，收太半之赋，遂行，至此乃复十五而税一。”师古曰：“邓说是也。复音房目反。”

⑫文颖曰：“言皇帝者，以别仕诸王国也。”张晏曰：“时诸侯治民，新承六国之后，咸慕乡邑，或贪逸豫，乐仕诸侯，今特为京师作优裕法也。”如淳曰：“知名，谓宦人教帝书学，亦可表异者也。盗者逃也，恐其逃亡，故著械也。颂者容也，言见宽容，但处曹吏舍，不入（陛）〔狴〕牢也。”[1]师古曰：“诸家之说皆非也。宦皇帝而知名者，谓虽非五大夫爵、六百石吏，而早事惠帝，特为所知，故亦优之，所以云及耳，非谓凡在京师异于诸王国，亦不必在于宦人教书学也。左官之律起自武帝，此时未有。礼记曰'宦学事师'，谓凡仕宦，非阉寺也。盗械者，凡以罪著械皆得称焉，不必逃亡也。据山海经，贰负之臣、相柳之尸皆云盗械，其义是也。古者颂与容同。五大夫，第九爵也。”

⑬应劭曰：“上造，爵满十六者也。内外公孙谓王侯内外孙也。耳孙者，玄孙之子也，言去其曾高益远，但耳闻之也。今以上造有功劳，内外孙有骨血属媵，施德布惠，故事从其轻也。城旦者，旦起行治城；舂者，妇人不豫外徭，但舂作米：皆四岁刑也。今皆就鬼薪白粲。取薪给宗庙为鬼薪，坐择米使正白为白粲，皆三岁刑也。”李斐曰：“耳孙，曾孙也。”张晏曰：“公孙，宗室侯王之孙也。”晋灼曰：“耳孙，玄孙之曾孙也，诸侯王表在八世。”师古曰：“上造，第二爵名也。内外公孙，国家宗室及外戚之孙也。耳孙，诸说不同。据平纪及诸侯王表说'梁孝王玄孙之（子）耳孙〔音〕'。[2]耳音仍。又匈奴传说握衍朐鞮单于，云'乌维单于耳孙'。以此参之，李云曾孙是也。然汉书诸处又皆云曾孙非一，不应杂两称而言。据尔雅

'曾孙之子为玄孙，玄孙之子为来孙，来孙之子为昆孙，昆孙之子为仍孙'，从己而数，是为八叶，则与晋说相同。仍、耳声相近，盖一号也。但班氏唯存古名，而计其叶数则错也。嫾音连。"

⑭孟康曰："不加肉刑髡鬄也。"师古曰："若，预及之言也。谓七十以上及不满十岁以下，皆完之也。鬄音他计反。"

⑮师古曰："为音于伪反。"

⑯师古曰："同居，谓父母妻子之外若兄弟及兄弟之子等见与同居业者，若今言同籍及同财也。无有所与，与读曰豫。"

令郡诸侯王立高庙。①

①师古曰："诸郡及诸侯王国皆立庙也。今书本郡下或有国字者，流俗不晓妄加之。"

元年冬十二月，赵隐王如意薨。民有罪，得买爵三十级以免死罪。①赐民爵，户一级。

①应劭曰："一级直钱二千，凡为六万，若今赎罪入三十匹缣矣。"师古曰："令出买爵之钱以赎罪。"

春正月，城长安。

二年冬十月，齐悼惠王来朝，献城阳郡以益鲁元公主邑，尊公主为太后。①

①如淳曰："张敖子偃为鲁王，故公主得为太后。"师古曰："此说非也。盖齐王忧不得脱，故从内史之言，请尊公主为齐太后，以母礼事之，用悦媚吕太后耳。若鲁元以子为鲁王，自合称太后，何待齐王尊之乎？据张耳传'高后元年鲁元太后薨，后六年宣平侯敖薨，吕太后立敖子偃为王，以母为太后故也'，是则偃因母为齐王太后而

得王，非母因偃乃为太后也。”

春正月癸酉，有两龙见兰陵家人井中，①乙亥夕而不见。陇西地震。

①师古曰：“家人，言庶人之家。”

夏旱。郃阳侯仲薨。①秋七月辛未，相国何薨。②

①师古曰：“高帝之兄，吴王濞父也。”

②师古曰：“萧何也。”

三年春，发长安六百里内男女十四万六千人城长安，三十日罢。①

①郑氏曰：“城一面，故速罢。”

以宗室女为公主，嫁匈奴单于。

夏五月，立闽越君摇为东海王。①

①应劭曰：“摇，越王句践之苗裔也，帅百越之兵助高祖，故封。东海，在吴郡东南滨海云。”师古曰：“即今泉州是其地。”

六月，发诸侯王、列侯徒隶二万人城长安。

秋七月，都厩灾。南越王赵佗称臣奉贡。①

①师古曰：“佗音徒何反。”

四年冬十月壬寅，立皇后张氏。①

①师古曰：“张敖之女也。史记及汉书无名字，皇甫谧作帝王世纪皆为惠帝张后及孝文薄后已下别制名焉，至于薄父之徒亦立名字，何从而得之乎？虽欲示博闻，不知陷于穿凿。”

春正月，举民孝弟力田者复其身。①

①师古曰："弟者，言能以顺道事其兄也。弟音徒计反。复音方目反。"

三月甲子，皇帝冠，赦天下。省法令妨吏民者；除挟书律。[①]长乐宫鸿台灾。宜阳雨血。

①应劭曰："挟，藏也。"张晏曰："秦律敢有挟书者族。"

秋七月乙亥，未央宫凌室灾；[①]丙子，织室灾。[②]

①师古曰："凌室，藏冰之室也。豳诗七月之篇曰'纳于凌阴'。"

②师古曰："主织作缯帛之处。"

五年冬十月，雷；桃李华，枣实。

春正月，复发长安六百里内男女十四万五千人城长安，三十日罢。

夏，大旱。

秋八月己丑，相国参薨。[①]

①师古曰："曹参也。"

九月，长安城成。赐民爵，户一级。[①]

①师古曰："家长受也。"

六年冬十月辛丑，齐王肥薨。

令民得卖爵。女子年十五以上至三十不嫁，五算。[①]

①应劭曰："国语越王句践令国中女子年十七不嫁者父母有罪，欲人民繁息也。汉律人出一算，算百二十钱，唯贾人与奴婢倍算。今使五算，罪谪之也。"孟康曰："或云复之也。"师古曰："应说是。"

夏六月，舞阳侯哙薨。[①]

①师古曰："樊哙也。"

起长安西市，修敖仓。

七年冬十月，发车骑、材官诣荥阳，①太尉灌婴将。

①师古曰："车，常拟军兴者，若近代之戍车也。骑，常所养马，并其人使行充骑，若今武马及所养者主也。材官，解在高纪。"

春正月辛丑朔，日有蚀之。夏五月丁卯，日有蚀之，既。①

①师古曰："既，尽也。"

秋八月戊寅，帝崩于未央宫。①九月辛丑，葬安陵。②

①臣瓒曰："帝年十七即位，即位七年，寿二十（四）〔三〕。"〔3〕

②臣瓒曰："自崩至葬凡二十四日。安陵在长安北三十五里。"师古曰："三辅黄图云去长陵十里。"

赞曰：孝惠内修亲亲，外礼宰相，优宠齐悼、赵隐，恩敬笃矣。①闻叔孙通之谏则惧然，②纳曹相国之对而心说，③可谓宽仁之主。遭吕太后亏损至德，④悲夫！

①师古曰："笃，厚也。"

②苏林曰："谏复道乘衣冠道也。"师古曰："惧读曰瞿。瞿然，失守貌，音居具反。"

③苏林曰："对修高帝制度、萧何法也。"师古曰："说读曰悦。"

④师古曰："谓杀赵王，戮戚夫人，因以忧疾不听政而崩。"

【校勘记】

〔1〕 不入（陛）〔狴〕牢也。 殿、局本都作"狴"。王先谦说作

“狌”是。

〔2〕 梁孝王玄孙之（子）耳孙〔音〕。 景祐本无“子”字，有“音”字，与平纪文合。诸侯王表“王音以孝王玄孙之曾孙绍封”，故下文说“以此参之，李云曾孙是也”。

〔3〕 寿二十（四）〔三〕。 史记集解引皇甫谧曰“帝以秦始皇三十七年生，崩时年二十三”。王先谦说瓒说误。

汉书卷三

高后纪第三

高皇后吕氏，①生惠帝。佐高祖定天下，父兄及高祖而侯者三人。②惠帝即位，尊吕后为太后。太后立帝姊鲁元公主女为皇后，无子，取后宫美人子名之以为太子。惠帝崩，太子立为皇帝，年幼，太后临朝称制，③大赦天下。乃立兄子吕台、产、禄、台子通四人为王，④封诸吕六人为列侯。语在外戚传。

①荀悦曰："讳雉之字曰野鸡。"应劭曰："礼，妇人从夫谥，故称高也。"师古曰："吕后名雉，字娥姁，故臣下讳雉也。姁音许于反。"

②师古曰："父谓临泗侯吕公也。兄谓周吕侯泽、建成侯释之。"

③师古曰："天子之言一曰制书，二曰诏书。制书者，谓为制度之命也，非皇后所得称。今吕太后临朝行天子事，断决万机，故称制诏。"

④苏林曰："台音胞胎。"

元年春正月，诏曰："前日孝惠皇帝言欲除三族罪、妖言令，①议未决而崩，今除之。”二月，赐民爵，户一级。初置孝弟力田二千石者一人。②夏五月丙申，赵王宫丛台灾。③立孝惠后宫子强为淮阳王，④不疑为恒山王，⑤弘为襄城侯，朝为轵侯，⑥武为壶关侯。秋，桃李华。

①师古曰：“罪之重者戮及三族，过误之语以为妖言，今谓重酷，皆除之。”

②师古曰：“特置孝弟力田官而尊其秩，欲以劝厉天下，令各敦行务本。”

③师古曰：“连聚非一，故名丛台。盖本六国时赵王故台也，在邯郸城中。”

④如淳曰：“外戚恩泽侯表曰皆吕氏子也，以孝惠子侯。”晋灼曰：“汉注名长。”韦昭曰：“今陈留郡。”

⑤如淳曰：“今常山也，因避文帝讳改曰常。”

⑥师古曰：“轵音只。”

二年春，诏曰：“高皇帝匡饬天下，①诸有功者皆受分地为列侯，②万民大安，莫不受休德。③朕思念至于久远而功名不著，亡以尊大谊，施后世。今欲差次列侯功以定朝位，④臧于高庙，世世勿绝，嗣子各袭其功位。其与列侯议定奏之。”丞相臣平言：⑤“谨与绛侯臣勃、⑥曲周侯臣商、⑦颍阴侯臣婴、⑧安国侯臣陵等议，⑨列侯幸得赐餐钱奉邑，⑩陛下加惠，以功次定朝位，⑪臣请臧高庙。”奏可。春正月乙卯，地震，羌道、⑫武都道山崩。⑬夏六月丙戌晦，日有蚀之。秋七月，恒山王不疑薨。行八铢钱。⑭

①师古曰：“匡，正也。饬，整也。饬读与敕同，其字从力。”

②师古曰：“分音扶问反。”

③师古曰："休，美也，音虚虯反。他皆类此。"

④师古曰："以功之高下为先后之次。"

⑤师古曰："陈平。"

⑥师古曰："周勃。"

⑦师古曰："郦商。"

⑧师古曰："灌婴。"

⑨师古曰："王陵。"

⑩应劭曰："餐与飡同。诸侯四时皆得赐餐钱。"文颖曰："飡，邑中更名算钱，如今长吏食奉，自复媵钱，即租奉也。"韦昭曰："熟食曰飡，酒肴曰钱，粟米曰奉。税租奉禄，正所食也。四时得閒赐，是为飡钱。飡，小食也。"师古曰："餐、飡同一字耳，音（于）〔千〕安反。[1]飡，所谓吞食物也。餐钱，赐厨膳钱也。奉邑，本所食邑也。奉音扶用反。"

⑪如淳曰："功大者位在上。功臣侯表有第一、第二之次。"

⑫服虔曰："县有夷蛮曰道。"师古曰："羌道属陇西郡。"

⑬师古曰："武都道属武都郡。"

⑭应劭曰："本秦钱，质如周钱，文曰'半两'，重如其文，即八铢也。汉以其太重，更铸荚钱，今民间名榆荚钱是也。民患其太轻，至此复行八铢钱。"

三年夏，江水、〔汉水〕溢，[2]流民四千馀家。①秋，星昼见。

①师古曰："水所漂没也。"

四年夏，少帝自知非皇后子，出怨言，皇太后幽之永巷。①诏曰："凡有天下治万民者，盖之如天，容之如地；上有驩心以使百姓，百姓欣然以事其上，驩欣交通而天下治。今皇帝疾久不已，乃失惑昏乱，不能继嗣奉宗庙，守祭祀，不可属天下。[②]其议代之。”群臣皆曰：“皇太后为天下计，所以安宗庙社稷甚深。顿首奉诏。”五月丙辰，立恒山王弘为皇帝。[③]

①如淳曰：“列女传周宣姜后脱簪珥，待罪永巷，后改为掖庭。”师古曰：“永，长也。本谓宫中之长巷也。”

②师古曰：“属，委也，音之欲反。”

③晋灼曰：“史记惠帝元年，子不疑为常山王，子山为襄城侯。二年，常山王薨，即不疑也。以弟襄城侯山为常山王，更名义。丙辰，立常山王义为帝。义更名弘。汉书一之，书弘以为正也。”师古曰：“即元年所立弘为襄城侯者，晋说是也。”

五年春，南粤王尉佗自称南武帝。[①]秋八月，淮阳王彊薨。九月，发河东、上党骑屯北地。

①韦昭曰：“生以武为号，不稽古也。”师古曰：“此说非也。成汤曰‘吾武甚’，因自号武王。佗言武帝亦犹是耳，何谓其不稽古乎？”

六年春，星昼见。夏四月，赦天下。秩长陵令二千石。[①]六月，城长陵。[②]匈奴寇狄道，攻阿阳。[③]行五分钱。[④]

①应劭曰：“长陵，高祖陵，尊之，故增其令秩也。”

②张晏曰：“起县邑，故筑城也。”师古曰：“此说非也。黄图云长陵城周七里百八十步，因为殿垣，门四出，及便殿掖庭诸官寺皆在中。是即就陵为城，非止谓邑居也。”

③师古曰：“狄道属陇西。阿阳，天水之县也。今流俗书本或作河阳者，非也。”

④应劭曰：“所谓荚钱者。”

七年冬十二月，匈奴寇狄道，略二千馀人。春正月丁丑，赵王友幽死于邸。己丑晦，日有蚀之，既。以梁王吕产为相国，赵王禄为上将军。立营陵侯刘泽为琅邪王。夏五月辛未，诏曰："昭灵夫人，太上皇妃也；武哀侯、①宣夫人，高皇帝兄姊也。②号谥不称，其议尊号。"丞相臣平等请尊昭灵夫人曰昭灵后，武哀侯曰武哀王，宣夫人曰昭哀后。六月，赵王恢自杀。秋九月，燕王建薨。南越侵盗长沙，遣隆虑侯灶将兵击之。③

①张晏曰："高帝兄伯也。"

②如淳曰："皆追谥。"

③应劭曰："灶姓周，高祖功臣也。隆虑，今林虑也，后避殇帝讳，故改之。"师古曰："虑音庐。"

八年春，封中谒者张释卿为列侯。①诸中官、宦者令丞皆赐爵关内侯，食邑。②夏，江水、汉水溢，流万馀家。

①孟康曰："宦官也。"如淳曰："百官表谒者掌宾赞受事。灌婴为中谒者，后常以阉人为之。诸官加中者，多阉人也。"

②如淳曰："列侯出关就国，关内侯但爵耳。其有加（愚）〔异〕者，[3]与之关内之邑，食其租税。宣纪曰'德、武食邑'是也。"师古曰："诸中官，凡阉人给事于中者皆是也。宦者令丞，宦者署之令丞。"

秋七月辛巳，皇太后崩于未央宫。遗诏赐诸侯王各千金，将相列侯下至郎吏各有差。大赦天下。

上将军禄、相国产颛兵秉政，①自知背高皇帝约，②恐为大臣诸侯王所诛，因谋作乱。时齐悼惠王子朱虚侯章在京师，以禄女为妇，知其谋，乃使人告兄齐王，令发兵西。章欲与太尉勃、丞相平为内应，以诛诸吕。齐王遂发兵，又诈琅邪王泽发其国兵，并将而西。产、禄等遣大将军灌婴将兵击之。婴至荥阳，使人谕齐王与连和，待吕氏变而共诛之。③

①师古曰："颛读与专同。"

②师古曰："非刘氏而王，非有功而侯。"

③师古曰："变谓发动也。"

太尉勃与丞相平谋，以曲周侯郦商子寄与禄善，使人劫商令寄绐说禄①曰："高帝与吕后共定天下，刘氏所立九王，吕氏所立三王，皆大臣之议。事（以）〔已〕布告诸侯王，[4]诸侯王以为宜。今太后崩，帝少，足下不急之国守藩，②乃为上将将兵留此，为大臣诸侯所疑。何不速归将军印，以兵属太尉，③请梁王亦归相国印，与大臣盟而之国？齐兵必罢，大臣得安，足下高枕而王千里，此万世之利也。"禄然其计，使人报产及诸吕老人。或以为不便，计犹豫④未有所决。禄信寄，与俱出游，过其姑吕媭。⑤媭怒曰："汝为将而弃军，吕氏今无处矣！"⑥乃悉出珠玉宝器散堂下，曰："无为它人守也！"

①师古曰："绐，诳也。"

②师古曰："之，往也。"

③师古曰："属音之欲反。"

④师古曰："犹，兽名也。尔雅曰'犹如麐，善登木'。此兽性多疑虑，常居山中，忽闻有声，即恐有人且来害之，每豫上树，久之无人，然后敢下，须臾又上。如此非一，故不决者称犹豫焉。一曰陇西俗谓犬子为犹，犬随人行，每豫在前，待人不得，又来迎候，故云犹

豫也。麐音几。"

⑤张晏曰："婴音须。"师古曰："吕后妹。"

⑥师古曰："言见诛灭，无处所也。处字或作类，言无种类也。"

八月庚申，平阳侯窋行御史大夫事，①见相国产计事。郎中令贾寿使从齐来，因数产②曰："王不早之国，今虽欲行，尚可得邪？"具以灌婴与齐楚合从状告产。③平阳侯窋闻其语，驰告丞相平、太尉勃。勃欲入北军，不得入。襄平侯纪通尚符节，④乃令持节矫内勃北军。⑤勃复令郦寄、典客刘揭说禄，⑥曰："帝使太尉守北军，欲令足下之国，急归将军印辞去。不然，祸且起。"禄遂解印属典客，⑦而以兵授太尉勃。勃入军门，行令军中曰："为吕氏右袒，为刘氏左袒。"⑧军皆左袒。勃遂将北军。然尚有南军，丞相平召朱虚侯章佐勃。勃令章监军门，令平阳侯告卫尉，毋内相国产殿门。产不知禄已去北军，入未央宫欲为乱。殿门弗内，徘徊往来。⑨平阳侯驰语太尉勃，勃尚恐不胜，未敢诵言诛之，⑩乃谓朱虚侯章曰："急入宫卫帝。"章从勃请卒千人，入未央宫掖门，⑪见产廷中。日餔时，遂击产。产走。天大风，从官乱，莫敢斗者。逐产，杀之郎中府吏舍厕中。⑫

①师古曰："窋，曹参子也，音竹出反。"

②师古曰："数，责之也，音数具反。"

③师古曰："齐楚俱在山东，连兵西向，欲诛诸吕，亦犹六国为从以敌秦，故言合从也。从音子容反。"

④张晏曰："纪通，信子也。尚，主也，今符节令也。"晋灼曰："纪信焚死，不见其后。功臣表云纪通纪成之子，以成死事，故封侯。"师古曰："晋说是也。"

⑤师古曰："矫，诈也，诈以天子之命也。"

⑥应劭曰："典客，今大鸿胪也。"师古曰："揭音竭。"

⑦师古曰："属音之欲反。"

⑧师古曰："袒，脱衣袖而肉袒也。左右者，偏脱其一耳。袒音徒旱反。"

⑨师古曰："徘徊犹傍偟，不进之意也。徘音裴。"

⑩邓展曰："诵言，公言也。"

⑪师古曰："非正门而在两旁，若人之臂掖也。"

⑫如淳曰："百官表郎中令掌宫殿门户，故其府在宫中，后转为光禄勋。"

章已杀产，帝令谒者持节劳章。①章欲夺节，谒者不肯，章乃从与载，因节信驰斩长乐卫尉吕更始。②还入北军，复报太尉勃。勃起拜贺章，曰："所患独产，今已诛，天下定矣。"辛酉，(杀)〔斩〕吕禄，[5]笞杀吕媭。分部悉捕诸吕男女，无少长皆斩之。③

①师古曰："慰问之。"

②师古曰："因谒者所持之节，用为信也。章与谒者同车，故为门者所信，得入长乐宫。"

③师古曰："分音扶问反。"

大臣相与阴谋，以为少帝及三弟为王者皆非孝惠子，复共诛之，尊立文帝。语在周勃、高五王传。

赞曰：孝惠、高后之时，海内得离战国之苦，君臣俱欲无为，故惠帝拱己，①高后女主制政，不出房闼，②而天下晏然，刑罚罕用，民务稼穑，衣食滋殖。③

①师古曰："垂拱而治。"

②师古曰："闼，宫中小门，音他曷反。"

③师古曰："滋，益也。殖，生也。"

【校勘记】

〔1〕 音（于）〔千〕安反。 景祐、殿本都作"千"。王先谦说作"千"是。

〔2〕 江水、〔汉水〕溢。 钱大昭说"江水"下脱"汉水"二字。按景祐、殿本都有，通鉴亦有。

〔3〕 其有加（愚）〔异〕者， 景祐、殿、局本都作"异"。王先谦说作"异"是。

〔4〕 事（以）〔已〕布告诸侯王， 景祐、汲古、殿、局本都作"已"。

〔5〕 （杀）〔斩〕吕禄， 景祐、殿本都作"斩"。

汉书卷四

文帝纪第四

孝文皇帝，①高祖中子也，母曰薄姬。②高祖十一年，诛陈豨，定代地，立为代王，都中都。十七年秋，高后崩，③诸吕谋为乱，欲危刘氏。丞相陈平、太尉周勃、朱虚侯刘章等共诛之，谋立代王。语在高后纪、高五王传。

①荀悦曰："讳恒之字曰常。"应劭曰："谥法'慈惠爱民曰文'。"

②如淳曰："姬音怡，众妾之总称。汉官仪曰姬妾数百，外戚传亦曰幸姬戚夫人。"臣瓒曰："汉秩禄令及茂陵书姬并内官也，秩比二千石，位次婕妤下，在八子上。"师古曰："姬者，本周之姓，贵于众国之女，所以妇人美号皆称姬焉。故左氏传曰：'虽有姬、姜，无弃蕉萃。'姜亦大国女也。后因总谓众妾为姬。史记云'高祖居山东时好美姬'是也。若姬是官号，不应云幸姬戚夫人，且外戚传备列后妃诸官，无姬职也。如云众妾总称，则近之。不当音怡，宜依字读耳。

瓒说谬也。”

③张晏曰：“代王之十七年也。”

大臣遂使人迎代王。郎中令张武等议，皆曰：“汉大臣皆故高帝时将，习兵事，多谋诈，其属意非止此也，①特畏高帝、吕太后威耳。今已诛诸吕，新喋血京师，②以迎大王为名，实不可信。愿称疾无往，以观其变。”中尉宋昌进曰：“群臣之议皆非也。夫秦失其政，豪杰并起，人人自以为得之者以万数，然卒践天子位者，刘氏也，③天下绝望，一矣。高帝王子弟，地犬牙相制，所谓盘石之宗也，④天下服其强，二矣。汉兴，除秦烦苛，约法令，施德惠，⑤人人自安，难动摇，三矣。夫以吕太后之严，立诸吕为三王，擅权专制，然而太尉以一节入北军，一呼⑥士皆袒左，为刘氏，畔诸吕，卒以灭之。此乃天授，非人力也。今大臣虽欲为变，百姓弗为使，⑦其党宁能专一邪？内有朱虚、东牟之亲，外畏吴、楚、淮南、琅邪、齐、代之强。方今高帝子独淮南王与大王，大王又长，贤圣仁孝，闻于天下，故大臣因天下之心而欲迎立大王，大王勿疑也。”代王报太后，计犹豫未定。卜之，兆得大横。⑧占曰：“大横庚庚，余为天王，夏启以光。”⑨代王曰：“寡人固已为王，又何王乎？”卜人曰：“所谓天王者，乃天子也。”于是代王乃遣太后弟薄昭见太尉勃，勃等具言所以迎立王者。⑩昭还报曰：“信矣，无可疑者。”代王笑谓宋昌曰：“果如公言。”乃令宋昌骖乘，⑪张武等六人乘六乘传⑫诣长安。至高陵止，而使宋昌先之长安观变。

①师古曰：“言常有异志也。属意，犹言注意也。属音之欲反。”

②服虔曰：“喋音蹀屣履之蹀。”如淳曰：“杀人流血滂沱为喋血。”师

古曰："喋音大颊反，本字当作蹀。蹀谓履涉之耳。"

③师古曰："卒，终也。"

④师古曰："犬牙，言地形如犬之牙交相入也。"

⑤师古曰："约，省也。"

⑥师古曰："呼，叫也，音火故反。他皆类此。"

⑦师古曰："为音于伪反。"

⑧应劭曰："龟曰兆，筮曰卦。卜以荆灼龟，文正横也。"

⑨服虔曰："庚庚，横貌也。"李奇曰："庚庚，其繇文也。占谓其繇也。"张晏曰："先是五帝官天下，老则嬗贤，至夏启始传嗣，能光先君之业。文帝亦袭父迹，言似启也。"师古曰："繇音丈救反，本作籀。籀，书也，谓读卜词。"

⑩师古曰："说所以迎代王之意也。"

⑪师古曰："乘车之法，尊者居左，御者居中，又有一人处车之右，以备倾侧。是以戎事则称车右，其馀则曰骖乘。骖者，三也，盖取三人为名义耳。"

⑫张晏曰："传车六乘也。"师古曰："传音张恋反。"

昌至渭桥，[①]丞相已下皆迎。昌还报，代王乃进至渭桥。群臣拜谒称臣，代王下拜。太尉勃进曰："愿请间。"[②]宋昌曰："所言公，公言之；所言私，王者无私。"太尉勃乃跪上天子玺。代王谢曰："至邸而议之。"[③]

①苏林曰："在长安北三里。"

②师古曰："间，容也，犹今言中间也。请容暇之顷，当有所陈，不欲于众显论也。他皆类此。"

③师古曰："郡国朝宿之舍，在京师者率名邸。邸，至也，言所归至也，音丁礼反。他皆类此。"

闰月己酉，入代邸。群臣从至，上议曰：“丞相臣平、太尉臣勃、大将军臣武、①御史大夫臣苍、②宗正臣郢、③朱虚侯臣章、东牟侯臣兴居、典客臣揭④再拜言大王足下：子弘等皆非孝惠皇帝子，⑤不当奉宗庙。臣谨请阴安侯、⑥顷王后、⑦琅邪王、⑧列侯、吏二千石议，大王高皇帝子，宜为嗣。愿大王即天子位。”代王曰：“奉高帝宗庙，重事也。寡人不佞，⑨不足以称。⑩愿请楚王计宜者，⑪寡人弗敢当。”群臣皆伏，固请。代王西乡让者三，南乡让者再。⑫丞相平等皆曰：“臣伏计之，大王奉高祖宗庙最宜称，虽天下诸侯万民皆以为宜。臣等为宗庙社稷计，不敢忽。⑬愿大王幸听臣等。臣谨奉天子玺符再拜上。”代王曰：“宗室将相王列侯以为（其）〔莫〕宜寡人，[1]寡人不敢辞。”遂即天子位。群臣以次侍。⑭使太仆婴、东牟侯兴居先清宫，⑮奉天子法驾迎代邸。⑯皇帝即日夕入未央宫。夜拜宋昌为卫将军，领南北军，张武为郎中令，行殿中。⑰还坐前殿，下诏曰：“制诏丞相、太尉、御史大夫：间者诸吕用事擅权，⑱谋为大逆，欲危刘氏宗庙，赖将相列侯宗室大臣诛之，皆伏其辜。朕初即位，其赦天下，赐民爵一级，女子百户牛酒，⑲酺五日。”⑳

①服虔曰：“柴武。”

②文颖曰：“张苍。”

③文颖曰：“刘郢。”

④苏林曰：“刘揭也。”师古曰：“揭音竭。”

⑤师古曰：“不详其有爵位，故总谓之子。”

⑥苏林曰：“高帝兄伯妻，羹颉侯母，丘嫂也。”晋灼曰：“若萧何夫人封为酇侯也。”

⑦苏林曰：“高帝兄仲妻也。仲名喜，为代王，后废为郃阳侯。子濞为

吴王，故追谥为顷王。”如淳曰：“王子侯表曰合阳侯喜以子濞为王，追谥为顷王。顷王后封阴安侯，时吕媭为林光侯，萧何夫人亦为酂侯。又宗室侯表此时无阴安侯，知其为顷王后也。案汉祠令，阴安侯高帝嫂也。”师古曰：“诸谥为倾者，汉书例作顷字，读皆曰倾。”

⑧文颖曰：“刘泽也。”

⑨师古曰：“不佞，不材也。”

⑩师古曰：“称，副也，音尺孕反。其下皆同。”

⑪苏林曰：“楚王名交，高帝弟也。”

⑫如淳曰：“让群臣也。或曰宾主位东西面，君臣位南北面，故西乡坐三让不受，群臣犹称宜，乃更南乡坐，示变即君位之渐也。”师古曰：“乡读曰向。”

⑬师古曰：“忽，怠忘也。”

⑭师古曰：“各依职位。”

⑮应劭曰：“旧典，天子行幸所至，必遣静室令先案行清净殿中，以虞非常。”

⑯如淳曰：“法驾者，侍中骖乘，奉车郎御，属车三十六乘。”

⑰师古曰：“行谓案行也，音下更反。”

⑱师古曰：“间者，犹言中间之时也。他皆仿此。”

⑲苏林曰：“男赐爵，女子赐牛酒。”师古曰：“赐爵者，谓一家之长得之也。女子谓赐爵者之妻也。率百户共得牛若干头，酒若干石，无定数也。”

⑳服虔曰：“酺音蒲。”文颖曰：“音步。汉律，三人以上无故群饮酒，罚金四两，今诏横赐得令会聚饮食五日也。”师古曰：“酺之为言布也，王德布于天下而合聚饮食为酺。服音是也。字或作脯，音义同。”

元年冬十月辛亥，皇帝见于高庙。遣车骑将军薄昭迎皇太后于代。诏曰：“前吕产自置为相国，吕禄为上将军，擅遣将军灌婴将兵击齐，欲代刘氏。婴留荥阳，与诸侯合谋以诛吕氏。吕产欲为不善，丞相平与太尉勃等谋夺产等军。朱虚侯章首先捕斩产。太尉勃身率襄平侯通持节承诏入北军。典客揭夺吕禄印。其益封太尉勃邑万户，赐金五千斤。丞相平、将军婴邑各三千户，金二千斤。朱虚侯章、襄平侯通邑各二千户，金千斤。封典客揭为阳信侯，赐金千斤。”

十二月，立赵幽王子遂为赵王，徙琅邪王泽为燕王。吕氏所夺齐楚地皆归之。尽除收帑相坐律令。①

①应劭曰：“帑，子也。秦法，一人有罪，并其室家。今除此律。”师古曰：“帑读与奴同，假借字也。”

正月，有司请蚤建太子，①所以尊宗庙也。诏曰：“朕既不德，上帝神明未歆飨也，天下人民未有惬志。②今纵不能博求天下贤圣有德之人而嬗天下焉，③而曰豫建太子，是重吾不德也。④谓天下何？⑤其安之。”⑥有司曰：“豫建太子，所以重宗庙社稷，不忘天下也。”上曰：“楚王，季父也，春秋高，阅天下之义理多矣，⑦明于国家之体。吴王于朕，兄也；淮南王，弟也：皆秉德以陪朕，⑧岂为不豫哉！诸侯王宗室昆弟有功臣，多贤及有德义者，若举有德以陪朕之不能终，是社稷之灵，天下之福也。今不选举焉，而曰必子，⑨人其以朕为忘贤有德者而专于子，非所以忧天下也。朕甚不敢。”⑩有司固请曰：“古者殷周有国，治安皆且千岁，⑪有天下者莫长焉，⑫用此道也。⑬立嗣必子，所从来远矣。高帝始平天下，建诸侯，为帝者太祖。诸侯王列侯始受国者亦皆为其国祖。子孙继嗣，世世不绝，天下之大义也。故高帝设之以抚海内。⑭今释宜建⑮而更选于诸侯宗室，非高帝之志也。更议不宜。⑯子启最长，⑰敦厚慈仁，请建以为太子。”上乃许之。

因赐天下民当为父后者爵一级。[18]封将军薄昭为轵侯。[19]

①师古曰："蚤，古以为早晚字也。"

②应劭曰："惬音箧。惬，满也。"师古曰："惬，快也。"

③晋灼曰："嬗，古禅字。"

④师古曰："重谓增益也，音直用反。他皆类此。"

⑤师古曰："犹言何以称天下之望。"

⑥师古曰："安犹徐也，言不宜汲汲耳。"

⑦如淳曰："阅犹更历也。"

⑧文颖曰："陪，辅也。"

⑨师古曰："必将传位于子。"

⑩师古曰："不取，犹言不用此为善也。"

⑪师古曰："治安，言治理而且安宁也。治音丈吏反。"

⑫师古曰："言上古以来，国祚长久，无及殷周者也。"

⑬师古曰："所以能尔者，以承嗣相传故也。"

⑭师古曰："设，置立也，谓立此法也。"

⑮师古曰："释，舍也。宜建，谓適嗣。"

⑯师古曰："不当更议。"

⑰文颖曰："景帝名。"

⑱师古曰："虽非己生正嫡，但为后者即得赐爵。"

⑲师古曰："轵音只。"

三月，有司请立皇后。皇太后曰："立太子母窦氏为皇后。"

诏曰："方春和时，草木群生之物皆有以自乐，而吾百姓鳏寡孤独穷困之人或阽于死亡，[1]而莫之省忧。[2]为民父母将何如？其议所以振贷之。"[3]又曰："老者非帛不暖，非肉不饱。[4]今岁首，不时使人存问长老，[5]又无布帛酒肉之赐，将何以佐天下子孙孝养其亲？今闻吏禀当受鬻者，或以陈粟，⑥岂称养老之意哉！具为令。”⑦有司请令县道，⑧年八十已上，赐米人月一石，肉二十斤，酒五斗。其九十已上，又赐帛人二匹，絮三斤。⑨赐物及当禀鬻米者，长吏阅视，丞若尉致。⑩不满九十，啬夫、令史致。二千石遣都吏循行，⑪不称者督之。⑫刑者及有罪耐以上，不用此。⑬

①服虔曰："阽音反坫之坫。"孟康曰："阽音屋檐之檐。"如淳曰："阽，近边欲堕之意。"师古曰："服、孟二音并通。"

②师古曰："省，视也。"

③师古曰："振，起也，为给贷之，令其存立也。诸振救、振赡，其义皆同。今流俗作字从贝者非也，自别有训。贷音吐戴反。"

④师古曰："暖，温也，音乃短反。"

⑤师古曰："存，省视也。"

⑥师古曰："禀，给也。鬻，淖糜也。给米使为糜鬻也。陈，久旧也。小雅甫田之诗曰'我取其陈'。鬻音之六反。淖，溺也，音女教反。"

⑦师古曰："使其备为条制。"

⑧师古曰："或县或道，皆用此制也。有蛮夷曰道。"

⑨师古曰："絮，绵也。"

⑩师古曰："长吏，县之令长也。若者，豫及之词。致者，送至也。或丞或尉，自致之也。"

⑪苏林曰："取其都吏有德也。"如淳曰："律说，都吏今督邮是也。闲惠晓事，即为文无害都吏。"师古曰："如说是也。行音下孟反。"

⑫师古曰："循行有不如诏意者，二千石察视责罚之。"

⑬苏林曰："一岁为罚作，二岁刑以上为耐。耐，能任其罪也。"师古曰："刑谓先被刑也。有罪，在吏未决者也。言八十、九十之人虽合加赐，其中有被刑罪者，不在此赐物令条中也。"

楚元王交薨。

四月，齐楚地震，二十九山同日崩，大水溃出。①

①师古曰："旁决曰溃，上涌曰出。"

六月，令郡国无来献。施惠天下，诸侯四夷远近驩洽。乃修代来功。①诏曰："方大臣诛诸吕迎朕，朕狐疑，皆止朕，②唯中尉宋昌劝朕，朕（已）〔以〕得保宗庙。[2]已尊昌为卫将军，③其封昌为壮武侯。诸从朕六人，官皆至九卿。"④又曰："列侯从高帝入蜀汉者六十八人益邑各三百户。吏二千石以上从高帝颍川守尊等十人食邑六百户，淮阳守申屠嘉等十人五百户，卫尉足等十人四百户。"封淮南王舅赵兼为周阳侯，齐王舅驷钧为靖郭侯，⑤故常山丞相蔡兼为樊侯。

①师古曰："自代来时有功者。"

②师古曰："狐之为兽，其性多疑，每渡冰河，且听且渡。故言疑者，而称狐疑。"

③师古曰："尊，高也，高其官秩。"

④师古曰："张武等。"

⑤如淳曰："邑名也，六国时齐有靖郭君。靖音静。"师古曰："外戚恩泽侯表云邬侯驷钧以齐王舅侯，今此云靖郭，岂初封靖郭后改为邬乎？邬音一户反，又音於（度）〔庶〕反。"[3]

二年冬十月，丞相陈平薨。诏曰："朕闻古者诸侯建国千馀，各守其地，以时入贡，民不劳苦，上下驩欣，靡有违德。今列侯多居长安，邑远，①吏卒给输费苦，而列侯亦无繇教训其民。②其令列侯之国，为吏及诏所止者，遣太子。"③

①师古曰："所食之邑去长安远。"

②师古曰："繇读与由同。"

③李奇曰："为吏，谓为卿大夫者。诏所止，特以恩爱见留者。"

十一月癸卯晦，日有食之。诏曰："朕闻之，天生民，为之置君以养治之。人主不德，布政不均，则天示之灾以戒不治。①乃十一月晦，日有食之，適见于天，②灾孰大焉！③朕获保宗庙，以微眇之身托于士民君王之上，天下治乱，在予一人，唯二三执政犹吾股肱也。朕下不能治育群生，上以累三光之明，④其不德大矣。令至，其悉思朕之过失，⑤及知见之所不及，匄以启告朕。⑥及举贤良方正能直言极谏者，以匡朕之不逮。⑦因各敕以职任，务省繇费以便民。⑧朕既不能远德，故憪然念外人之有非，⑨是以设备未息。今纵不能罢边屯戍，又饬兵厚卫，⑩其罢卫将军军。太仆见马遗财足，⑪馀皆以给传置。"⑫

①师古曰："治音直吏反。"

②师古曰："適读曰谪，责也，音张革反。见音胡电反。"

③师古曰："灾莫大于此。"

④师古曰："三光，日、月、星也。累音力瑞反。"

⑤师古曰："令谓此诏书。"

⑥师古曰："匄音盖。匄亦乞也。启，开也。言以过失开告朕躬，是则于朕为恩惠也。商书说命曰'启乃心，沃朕心'。"

⑦师古曰："匡，正也。逮，及也。不逮者，意虑所不及。"

⑧师古曰："省，减也，音所领反。繇读曰徭。"

⑨苏林曰："憪，寝视不安貌也。"孟康曰："憪犹介然也。非，奸非也。"师古曰："孟说是也。憪音下板反。"

⑩师古曰："饬，整也，读与敕同。"

⑪师古曰："遗，留也。财与才同。才，少也。太仆见在之马今当减，留才足充事而已。"

⑫师古曰："传音张恋反。置者，置传驿之所，因名置也。他皆类此。"

春正月丁亥，诏曰："夫农，天下之本也，其开藉田，①朕亲率耕，以给宗庙粢盛。②民谪作县官及贷种食未入、入未备者，皆赦之。"③

①应劭曰："古者天子耕藉田（十）〔千〕亩，[4]为天下先。藉者，帝王典藉之常也。"韦昭曰："藉，借也。借民力以治之，以奉宗庙，且以劝率天下，使务农也。"臣瓒曰："景帝诏曰'朕亲耕，后亲桑，为天下先'，本以躬亲为义，不得以假借为称也。藉谓蹈藉也。"师古曰："瓒说是也。国语曰'宣王即位，不藉千亩，虢文公谏'。斯则藉非假借明矣。"

②师古曰："黍稷曰粢，在器曰盛。粢音咨。"

③师古曰："种者，五谷之种也。食者，所以为粮食也。贷音吐戴反。种音之勇反。"

三月，有司请立皇子为诸侯王。诏曰："前赵幽王幽死，朕甚怜之，已立其太子遂为赵王。遂弟辟彊①及齐悼惠王子朱虚侯章、东牟侯兴居有功，可王。"乃（遂）立辟彊为河间王，[5]章为城阳王，兴居为济北王。因立皇子武为代王，参为太原王，揖为梁王。

①师古曰："辟彊，言辟御彊梁者，亦犹辟兵辟非耳。辟音必亦反。彊音其良反。一说辟读曰闢，彊读曰疆。闢疆，言开土地也。贾谊书曰：'卫侯朝于周，周行人问其名，卫侯曰辟彊。行人还之曰："启彊、辟彊，天子之号也，诸侯弗得用。"更其名曰燬。'则其义两说并通。他皆类此。"

五月，诏曰："古之治天下，朝有进善之旌，①诽谤之木，②所以通治道而来谏者也。今法有诽谤訞言之罪，③是使众臣不敢尽情，而上无由闻过失也。将何以来远方之贤良？其除之。民或祝诅上，以相约而后相谩，④吏以为大逆，其有他言，吏又以为诽谤。此细民之愚，无知抵死，⑤朕甚不取。自今以来，有犯此者勿听治。"

①应劭曰："旌，幡也，尧设之五达之道，令民进善也。"如淳曰："欲有进者，立于旌下言之。"

②服虔曰："尧作之，桥梁交午柱头也。"应劭曰："桥梁边板，所以书政治之愆失也。至秦去之，今乃复施也。"师古曰："应说是也。"

③师古曰："高后元年诏除妖言之令，今此又有訞言之罪，是则中间曾重复设此条也。訞与妖同。"

④师古曰："谩，欺也。初为要约，共行祝诅，后相欺诳，中道而止，无实事也。谩音慢，又音莫连反。"

⑤师古曰："抵，触也，亦至也。"

九月，初与郡守为铜虎符、竹使符。①

①应劭曰："铜虎符第一至第五，国家当发兵遣使者，至郡合符，符合乃听受之。竹使符皆以竹箭五枚，长五寸，镌刻篆书，第一至第五。"张晏曰："符以代古之圭璋，从简易也。"师古曰："与郡守为符者，谓各分其半，右留京师，左以与之。使音所吏反。"

诏曰："农，天下之大本也，民所恃以生也，而民或不务本而事末，故生不遂。①朕忧其然，故今兹亲率群臣农以劝之。其赐天下民今年田租之半。"②

①师古曰："衣食（之）〔乏〕绝，[6]致有夭丧，故不遂其生。"

②师古曰："免不收之。"

三年冬十月丁酉晦，日有食之。十一月丁卯晦，日有蚀之。

诏曰："前日诏遣列侯之国，辞未行。丞相朕之所重，其为(遂)〔朕〕率列侯之国。"〔7〕遂免丞相勃，遣就国。十二月，太尉颍阴侯灌婴为丞相。罢太尉官，属丞相。

夏四月，城阳王章薨。淮南王长杀辟阳侯审食其。①

①师古曰："杀之于其家。"

五月，匈奴入居北地、河南为寇。①上幸甘泉，②遣丞相灌婴击匈奴，匈奴去。发中尉材官属卫将军，军长安。

①师古曰："北地郡之北，黄河之南，即白羊所居。"

②如淳曰："蔡邕云天子车驾所至，民臣以为侥幸，故曰幸。见令长三老官属，亲临轩作乐，赐以酒食帛葛越巾佩带之属，民爵有级数，或赐田租之半，故因谓之幸也。"师古曰："甘泉在云阳，本秦林光宫。"

上自甘泉之高奴，①因幸太原，见故群臣，皆赐之。举功行赏，诸民里赐牛酒。②复晋阳、中都民三岁租。③留游太原十馀日。

①师古曰："之，往也。高奴，上郡之县。"

②师古曰："里别率赐之。"

③师古曰："复音方目反。"

济北王兴居闻帝之代，欲自击匈奴，乃反，发兵欲袭荥阳。于是诏罢丞相兵，以棘蒲侯柴武为大将军，①将四将军十万众击之。祁侯缯贺为将军，军荥阳。秋七月，上自太原至长安。诏曰："济北王背德反上，诖误吏民，②为大逆。济北吏民兵未至先自定及以军城邑降者，皆赦之，复官爵。③与王兴居去来者，亦赦之。”④八月，虏济北王兴居，自杀。赦诸与兴居反者。

①臣瓒曰：“汉帝年纪为陈武，此云柴武，为有二姓。”

②师古曰：“诖亦误也，音卦。”

③师古曰：“复音扶目反。”

④师古曰：“虽始与兴居共反，今弃之去而来降者，亦赦。”

四年冬十二月，丞相灌婴薨。

夏五月，复诸刘有属籍，家无所与。①赐诸侯王子邑各二千户。

①师古曰：“复音方目反。与读曰豫。”

秋九月，封齐悼惠王子七人为列侯。

绛侯周勃有罪，逮诣廷尉诏狱。

作顾成庙。①

①服虔曰：“庙在长安城南，文帝作。还顾见城，故名之。”应劭曰：“文帝自为庙，制度卑狭，若顾望而成，犹文王灵台不日成之，故曰顾成。贾谊曰：‘因顾成之庙，为天下太宗，与汉无极。’”如淳曰：“身存而为庙，若尚书之顾命也。景帝庙号德阳，武帝庙号龙渊，昭帝庙号徘徊，宣帝庙号乐游，元帝庙号长寿，成帝庙号阳池。”师古曰：“以还顾见城，因即为名，于义无取。又书本不作城郭字，应说近之。”

五年春二月，地震。

夏四月，除盗铸钱令。①更造四铢钱。②

①应劭曰：“听民放铸也。”

②应劭曰：“文帝以五分钱太轻小，更作四铢钱，文亦曰‘半两’，今

民间半两钱最轻小者是也。”

六年冬十月，桃李华。

十一月，淮南王长谋反，废迁蜀严道，死雍。①

①师古曰：“迁于蜀郡之严道，行至扶风雍县，在道而死也。”

七年冬十月，令列侯太夫人、夫人、诸侯王子及吏二千石无得擅征捕。①

①如淳曰：“列侯之妻称夫人。列侯死，子复为列侯，乃得称太夫人，子不为列侯不得称也。”

夏四月，赦天下。

六月癸酉，未央宫东阙罘罳灾。①

①如淳曰：“东阙与其两旁罘罳皆灾也。”晋灼曰：“东阙之罘罳独灾也。”师古曰：“罘罳，谓连阙曲阁也，以覆重刻垣墉之处，其形罘罳然，一曰屏也。罘音浮。”

八年夏，封淮南厉王长子四人为列侯。

有长星出于东方。①

①文颖曰：“孛、彗、长三星，其占略同，然其形象小异。孛星光芒短，其光四出蓬蓬孛孛也。彗星光芒长，参参如埽彗。长星光芒有一直指，或竟天，或十丈，或三丈，或二丈，无常也。大法，孛、彗星多为除旧布新，火灾，长星多为兵革事。”

九年春，大旱。

十年冬，行幸甘泉。

将军薄昭死。①

①郑氏曰："昭杀汉使者，文帝不忍加诛，使公卿从之饮酒，欲令自引分。昭不肯，使群臣丧服往哭之，乃自杀。有罪，故言死。"如淳曰："一说昭与文帝博不胜，当饮酒，侍郎酌，为昭少，一侍郎谴呵之。时此郎下沐，昭使人杀之，是以文帝使自杀。"师古曰："外戚恩泽侯表云坐杀汉使者自杀。郑说是也。"

十一年冬十一月，行幸代。春正月，上自代还。

夏六月，梁王揖薨。

匈奴寇狄道。

十二年冬十二月，河决东郡。

春正月，赐诸侯王女邑各二千户。

二月，出孝惠皇帝后宫美人，令得嫁。

三月，除关无用传。①

①张晏曰："传，信也，若今过所也。"如淳曰："两行书缯帛，分持其一，出入关，合之乃得过，谓之传也。"李奇曰："传，棨也。"师古曰："张说是也。古者或用棨，或用缯帛。棨者，刻木为合符也。传音张恋反。棨音启。"

诏曰："道民之路，在于务本。朕亲率天下农，十年于今，而野不加辟，①岁一不登，民有饥色，②是从事焉尚寡，而吏未加务也。③吾诏书数下，岁劝民种树，④而功未兴，是吏奉吾诏不勤，而劝民不明也。且吾农民甚苦，而吏莫之省，⑤将何以劝焉？其赐农民今年租税之半。”

①师古曰：“辟读曰闢。闢，开也。”

②师古曰：“登，成也。言五谷一岁不成则众庶饥馁，是无蓄积故也。”

③师古曰：“从事，从农事也。”

④师古曰：“树，谓艺殖也。”

⑤师古曰：“省，视也。”

又曰：“孝悌，天下之大顺也。力田，为生之本也。三老，众民之师也。廉吏，民之表也。朕甚嘉此二三大夫之行。今万家之县，云无应令，①岂实人情？是吏举贤之道未备也。其遣谒者劳赐三老、孝者帛人五匹，悌者、力田二匹，廉吏二百石以上率百石者三匹。②及问民所不便安，而以户口率置三老孝悌力田常员，③令各率其意以道民焉。”④

①师古曰：“无孝悌力田之人可应察举之令。”

②师古曰：“自二百石以上，每百石加三匹。”

③师古曰：“计户口之数以率之，增置其员，广教化也。”

④师古曰：“道读曰导。”

十三年春二月甲寅，诏曰：“朕亲率天下农耕以供粢盛，皇后亲桑以奉祭服，其具礼仪。”①

①师古曰：“令立耕桑之礼制也。”

夏，除秘祝，①语在郊祀志。五月，除肉刑法，语在刑法志。

①应劭曰：“秘祝之官，移过于下，国家讳之，故曰秘也。”

六月，诏曰：“农，天下之本，务莫大焉。今廑身从事，①而有租税之赋，是谓本末者无以异也，②其于劝农之道未备。其除田之租税。赐天下孤寡布帛絮各有数。”

①晋灼曰：“廑，古勤字。”

②李奇曰：“本，农也。末，贾也。言农与贾俱出租，无异也，故除田租。”

十四年冬，匈奴寇边，杀北地都尉卬。①遣三将军军陇西、北地、上郡，中尉周舍为卫将军，郎中令张武为车骑将军，军渭北，车千乘，骑卒十万人。上亲劳军，勒兵，申教令，②赐吏卒。自欲征匈奴，群臣谏，不听。皇太后固要上，乃止。③于是以东阳侯张相如为大将军，建成侯董赫、内史栾布皆为将军，击匈奴。匈奴走。

①师古曰：“功臣表云缾侯孙单以父北地都尉卬力战死事，文帝十四年封，与此正合。然则卬姓孙，而徐广乃云姓段，说者因曰段会宗即卬之玄孙，无所据也。会宗，汉书有传，班固不云是卬后，何从而知之乎？”

②师古曰：“申谓约束之。”

③文颖曰：“要（却）〔劫〕也，[8]哀痛祝誓之言。”

春，诏曰：“朕获执牺牲珪币以事上帝宗庙，十四年于今。历日弥长，以不敏不明①而久抚临天下，朕甚自媿。②其广增诸祀坛场珪币。③昔先王远施不求其报，望祀不祈其福，右贤左戚，④先民后己，[9]至明之极也。今吾闻祠官祝釐，⑤皆归福于朕躬，不为百姓，朕甚媿之。夫以朕之不德，而专乡独美其福，百姓不与焉，⑥是重吾不德也。⑦其令祠官致敬，无有所祈。”

①师古曰：“敏，材识捷疾。”

②师古曰：“媿，古愧字。”

③师古曰：“筑土为坛，除地为场。币，祭神之帛。”

④师古曰：“以贤为上，然后及亲也。”

⑤如淳曰：“釐，福也。贾谊传‘受釐坐宣室’是也。”师古曰：“釐，本字作禧，假借用耳，同音僖。”

⑥师古曰：“与读曰豫。”

⑦师古曰：“重音直用反。”

十五年春，黄龙见于成纪。①上乃下诏议郊祀。公孙臣明服色，新垣平设五庙。②语在郊祀志。夏四月，上幸雍，始郊见五帝，赦天下，修名山大川尝祀而绝者，有司以岁时致礼。

①师古曰：“成纪，陇西县。”

②文颖曰：“公孙臣，鲁人也。”应劭曰：“新垣平，赵人也。”师古曰：“五庙，即下渭阳五帝之庙也。”

九月，诏诸侯王公卿郡守举贤良能直言极谏者，上亲策之，傅纳以言。①语在晁错传。②

①师古曰：“傅读曰敷，敷陈其言而纳用之。”

②师古曰：“错音千故反。”

十六年夏四月，上郊祀五帝于渭阳。①

①韦昭曰：“在渭城。”师古曰：“郊祀志云在长安东北，非渭城也。韦说谬矣。”

五月，立齐悼惠王子六人、淮南厉王子三人皆为王。

秋九月，得玉杯，①刻曰“人主延寿”。令天下大酺，明年改元。

①应劭曰：“新垣平诈令人献之。”

后元年①冬十月，新垣平诈觉，谋反，②夷三族。

①张晏曰：“新垣平候日再中，以为吉祥，故改元年，以求延年之祚也。”

②师古曰：“以诈事发觉，自恐被诛，因谋反也。”

春三月，孝惠皇后张氏薨。①

①张晏曰：“后党于吕氏，废处北宫，故不曰崩。”

诏曰：“间者数年比不登，①又有水旱疾疫之灾，朕甚忧之。愚而不明，未达其咎。意者朕之政有所失而行有过与？②乃天道有不顺，地利或不得，人事多失和，鬼神废不享与？何以致此？将百官之奉养或费，无用之事或多与？何其民食之寡乏也！夫度田非益寡，而计民未加益，③以口量地，其于古犹有馀，而食之甚不足者，其咎安在？无乃百姓之从事于末以害农者蕃，④为酒醪以靡谷者多，⑤六畜之食焉者众与？细大之义，吾未能得其中。⑥其与丞相列侯吏二千石博士议之，有可以佐百姓者，率意远思，无有所隐。”

①师古曰：“比犹频也。”

②师古曰：“与读曰欤，音弋於反。下皆类此。”

③师古曰：“度谓量计之，音徒各反。”

④师古曰：“末谓工商之业也。蕃亦多也，音扶元反。”

⑤师古曰：“醪，汁滓酒也。靡，散也。醪音来高反。靡音糜。”

⑥师古曰："中音竹仲反。"

二年夏，行幸雍棫阳宫。①

①苏林曰："棫音域。"张晏曰："秦昭王所作也。"晋灼曰："黄图在扶风。"

六月，代王参薨。匈奴和亲。诏曰："朕既不明，不能远德，使方外之国或不宁息。夫四荒之外不安其生，①封圻之内勤劳不处，②二者之咎，皆自于朕之德薄而不能达远也。间者累年，匈奴并暴边境，多杀吏民，边臣兵吏（入）〔又〕不能谕其内志，[10]以重吾不德。③夫久结难连兵，中外之国将何以自宁？今朕夙兴夜寐，勤劳天下，忧苦万民，为之恻怛不安，④未尝一日忘于心，故遣使者冠盖相望，结徹于道，⑤以谕朕志于单于。⑥今单于反古之道，⑦计社稷之安，便万民之利，新与朕俱弃细过，偕之大道，⑧结兄弟之义，以全天下元元之民。⑨和亲以定，始于今年。"

①师古曰："戎狄荒服，故曰四荒，言其荒忽去来无常也。尔雅曰'孤竹、北户、西王母、日下谓之四荒'。"

②师古曰："圻亦畿字。王畿千里。不处者，不获安居。"

③师古曰："谕，晓告也。重音直用反。"

④师古曰："恻，痛也。怛，悢也。怛音丁曷反。"

⑤韦昭曰："使车往还，故徹如结也。"

⑥师古曰："单于，匈奴天子之号也。单音蝉。"

⑦师古曰："（返）〔反〕，还也。"[11]

⑧师古曰："偕亦俱也。之，往也，趣也。"

⑨师古曰："元元，善意也。"

三年春二月，行幸代。

四年夏四月丙寅晦，日有蚀之。五月，赦天下。免官奴婢为庶人。行幸雍。

五年春正月，行幸陇西。三月，行幸雍。秋七月，行幸代。

六年冬，匈奴三万骑入上郡，三万骑入云中。以中大夫令免为车骑将军屯飞狐，①故楚相苏意为将军屯句注，②将军张武屯北地，河内太守周亚夫为将军次细柳，③宗正刘礼为将军次霸上，祝兹侯徐厉为将军次棘门，④以备胡。

①如淳曰："在代郡。"师古曰："中大夫，官名，其人姓令名免耳。此诸将军下至徐厉，皆书姓，而徐广以为中大夫令是官名，此说非也。据百官表，景帝初改卫尉为中大夫令，文帝时无此官。而中大夫是郎中令属官，秩比二千石。"

②应劭曰："山险名也，在雁门阴馆。"师古曰："句音章句之句。"

③服虔曰："在长安西北。"如淳曰："长安细柳仓在渭北，近石徼。"张揖曰："在昆明池南，今有柳市是也。"臣瓒曰："一宿曰宿，再宿曰信，过信为次。"师古曰："匈奴传云'置三将军，军长安西细柳、渭北棘门、霸上'。此则细柳不在渭北，揖说是也。"

④孟康曰："在长安北，秦时宫门也。"如淳曰："三辅黄图棘门在横门外也。"

夏四月，大旱，蝗。①令诸侯无入贡。弛山泽。②减诸服御。损郎吏员。发仓庾③以振民。民得卖爵。

①师古曰："蝗即螽也，食苗为灾，今俗呼为簸蝩。蝗音胡光反。蝩音锺。"

②师古曰："弛，解也，解而不禁，与众庶同其利。"

③应劭曰："水漕仓曰庾。胡公曰'在邑曰仓，在野曰庾'。"

七年夏六月己亥，帝崩于未央宫。①遗诏曰："朕闻之，盖天下万物之萌生，靡不有死。②死者天地之理，物之自然，奚可甚哀！③当今之世，咸嘉生而恶死，厚葬以破业，重服以伤生，吾甚不取。且朕既不德，无以佐百姓；今崩，又使重服久临，④以罹寒暑之数，⑤哀人父子，伤长老之志，损其饮食，绝鬼神之祭祀，以重吾不德，⑥谓天下何！朕获保宗庙，以眇眇之身托于天下君王之上，⑦二十有馀年矣。赖天之灵，社稷之福，方内安宁，⑧靡有兵革。⑨朕既不敏，常畏过行，以羞先帝之遗德；⑩惟年之久长，惧于不终。今乃幸以天年得复供养于高庙，朕之不明与嘉之，其奚哀念之有！⑪其令天下吏民，令到出临三日，皆释服。⑫无禁取妇嫁女祠祀饮酒食肉。自当给丧事服临者，皆无践。⑬(姪)〔绖〕带无过三寸。[12]无布车及兵器。⑭无发民哭临宫殿中。殿中当临者，皆以旦夕各十五举音，礼毕罢。非旦夕临时，禁无得擅哭(临)。[13]以下，⑮服大红十五日，小红十四日，纤七日，释服。⑯它不在令中者，皆以此令比类从事。⑰布告天下，使明知朕意。霸陵山川因其故，无有所改。⑱归夫人以下至少使。"⑲令中尉亚夫为车骑将军，属国悍为将屯将军，⑳郎中令张武为复土将军，㉑发近县卒万六千人，发内史卒万五千人，臧郭穿复土属将军武。㉒赐诸侯王以下至孝悌力田金钱帛各有数。乙巳，葬霸陵。㉓

①臣瓒曰："帝年二十三即位，即位二十三年，寿四十六也。"

②师古曰："始生者曰萌。"

③师古曰："奚，何也。"

④师古曰："临，哭也，音力禁反。下云服临、当临者，音并同也。"

⑤师古曰："罹音离，遭也。"

⑥师古曰："重音直用反。"

⑦师古曰："眇眇，犹言细末也。"

⑧臣瓒曰："方，四方也。内，中也。犹云中外。"师古曰："此说非也，直谓（四）方之内耳。"〔14〕

⑨师古曰："靡，无也。"

⑩师古曰："过行，行有过失也。羞谓忝辱也。行音下更反。"

⑪如淳曰："得卒天年，已善矣。"晋灼曰："若以朕不明，当嘉善朕之俭约，何哀念之有也。"师古曰："如、晋之说非也。与读曰欤，音弋於反。帝自言或者岂朕见之不明乎，以不可嘉为嘉耳。然朕自谓得终天年，供养高庙，为可嘉之事，无所哀念也。今俗语犹然，其意可晓矣。"

⑫师古曰："令谓此诏文也。"

⑬伏俨曰："践，翦也，谓无斩衰也。"孟康曰："践，跣也。"晋灼曰："汉语作跣。跣，徒跣也。"师古曰："孟、晋二说是也。"

⑭应劭曰："无以布衣车及兵器也。"服虔曰："不施轻车介士也。"师古曰："应说是也。"

⑮师古曰："为下棺也。音义与高纪同。"

⑯服虔曰："皆当言大功、小功布也。纤，细布衣也。"应劭曰："红者，中祥、大祥以红为领缘。纤者，䄂也。凡三十六日而释服矣。此以日易月也。"晋灼曰："汉书例以红为功也。"师古曰："红与功同。服、晋二说是也。此丧制者，文帝自率己意创而为之，非有取于周礼也，何为以日易月乎！三年之丧，其实二十七月，岂有三十

六月之文！昧又无七月也。应氏既失之于前，而近代学者因循谬说，未之思也。”

⑰师古曰：“言此诏中无文者，皆以类比而行事。”

⑱应劭曰：“因山为藏，不复起坟，山下川流不遏绝，就其水名以为陵号。”

⑲应劭曰：“夫人以下有美人、良人、八子、七子、长使、少使，皆遣归家，重绝人类。”

⑳师古曰：“典屯军以备非常。”

㉑如淳曰：“主穿圹窴瘗事也。”师古曰：“穿圹，出土下棺也。已而窴之，又即以为坟，故云复土。复，反还也，音扶目反。”

㉒师古曰：“即张武也。”

㉓师古曰：“自崩至葬凡七日也。霸陵在长安东南。”

赞曰：孝文皇帝即位二十三年，宫室苑囿车骑服御无所增益。有不便，辄弛以利民。①尝欲作露台，召匠计之，直百金。上曰：“百金，中人十家之产也。②吾奉先帝宫室，常恐羞之，何以台为！”③身衣弋绨，④所幸慎夫人衣不曳地，帷帐无文绣，以示敦朴，为天下先。治霸陵，皆瓦器，不得以金银铜锡为饰，因其山，不起坟。南越尉佗自立为帝，召贵佗兄弟，以德怀之，佗遂称臣。与匈奴结和亲，后而背约入盗，令边备守，不发兵深入，恐烦百姓。吴王诈病不朝，赐以几杖。群臣袁盎等谏说虽切，常假借纳用焉。⑤张武等受赂金钱，觉，更加赏赐，以愧其心。专务以德化民，是以海内殷富，兴于礼义，断狱数百，几致刑措。⑥呜呼，仁哉！

①师古曰：“弛，废弛，音式尔反。”

②师古曰："中谓不富不贫。"

③师古曰："今新丰县南骊山之顶有露台乡，极为高显，犹有文帝所欲作台之处。"

④如淳曰："弋，皂也。贾谊曰'身衣皂绨'。"师古曰："弋，黑色也。绨，厚缯。绨音大奚反。"

⑤苏林曰："假音休假。借音以物借人之借。"

⑥应劭曰："措，置也。民不犯法，无所刑也。"师古曰："断狱数百者，言普天之下死罪人不过数百。几，近也，音巨衣反。"

【校勘记】

〔1〕宗室将相王列侯以为（其）〔莫〕宜寡人，王念孙说"其"字文义不顺，当依史记作"莫"。杨树达说王校是。

〔2〕朕（已）〔以〕得保宗庙。苏舆说史记作"以"，依本书例，作"以"为合。

〔3〕又音於（度）〔庶〕反。景祐、殿本都作"庶"。王先谦说作"庶"是。

〔4〕古者天子耕藉田（十）〔千〕亩，景祐、殿本都作"千"，史记集解同。

〔5〕乃（遂）立辟彊为河间王，王先谦说"遂"字涉上文而衍。按史记无"遂"字。

〔6〕衣食（之）〔乏〕绝，景祐、殿本都作"乏"。王先谦说作"乏"是。

〔7〕其为（遂）〔朕〕率列侯之国。景祐、殿本都作"朕"，史记同。

〔8〕要（却）〔劫〕也，景祐、殿、局本都作"劫"，通鉴注引同。

〔9〕右贤左戚，④先民后己，注④原在"后己"下，王先谦说当在

“左戚”下。

〔10〕边臣兵吏（人）〔又〕不能谕其内志，景祐、殿本都作“又”，史记同。王先谦说作“又”是。

〔11〕（返）〔反〕，还也。景祐、殿本都作“反”。

〔12〕（娙）〔经〕带无过三寸。景祐、殿、局本都作“经”，史记同。

〔13〕禁无得擅哭（临）。李慈铭说史记无“临”字，此误衍。

〔14〕直谓（四）方之内耳。景祐、殿本都无“四”字。

汉书卷五

景帝纪第五

孝景皇帝,①文帝太子也。母曰窦皇后。后七年六月，文帝崩。丁未，太子即皇帝位，尊皇太后薄氏曰太皇太后，皇后曰皇太后。

①荀悦曰："讳启之字曰开。"应劭曰："礼谥法'布义行刚曰景'。"

九月，有星孛于西方。

元年冬十月，诏曰："盖闻古者祖有功而宗有德,①制礼乐各有由。歌者，所以发德也；舞者，所以明功也。高庙酎,②奏武德、文始、五行之舞。③孝惠庙酎，奏文始、五行之舞。孝文皇帝临天下，通关梁，不异远方；④除诽谤，去肉刑，赏赐长老，收恤孤独，以遂群生；⑤减耆欲，不受献,⑥罪人不帑,⑦不诛亡罪，不私其利也；除宫刑，出美人，重绝人之世也。朕既不敏，弗能胜识。⑧此皆上世之所不及，而孝文皇帝亲行之。⑨德厚侔天地，利泽施四海，[10]靡不获福。明象乎日月，而庙乐不称，朕甚惧焉。[11]其为孝文皇帝庙为昭德之舞，[12]以明休德。[13]然后祖宗之功德，施于万世，永永无穷，朕甚嘉之。其与丞相、列侯、中二千石、礼官具礼仪奏。"丞相臣嘉等奏曰：[14]"陛下永思孝道，立昭德之舞以明孝文皇帝之盛德，皆臣嘉等愚所不及。臣谨议：世功莫大于高皇帝，德莫盛于孝文皇帝。高皇帝庙宜为帝者太祖之庙，孝文皇帝庙宜为帝者太宗之庙。天子宜世世献祖宗之庙。郡国诸侯宜各为孝文皇帝立太宗之庙。诸侯王列侯使者侍祠天子所献祖宗之庙。[15]请宣布天下。"制曰"可"。

①应劭曰："始取天下者为祖，高帝称高祖是也。始治天下者为宗，文帝称太宗是也。"师古曰："应说非也。祖，始也，始受命也。宗，尊也，有德可尊。"

②张晏曰："正月旦作酒，八月成，名曰酎。酎之言纯也。至武帝时，因八月尝酎会诸侯庙中，出金助祭，所谓酎金也。"师古曰："酎，三重酿，醇酒也，味厚，故以荐宗庙。酎音直救反。"

③孟康曰："武德，高祖所作也。文始，舜舞也。五行，周舞也。武德者，其舞人执干戚。文始舞执羽籥。五行舞，冠冕衣服法五行色。见礼乐志。"

④张晏曰："孝文十二年，除关不用传，令远近若一。"

⑤师古曰："遂，成也，达也。"

⑥师古曰："耆读曰嗜。"

⑦苏林曰："刑不及妻子。"师古曰："帑读与孥同。"

⑧师古曰："敏，材智速疾也。胜识，尽知之。"

⑨师古曰："上世，谓古昔之帝王也。"

⑩师古曰："侔，等也，音牟。"

⑪师古曰："称，副也，音尺孕反。"

⑫师古曰："昭，明也。"

⑬师古曰："休，美也。"

⑭师古曰："申屠嘉。"

⑮张晏曰："王及列侯岁时遣使诣京师侍祠助祭。"如淳曰："若光武庙在章陵，南阳太守称使者往祭是也。不使侯王祭者，诸侯不得祖天子。凡临祭宗庙皆为侍祭。"师古曰："张说是也。既云天子所献祖宗之庙，非谓郡国之庙也。"

春正月，诏曰："间者岁比不登，民多乏食，夭绝天年，朕甚痛之。郡国或硗陿，无所农桑毄畜；①或地饶广，荐草莽，水泉利，而不得徙。②其议民欲徙宽大地者，听之。"

①师古曰："硗谓硗埆瘠薄也。陿谓褊隘也。毄谓食养之。畜谓牧放也。硗音苦交反。陿音狭。毄古繫字。"

②如淳曰："庄周云麋鹿食曰荐。一曰草稠曰荐，深曰莽。"

夏四月，赦天下。赐民爵一级。

遣御史大夫青翟至代下与匈奴和亲。①

①文颖曰："姓严，讳青翟。"臣瓒曰："此陶青也。庄青翟乃自武帝时人，此纪误。"师古曰："后人传习不晓，妄增翟字耳，非本作纪之误。"

五月，令田半租。

秋七月，诏曰："吏受所监临，以饮食免，重；受财物，贱买贵卖，论轻。①廷尉与丞相更议著令。"②廷尉信谨与丞相议曰：③"吏及诸有秩受其官属所监、所治、所行、所将，④其与饮食计偿费，勿论。⑤它物，若买故贱，卖故贵，皆坐臧为盗，没入臧县官。⑥吏迁徙免罢，受其故官属所将监治送财物，夺爵为士伍，免之。⑦无爵，罚金二斤，令没入所受。有能捕告，畀其所受臧。"⑧

①师古曰："帝以为当时律条吏受所监临赂遗饮食，即坐免官爵，于法太重，而受所监临财物及贱买贵卖者，论决太轻，故令更议改之。"

②苏林曰："著音著帻之著。"师古曰："苏音非也。著音著作之著，音竹筋反。"

③师古曰："丞相申屠嘉。"

④师古曰："行谓按察也，音下更反。"

⑤师古曰："计其所费，而偿其直，勿论罪也。"

⑥师古曰："它物，谓非饮食者。"

⑦李奇曰："有爵者夺之，使为士伍，有位者免官也。"师古曰："此说非也。谓夺其爵，令为士伍，又免其官职，即今律所谓除名也。谓之士伍者，言从士卒之伍也。"

⑧师古曰："畀，与也，以所受之臧与捕告者也。畀音必寐反。"

二年冬十二月，有星孛于西南。

令天下男子年二十始傅。①

①师古曰："旧法二十三，今此二十，更为异制也。傅读曰附。解在高纪。"

春三月，立皇子德为河间王，阏为临江王，①馀为淮阳王，非为汝南王，彭祖为广川王，发为长沙王。

①师古曰："阏音一曷反。"

夏四月壬午，太皇太后崩。①

①服虔曰："文帝母薄太后也。"

六月，丞相嘉薨。

封故相国萧何孙係为列侯。①

①师古曰："係音胡计反。"

秋，与匈奴和亲。

三年冬十二月，诏曰：“襄平侯嘉[①]子恢说不孝，谋反，欲以杀嘉，大逆无道。[②]其赦嘉为襄平侯，及妻子当坐者复故爵。[③]论恢说及妻子如法。”

①晋灼曰：“纪通子也。功臣表襄平侯纪通以父功侯，孝景三年，康侯相夫嗣。推其封薨，正与此合，岂更名嘉乎？”

②晋灼曰：“恢说言嘉知反情，而实不知也。”师古曰：“此解非也。恢说有私怨于其父，而自谋反，欲令其父坐死也。说读曰悦。”

③如淳曰：“律，大逆不道，父母妻子同产皆弃市。今赦其馀子不与恢说谋者，复其故爵。”

春正月，淮阳王宫正殿灾。

吴王濞、胶西王卬、楚王戊、赵王遂、济南王辟光、[①]菑川王贤、胶东王雄渠皆举兵反。大赦天下。遣太尉亚夫、[②]大将军窦婴将兵击之。斩御史大夫晁错以谢七国。[③]

①师古曰：“辟音壁，又音闢，其义两通。”

②师古曰：“周亚夫。”

③晋灼曰：“错音错置之错。”师古曰：“晁，古朝字。”

二月壬子晦，日有食之。

诸将破七国，斩首十馀万级。追斩吴王濞于丹徒。胶西王卬、楚王戊、赵王遂、济南王辟光、菑川王贤、胶东王雄渠皆自杀。夏六月，诏曰：“乃者吴王濞等为逆，起兵相胁，诖误吏民，吏民不得已。[①]今濞等已灭，吏民当坐濞等及逋逃亡军者，皆赦之。楚元王子蓺等与濞等为逆，[②]朕不忍加法，除其籍，毋令污宗室。”立平陆侯刘礼为楚王，续元王后。[③]立皇子端为胶西王，胜为中山王。赐民爵一级。

①师古曰："已，止也，言不得止而从之，非本心也。"

②师古曰："蓺音艺。"

③孟康曰："礼，元王子也。"

四年春，复置诸关用传出入。①

①应劭曰："文帝十二年除关无用传，至此复用传。以七国新反，备非常。"

夏四月己巳，立皇子荣为皇太子，彻为胶东王。

六月，赦天下，赐民爵一级。

秋七月，临江王阏薨。

十月戊戌晦，日有蚀之。

五年春正月，作阳陵邑。①夏，募民徙阳陵，赐钱二十万。

①张晏曰："景帝作寿陵，起邑。"

遣公主嫁匈奴单于。

六年冬十二月，雷，霖雨。

秋九月，皇后薄氏废。

七年冬十一月庚寅晦，日有蚀之。

春正月，废皇太子荣为临江王。

二月，罢太尉官。

夏四月乙巳，立皇后王氏。

丁巳，立胶东王彻为皇太子。赐民为父后者爵一级。

中元年夏四月，赦天下，赐民爵一级。封故御史大夫周苛、周昌孙子为列侯。①

①师古曰："封苛之孙及昌之子也。苛、昌皆尝为御史大夫而从昆弟也，故总言之。"

二年春二月，令诸侯王薨、列侯初封及之国，大鸿胪奏谥、诔、策。①列侯薨及诸侯太傅初除之官，大行奏谥、诔、策。②王薨，遣光禄大夫吊襚祠赗，③视丧事，因立嗣子。列侯薨，遣大中大夫吊祠，视丧事，因立嗣。其（薨）葬，[1]国得发民輓丧，穿复土，治坟无过三百人毕事。④

①应劭曰："皇帝延诸侯王，宾王诸侯，皆属大鸿胪。故其薨，奏其行迹，赐与谥及哀策诔文也。"臣瓒曰："景帝此年已置大鸿胪，而百官表云武帝太初元年更以大行为大鸿胪，与此错。"师古曰："诔者，述累德行之文，音力水反。"

②如淳曰："凡言除者，除故官就新官也。"晋灼曰："礼有大行人、小行人，主谥官，故以此名之。"臣瓒曰："大行是官名，掌九仪之制以宾诸侯者。"师古曰："大鸿胪者，本名典客，后改曰大鸿胪。大行令者，本名行人，即典客之属官也，后改曰大行令。故事之尊重者遣大鸿胪，而轻贱者遣大行也。据此纪文，则景帝已改典客为大鸿胪，改行人为大行矣。而百官公卿表乃云景帝中六年更名典客为大行令，武帝太初元年更名大行令为大鸿胪，更名行人为大行令。当是表误。"

③应劭曰："衣服曰襚。祠，饮食也。车马曰赗。"师古曰："襚音遂。赗音芳凤反。"

④师古曰："輓谓引车也。毕事，毕葬事也。輓音晚。"

匈奴入燕。

改磔曰弃市，[1]勿复磔。

①应劭曰："先此诸死刑皆磔于市，今改曰弃市，自非妖逆不复磔也。"师古曰："磔谓张其尸也。弃市，杀之于市也。谓之弃市者，取刑人于市，与众弃之也。磔音竹客反。"

三月，临江王荣坐侵太宗庙地，征诣中尉，自杀。

夏四月，有星孛于西北。

立皇子越为广川王，寄为胶东王。

秋七月，更郡守为太守，郡尉为都尉。[1]

①师古曰："更谓改其号。"

九月，封故楚、赵傅相内史前死事者四人子[1]皆为列侯。

①文颖曰："楚相张尚，太傅赵夷吾。赵相建德，内史王悍。此四人各谏其王无使反，不听，皆杀之，故封其子。"

甲戌晦，日有蚀之。

三年冬十一月，罢诸侯御史大夫官。[1]

①师古曰："所以抑损其权。"

春正月，皇太后崩。[1]

①文颖曰："景帝母窦太后，以帝崩后六年乃亡。凡立五十一年，武帝建元六年崩。今此言皇太后崩，误耳。"孟康曰："此太后崩，史记无也。"臣瓒曰："王楙云景帝薄后以此年死，疑是也。当言废后，而言太后，误也。"师古曰："孟说是也。废后死不书，又不言崩。瓒解为谬。"

夏旱，禁酤酒。[①]秋九月，蝗。有星孛于西北。戊戌晦，日有蚀之。

①师古曰："酤谓卖酒也，音工护反。"

立皇子乘为清河王。

四年春三月，起德阳宫。[①]

①臣瓒曰："是景帝庙也。帝自作之，讳不言庙，故言宫。西京故事云景帝庙为德阳。"

御史大夫绾奏禁马高五尺九寸以上，齿未平，不得出关。[①]

①服虔曰："绾，卫绾也。马十岁，齿下平。"

夏，蝗。

秋，赦徒作阳陵者，死罪欲腐者，许之。[①]

①苏林曰："宫刑，其创腐臭，故曰腐也。"如淳曰："腐，宫刑也。丈夫割势，不能复生子，如腐木不生实。"师古曰："如说是。腐音辅。"

十月戊午，日有蚀之。

五年夏，立皇子舜为常山王。六月，赦天下，赐民爵一级。

秋八月己酉，未央宫东阙灾。

更名诸侯丞相为相。[①]

①师古曰："亦所以抑黜之，令异于汉朝。"

九月，诏曰："法令度量，所以禁暴止邪也。狱，人之大命，死者不可复生。吏或不奉法令，以货赂为市，朋党比周，[①]以苛为察，以刻为明，令亡罪者失职，朕甚怜之。[②]有罪者不伏罪，奸法为暴，甚亡谓也。诸狱疑，若虽文致于法而于人心不厌者，辄谳之。”[③]

①师古曰：“比音频寐反。”

②师古曰：“职，常也。失其常理也。”

③师古曰：“厌，服也，音一赡反。谳，平议也，音鱼列反。”

六年冬十月，行幸雍，郊五畤。

十二月，改诸官名。定铸钱伪黄金弃市律。[①]

①应劭曰：“文帝五年，听民放铸，律尚未除。先时多作伪金，伪金终不可成，而徒损费，转相诳耀，穷则起为盗贼，故定其律也。”孟康曰：“民先时多作伪金，故其语曰‘金可作，世可度’。费损甚多而终不成。民亦稍知其意，犯者希，因此定律也。”师古曰：“应说是。”

春三月，雨雪。[①]

①师古曰：“雨音于具反。”

夏四月，梁王薨，分梁为五国，立孝王子五人皆为王。

五月，诏曰：“夫吏者，民之师也，车驾衣服宜称。[①]吏六百石以上，皆长吏也，[②]亡度者或不吏服，出入闾里，与民亡异。令长吏二千石车朱两轓，[③]千石至六百石朱左轓。车骑从者不称其官衣服，下吏出入闾巷亡吏体者，二千石上其官属，三辅举不如法令者，[④]皆上丞相御史请之。”先是吏多军功，车服尚轻，故为设禁。又惟酷吏奉宪失中，乃诏有司减笞法，定箠令。语在刑法志。[⑤]

①师古曰：“称其官也，音尺孕反。”

②张晏曰：“长，大也。六百石，位大夫。”

③应劭曰："车耳反出，所以为之藩屏，翳尘泥也。二千石双朱，其次乃偏其左。輒以簟为之，或用革。"如淳曰："轓音反，小车两屏也。"师古曰："据许慎、李登说，轓，车之蔽也。左氏传云'以藩载栾盈'，即是有障蔽之车也。言车耳反出，非矣。轓音甫元反。輒音方远反。"

④应劭曰："京兆尹、左冯翊、右扶风共治长安城中，是为三辅。"师古曰："时未有京兆、冯翊、扶风之名。此三辅者，谓主爵中尉及左右内史也。应说失之。"

⑤师古曰："箠音止蘂反。"

六月，匈奴入雁门，至武泉，入上郡，取苑马。①吏卒战死者二千人。

①如淳曰："汉仪注太仆牧师诸苑三十六所，分布北边、西边。以郎为苑监，官奴婢三万人，养马三十万匹。"师古曰："武泉，云中之县也。养鸟兽者通名为苑，故谓牧马处为苑。"

秋七月辛亥晦，日有蚀之。

后元年春正月，诏曰："狱，重事也。人有智愚，官有上下。狱疑者谳有司。有司所不能决，移廷尉。有令谳而后不当，谳者不为失。①欲令治狱者务先宽。"三月，赦天下，赐民爵一级，中二千石诸侯相爵右庶长。②夏，大酺五日，民得酤酒。

①师古曰："假令谳讫，其理不当，所谳之人不为罪失。"

②如淳曰："虽有尊官未必有高爵，故数有赐爵。"师古曰："右庶长，第十一爵也。"

五月，地震。秋七月乙巳晦，日有蚀之。

條侯周亚夫下狱死。

二年冬十月，省彻侯之国。①

①晋灼曰："文纪遣列侯之国，今省之。"师古曰："省音所领反。"

春，匈奴入雁门，太守冯敬与战死。发车骑材官屯。①

①师古曰："屯雁门。"

春，以岁不登，禁内郡食马粟，没入之。①

①师古曰："食读曰飤。没入者，没入其马。"

夏四月，诏曰："雕文刻镂，伤农事者也；锦绣纂组，害女红者也。①农事伤则饥之本也，女红害则寒之原也。夫饥寒并至，而能亡为非者寡矣。朕亲耕，后亲桑，以奉宗庙粢盛祭服，为天下先；不受献，减太官，省繇赋，②欲天下务农蚕，素有畜积，以备灾害。③强毋攘弱，众毋暴寡，④老耆以寿终，幼孤得遂长。⑤今岁或不登，民食颇寡，其咎安在？或诈伪为吏，⑥吏以货赂为市，渔夺百姓，侵牟万民。⑦县丞，长吏也，奸法与盗盗，甚无谓也。⑧其令二千石各修其职；不事官职耗乱者，丞相以闻，请其罪。⑨布告天下，使明知朕意。"

①应劭曰："纂，今五采属綷是也。组者，今绶纷绦是也。"臣瓒曰："许慎云'纂，赤组也'。"师古曰："瓒说是也。綷，会也。会五彩者，今谓之错彩，非纂也。红读曰功。綷音子内反。绦音它牢反。"

②师古曰："省音所领反。繇读曰傜。"

③师古曰："畜读曰蓄。"

④师古曰："攘，取也，音人羊反。"

⑤师古曰："遂，成也。"

⑥张晏曰："以诈伪人为吏也。"臣瓒曰："律所谓矫枉以为吏者也。"

师古曰："二说并非也。直谓诈自称吏耳。"

⑦李奇曰："牟，食苗根虫也。侵牟食民，比之蟀贼也。"师古曰："渔言若渔猎之为也。"

⑧李斐曰："奸法，因法作奸也。"文颖曰："与盗，谓盗者当治，而知情反佐与之，是则共盗无异也。"师古曰："与盗盗者，共盗为盗耳。"

⑨师古曰："秏，不明也，读与眊同，音莫报反。"

五月，诏曰："人不患其不知，患其为诈也；不患其不勇，患其为暴也；不患其不富，患其亡厌也。其唯廉士，寡欲易足。今訾算十以上乃得宦，①廉士算不必众。有市籍不得宦，无訾又不得宦，朕甚愍之。訾算四得宦，亡令廉士久失职，贪夫长利。"②

①服虔曰："訾万钱，算百二十七也。"应劭曰："古者疾吏之贪，衣食足知荣辱，限訾十算乃得为吏。十算，十万也。贾人有财不得为吏，廉士无訾又不得宦，故减訾四算得宦矣。"师古曰："訾读与赀同。他皆类此。"

②师古曰："长利，长获其利。"

秋，大旱。

三年春正月，诏曰："农，天下之本也。黄金珠玉，饥不可食，寒不可衣，以为币用，不识其终始。①间岁或不登，意为末者众，农民寡也。其令郡国务劝农桑，益种树，可得衣食物。②吏发民若取庸采黄金珠玉者，坐臧为盗。③二千石听者，与同罪。"

①师古曰："币者，所以通有无，易贵贱也。"

②师古曰："树，殖也。"

③韦昭曰："发民，用其民。取庸，用其资以顾庸。"

皇太子冠，赐民为父后者爵一级。

甲子，帝崩于未央宫。①遗诏赐诸侯王列侯马二驷，②吏二千石黄金二斤，吏民户百钱。出宫人归其家，复终身。③二月癸酉，葬阳陵。④

①臣瓒曰："帝年三十二即位，即位十六年，寿四十八。"

②师古曰："八匹也。"

③师古曰："复音方目反。"

④臣瓒曰："自崩及葬凡十日。阳陵在长安东北四十五里。"

赞曰：孔子称"斯民，三代之所以直道而行也"，①信哉！周秦之敝，罔密文峻，而奸轨不胜。②汉兴，扫除烦苛，与民休息。至于孝文，加之以恭俭，孝景遵业，五六十载之间，至于移风易俗，黎民醇厚。③周云成康，汉言文景，美矣！

①师古曰："此论语载孔子之辞也。言此今时之人，亦夏、殷、周之所驭，以政化淳壹，故能直道而行。伤今不然。"

②师古曰："不可胜。"

③师古曰："黎，众也。醇，不浇杂。"

【校勘记】

〔1〕 其（薨）葬， 王念孙说"薨"字涉上文四"薨"字而衍。薨事已见上文，此文则专指葬事，故师古云"毕事，毕葬事也"。

汉书卷六

武帝纪第六

孝武皇帝，[①]景帝中子也，母曰王美人。[②]年四岁立为胶东王。七岁为皇太子，母为皇后。十六岁，后三年正月，景帝崩。[③]甲子，太子即皇帝位，尊皇太后窦氏曰太皇太后，皇后曰皇太后。三月，封皇太后同母弟田蚡、胜皆为列侯。[④]

①荀悦曰："讳彻之字曰通。"应劭曰："礼谥法'威强睿德曰武'。"

②师古曰："外戚传美人比二千石，视少上造。"

③张晏曰："武帝以景帝元年生，七岁为太子，为太子十岁而景帝崩，时年十六矣。"师古曰："后三年，景帝后三年也。"

④苏林曰："蚡音鼢鼠之鼢。"师古曰："蚡亦鼢鼠字也，音扶粉反。"

建元元年[①]冬十月，诏丞相、御史、列侯、中二千石、二千石、诸侯相举贤良方正直言极谏之士。丞相绾[②]奏："所举贤良，或治申、商、韩非、苏秦、张仪之言，③乱国政，请皆罢。”奏可。

①师古曰：“自古帝王未有年号，始起于此。”

②师古曰：“卫绾也。”

③应劭曰：“申不害，韩昭侯相也。卫公孙鞅为秦孝公相，封于商，号商君。韩非，韩诸公子，非，名也。苏秦为关东从长。张仪为秦昭王相，为衡说以抑诸侯。”李奇曰：“申不害书执术。商鞅为法，赏不失卑，刑不讳尊，然深刻无恩德。韩非兼行申、商之术。”师古曰：“从音子容反。”

春二月，赦天下，赐民爵一级。年八十复二算，九十复甲卒。①行三铢钱。②

①张晏曰：“二算，复二口之算也。复甲卒，不豫革车之赋也。”师古曰：“复音方目反。”

②师古曰：“新坏四铢钱造此钱也，重如其文。见食货志。”

夏四月己巳，诏曰：“古之立教，乡里以齿，朝廷以爵，扶世导民，莫善于德。然则于乡里先耆艾，奉高年，古之道也。①今天下孝子顺孙愿自竭尽以承其亲，外迫公事，内乏资财，是以孝心阙焉。朕甚哀之。民年九十以上，已有受鬻法，②为复子若孙，令得身帅妻妾遂其供养之事。”③

①师古曰：“六十曰耆，五十曰艾。”

②师古曰：“给米粟以为糜鬻。鬻音之六反。”

③师古曰：“若者，豫及之辞也。有子即复子，无子即复孙也。遂，（中）〔申〕也。[1]复音方目反。”

五月，诏曰：“河海润千里，其令祠官修山川之祠，为岁事，①曲加礼。”②

①孟康曰："为农祈也。于此造之，岁以为常，故曰为岁事也。"师古曰："岁以为常是也。总致敬耳，非止祈农。"

②如淳曰："祭礼有所加益。"

赦吴楚七国帑输在官者。①

①应劭曰："吴楚七国反时，其首事者妻子没入为官奴婢，武帝哀焉，皆赦遣之也。"师古曰："帑读与孥同。"

秋七月，诏曰："卫士转置送迎二万人，①其省万人。罢苑马，以赐贫民。"②

①郑氏曰："去故置新，常二万人。"

②师古曰："养马之苑，旧禁百姓不得刍牧采樵，今罢之。"

议立明堂。遣使者安车蒲轮，束帛加璧，征鲁申公。①

①师古曰："以蒲裹轮，取其安也。"

二年冬十月，御史大夫赵绾坐请毋奏事太皇太后，及郎中令王臧皆下狱，自杀。①丞相婴、太尉蚡免。②

①应劭曰："礼，妇人不豫政事，时帝已自躬省万机。王臧儒者，欲立明堂辟雍。太后素好黄老术，非薄五经。因欲绝奏事太后，太后怒，故杀之。"

②师古曰："窦婴、田蚡。"

春二月丙戌朔，日有蚀之。夏四月戊申，有如日夜出。

初置茂陵邑。①

①应劭曰："武帝自作陵也。"师古曰："本槐里（之县）〔县之〕茂乡，[2]故曰茂陵。"

三年春，河水溢于平原，大饥，人相食。①

①师古曰："河溢之处损害田亩，故大饥。"

赐徙茂陵者户钱二十万，田二顷。初作便门桥。①

①苏林曰："去长安四十里。"服虔曰："在长安西北，茂陵东。"师古曰："便门，长安城北面西头门，即平门也。古者平便皆同字。于此道作桥，跨渡渭水以趋茂陵，其道易直，即今所谓便桥是其处也。便读如本字。"

秋七月，有星孛于西北。

济川王明坐杀太傅、中傅废迁防陵。①

①应劭曰："中傅，官者也。"师古曰："防陵，汉中县也，今谓之房州。"

闽越围东瓯，①东瓯告急。遣中大夫严助持节发会稽兵，浮海救之。未至，闽越走，兵还。

①应劭曰："高祖五年立无诸为闽越王。惠帝立摇为东海王，都东瓯，故号东瓯。"师古曰："瓯音一侯反。"

九月丙子晦，日有蚀之。

四年夏，有风赤如血。六月，旱。秋九月，有星孛于东北。

五年春，罢三铢钱，行半两钱。①

①师古曰："又新铸作也。"

置五经博士。

夏四月，平原君薨。①

①服虔曰："王太后之母，武帝外祖母。"

五月，大蝗。

秋八月，广川王越、清河王乘皆薨。

六年春二月乙未，辽东高庙灾。夏四月壬子，高园便殿火。①上素服五日。

①师古曰："凡言便殿、便室、便坐者，皆非正大之处，所以就便安也。园者，于陵上作之，既有正寝以象平生正殿，又立便殿为休息闲宴之处耳。说者不晓其意，乃解云便殿、便室皆是正名，斯大惑矣。寻石建、韦玄成、孔光等传，其义可知。便读如本字。"

五月丁亥，太皇太后崩。

秋八月，有星孛于东方，长竟天。

闽越王郢攻南越。遣大行王恢将兵出豫章，大司农韩安国出会稽，击之。未至，越人杀郢降，兵还。

元光元年①冬十一月，初令郡国举孝廉各一人。②

①臣瓒曰："以长星见，故为元光。"

②师古曰："孝谓善事父母者。廉谓清洁有廉隅者。"

卫尉李广为骁骑将军屯云中，中尉程不识为车骑将军屯雁门，六月罢。

夏四月，赦天下，赐民长子爵一级。复七国宗室前绝属者。①

①师古曰："此等宗室前坐七国反，故绝属。今加恩赦之，更令上属籍于宗正也。复音扶目反。"

五月，诏贤良曰："朕闻昔在唐虞，画象而民不犯，①日月所烛，莫不率俾。②周之成康，刑错不用，③德及鸟兽，教通四海。海外肃昚，④北发渠搜，⑤氐羌徕服。⑥星辰不孛，日月不蚀，山陵不崩，川谷不塞；麟凤在郊薮，河洛出图书。呜虖，何施而臻此与！⑦今朕获奉宗庙，夙兴以求，夜寐以思，⑧若涉渊水，未知所济。猗与伟与！⑨何行而可以章先帝之洪业休德，⑩上参尧舜，下配三王！⑪朕之不敏，不能远德，⑫此子大夫之所睹闻也。⑬贤良明于古今王事之体，受策察问，咸以书对，著之于篇，⑭朕亲览焉。"于是董仲舒、公孙弘等出焉。

①应劭曰："二帝但画衣冠，异章服，而民不敢犯也。"师古曰："白虎通云'画象者，其衣服象五刑也。犯墨者蒙巾，犯劓者以赭著其衣，犯髌者以墨蒙其髌，象而画之，犯宫者扉，犯大辟者布衣无领。'墨谓以墨黥其面也。劓，截其鼻也。髌，去膝盖骨也。宫，割其阴也。扉，草屦也。劓音牛冀反，字或作劓，其音同耳。髌音频忍反。扉音扶味反。"

②师古曰："烛，照也。率，循也。俾，使也。言皆循其贡职而可使也。"

③师古曰："错，置也，音千故反。"

④晋灼曰："东夷传今挹娄地是也，在夫馀之东北千馀里大海之滨。"师古曰："周书序云'成王既伐东夷，肃昚来贺'，即谓此。"

⑤服虔曰："地名也。"应劭曰："禹贡析支、渠搜属雍州，在金城河关之西，西戎也。"晋灼曰："王恢传'北发、月支可得而臣'，似国名也。地理志朔方有渠搜县。"臣瓒曰："孔子三朝记云'北发渠搜，南抚交

阯'，此举北以南为对也。禹贡渠搜在雍州西北。渠搜在朔方。"师古曰："北发，非国名也，言北方即可征发渠搜而役属之。瓒说近是。"

⑥师古曰："徕，古往来之字也。氐音丁奚反。"

⑦师古曰："虖读曰呼。呜呼，叹辞也。臻，至也。"

⑧师古曰："夙兴，早起也。夜寐，夜久方寐也。"

⑨师古曰："猗，美也。伟，大也。与，辞也。言美而且大也。与读曰欤，音弋於反。"

⑩师古曰："章，明也。洪，大也。休，美也。"

⑪师古曰："三王，夏、殷、周。"

⑫师古曰："言德不及远也。"

⑬师古曰："子者，人之嘉称。大夫，举官称也。志在优贤，故谓之子大夫也。睹，古覩字。"

⑭师古曰："篇谓竹简也。"

秋七月癸未，日有蚀之。

二年冬十月，行幸雍，祠五畤。①

①师古曰："五帝之畤也。"

春，诏问公卿曰："朕饰子女以配单于，金币文绣赂之甚厚，单于待命加嫚，侵盗亡已。①边境被害，朕甚闵之。今欲举兵攻之，何如?"大行王恢建议宜击。夏六月，御史大夫韩安国为护军将军，卫尉李广为骁骑将军，太仆公孙贺为轻车将军，大行王恢为将屯将军，(大)〔太〕中大夫李息[3]为材官将军，将三十万众屯马邑谷中，诱致单于，欲袭击之。单于入塞，觉之，走出。六月，军罢。将军王恢坐首谋不进，下狱死。②

①师古曰："待命，谓承诏命也。嫚与慢同。"

②师古曰："首为此谋，而反不进击匈奴辎重。"

秋九月，令民大酺五日。

三年春，河水徙，从顿丘东南流入勃海。①

①师古曰："顿丘，丘名，因以为县，本卫地也。地理志属东郡，今则在魏州界也。"

夏五月，封高祖功臣五人后为列侯。

河水决濮阳，泛郡十六。①发卒十万救决河。起龙渊宫。②

①师古曰："濮阳，东郡之县也。水所泛及，凡十六郡界也。泛音敷剑反。"

②服虔曰："宫在长安西，作铜飞龙，故以冠名也。"如淳曰："三辅黄图云有龙渊宫，今长安城西有其处。沟洫志救河决亦起龙渊宫于其傍。"孟康曰："在西平界，其水可用淬刀剑，特坚利。古龙渊之剑取于此水。"师古曰："黄图云龙渊庙在茂陵东，不言宫也。此言救决河，起龙渊宫，则宫不在长安之西矣。又汉章帝赐尚书韩稜龙渊剑。孟说是也。淬音千内反。"

四年冬，魏其侯窦婴有罪，弃市。①

①师古曰："以党灌夫也。"

春三月乙卯，丞相蚡薨。

夏四月，陨霜杀草。五月，地震。赦天下。

五年春正月，河间王德薨。

夏，发巴蜀治南夷道，又发卒万人治雁门阻险。①

①师古曰："所以为固，用止匈奴之寇。"

秋七月，大风拔木。

乙巳，皇后陈氏废。捕为巫蛊者，皆枭首。

八月，螟。①

①师古曰："食苗心之虫也，音莫经反。"

征吏民有明当时之务、习先圣之术者，县次续食，令与计偕。①

①师古曰："计者，上计簿使也，郡国每岁遣诣京师上之。偕者，俱也。令所征之人与上计者俱来，而县次给之食。后世讹误，因承此语，遂总谓上计为计偕。阚骃不详，妄为解说，云秦汉谓诸侯朝使曰计偕。偕，次也。晋代有计偕簿。又改偕为阶，失之弥远，致误后学。"

六年冬，初算商车。①

①李奇曰："始税商贾车船，令出算。"

春，穿漕渠通渭。①

①如淳曰："水转运曰漕。"师古曰："音才到反。"

匈奴入上谷，杀略吏民。遣车骑将军卫青出上谷，骑将军公孙敖出代，轻车将军公孙贺出云中，骁骑将军李广出雁门。青至龙城，①获首虏七百级。广、敖失师而还。诏曰："夷狄无义，所从来久。间者匈奴数寇边境，故遣将抚师。古者治兵振旅，因遭虏之方入，将吏新会，上下未辑，②代郡将军敖、雁门将军广所任不肖，③校尉又背义妄行，弃军而北，少吏犯禁。④用兵之法：

不勤不教，将率之过也；教令宣明，不能尽力，士卒之罪也。将军已下廷尉，使理正之，⑤而又加法于士卒，二者并行，非仁圣之心。朕闵众庶陷害，欲刷耻改行，⑥复奉正（议）〔义〕，[4]厥路亡繇。⑦其赦雁门、代郡军士不循法者。”⑧

①应劭曰：“匈奴单于祭天，大会诸国，名其处为龙城。”

②晋灼曰：“入犹还也。不得已而用兵，言师不逾时也。入或作人，因其习俗土地之宜而教革之也。”师古曰：“晋说非也。诏言古者出则治兵，入则振旅，素练其众，不亏戎律。今之出师，因遭寇虏方入为害，而将吏新会，上下未和，故校尉弃军而奔北也。辑与集同。”

③师古曰：“肖，似也。不肖者，言无所象类，谓不材之人也。”

④文颖曰：“少吏，小吏也。”

⑤师古曰：“下谓以身付廷尉也。理，法也，言以法律处正其罪。下音胡嫁反。他皆类此。”

⑥师古曰：“刷，除也，音所劣反。”

⑦师古曰：“一陷重刑，无因复从正道也。繇读与由同。”

⑧师古曰：“循，从也，由也。”

夏，大旱，蝗。

六月，行幸雍。

秋，匈奴盗边。遣将军韩安国屯渔阳。

元朔元年①冬十一月，诏曰：“公卿大夫，所使总方略，壹统类，广教化，美风俗也。夫本仁祖义，褒德禄贤，劝善刑暴，②五帝三王所繇昌也。③朕夙兴夜寐，嘉与宇内之士臻于斯路。④故旅耆老，复孝敬，⑤选豪俊，讲文学，⑥稽参政事，祈进民心，⑦深诏执事，兴廉举孝，庶几成风，绍休圣绪。⑧夫十室之邑，必有忠信；三人并行，厥有我师。⑨今或至阖郡而不荐一人，⑩是化不下究，而积行之君子雍于上闻也。⑪二千石官长纪纲人伦，⑫将何以佐朕烛幽隐，劝元元，⑬厉蒸庶，⑭崇乡党之训哉？且进贤受上赏，蔽贤蒙显戮，古之道也。其与中二千石、礼官、博士议不举者罪。"有司奏议曰："古者，诸侯贡士，壹适谓之好德，⑮再适谓之贤贤，三适谓之有功，乃加九锡；⑯不贡士，壹则黜爵，再则黜地，三而黜爵地毕矣。⑰夫附下罔上者死，附上罔下者刑，与闻国政而无益于民者斥，⑱在上位而不能进贤者退，此所以劝善黜恶也。今诏书昭先帝圣绪，令二千石举孝廉，所以化元元，移风易俗也。不举孝，不奉诏，当以不敬论。⑲不察廉，不胜任也，当免。"⑳奏可。

①应劭曰："朔，苏也。孟轲曰'后来其苏'。苏，息也，言万民品物大繁息也。"师古曰："朔犹始也，言更为初始也。苏息之息，非息生义，应说失之。"

②师古曰："本仁祖义，谓以仁义为本始。"

③师古曰："五帝，伏羲、神农、黄帝、尧、舜也。三王，夏、殷、周也。繇读与由同。"

④师古曰："天地四方为宇。臻，至也。"

⑤师古曰："旅耆老者，加惠于耆老之人，若宾旅也。复孝敬者，谓优复孝弟之人也。复音方目反。"

⑥师古曰："讲谓和习之。"

⑦师古曰："祈，求也。"

⑧师古曰："休，美也。绪，业也。言绍先圣之休绪也。故下言昭先帝圣绪。"

⑨师古曰："论语称孔子云：'十室之邑，必有忠信如丘者焉。'又曰：'三人行，必有我师焉。择其善者而从之，其不善者而改之。'故诏引焉。"

⑩师古曰："阖，闭也。总〔一〕郡之中，[5]故云阖郡。"

⑪师古曰："究，竟也。言见壅遏，不得闻（雍）〔达〕于天子也。[6]雍读曰壅。"

⑫师古曰："谓郡之守尉，县之令长。"

⑬师古曰："烛，照也。元元，善意。"

⑭师古曰："蒸，众也。"

⑮服虔曰："適，得其人。"

⑯应劭曰："一曰车马，二曰衣服，三曰乐器，四曰朱户，五曰纳陛，六曰虎贲百人，七曰铁钺，八曰弓矢，九曰秬鬯。此皆天子制度，尊之，故事事锡与，但数少耳。"张晏曰："九锡，经本无文，周礼以为九命，春秋说有之。"臣瓒曰："九锡备物，伯者之盛礼，齐桓、晋文犹不能备，今三进贤便受之，似不然也。当受进贤之一锡。尚书大传云'三適谓之有功，赐以车服弓矢'是也。"师古曰："总列九锡，应说是也。进贤一锡，瓒说是也。"

⑰李奇曰："爵地俱削尽。"

⑱师古曰："与读曰豫。斥谓弃逐之。"

⑲张晏曰："谓其不勤求士报国。"

⑳张晏曰："当率身化下，今亲宰牧而无贤人，为不胜任也。"

十二月，江都王非薨。

春三月甲子，立皇后卫氏。诏曰："朕闻天地不变，不成施化；阴阳不变，物不畅茂。①易曰'通其变，使民不倦'。②诗云'九变复贯，知言之选'。③朕嘉唐虞而乐殷周，据旧以鉴新。④其赦天下，与民更始。诸逋贷及辞讼在孝景后三年以前，皆勿听治。"⑤

①师古曰："畅，通也。"

②应劭曰："黄帝、尧、舜祖述伏羲、神农，结网耒耜，以日中为市。

交易之业，因其所利，变而通之，使民知之，不苦倦也。”师古曰：“此易下系之辞也。言通物之变，故能乐其器用，不解倦也。”

③应劭曰：“逸诗也。阳数九，人君当阳，言变政复礼，合于先王旧贯。知言之选，选，善也。”孟康曰：“贯，道也。选，数也。极天之变而不失道者，知言之数也。”臣瓒曰：“先王创制易教，以救流弊也，是以三王之教有文有质。九，数之多也。”师古曰：“贯，事也。选，择也。论语曰‘仍旧贯’，此言文质不同，宽猛殊用，循环复旧，择善而从之。瓒说近之也。”

④师古曰：“追观旧迹，以知新政，而为鉴戒。”

⑤师古曰：“逋，亡也。久负官物亡匿不还者，皆谓之逋。逋音布胡反。”

秋，匈奴入辽西，杀太守；入渔阳、雁门，败都尉，杀略三千馀人。遣将军卫青出雁门，将军李息出代，获首虏数千级。

东夷薉君南闾等[①]口二十八万人降，为苍海郡。

①服虔曰：“秽貊在辰韩之北，高句丽沃沮之南，东穷于大海。”晋灼曰：“薉，古秽字。”师古曰：“南闾者，薉君之名。”

鲁王馀、长沙王发皆薨。

二年冬，赐淮南王、菑川王几杖，毋朝。[①]

①师古曰：“淮南王安、菑川王志皆武帝诸父列也，故赐几杖焉。”

春正月，诏曰：“梁王、城阳王亲慈同生，[①]愿以邑分弟，其许之。诸侯王请与子弟邑者，朕将亲览，使有列位焉。”于是藩国始分，而子弟毕侯矣。

①文颖曰：“慈，爱也。”

匈奴入上谷、渔阳，杀略吏民千馀人。遣将军卫青、李息出云中，至高阙，①遂西至符离，②获首虏数千级。收河南地，置朔方、五原郡。

①师古曰："山名也，一曰塞名也，在朔方之北。"

②师古曰："幕北塞名也。"

三月乙亥晦，日有蚀之。

夏，募民徙朔方十万口。又徙郡国豪杰及訾三百万以上于茂陵。

秋，燕王定国有罪，自杀。

三年春，罢苍海郡。三月，诏曰："夫刑罚所以防奸也，内长文所以见爱也；①以百姓之未洽于教化，朕嘉与士大夫日新厥业，祗而不解。②其赦天下。"

①晋灼曰："长音长吏之长。"张晏曰："长文，长文德也。"师古曰："诏言有文德者，即亲内而崇长之，所以见仁爱之道。见谓显示也，音胡电反。"

②师古曰："解读曰懈。"

夏，匈奴入代，杀太守；入雁门，杀略千馀人。

六月庚午，皇太后崩。

秋，罢西南夷，城朔方城。令民大酺五日。

四年冬，行幸甘泉。

夏，匈奴入代、定襄、上郡，杀略数千人。

五年春，大旱。大将军卫青将六将军兵十馀万人出朔方、高阙，获首虏万五千级。

夏六月，诏曰："盖闻导民以礼，风之以乐，①今礼坏乐崩，朕甚闵焉。故详延天下方闻之士，咸荐诸朝。②其令礼官劝学，讲议洽闻，举遗兴礼，以为天下先。③太常其议予博士弟子，崇乡党之化，以厉贤材焉。"④丞相弘请为博士置弟子员，⑤学者益广。

①师古曰："风，教也。诗序曰'上以风化下'。"

②师古曰："详，悉也。延，引也。方，道也。闻，博闻也。言悉引有道博闻之士而进于朝也。礼记曰'隆礼由礼，谓之有方之士'。又曰'博闻强识而让，谓之君子'。一曰方谓方正也。"

③师古曰："举遗逸之文而兴礼学。"

④师古曰："为博士置弟子，既得崇化于乡党，又以奖厉贤材之人。"

⑤师古曰："公孙弘。"

秋，匈奴入代，杀都尉。

六年春二月，大将军卫青将六将军兵十馀万骑出定襄，斩首三千馀级。还，休士马于定襄、云中、雁门。赦天下。

夏四月，卫青复将六将军绝幕，①大克获。前将军赵信军败，降匈奴。右将军苏建亡军，独身脱还，赎为庶人。

①应劭曰："幕，沙幕，匈奴之南界也。"臣瓒曰："沙土曰幕。直度曰绝。"师古曰："应、瓒二说皆是也，而说者或云是塞外地名，非矣。幕者，即今之突厥中碛耳。李陵歌曰'径万里兮渡沙幕'。"

六月，诏曰："朕闻五帝不相复礼，三代不同法，所繇殊路而建德一也。①盖孔子对定公以徕远，②哀公以论臣，③景公以节用，④非期不同，所急异务也。⑤今中国一统而北边未安，朕甚悼之。日者大将军巡朔方，征匈奴，斩首虏万八千级，诸禁锢及有过者，咸蒙厚赏，得免减罪。⑥今大将军仍复克获，⑦斩首虏万九千级，受爵赏而欲移卖者，无所流貤。⑧其议为令。”有司奏请置武功赏官，以宠战士。

①师古曰：“复，因也，音扶目反。繇读与由同。”

②臣瓒曰：“论语及韩子皆言叶公问政于孔子，孔子答以悦近徕远。今云定公，与二书异。”

③如淳曰：“韩非云哀公问政，仲尼曰政在选贤。”

④如淳曰：“韩非云齐景公问政，仲尼曰政在节财。”

⑤李奇曰：“期，要也。非要当必不同，所急异务，不得不然。”

⑥师古曰：“有罪者，或被释免，或得减轻。”

⑦师古曰：“仍，频也。”

⑧应劭曰：“貤音移。言军吏士斩首虏，爵级多无所移与，今为置武功赏官，爵多者分与父兄子弟及卖与他人也。”师古曰：“此说非也。许慎说文解字云‘貤，物之重次第也’。此诏言欲移卖爵者，无有差次，不得流行，故为置官级也。貤音弋赐反。今俗犹谓凡物一重为一貤也。”

元狩元年①冬十月，行幸雍，祠五畤。获白麟，②作白麟之歌。

①应劭曰：“获白麟，因改元曰元狩也。”

②师古曰：“麟，麋身，牛尾，马足，黄色，圜蹄，一角，角端有肉。”

十一月，淮南王安、衡山王赐谋反，诛。党与死者数万人。

十二月，大雨雪，民冻死。①

①师古曰：“雨音于具反。”

夏四月，赦天下。

丁卯，立皇太子。赐中二千石爵右庶长，①民为父后者一级。

诏曰："朕闻咎繇对禹，曰在知人，知人则哲，惟帝难之。[②]盖君者心也，民犹支体，支体伤则心憯怛。[③]日者淮南、衡山修文学，流货赂，两国接壤，怵于邪说，[④]而造篡弑，此朕之不德。诗云：'忧心惨惨，念国之为虐。'[⑤]已赦天下，涤除与之更始。朕嘉孝弟力田，哀夫老眊孤寡鳏独[⑥]或匮于衣食，甚怜愍焉。其遣谒者巡行天下，存问致赐。[⑦]曰'皇帝使谒者[⑧]赐县三老、孝者帛，人五匹；乡三老、弟者、力田帛，人三匹；年九十以上及鳏寡孤独帛，人二匹，絮三斤；八十以上米，人三石。有冤失职，使者以闻。[⑨]县乡即赐，毋赘聚'。"[⑩]

①师古曰："第十一等爵。"

②师古曰："尚书咎繇谟载咎繇之辞也。帝谓尧也。"

③师古曰："憯，痛也。怛，悼也。憯音千感反。怛音丁曷反。"

④服虔曰："怵音裔。"应劭曰："狃忕也。"如淳曰："怵音怵惕，见诱怵于邪说也。"师古曰："作忕者非。如说云见诱怵，其义是也，而音怵惕，又非也。怵或体訹字耳。訹者，诱也，音如戌亥之戌。南越传曰'不可怵好语入朝'。诸如此例，音义同耳。今俗犹云相谀訹，而说者或改为钬导之钬，盖穿凿也。谀音先诱反。钬音述。"

⑤师古曰："小雅正月之诗也。惨惨，忧戚之貌。"

⑥师古曰："眊，古耄字。八十曰耄。耄，老称也。一曰眊，不明之貌。"

⑦师古曰："致，送至也。行音下更反。"

⑧师古曰："谒者令使者宣诏书之文。"

⑨师古曰："职，常也。失职者，失其常业及常理也。"

⑩如淳曰："赘，会也。令勿擅征召赘聚三老孝弟力田也。"师古曰："即，就也。各遣就其所居而赐之，勿会聚也。赘音之锐反。"

五月乙巳晦，日有蚀之。

匈奴入上谷，杀数百人。

二年冬十月，行幸雍，祠五畤。

春三月戊寅，丞相弘薨。

遣骠骑将军霍去病出陇西，至皋兰，①斩首八千馀级。

①应劭曰："在陇西白石县，塞外河名也。"孟康曰："山关名也。"师古曰："皋兰，山名也。霍去病传云'过焉支山千有馀里，合短兵鏖皋兰下'，则此山也，非河名也。白石县在金城，又不属陇西。应说并失之。鏖音乌曹反。"

夏，马生余吾水中。①南越献驯象、②能言鸟。③

①应劭曰："在朔方北也。"

②应劭曰："驯者，教能拜起周章，从人意也。"师古曰："驯音巡，谓扰也。应说是也。"

③师古曰："即鹦鹉也，今陇西及南海并有之。万震南州异物志云有三种，一种白，一种青，一种五色。交州以南诸国尽有之。白及五色者，其性尤慧解，盖谓此也。隋开皇十八年，林邑国献白鹦鹉，时以为异。是岁贡士咸试赋之。圣皇驭历，屡有兹献。上以幽遐劳费，抚慰弗受。"

将军去病、公孙敖出北地二千馀里，过居延，①斩首虏三万馀级。

①师古曰："居延，匈奴中地名也，韦昭以为张掖县，失之。张掖所置居延县者，以安处所获居延人而置此县。"

匈奴入雁门，杀略数百人。遣卫尉张骞、郎中令李广皆出右北平。广杀匈奴三千馀人，尽亡其军四千人，独身脱还，及公孙敖、张骞皆后期，当斩，赎为庶人。

江都王建有罪，自杀。胶东王寄薨。

秋，匈奴昆邪王杀休屠王，[①]并将其众合四万馀人来降，置五属国以处之。[②]以其地为武威、酒泉郡。[③]

①师古曰："昆音下门反。屠音储。"

②师古曰："凡言属国者，存其国号而属汉朝，故曰属国。"

③师古曰："武威，今凉州也。酒泉，今肃州。"

三年春，有星孛于东方。夏五月，赦天下。立胶东康王少子庆为六安王。封故相国萧何曾孙庆为列侯。

秋，匈奴入右北平、定襄，杀略千馀人。

遣谒者劝有水灾郡种宿麦。[①]举吏民能假贷贫民者以名闻。[②]

①师古曰："秋冬种之，经岁乃熟，故云宿麦。"

②师古曰："贷音吐戴反。"

减陇西、北地、上郡戍卒半。

发谪吏穿昆明池。[①]

①如淳曰："食货志以旧吏弄法，故谪使穿池，更发有赀者为吏也。"臣瓒曰："西南夷传有越巂、昆明国，有滇池，方三百里。汉使求身毒国，而为昆明所闭。今欲伐之，故作昆明池象之，以习水战，在长安西南，周回四十里。食货志又曰时越欲与汉用船战，遂乃大修昆明池也。"师古曰："谪吏，吏有罪者，罚而役之。滇音颠。"

四年冬，有司言关东贫民徙陇西、北地、西河、上郡、会稽凡七十二万五千口，县官衣食振业，用度不足，请收银锡造白金及皮币以足用。[①]初算缗钱。[②]

①应劭曰："时国用不足，以白鹿皮为币，朝觐以荐璧。又造银锡为白

金。见食货志。”

②李斐曰：“缗，丝也，以贯钱也。一贯千钱，出算二十也。”臣瓒曰：“茂陵书诸贾人末作贳贷，置居邑储积诸物，及商以取利者，虽无市籍，各以其物自占，率缗钱二千而一算。此缗钱是储钱也。故随其用所施，施于（吏）〔利〕重者，[7]其算亦多也。”师古曰：“谓有储积钱者，计其缗贯而税之。李说为是。缗音武巾反。”

春，有星孛于东北。

夏，有长星出于西北。

大将军卫青将四将军出定襄，将军去病出代，各将五万骑。步兵踵军后数十万人。①青至幕北围单于，斩首万九千级，至阗颜山乃还。②去病与左贤王战，斩获首虏七万馀级，封狼居胥山乃还。③两军士（战）死者数万人。[8]前将军广、后将军食其皆后期。广自杀，食其赎死。④

①师古曰：“踵，接也，犹言蹑其踵。”

②邓展曰：“音填塞之填。”

③师古曰：“登山祭天，筑土为封，刻石纪事，以彰汉功。”

④如淳曰：“李广传‘引兵与右将军食其合军，出东道’。又曰‘广自刭，右将军下吏当死，赎为庶人’。霍去病传亦云赵食其为右将军，平阳侯襄为后将军。此纪为误也。”师古曰：“传写者误以右为后。食其，音异基。”

五年春三月甲午，丞相李蔡有罪，自杀。①

①文颖曰：“李广从弟，坐侵陵壖地。”

天下马少，平牡马匹二十万。①

①如淳曰："贵平牡马贾，欲使人竞畜马。"

罢半两钱，行五铢钱。

徙天下奸猾吏民于边。①

①师古曰："猾，狡也，音乎八反。"

六年冬十月，赐丞相以下至吏二千石金，千石以下至乘从者帛，①蛮夷锦各有差。

①晋灼曰："乘骑诸从者也。"师古曰："流俗书本乘上或有公字，非也，后人妄加之。"

雨水亡冰。①

①师古曰："雨音于具反。"

夏四月乙巳，庙立皇子闳为齐王，旦为燕王，胥为广陵王。①初作诰。②

①师古曰："于庙中策命之。"

②服虔曰："诰敕王，如尚书诸诰也。"李斐曰："今敕封拜诸侯王策文亦是也。见武五子传。"

六月，诏曰："日者有司以币轻多奸，①农伤而末众，②又禁(以)〔兼〕并之涂，③[9]故改币以约之。④稽诸往古，制宜于今。⑤废期有月，⑥而山泽之民未谕。⑦夫仁行而从善，义立则俗易，意奉宪者所以导之未明与？⑧将百姓所安殊路，而挢虔吏因乘势以侵蒸庶邪？⑨何纷然其扰也！⑩今遣博士大等六人分循行天下，⑪存问鳏寡废疾，无以自振业者贷与之。⑫谕三老孝弟以为民师，举独行之君子，征诣行在所。⑬朕嘉贤者，乐知其人。广宣厥道，士有特招，使者之任也。⑭详问隐处亡位，及冤失职，⑮奸猾为害，野荒治苛者，举奏。⑯郡国有所以为便者，上丞相、御史以闻。”

①李奇曰：“币，钱也。轻者，若一马直二十万，是为币轻而物重也。重难得，则用不足而奸生。”

②师古曰：“末谓工商也。”

③李奇曰：“谓大家兼役小民，富者兼役贫民，欲平之也。”文颖曰：“兼并者，食禄之家不得治产，兼取小民之利；商人虽富，不得复兼畜田宅，作客耕农也。”师古曰：“李说是。”

④李奇曰：“更去半两钱，行五铢钱、皮币，以检约奸邪。”

⑤师古曰：“稽，考也，音工奚反。”

⑥应劭曰：“禁半两钱及馀币物，禁之有期月而民未悉从也。”如淳曰：“期音朞。自往年三月至今年四月，朞有馀月矣。”师古曰：“如说是。”

⑦师古曰：“未谕者，未晓告示之意。”

⑧师古曰：“与读曰欤。”

⑨孟康曰：“虔，固也。矫称上命以货贿用为固。尚书曰‘敚攘矫虔’。”韦昭曰：“凡称诈为矫，强取为虔。左传曰‘虔刘我边垂’。”师古曰：“挢与矫同，其字从手。矫，托也。虔，固也。妄托上命而坚固为邪恶者也。蒸，众也。”

⑩师古曰：“扰，烦也。”

⑪师古曰：“褚大也。行音下更反。”

⑫师古曰：“贷音土戴反。”

⑬如淳曰：“蔡雍云天子以天下为家，自谓所居为行在所，言今虽在京师，行所在至耳。”师古曰：“此说非也。天子或在京师，或出巡狩，不可豫定，故言行在所耳。不得亦谓京师为行在也。”

⑭李奇曰：“设士有殊才异行，当特招者，任在使者分别之。”

⑮师古曰：“无位，不被任用也。冤，屈也。失职，失其常业也。”

⑯师古曰："野荒，言田亩不辟也。治苛，为政尚细刻。"

秋九月，大司马骠骑将军去病薨。

元鼎元年[①]夏五月，赦天下，大酺五日。

①应劭曰："得宝鼎故，因是改元。"

得鼎汾水上。

济东王彭离有罪，废徙上庸。[①]

①应劭曰："春秋时庸国。"

二年冬十一月，御史大夫张汤有罪，自杀。十二月，丞相青翟下狱死。[①]

①师古曰："庄青翟。"

春，起柏梁台。[①]

①服虔曰："用百头梁作台，因名焉。"师古曰："三辅旧事云以香柏为之。今书字皆作柏。服说非。"

三月，大雨雪。[①]夏，大水，关东饿死者以千数。

①师古曰："雨音于具反。"

秋九月，诏曰："仁不异远，义不辞难。[①]今京师虽未为丰年，山林池泽之饶与民共之。今水潦移于江南，迫隆冬至，朕惧其饥寒不活。江南之地，火耕水耨，[②]方下巴蜀之粟致之江陵，遣博士中等分循行，[③]谕告所抵，无令重困。[④]吏民有振救饥民免其厄者，具举以闻。"

①师古曰："远近如一，是为仁也。不惮艰难，是为义也。"

②应劭曰："烧草下水种稻。草与稻并生，高七八寸，因悉芟去，复下水灌之，草死，独稻长，所谓火耕水耨。"

③师古曰："行音下更反。"

④师古曰："抵，至也。重音直用反。"

三年冬，徙函谷关于新安。①以故关为弘农县。

①应劭曰："时楼船将军杨仆数有大功，耻为关外民，上书乞徙东关，以家财给其用度。武帝意亦好广阔，于是徙关于新安，去弘农三百里。"

十一月，令民告缗者以其半与之。①

①孟康曰："有不输税，令民得告言，以半与之。"

正月戊子，阳陵园火。夏四月，雨雹，①关东郡国十馀饥，人相食。

①师古曰："雨音于具反。"

常山王舜薨。子敦嗣立，有罪，废徙房陵。

四年冬十月，行幸雍，祠五畤。赐民爵一级，女子百户牛酒。行自夏阳，东幸汾阴。①十一月甲子，立后土祠于汾阴脽上。②礼毕，行幸荥阳。还至洛阳，诏曰："祭地冀州，③瞻望河洛，巡省豫州，观于周室，邈而无祀。④询问耆老，乃得孽子嘉。其封嘉为周子南君，⑤以奉周祀。"

①师古曰："夏阳，冯翊之县也。汾阴属河东。汾音扶云反。"

②苏林曰："脽音谁。"如淳曰："脽者，河之东岸特堆掘，长四五里，广（一）〔二〕里馀，[10]高十馀丈。汾阴县治脽之上。后土祠在县西。汾在脽之北，西流与河合。"师古曰："二说皆是也。脽者，以其形高起如人尻脽，故以名云。一说此临汾水之上，地本名鄈，音与葵同，彼乡人呼葵音如谁，故转而为脽字耳，故汉旧仪云葵上。"

③服虔曰："后土祠在汾阴。汾阴本冀州地也。周时乃分为并州。尔雅曰'两河间曰冀州'。"

④师古曰："邈，远绝之意。"

⑤臣瓒曰："汲冢古文谓卫将军文子为子南弥牟。其后有子南固、子南劲。纪年劲朝于魏，后惠成王如卫，命子南为侯。秦并六国，卫最后亡。疑嘉是卫后，故氏子南而称君也。初元五年为周承休侯，元始四年为郑公，建武十三年（此）〔封〕于观为卫公。"[11]师古曰："子南，其封邑之号，以为周后，故总言周子南君。瓒说非也。例不先言姓而后称君，且自嘉已下皆姓姬氏，著在史传。"

春二月，中山王胜薨。

夏，封方士栾大为乐通侯，位上将军。

六月，得宝鼎后土祠旁。秋，马生渥洼水中。①作宝鼎、天马之歌。

①李斐曰："南阳新野有暴利长，当武帝时遭刑，屯田敦煌界，数于此水旁见群野马中有奇（异）者，与凡马〔异〕，[12]来饮此水。利长先作土人，持勒靽于水旁。后马玩习，久之代土人持勒靽收得其马，献之。欲神异此马，云从水中出。"苏林曰："洼音室曲之室。"师古曰："渥音握。洼音於佳反。"

立常山宪王子商为泗水王。

五年冬十月，行幸雍，祠五畤。遂逾陇，①登空同，②西临祖厉河而还。③

①应劭曰："陇，陇阺坂也。"师古曰："即今之陇山，阺音丁礼反。"

②应劭曰："山名也。"

③李斐曰："音嗟赖。"

十一月辛巳朔旦，冬至。立泰畤于甘泉。天子亲郊见，①朝日夕月。②诏曰："朕以眇身托于王侯之上，③德未能绥民，④民或饥寒，故巡祭后土以祈丰年。冀州脽壤乃显文鼎，获（祭）〔荐〕于庙。⑤[13]渥洼水出马，朕其御焉。战战兢兢，惧不克任，思昭天地，内惟自新。诗云：'四牡翼翼，以征不服。'亲省边垂，用事所极。⑥望见泰一，修天文禫。⑦辛卯夜，若景光十有二明。易曰：'先甲三日，后甲三日。'⑧朕甚念年岁未咸登，⑨饬躬斋戒，⑩丁酉，拜况于郊。"⑪

①师古曰："祠太一也。见音胡电反。"

②应劭曰："天子春朝日，秋夕月。朝日以朝，夕月以夕。"臣瓒曰："汉仪注郊泰畤，皇帝平旦出竹宫，东向揖日，其夕，西南向揖月，便用郊日，不用春秋也。"师古曰："春朝朝日，秋暮夕月，盖常礼也。郊泰畤而揖日月，此又别仪。"

③师古曰："眇，细末也。"

④师古曰："绥，安也。"

⑤师古曰："得鼎祠旁，祠在脽上，故云脽壤。壤谓土也。文鼎，言其有刻镂之文。"

⑥李斐曰："极，至也，所至者辄祭也。"师古曰："逸诗也。"

⑦文颖曰："禫，祭也。"晋灼曰："禫，古禅字也。"臣瓒曰："此年初祭太畤于甘泉，此祭天于文禫也。祭天则天文从，故曰修天文禫

也。"师古曰："文、晋二说是也。朝日夕月，即天文禮之谓也。"

⑧应劭曰："先甲三日，辛也。后甲三日，丁也。言王者齐戒必自新，临事必自丁宁。"师古曰："此易蛊卦之辞。"

⑨师古曰："登谓百谷成。"

⑩师古曰："饬，整也，读与敕同。"

⑪师古曰："况，赐也。辛夜有光，是先甲三日也。丁日拜况，是后甲三日也。故诏引易文。"

夏四月，南越王相吕嘉反，杀汉使者及其王、王太后。赦天下。

丁丑晦，日有蚀之。

秋，蛙、蝦蟆斗。①

①师古曰："蛙，黾也，似蝦蟆而长脚，其色青，音下娲反。蝦音遐。蟆音麻。黾音莫幸反。"

遣伏波将军路博德出桂阳，下湟水；楼船将军杨仆出豫章，下浈水；①归义越侯严为戈船将军，出零陵，下离水；②甲为下濑将军，下苍梧。③皆将罪人，江淮以南楼船十万人。越驰义侯遗④别将巴蜀罪人，发夜郎兵，下牂柯江，咸会番禺。⑤

①郑氏曰："浈音柽。"孟康曰："浈音贞。"苏林曰："浈音撜柱之撜。"师古曰："苏音是也。音丈庚反。"

②张晏曰："严故越人，降为归义侯。越人于水中负人船，又有蛟龙之害，故置戈于船下，因以为名也。"臣瓒曰："伍子胥书有戈船，以载干戈，因谓之戈船也。离水出零陵。"师古曰："以楼船之例言之，则非为载干戈也。此盖船下安戈戟以御蛟鼍水虫之害。张说近之。"

③服虔曰："甲，故越人归汉者也。"臣瓒曰："濑，湍也，吴越谓之濑，中国谓之碛。伍子胥书有下濑船。"师古曰："濑音赖。"

④应劭曰："亦越人也。"

⑤如淳曰："音潘（禺）〔愚〕，[14]尉佗所都。"师古曰："即今之广州。"

九月，列侯坐献黄金酎祭宗庙不如法夺爵者百六人，丞相赵周下狱死。①乐通侯栾大坐诬罔要斩。

①服虔曰："因八月献酎祭宗庙时使诸侯各献金来助祭也。"如淳曰："汉仪注诸侯王岁以户口酎黄金于汉庙，皇帝临受献金，金少不如斤两，色恶，王削县，侯免国。"臣瓒曰："食货志南越反时卜式上书愿死之。天子下诏褒扬，布告天下，天下莫应。列侯以百数，莫求从军。至酎饮酒，少府省金，而列侯坐酎金失侯者百馀人。而表云赵周坐为丞相知列侯酎金轻下狱自杀。然则知其轻而不纠擿之也。"师古曰："酎，三重酿醇酒也，音丈救反。"

西羌众十万人反，与匈奴通使，攻故安，围枹罕。①匈奴入五原，杀太守。

①邓展曰："枹音铁。罕音汉。"师古曰："枹罕，金城之县也。罕读如本字。"

六年冬十月，发陇西、天水、安定骑士及中尉，河南、河内卒十万人，遣将军李息、郎中令（一）〔徐〕自为[15]征西羌，平之。

行东，将幸缑氏，①至左邑桐乡，②闻南越破，以为闻喜县。春，至汲新中乡，③得吕嘉首，以为获嘉县。驰义侯遗兵未及下，上便令征西南夷，平之。④遂定越地，以为南海、苍梧、郁林、合浦、交阯、九真、日南、珠厓、儋耳郡。⑤定西南夷，以为武都、牂柯、越嶲、沈黎、文山郡。⑥

①师古曰："河南县也。缑音工侯反。"

②师古曰："左邑，河东之县也。桐乡，其乡名也。"

③师古曰："汲，河内县。新中，其乡名。"

④师古曰："便音频面反。"

⑤应劭曰："二郡在大海中崖岸之边。出真珠，故曰珠厓。儋耳者，种大耳。渠率自谓王者耳尤缓，下肩三寸。"张晏曰："异物志二郡在海中，东西千里，南北五百里。珠厓，言珠若崖矣。儋耳之云，镂其颊皮，上连耳匡，分为数支，状似鸡肠，累耳下垂。"臣瓒曰："茂陵书珠崖郡治瞫都，去长安七千三百一十四里。儋耳去长安七千三百六十八里，领县五。"师古曰："儋音丁甘反，字本作瞻。瞫音审。"

⑥孟康曰："嶲音髓，本邛都。"服虔曰："今蜀郡北部都尉所治，本筰都也。"臣瓒曰："茂陵书沈黎治筰都，去长安三千三百三十五里，领县二十一。"应劭曰："文山，今蜀郡岷山，本冉駹是也。"

秋，东越王馀善反，攻杀汉将吏。遣横海将军韩说、中尉王温舒出会稽，①楼船将军杨仆出豫章，击之。又遣浮沮将军公孙贺出九原，②匈河将军赵破奴出令居，③皆二千馀里，不见虏而还。乃分武威、酒泉地置张掖、敦煌郡，④徙民以实之。

①师古曰："说读曰悦。"

②臣瓒曰："浮沮，井名，在匈奴中，去九原二千里，见汉舆地图。"师古曰："沮音子闾反。"

③臣瓒曰："匈河，水名，在匈奴中，去令居千里，见匈奴传。"师古曰："令音铃。"

④师古曰："敦音徒门反。"

元封元年①冬十月，诏曰："南越、东瓯咸伏其辜，西蛮北夷颇未辑睦，②朕将巡边垂，择兵振旅，躬秉武节，置十二部将军，亲帅师焉。"行自云阳，北历上郡、西河、五原，出长城，北登单于台，至朔方，临北河。勒兵十八万骑，旌旗径千馀里，威震匈奴。遣使者告单于曰："南越王头已县于汉北阙矣。单于能战，天子自将待边；不能，亟来臣服。[3]何但亡匿幕北寒苦之地为！"匈奴詟焉。[4]还，祠黄帝于桥山，[5]乃归甘泉。

①应劭曰："始封泰山，故改年。"

②师古曰："辑与集同。集，和也。"

③师古曰："亟，急也，音居力反。"

④师古曰："詟，失气也，音之涉反。"

⑤应劭曰："在上郡，周阳县有黄帝冢。"

东越杀王馀善降。诏曰："东越险阻反覆，为后世患，迁其民于江淮间。"遂虚其地。

春正月，行幸缑氏。诏曰："朕用事华山，至于中岳，[1]获驳鹿，见夏后启母石。[2]翌日亲登嵩高，[3]御史乘属、在庙旁吏卒咸闻呼万岁者三。[4]登礼罔不答。[5]其令祠官加增太室祠，[6]禁无伐其草木。以山下户三百为之奉邑，名曰崇高，[7]独给祠，复亡所与。"[8]行，遂东巡海上。

①文颖曰："嵩高也，在颍川阳城县。"

②应劭曰："启生而母化为石。"文颖曰："在嵩高山下。"师古曰："启，夏禹子也。其母涂山氏女也。禹治鸿水，通轘辕山，化为熊，谓涂山氏曰：'欲饷，闻鼓声乃来。'禹跳石，误中鼓。涂山氏往，见禹方作熊，惭而去，至嵩高山下化为石，方生启。禹曰：'归我子。'石破北方而启生。事见淮南子。景帝讳启，今此诏云启母，盖史追书之，非当时文。"

③应劭曰："翌，明也。"

④服虔曰："乘，同乘。属，官属也。"如淳曰："汉仪注御史亦有属。"

晋灼曰："天子出，御史除二人为乘曹，护车驾。"荀悦曰："万岁，山神称之也。"应劭曰："嵩高县有上中下万岁里。"师古曰："乘属，如、晋二说是也。乘音食证反。"

⑤师古曰："罔，无也。言登礼于神，无不答应。"

⑥韦昭曰："嵩高山有太室、少室之山，山有石室，故以名云。"

⑦师古曰："谓之崇者，示尊崇之。奉音扶用反。"

⑧师古曰："复音方目反。与读曰预。"

夏四月癸卯，上还，登封泰山，①降坐明堂。②诏曰："朕以眇身承至尊，③兢兢焉惟德菲薄，不明于礼乐，④故用事八神。⑤遭天地况施，⑥著见景象，屑然如有闻。⑦震于怪物，欲止不敢，遂登封泰山，至于梁父，然后升禋肃然。⑧自新，嘉与士大夫更始，其以十月为元封元年。行所巡至，博、奉高、蛇丘，历城、梁父，⑨民田租逋赋贷，已除。⑩加年七十以上孤寡帛，人二匹。四县无出今年算。⑪赐天下民爵一级，女子百户牛酒。"

①孟康曰："王者功成治定，告成功于天。封，崇也，助天之高也。刻石纪号，有金策石函金泥玉检之封焉。"应劭曰："封者，坛广十二丈，高二丈，阶三等，封于其上，示增高也。刻石，纪绩也。立石三丈一尺，其辞曰：'事天以礼，立身以义。事亲以孝，育民以仁。四守之内莫不为郡县，四夷八蛮咸来贡职，与天无极。人民蕃息，天禄永得。'尚玄酒而俎生鱼。下禅梁父，祀地主，示增广。（比）〔此〕古制也。[16]武帝封广丈二尺，高九尺，其下则有滕书，秘。语在郊祀志。"

②臣瓒曰："郊祀志'初，天子封泰山，泰山东北阯古时有明堂处'，则此所坐者也。明年秋乃作明堂耳。"

③师古曰："眇，微细也。"

④师古曰："菲，亦薄也，音敷尾反，又音靡。"

⑤文颖曰："武帝祭太一，并祭名山于太坛西南，开除八通鬼道，故言用事八神也。一曰八方之神。"

⑥应劭曰："况，赐也。施，与也。言天地神灵乃赐我瑞应。"

⑦臣瓒曰："闻呼万岁者三是也。"

⑧服虔曰："增天之高，归功于天。禅，阐也，广土地也。肃然，山名也，在梁父。"张晏曰："天高不可及，于泰山上立封，又禅而祭之，冀近神灵也。"师古曰："父读曰甫。"

⑨郑氏曰："蛇音移。"

⑩师古曰："逋赋，未出赋者也。逋贷，官以物贷之，而未还也。贷音吐戴反。"

⑪师古曰："自博至梁父凡五县，今云四县毋出算者，奉高一县素以供神，非算限也。"

行自泰山，复东巡海上，至碣石。① 自辽西历北边九原，归于甘泉。

①文颖曰："在辽西絫县。絫县今罢，属临榆。此石著海旁。"师古曰："碣，碣然特立之貌也，音其列反。"

秋，有星孛于东井，又孛于三台。

齐王闳薨。

二年冬十月，行幸雍，祠五畤。春，幸缑氏，遂至东莱。夏四月，还祠泰山。至瓠子，临决河，① 命从臣将军以下皆负薪塞河堤，作瓠子之歌。赦所过徒，赐孤独高年米，人四石。还，作甘泉通天台、长安飞廉馆。②

①服虔曰："瓠子，堤名也，在东郡白马。"苏林曰："在鄄城以南，濮阳以北，广百步，深五丈。"

②应劭曰："飞廉，神禽能致风气者也。明帝永平五年，至长安迎取飞廉并铜马，置上西门外，名平乐馆。董卓悉销以为钱。"晋灼曰："身似鹿，头如爵，有角而蛇尾，文如豹文。"师古曰："通天台者，言此台高，上通于天也。汉旧仪云高三十丈，望见长安城。"

朝鲜王攻杀辽东都尉，乃募天下死罪击朝鲜。

六月，诏曰："甘泉宫内中产芝，九茎连叶。①上帝博临，不异下房，赐朕弘休。②其赦天下，赐云阳都百户牛酒。"③作芝房之歌。

①应劭曰："芝，芝草也，其叶相连。"如淳曰："瑞应图王者敬事耆老，不失旧故，则芝草生。"师古曰："内中，谓后庭之室也，故云不异下房。"

②师古曰："上帝，天也。博，广也。弘，大也。休，美也。言天广临，不以下房为幽侧而隔异之，赐以此芝，是大美也。"

③晋灼曰："云阳、甘泉，黄帝以来祭天圜丘处也。武帝常以避暑，有宫观，故称都也。"师古曰："此说非也。都谓县之所居在宫侧者耳。赐不徧其境内，故指称其都，非谓天子之都也。若以有宫观称都，则非止云阳矣。"

秋，作明堂于泰山下。

遣楼船将军杨仆、左将军荀彘将应募罪人击朝鲜。①又遣将军郭昌、中郎将卫广发巴蜀兵平西南夷未服者，以为益州郡。

①应劭曰："楼船者，时欲击越，非水不至，故作大船，上施楼也。"

三年春，作角抵戏，①三百里内皆（来）观。[17]

①应劭曰："角者，角技也。抵者，相抵触也。"文颖曰："名此乐为角抵者，两两相当角力，角技艺射御，故名角抵，盖杂技乐也。巴

俞戏、鱼龙蔓延之属也。汉后更名平乐观。”师古曰：“抵者，当也。非谓抵触。文说是也。”

夏，朝鲜斩其王右渠降，①以其地为乐浪、临屯、玄菟、真番郡。②

①师古曰：“右渠，朝鲜王名。”

②臣瓒曰：“茂陵书临屯郡治东暆县，去长安六千一百三十八里，十五县；真番郡治霅县，去长安七千六百四十里，十五县。”师古曰：“乐音洛。浪音郎。番音普安反。暆音弋支反。霅音丈甲反。”

楼船将军杨仆坐失亡多免为庶民，左将军荀彘坐争功弃市。①

①师古曰：“弃市，杀之于市也。解在景纪。”

秋七月，胶西王端薨。

武都氐人反，分徙酒泉郡。①

①师古曰：“不尽徙。”

四年冬十月，行幸雍，祠五畤。通回中道，①遂北出萧关，②历独鹿、鸣泽，③自代而还，幸河东。春三月，祠后土。诏曰：“朕躬祭后土地祇，见光集于灵坛，一夜三烛。④幸中都宫，殿上见光。⑤其赦汾阴、夏阳、中都死罪以下，赐三县及杨氏皆无出今年租赋。”⑥

①应劭曰：“回中在安定高平，有险阻，萧关在其北，通治至长安也。”孟康曰：“回中在北地，有山险，武帝故宫。”如淳曰：“三辅黄图云回中宫在汧也。”师古曰：“回中在安定，北通萧关。应说是也。而云治道至长安，非也。盖自回中通道以出萧关。孟、如二家皆失之矣。回中宫在汧者，或取安定回中为名耳，非今所通道。”

②如淳曰：“匈奴传‘入朝那萧关’，萧关在安定朝那县也。”

③服虔曰："独鹿，山名也。鸣泽，泽名也。皆在涿郡道县北界也。"

④服虔曰："烛音注。"师古曰："烛谓照也，读如本字。"

⑤师古曰："中都在太原。"

⑥师古曰："杨氏，河东聚邑名。"

夏，大旱，民多暍死。①

①如淳曰："暍音谒。"师古曰："中热而死也。"

秋，以匈奴弱，可遂臣服，乃遣使说之。单于使来，死京师。匈奴寇边，遣拔胡将军郭昌屯朔方。

五年冬，行南巡狩，至于盛唐，①望祀虞舜于九嶷。②登灊天柱山，③自寻阳浮江，亲射蛟江中，获之。④舳舻千里，⑤薄枞阳而出，⑥作盛唐枞阳之歌。遂北至琅邪，并海，⑦所过礼祠其名山大川。春三月，还至泰山，增封。甲子，祠高祖于明堂，以配上帝，因朝诸侯王列侯，受郡国计。⑧夏四月，诏曰："朕巡荆扬，辑江淮物，⑨会大海气，⑩以合泰山。⑪上天见象，增修封禅。⑫其赦天下。所幸县毋出今年租赋，赐鳏寡孤独帛，贫穷者粟。"还幸甘泉，郊泰畤。

①文颖曰："案地（里）〔理〕志不得，[18]疑当在庐江左右，县名也。"韦昭曰："在南郡。"师古曰："韦说是也。"

②应劭曰："舜葬苍梧。九嶷，山名，今在零陵营道。"文颖曰："九嶷山半在苍梧，半在零陵。"如淳曰："舜葬九嶷。九嶷在苍梧冯乘县，故或云舜葬苍梧也。"师古曰："文说是也。嶷音疑，其山九峰，形势相似，故云九嶷山。"

③应劭曰："灊音若潜。南岳霍山在灊。灊，县名，属庐江。"文颖曰："天柱山在灊县南，有祠。灊音岑。"师古曰："灊音与潜同。应说是。"

④师古曰："许慎云'蛟，龙属也'。郭璞说其状云似蛇而四脚，细颈，颈有白婴，大者数围，卵生，子如一二斛瓮，能吞人也。"

⑤李斐曰："舳，船后持柂处也。舻，船前头刺櫂处也。言其船多，前后相衔，千里不绝也。"师古曰："舳音轴。舻音卢。"

⑥服虔曰："县名，属庐江。"师古曰："枞音千松反。"

⑦师古曰："并读曰傍。傍，依也，音步浪反。"

⑧师古曰："计，若今之诸州计帐也。"

⑨如淳曰："辑，合也。物犹神也，郊祀志所祭祀事也。"师古曰："辑与集同。"

⑩郑氏曰："会合海神之气，并祭之。"

⑪师古曰："集江淮之神，会大海之气，合致于太山，然后修封，总祭飨也。"

⑫师古曰："见谓显示也。"

大司马大将军青薨。

初置刺史部十三州。①名臣文武欲尽，诏曰："盖有非常之功，必待非常之人，故马或奔踶而致千里，②士或有负俗之累而立功名。③夫泛驾之马，④跅弛之士，⑤亦在御之而已。⑥其令州郡察吏民有茂材异等⑦可为将相及使绝国者。"⑧

①师古曰："汉（书）〔旧〕仪云[19]初分十三州，假刺史印绶，有常治所。常以秋分行部，御史为驾四封乘传。到所部，郡国各遣一吏迎之界上，所察六条。"

②师古曰："踶，蹋也。奔，走也。奔踶者，乘之即奔，立则踶人也。踶音徒计反。"

③晋灼曰："负俗，谓被世讥论也。"师古曰："累音力瑞反。"

④师古曰："泛，覆也，音（力）〔方〕勇反。[20]字本作覂，后通用耳。覆驾者，言马有逸气而不循轨辙也。"

⑤如淳曰："跅（拓也）〔音拓〕。[21]弛，废也。士行有卓异，不入俗检而见跅逐者也。"师古曰："跅者，跅落无检局也。弛者，放废不遵礼度也。跅音土各反。弛音式尔反。"

⑥师古曰："在人所以制御之。"

⑦应劭曰："旧言秀才，避光武讳称茂才。异等者，超等轶群不与凡同也。"师古曰："茂，美也。"

⑧师古曰："绝远之国，谓声教之外。"

六年冬，行幸回中。春，作首山宫。①

①应劭曰："首山在上郡，于其下立宫庙也。"文颖曰："在河东蒲坂界。"师古曰："寻此下诏文及依地理志，文说是。"

三月，行幸河东，祠后土。诏曰："朕礼首山，昆田出珍物，化或为黄金。①祭后土，神光三烛。其赦汾阴殊死以下，赐天下贫民布帛，人一匹。"

①应劭曰："昆田，首山之下田也。武帝祠首山，故神为出珍物，化为黄金。"

益州、昆明反，赦京师亡命令从军，遣拔胡将军郭昌将以击之。

夏，京师民观角抵于上林平乐馆。

秋，大旱，蝗。

太初元年①冬十月，行幸泰山。

①应劭曰："初用夏正，以正月为岁首，故改年为太初也。"

十一月甲子朔旦，冬至，祀上帝于明堂。

乙酉，柏梁台灾。

十二月，禅高里，①祠后土。东临勃海，望祠蓬莱。春还，受计于甘泉。②

①伏俨曰："山名，在泰山下。"师古曰："此高字自作高下之高，而死人之里谓之蒿里，或呼为下里者也，字则为蓬蒿之蒿。或者既见太山神灵之府，高里山又在其旁，即误以高里为蒿里。混同一事，文学之士共有此谬，陆士衡尚不免，况其馀乎？今流俗书本此高字有作蒿者，妄加增耳。"

②师古曰："受郡国所上计簿也。若今之诸州计帐。"

二月，起建章宫。①

①文颖曰："越巫名勇，谓帝曰越国有火灾即复大起宫室以厌胜之，故帝作建章宫。"师古曰："在未央宫西，今长安故城西俗所呼贞女楼者，即建章宫之阙也。"

夏五月，正历，以正月为岁首。①色上黄，数用五，②定官名，协音律。

①师古曰："谓以建寅之月为正也。未正历之前谓建亥之月为正，今此言以正月为岁首者，史追正其月名。"

②张晏曰："汉据土德，土数五，故用五，谓印文也。若丞相曰'丞相之印章'，诸卿及守相印文不足五字者，以'之'足之。"

遣因杅将军公孙敖①筑塞外受降城。

①服虔曰："匈奴地名，因所征以名将军也。"师古曰："杅音羽惧反。"

秋八月，行幸安定。遣贰师将军李广利①发天下谪民西征大宛。②

①张晏曰："贰师，大宛城名。"

②师古曰："庶人之有罪谪者也。大宛，国名。宛音於元反。"

蝗从东方飞至敦煌。

二年春正月戊申，丞相庆薨。①

①师古曰："石庆也。"

三月，行幸河东，祠后土。令天下大酺五日，膢五日，祠门户，比腊。①

①如淳曰："膢音楼。汉仪注立秋貙膢。"伏俨曰："膢音刘。刘，杀也。"苏林曰："膢，祭名也。貙，虎属。常以立秋日祭兽王者，亦以此日出（腊）〔猎〕，[22]还，以祭宗庙，故有貙膢之祭也。"师古曰："续汉书作貙刘。膢、刘义各通耳。腊者，冬至后腊祭百神也。腊音来盍反。"

夏四月，诏曰："朕用事介山，祭后土，皆有光应。①其赦汾阴、安邑殊死以下。"

①文颖曰："介山在河东皮氏县东南。其山特立，周七十里，高三十里。"

五月，籍吏民马，补车骑马。①

①师古曰："籍者，总入籍录而取之。"

秋，蝗。遣浚稽将军赵破奴①二万骑出朔方击匈奴，不还。

①应劭曰："浚稽山在武威塞北，匈奴常（取）〔所〕以为障蔽。"[23]师古曰："浚音峻。稽音鸡。"

冬十二月，御史大夫兒宽卒。①

①师古曰："兒音五兮反。"

三年春正月，行东巡海上。夏四月，还，修封泰山，禪石闾。①

①应劭曰："石闾山在泰山下阯南方，方士言仙人闾也。"

遣光禄勋徐自为筑五原塞外列城，①西北至卢朐，②游击将军韩说将兵屯之。③强弩都尉路博德筑居延。

①晋灼曰："地理志从五原椆阳县北出石门鄣即得所筑城。"师古曰："椆音固。"

②服虔曰："匈奴地名。"张晏曰："山名。"师古曰："张说是也。朐音劬。"

③师古曰："说读曰悦。"

秋，匈奴入定襄、云中，杀略数千人，行坏光禄诸亭障；①又入张掖、酒泉，杀都尉。

①应劭曰："光禄勋徐自为所筑列城，今匈奴从此往坏败也。"师古曰："汉制，每塞要处别筑为城，置人镇守，谓之候城，此即障也。音之向反。"

四年春，贰师将军广利斩大宛王首，获汗血马来。①作西极天马之歌。

①应劭曰："大宛旧有天马种，蹋石汗血。汗从前肩髆出，如血。号一日千里。"师古曰："蹋石者，谓蹋石而有迹，言其蹄坚利。"

秋，起明光宫。①

①师古曰："三辅黄图云在城中。元后传云成都侯商避暑借明光宫，盖谓此。"

冬，行幸回中。

徙弘农都尉治武关，税出入者以给关吏卒食。

天汉元年①春正月，行幸甘泉，郊泰畤。三月，行幸河东，祠后土。

①应劭曰："时频年苦旱，故改元为天汉，以祈甘雨。"师古曰："大雅有云汉之时，周（周）大夫仍叔所作也。[24]以美宣王遇旱灾修德勤政而能致雨，故依以为年号也。"

匈奴归汉使者，使使来献。

夏五月，赦天下。

秋，闭城门大搜。①发谪戍屯五原。

①臣瓒曰："汉帝年记六月禁逾侈，七月闭城门大搜，则搜索逾侈者也。"李奇曰："搜索巫蛊也。"师古曰："时巫蛊未起，瓒说是也。逾侈者，逾法度而奢侈也。"

二年春，行幸东海。还幸回中。

夏五月，贰师将军三万骑出酒泉，与右贤王战于天山，①斩首虏万馀级。又遣因杅将军出西河，骑都尉李陵将步兵五千人出居延北，与单于战，斩首虏万馀级。陵兵败，降匈奴。

①晋灼曰："在西域，近蒲类国，去长安八千馀里。"师古曰："即祁连山也。匈奴谓天为祁连。祁音巨夷反。今鲜卑语尚然。"

秋，止禁巫祠道中者。①大搜。②

①文颖曰："始汉家于道中祠，排祸咎移之于行人百姓。以其不经，今止之也。"师古曰："文说非也。秘祝移过，文帝久已除之。今此总禁百姓巫觋于道中祠祭者耳。"

②臣瓒曰："搜谓索奸人也。"晋灼曰："搜巫蛊也。"师古曰："瓒说是。"

渠黎六国使使来献。①

①臣瓒曰："渠黎，西域胡国名。"

泰山、琅邪群盗徐教等阻山攻城，①道路不通。遣直指使者暴胜之等衣绣衣杖斧分部逐捕。②刺史郡守以下皆伏诛。

①师古曰："阻山者，依山之险以自固也。"

②师古曰："杖斧，持斧也。谓建持之以为威也。分音扶问反。"

冬十一月，诏关都尉曰："今豪杰多远交，依东方群盗。其谨察出入者。"

三年春二月，御史大夫王卿有罪，自杀。

初榷酒酤。①

①如淳曰："榷音较。"应劭曰："县官自酤榷卖酒，小民不复得酤也。"韦昭曰："以木渡水曰榷。谓禁民酤酿，独官开置，如道路设木为榷，独取利也。"师古曰："榷者，步渡桥，尔雅谓之石杠，今之略彴是也。禁闭其事，总利入官，而下无由以得，有若渡水之榷，因立名焉。韦说如音是也。酤音工护反。彴音酌。"

三月，行幸泰山，修封，祀明堂，因受计。还幸北地，祠常山，瘗玄玉。①夏四月，赦天下。行所过毋出田租。

①邓展曰："瘗，埋也。"师古曰："尔雅曰'祭地曰瘗薶'。薶其物者，示归于地也。瘗音於例反。"

秋，匈奴入雁门，太守坐畏愞弃市。①

①如淳曰："军法，行逗留畏懦者要斩。愞音如掾反。"师古曰："又

音乃馆反。”

四年春正月，朝诸侯王于甘泉宫。发天下七科谪①及勇敢士，遣贰师将军李广利将六万骑、步兵七万人出朔方，因杅将军公孙敖万骑、步兵三万人出雁门，游击将军韩说②步兵三万人出五原，强弩都尉路博德步兵万馀人与贰师会。广利与单于战余吾水上连日，敖与左贤王战不利，皆引还。

①张晏曰：“吏有罪一，亡（人）〔命〕二，[25]赘婿三，贾人四，故有市籍五，父母有市籍六，大父母有市籍七，凡七科也。”

②师古曰：“说读曰悦。”

夏四月，立皇子髆为昌邑王。①

①孟康曰：“髆音博。”晋灼曰：“许慎以为肩髆字。”

秋九月，令死罪（人）〔入〕赎钱[26]五十万减死一等。

太始元年①春正月，因杅将军敖有罪，要斩。

①应劭曰：“言荡涤天下，与民更始，故以冠元。”

徙郡国吏民豪桀于茂陵、云陵。①

①师古曰：“此当言云阳，而转写者误为陵耳。茂陵帝自所起，而云阳甘泉所居，故总使徙豪桀也。钩弋赵倢伃死，葬云阳，至昭帝即位始尊为皇太后而起云陵。武帝时未有云陵。”

夏六月，赦天下。

二年春正月，行幸回中。

三月，诏曰："有司议曰，往者朕郊见上帝，西登陇首，获白麟以馈宗庙，渥洼水出天马，泰山见黄金，①宜改故名。今更黄金为麟趾褭蹄以协瑞焉。"②因以班赐诸侯王。

①师古曰："见音胡电反。"

②应劭曰："获白麟，有马瑞，故改铸黄金如麟趾褭蹄以协嘉祉也。古有骏马名要褭，赤喙黑身，一日行万五千里也。"师古曰："既云宜改故名，又曰更黄金为麟趾褭蹄，是则旧金虽以斤两为名，而官有常形制，亦由今时吉字金挺之类矣。武帝欲表祥瑞，故普改铸为麟足马蹄之形以易旧法耳。今人往往于地中得马蹄金，金甚精好，而形制巧妙。褭音奴了反。"

秋，旱。九月，募死罪（人）〔入〕赎钱[27]五十万减死一等。御史大夫杜周卒。

三年春正月，行幸甘泉宫，飨外国客。

二月，令天下大酺五日。行幸东海，获赤雁，作朱雁之歌。幸琅邪，礼日成山。①登之罘，②浮大海。山称万岁。冬，赐行所过户五千钱，鳏寡孤独帛人一匹。

①孟康曰："礼日，拜日也。"如淳曰："祭日于成山也。"师古曰："成山在东（来）〔莱〕不夜县，[28]斗入海。郊祀志作盛山，其音同。"

②晋灼曰："地理志东莱腄县有之罘山祠。"师古曰："罘音浮。腄音直瑞反。"

四年春三月，行幸泰山。壬午，祀高祖于明堂，以配上帝，因受计。癸未，祀孝景皇帝于明堂。甲申，修封。丙戌，禪石闾。夏四月，幸不其，①祠神人于交门宫，②若有乡坐拜者。③作交门之歌。夏五月，还幸建章宫，大置酒，赦天下。

①如淳曰："其音基。不其，山名，因以为县。"应劭曰："东莱县也。"

②应劭曰："神人，蓬莱仙人之属也。"晋灼曰："琅邪县有交门宫，武帝所造。"

③师古曰："如有神之景象向祠坐而拜也。汉注云神并见，且白且黑，且大且小，乡坐三拜。乡读曰向。坐音才卧反。"

秋七月，赵有蛇从郭外入邑，与邑中蛇群斗孝文庙下，①邑中蛇死。

①服虔曰："赵所立孝文庙也。"

冬十月甲寅晦，日有蚀之。

十二月，行幸雍，祠五畤，西至安定、北地。

征和元年①春正月，还，行幸建章宫。

①应劭曰："言征伐四夷而天下和平。"

三月，赵王彭祖薨。

冬十一月，发三辅骑士大搜上林，闭长安城门索，①十一日乃解。巫蛊起。

①文颖曰："简车马，数军实也。"臣瓒曰："搜谓索奸人也。上林苑周回数百里，故发三辅车骑入大搜索也。汉帝年记发三辅骑士大搜长安上林中，闭城门十五日，待诏北军征官多饿死。然则皆搜索，非数军实也。"师古曰："文说非也。索音山客反。"

二年春正月，丞相贺下狱死。

夏四月，大风发屋折木。

闰月，诸邑公主、阳石公主①皆坐巫蛊死。

①师古曰："诸邑，琅邪县也，以封公主故谓之邑。阳石，北海县也。（主）〔二〕公主皆卫皇后之女也。[29]阳字或作羊。"

夏，行幸甘泉。

秋七月，（桉）〔按〕道侯韩说、①[30]使者江充等掘蛊太子宫。壬午，太子与皇后谋斩充，以节发兵与丞相刘屈氂大战长安，②死者数万人。庚寅，太子亡，③皇后自杀。初置城门屯兵。更节加黄旄。④御史大夫暴胜之、司直田仁坐失纵，胜之自杀，仁要斩。八月辛亥，太子自杀于湖。⑤

①师古曰："即上游击将军韩说也。"

②师古曰："屈音丘勿反，又音其勿反。氂音力之反。"

③师古曰："谓逃匿也。"

④应劭曰："时太子亦发节以战，故加其上黄以别之。"

⑤师古曰："湖，县名也，即今虢州閺乡、湖城二县皆其地。"

癸亥，地震。

九月，立赵敬肃王子偃为平〔干〕王。[31]

匈奴入上谷、五原，杀略吏民。

三年春正月，行幸雍，至安定、北地。匈奴入五原、酒泉，杀两都尉。三月，遣贰师将军广利将七万人出五原，御史大夫商丘成二万人出西河，重合侯马通四万骑出酒泉。成至浚稽山①与虏战，多斩首。通至天山，虏引去，因降车师。皆引兵还。广利败，降匈奴。

①师古曰："音峻鸡。"

夏五月，赦天下。

六月，丞相屈氂下狱要斩，妻（子）枭首。①[32]

①郑氏曰："妻作巫蛊，夫从坐，但要斩也。"师古曰："屈氂亦坐与贰师将军谋立昌邑王。"

秋，蝗。

九月，反者公孙勇、胡倩发觉，皆伏辜。①

①师古曰："倩音千见反。"

四年春正月，行幸东莱，临大海。

二月丁酉，陨石于雍，二，①声闻四百里。

①师古曰："雍，扶风之县也。二者，石之数。"

三月，上耕于钜定。①还幸泰山，修封。庚寅，祀于明堂。癸巳，禅石闾。夏六月，还幸甘泉。

①服虔曰："地名也，近东海。"应劭曰："齐国县也。"晋灼曰："案地理志，应说是。"

秋八月辛酉晦，日有蚀之。

后元元年春正月，行幸甘泉，郊泰畤，遂幸安定。

昌邑王髆薨。

二月，诏曰："朕郊见上帝，①巡于北边，见群鹤留止，以不罗罔，靡所获献。②荐于泰畤，光景并见。其赦天下。"

①师古曰："见音胡电反。次下光景并见亦同。"

②如淳曰："时春也，非用罗罔时，故无所获也。"

夏六月，御史大夫商丘成有罪自杀。①侍中仆射莽何罗与弟重合侯通谋反，②侍中驸马都尉金日磾、奉车都尉霍光、骑都尉上官桀讨之。③

①师古曰："坐于庙中醉而歌。"

②孟康曰："征和三年言重合侯马通，今此言莽，明德马后恶其先人有反，易姓莽。"师古曰："莽音莫户反。"

③师古曰："磾音丁奚反。"

秋七月，地震，往往涌泉出。

二年春正月，朝诸侯王于甘泉宫，赐宗室。

二月，行幸盩厔五柞宫。①乙丑，立皇子弗陵为皇太子。②丁卯，帝崩于五柞宫，③入殡于未央宫前殿。三月甲申，葬茂陵。④

①晋灼曰："盩厔，扶风县也。"张晏曰："有五柞树，因以名宫也。"师古曰："盩音张流反。厔音竹乙反。"

②张晏曰："昭帝也。后但名弗，以二名难讳故。"

③臣瓒曰："帝年十七即位，即位五十四年，寿七十一。"

④臣瓒曰："自崩至葬凡十八日。茂陵在长安西北八十里也。"

赞曰：汉承百王之弊，高祖拨乱反正，文景务在养民，至于稽古礼文之事，犹多阙焉。孝武初立，卓然罢黜百家，①表章六经。②遂畴咨海内，举其俊茂，③与之立功。兴太学，修郊祀，改正朔，定历数，④协音律，作诗乐，建封禫，礼百神，绍周后，号令文章，焕焉可述。后嗣得遵洪业，而有三代之风。⑤如武帝之雄材大略，不改文景之恭俭以济斯民，虽诗书所称何有加焉！⑥

①师古曰："百家，谓诸子杂说，违背六经。"

②师古曰："六经，谓易、诗、书、春秋、礼、乐也。"

③师古曰："畴，谁也。咨，谋也。言谋于众人，谁可为事者也。"

④师古曰："正音之成反。他皆类此。"

⑤师古曰："三代，夏、殷、周。"

⑥师古曰："美其雄材大略，而非其不恭俭也。"

【校勘记】

〔1〕遂，(中)〔申〕也。 景祐、汲古、殿、局本都作"申"。王先谦说作"申"是。

〔2〕本槐里(之县)〔县之〕茂乡， 景祐、殿本都作"县之"。王先谦说作"县之"是。

〔3〕(大)〔太〕中大夫李息 景祐、汲古、殿、局本都作"太"。

〔4〕复奉正(议)〔义〕， 景祐、殿本都作"义"。王先谦说作"义"是。

〔5〕总〔一〕郡之中， 景祐、汲古、殿、局本都有"一"字。王先谦说有"一"字是。

〔6〕不得闻(雍)〔达〕于天子也。 景祐、汲古、殿、局本都作"达"。王先谦说作"达"是。

〔7〕施于(吏)〔利〕重者， 景祐、殿、局本都作"利"。王先谦说作"利"是。

〔8〕两军士(战)死者数万人。 景祐本无"战"字。王念孙说"战"字后人所加，云死者数万人则战死可知。

〔9〕又禁(以)〔兼〕并之涂， 景祐、汲古、殿、局本都作"兼"。

〔10〕广(一)〔二〕里馀， 景祐、殿、局本都作"二"。

〔11〕 十三年（此）〔封〕于观为卫公。 景祐、殿、局本都作“封”。王先谦说作“封”是。

〔12〕 见群野马中有奇（异）者、与凡马〔异〕， 景祐本如此，与汲古、殿、局本都不同。

〔13〕 获（祭）〔荐〕于庙。 景祐、殿本都作“荐”。王先谦说作“荐”是。

〔14〕 音潘（禺） 〔愚〕， 殿、局本都作“愚”。王先谦说作“愚”是。

〔15〕 郎中令（一）〔徐〕自为 景祐、殿、局本都作“徐”。王先谦说作“徐”是。

〔16〕（比）〔此〕古制也。 景祐、殿本都作“此”。王先谦说作“此”是。

〔17〕 三百里内皆（来）观。 景祐本无“来”字。王念孙说后人所加。

〔18〕 案地（里）〔理〕志不得， 景祐、殿本都作“理”。

〔19〕 汉（书）〔旧〕仪云 景祐、殿本都作“旧”。王先谦说作“旧”是。

〔20〕 音（力）〔方〕勇反。 景祐、汲古、殿、局本都作“方”。

〔21〕 跅（拓也）〔音拓〕。 景祐、殿本都作“音拓”。王先谦说作“音拓”是。

〔22〕 亦以此日出（腊）〔猎〕， 殿、局本都作“猎”。王先谦说作“猎”是。

〔23〕 匈奴常（取）〔所〕以为障蔽。 景祐、汲古、殿、局本都作“所”。王先谦说作“所”是。

〔24〕 周（周）大夫仍叔所作也。 景祐、殿本都无下“周”字，此衍。

〔25〕 亡（人）〔命〕二， 景佑、汲古、殿、局本都作“命”。

〔26〕 令死罪（人）〔入〕赎钱　景祐、殿本都作“入”。

〔27〕 募死罪（人）〔入〕赎钱　景祐本作“入”。

〔28〕 成山在东（来）〔莱〕不夜县，　景祐、汲古、殿、局本都作“莱”。王先谦说作“莱”是。

〔29〕（主）〔二〕公主皆卫皇后之女也。　景祐、殿本都作“二”。王先谦说作“二”是。

〔30〕（桉）〔按〕道侯韩说　景祐、殿本都作“按”。王先谦说作“按”是。

〔31〕 偃为平〔干〕王。　景祐、殿、局本都有“干”字。

〔32〕 妻（子）枭首。　景祐本无“子”字。王念孙说“子”字乃后人依屈氂传加之也。

汉书卷七

昭帝纪第七

孝昭皇帝，①武帝少子也。母曰赵倢伃，②本以有奇异得幸，③及生帝，亦奇异。④语在外戚传。武帝末，戾太子败，燕王旦、广陵王胥行骄嫚，⑤后元二年二月上疾病，⑥遂立昭帝为太子，年八岁。以侍中奉车都尉霍光为大司马大将军，受遗诏辅少主。明日，武帝崩。戊辰，太子即皇帝位，谒高庙。帝姊鄂邑公主⑦益汤沐邑，为长公主，⑧共养省中。⑨大将军光秉政，领尚书事，车骑将军金日磾、左将军上官桀副焉。

①荀悦曰："讳弗之字曰不。"应劭曰："礼谥法'圣闻周达曰昭'。"

②师古曰："倢，接幸也。伃，美称也。故以名宫中妇官。倢音接。伃音余。字或并从女。"

③师古曰："谓望气者言有奇女天子气。及召见，手指拳，上自披之，即时伸。"

④文颖曰："十四月乃生。"

⑤师古曰："行音下更反。"

⑥师古曰："疾甚曰病。"

⑦应劭曰："鄂，县名，属江夏。公主所食曰邑。"师古曰："鄂音五各反。"

⑧师古曰："帝之姊妹则称长公主，仪比诸王，又以供养天子，故益邑也。"

⑨伏俨曰："蔡邕云本为禁中，门閤有禁，非侍御之臣不得妄入。行道豹尾中亦为禁中。孝元皇后父名禁，避之，故曰省中。"师古曰："省，察也，言入此中皆当察视，不可妄也。共读曰供，音居用反。养音弋亮反。他皆类此。"

夏六月，赦天下。

秋七月，有星孛于东方。

济北王宽有罪，自杀。

赐长公主及宗室昆弟各有差。追尊赵倢伃为皇太后，起云陵。①

①文颖曰："倢伃先葬于云阳，是以就云阳为起云陵。"

冬，匈奴入朔方，杀略吏民。发军屯西河，左将军桀行北边。①

①师古曰："行音下更反。"

始元元年春二月，黄鹄下建章宫太液池中。①公卿上寿。赐诸侯王、列侯、宗室金钱各有差。

①如淳曰："谓之液者，言天地和液之气所为也。"臣瓒曰："时汉用

土德，服色尚黄，鹄色皆白，而今更黄，以为（上）〔土〕德之瑞，[1]故纪之也。太液池，言承阴阳津液以作池也。”师古曰：“如、瓒之说皆非也。黄鹄，大鸟也，一举千里者，非白鹄也。太液池者，言其津润所及广也。鹄音胡笃反。”

己亥，上耕于钩盾弄田。①

①应劭曰：“时帝年九岁，未能亲耕帝籍，钩盾，宦者近署，故往试耕为戏弄也。”臣瓒曰：“西京故事弄田在未央宫中。”师古曰：“弄田为宴游之田，天子所戏弄耳，非为昭帝年幼创有此名。”

益封燕王、广陵王及鄂邑长公主各万三千户。

夏，为太后起园庙云陵。

益州廉头、姑缯、牂柯谈指、同並二十四邑皆反。①遣水衡都尉吕破胡募吏民及发犍为、蜀郡犇命击益州，大破之。②

①苏林曰：“皆西南夷别种名也。”师古曰：“並音伴。”

②应劭曰：“旧时郡国皆有材官骑士以赴急难，今夷反，常兵不足以讨之，故权选取精勇。闻命奔走，故谓之奔命。”李斐曰：“平居发者二十以上至五十为甲卒，今者五十以上六十以下为奔命。奔命，言急也。”师古曰：“应说是也。犇，古奔字耳。犍音虔，又音钜言反。”

有司请河内属冀州，河东属并州。①

①文颖曰：“本属司州。”师古曰：“盖属京师司隶所部。”

秋七月，赦天下，赐民百户牛酒。大雨，渭桥绝。

八月，齐孝王孙刘泽谋反，欲杀青州刺史隽不疑，①发觉，皆伏诛。迁不疑为京兆尹，赐钱百万。

①师古曰：“隽音材兖反，又音辞兖反。”

九月丙子，车骑将军日磾薨。

闰月，遣故廷尉王平等五人[①]持节行郡国，[②]举贤良，问民所疾苦、冤、失职者。

①师古曰："前为此官今不居者，皆谓之故也。"

②师古曰："行音下更反。"

冬，无冰。

二年春正月，大将军光、左将军桀皆以前捕斩反虏重合侯马通功封，光为博陆侯，桀为安阳侯。

以宗室毋在位者，举茂才刘辟彊、刘长乐皆为光禄大夫，辟彊守长乐卫尉。[①]

①师古曰："长乐宫之卫尉也。"

三月，遣使者振贷贫民毋种、食者。[①]秋八月，诏曰："往年灾害多，今年蚕麦伤，所振贷种、食勿收责，毋令民出今年田租。"

①师古曰："贷音吐戴反。其下并同。"

冬，发习战射士诣朔方，调故吏将屯田张掖郡。[①]

①师古曰："调谓发选也。故吏，前为官职者。令其部率习战射士于张掖为屯田也。调音徒钓反。将音子亮反。"

三年春二月，有星孛于西北。

秋，募民徙云陵，赐钱田宅。

冬十月，凤皇集东海，遣使者祠其处。

十一月壬辰朔，日有蚀之。

四年春三月甲寅，立皇后上官氏。[①]赦天下。辞讼在后二年前，皆勿听治。[②]夏六月，皇后见高庙。赐长公主、丞相、将军、列侯、中二千石以下及郎吏宗室钱帛各有差。

①文颖曰："上官桀孙，安之女。"

②孟康曰："武帝后二年。"

徙三辅富人云陵，赐钱，户十万。

秋七月，诏曰："比岁不登，民匮于食，[①]流庸未尽还，[②]往时令民共出马，其止勿出。诸给中都官者，且减之。"[③]

①师古曰："匮，空也。"

②师古曰："流庸，谓去其本乡而行为人庸作。"

③师古曰："中都官，京师诸官府。"

冬，遣大鸿胪田广明击益州。

廷尉李种坐故纵死罪弃市。[①]

①师古曰："纵谓容放之。种音冲。"

五年春正月，追尊皇太后父为顺成侯。

夏阳男子张延年[①]诣北阙，自称卫太子，诬罔，要斩。

①师古曰："夏阳，冯翊之县。"

夏，罢天下亭母马及马弩关。[①]

①应劭曰："武帝数伐匈奴，再击大宛，马死略尽，乃令天下诸亭养母马，欲令其繁孳，又作马上弩机关，今悉罢之。"孟康曰："旧马高

五尺六寸齿未平，弩十石以上，皆不得出关，今不禁也。”师古曰：“亭母马，应说是；马弩关，孟说是也。”

六月，封皇后父骠骑将军上官安为桑乐侯。①

①师古曰：“乐音来各反。”

诏曰：“朕以眇身获保宗庙，①战战栗栗，夙兴夜寐，修古帝王之事，通保傅传、孝经、论语、尚书，未云有明。②[2]其令三辅、太常举贤良各二人，郡国文学高第各一人。赐中二千石以下至吏民爵各有差。”

①师古曰：“眇，微也。”

②文颖曰：“贾谊作保傅传，在礼大戴记。言能通读之也。”晋灼曰：“帝自谓通保傅传，未能有所明也。”臣瓒曰：“帝自谓虽通举此四书，皆未能有所明，此帝之谦也。”师古曰：“晋、瓒之说皆非也。帝自言虽通保傅传，而孝经、论语、尚书犹未能明也。”

罢儋耳、真番郡。①

①师古曰：“儋耳本南越地，真番本朝鲜地，皆武帝所置也。番音普安反。”

秋，大鸿胪广明、军正王平击益州，①斩首捕虏三万馀人，获畜产五万馀头。

①师古曰：“广明，田广明。”

六年春正月，上耕于上林。

二月，诏有司问郡国所举贤良文学民所疾苦。议罢盐铁榷酤。①

①应劭曰："武帝时，以国用不足，县官悉自卖盐铁，酤酒。昭帝务本抑末，不与天下争利，故罢之。"

移中监苏武①前使匈奴，留单于庭十九岁乃还，奉使全节，以武为典属国，②赐钱百万。

①苏林曰："移音移，厩名也。"应劭曰："移，地名。监，其官也，掌鞍马鹰犬射猎之具。"如淳曰："移，尔雅'唐棣，移也'。移园之中有马厩也。"师古曰："苏音如说是。"

②如淳曰："以其久在外国，知边事，故令典主诸属国。"师古曰："典属国，本秦官，汉因之，掌归义蛮夷，属官有九译令。后省，并大鸿胪。"

夏，旱，大雩，不得举火。①

①臣瓒曰："不得举火，抑阳助阴也。"

秋七月，罢榷酤官，令民得以律占租，①卖酒升四钱。以边塞阔远，取天水、陇西、张掖郡各二县置金城郡。

①如淳曰："律，诸当占租者家长身各以其物占，占不以实，家长不身自书，皆罚金二斤，没入所不自占物及贾钱县官也。"师古曰："占谓自隐度其实，定其辞也。占音章赡反。下又言占名数，其义并同。今犹谓狱讼之辨曰占，皆其意也。盖武帝时赋敛繁多，律外而取，今始复旧。"

诏曰："鉤町侯毋波①率其君长人民击反者，斩首捕虏有功。其立毋波为鉤町王。大鸿胪广明将率有功，赐爵关内侯，食邑。"

①服虔曰："鉤音左传射两鉤之鉤。"应劭曰："町音若挺，西南夷也。毋波，其名也。今牂柯鉤町县是也。"师古曰："音劬挺。"

元凤元年春，[①]长公主共养劳苦，复以蓝田益长公主汤沐邑。

①应劭曰："三年中，凤皇比下东海海西乐乡，于是以冠元焉。"

泗水戴王前薨，以毋嗣，国除。后宫有遗腹子煖，[①]相、内史不奏言，上闻而怜之，立煖为泗水王。相、内史皆下狱。

①师古曰："煖音许远反。"

三月，赐郡国所选有行义者涿郡韩福等五人帛，人五十匹，遣归。诏曰："朕闵劳以官职之事，[①]其务修孝弟以教乡里。令郡县常以正月赐羊酒。有不幸者赐衣被一袭，祠以中牢。"[②]

①邓展曰："闵哀韩福等，不忍劳役以官职之事。"

②师古曰："幸者，吉而免凶也，故死谓之不幸。一袭，一称也，犹今言一副也。中牢即少牢，谓羊豕也。"

武都氐人反，[①]遣执金吾马適建、龙頟侯韩增、[②]大鸿胪广明将三辅、太常徒，皆免刑击之。[③]

①师古曰："氐音丁奚反。"

②师古曰："姓马適，名建也。龙頟，汉书本或作雒字。功臣侯表云弓高壮侯韩颓当子譊封龙雒侯，元鼎五年坐酎金免。后元元年譊弟子增绍封龙雒侯。而荀悦汉纪龙雒皆为頟字。"崔浩曰："雒音洛。今河间龙雒村，与弓高相近。"然此既地名，无别指义，各依书字而读之，斯则通矣。譊音女交反。

③苏林曰："是时太常主诸陵县治民也。"

夏六月，赦天下。

秋七月乙亥晦，日有蚀之，既。

八月，改始元为元凤。

九月，鄂邑长公主、燕王旦与左将军上官桀、桀子票骑将军安、御史大夫桑弘羊皆谋反，伏诛。初，桀、安父子与大将军光争权，欲害之，诈使人为燕王旦上书言光罪。时上年十四，①觉其诈。后有谮光者，上辄怒曰："大将军国家忠臣，先帝所属，②敢有谮毁者，坐之。"光由是得尽忠。语在燕王、霍光传。

①张晏曰："武帝崩时八岁，即位于今七岁，今年十五。"师古曰："此云'初，桀、安父子与大将军争权，诈为燕王上书'，盖追道前年事耳，非今岁也。张说（非）〔失〕之。"[3]

②师古曰："属音之欲反。"

冬十月，诏曰："左将军安阳侯桀、票骑将军桑乐侯安、御史大夫弘羊皆数以邪枉干辅政，①大将军不听，而怀怨望，与燕王通谋，置驿往来相约结。燕王遣寿西长、孙纵之等②赂遗长公主、丁外人、谒者杜延年、大将军长史公孙遗等，交通私书，③共谋令长公主置酒，伏兵杀大将军光，征立燕王为天子，大逆毋道。故稻田使者燕仓先发觉，④以告大司农敞，⑤敞告谏大夫延年，⑥延年以闻。丞相征事任宫手捕斩桀，⑦丞相少史王寿诱将安入府门，⑧皆已伏诛，吏民得以安。封延年、仓、宫、寿皆为列侯。"又曰："燕王迷惑失道，前与齐王子刘泽等为逆，抑而不扬，望王反道自新，⑨今乃与长公主及左将军桀等谋危宗庙。王及公主皆自伏辜。其赦王太子建、公主子文信及宗室子与燕王、上官桀等谋反父母同产当坐者，皆免为庶人。其吏为桀等所诖误，未发觉在吏者，除其罪。"⑩

①师古曰："枉，曲也，以邪曲之事而干求也。"

②苏林曰："寿西，姓也。长，名也。孙姓，纵之名。"

③服虔曰："外人，主之所幸也。"晋灼曰："汉语字少君。"师古曰："此杜延年自别一人，非下谏大夫也。"

④如淳曰："特为诸稻田置使者，假与民收其税入也。"

⑤师古曰："杨敞也。"

⑥师古曰："杜延年，杜周之子。"

⑦文颖曰："征事，丞相官属，位差尊，掾属也。"如淳曰："时宫以时事召，待诏丞相府，故曰丞相征事。"张晏曰："汉仪注征事比六百石。皆故吏二千石不以臧罪免者为征事，绛衣奉朝贺正月。"师古曰："张说是也。"

⑧如淳曰："汉仪注丞相、太尉、大将军史秩四百石。武帝又置丞相少史，秩四百石。"

⑨师古曰："所为邪僻，违失正道，欲其旋反而归正，故云反道。"

⑩师古曰："其罪未发，未为吏所执持者。"

二年夏四月，上自建章宫徙未央宫，大置酒。赐郎从官帛，及宗室子钱，人二十万。吏民献牛酒者赐帛，人一匹。

六月，赦天下。诏曰："朕闵百姓未赡，①前年减漕三百万石。②颇省乘舆马及（菀）〔苑〕马，③〔4〕以补边郡三辅传马。④其令郡国毋敛今年马口钱，⑤三辅、太常郡得以叔粟当赋。"⑥

①师古曰："赡，足也。"

②师古曰："减省转漕，所以休力役也。"

③师古曰："乘舆马谓天子所自乘以驾车舆者。他皆类此。"

④张晏曰："驿马也。"师古曰："传音张恋反。"

⑤文颖曰："往时有马口出敛钱，今省。"如淳曰："所谓租及六畜也。"

⑥如淳曰："百官表太常主诸陵，别治其县，爵秩如三辅郡矣。元帝永

光五年，令各属在所郡也。”师古曰：“诸应出赋算租税者，皆听以叔粟当钱物也。叔，豆也。”

三年春正月，泰山有大石自起立，上林有柳树枯僵自起生。①

①师古曰：“僵，偃也，谓树枯死偃卧在地者也。僵音纪良反。”

罢中牟苑赋贫民。①诏曰：“乃者民被水灾，颇匮于食，朕虚仓廪，②使使者振困乏。其止四年毋漕。三年以前所振贷，非丞相御史所请，边郡受牛者勿收责。”③

①师古曰：“在荥阳。”

②师古曰：“仓，新谷所藏也。廪，谷所振入也。”

③应劭曰：“武帝始开三边，徙民屯田，皆与犁牛。后丞相御史复间有所请。今敕自上所赐与勿收责，丞相所请乃令其顾税耳。”

夏四月，少府徐仁、廷尉王平、左冯翊贾胜胡皆坐纵反者，仁自杀，平、胜胡皆要斩。

冬，辽东乌桓反，以中郎将范明友为度辽将军，①将北边七郡郡二千骑击之。

①应劭曰：“当度辽水往击之，故以度辽为官号。”

四年春正月丁亥，帝加元服，①见于高庙。赐诸侯王、丞相、大将军、列侯、宗室下至吏民金帛牛酒各有差。赐中二千石以下及天下民爵。毋收四年、五年口赋。②三年以前逋更赋未入者，皆勿收。③令天下酺五日。

①如淳曰："元服，谓初冠加上服也。"师古曰："如氏以为衣服之服，此说非也。元，首也。冠者，首之所著，故曰元服。其下汲黯传序云'上正元服'，是知谓冠为元服。"

②如淳曰："汉仪注民年七岁至十四出口赋钱，人二十三。二十钱以食天子，其三钱者，武帝加口钱以补车骑马。"

③如淳曰："更有三品，有卒更，有践更，有过更。古者正卒无常人，皆当迭为之，一月一更，是谓卒更也。贫者欲得顾更钱者，次直者出钱顾之，月二千，是谓践更也。天下人皆直戍边三日，亦名为更，律所谓繇戍也。虽丞相子亦在戍边之调。不可人人自行三日戍，又行者当自戍三日，不可往便还，因便住一岁一更。诸不行者，出钱三百入官，官以给戍者，是谓过更也。律说，卒践更者，居也，居更县中五月乃更也。后从尉律，卒践更一月，休十一月也。食货志曰：'月为更卒，已复为正，一岁屯戍，一岁力役，三十倍于古。'此汉初因秦法而行之也。后遂改易，有谪乃戍边一岁耳。逋，未出更钱者也。"师古曰："更音工衡反。"

甲戌，丞相千秋薨。①

①师古曰："田千秋。"

夏四月，诏曰："度辽将军明友前以羌骑校尉将羌王侯君长以下击益州反虏，后复率击武都反氐，今破乌桓，斩虏获生，有功。①其封明友为平陵侯。平乐监傅介子持节使，②诛斩楼兰王安，归首县北阙，封义阳侯。"

①师古曰："既斩反虏，又获生口也。俘取曰获。"

②师古曰："持节而为使。"

五月丁丑，孝文庙正殿火，上及群臣皆素服。发中二千石将五校作治，六日成。①太常及庙令丞郎吏皆劾大不敬，会赦，太常轑阳侯德免为庶人。②

①师古曰："率领五校之士以作治也。校音下教反。"

②文颖曰："轑音料。德，江德也。轑阳在魏郡清渊。"师古曰："会六月赦耳。史终言之。"

六月，赦天下。

五年春正月，广陵王来朝，益国万一千户，赐钱二千万，黄金二百斤，剑二，安车一，乘马二驷。①

①师古曰："八匹也。"

夏，大旱。

六月，发三辅及郡国恶少年吏有告劾亡者，屯辽东。①

①如淳曰："告者，为人所告也。劾者，为人所劾也。"师古曰："恶少年谓无赖子弟也。告劾亡者，谓被告劾而逃亡。"

秋，罢象郡，分属郁林、牂柯。

冬十一月，大雷。

十二月庚戌，丞相䜣薨。①

①师古曰："王䜣也。䜣亦欣字。"

六年春正月，募郡国徒筑辽东玄菟城。夏，赦天下。诏曰："夫谷贱伤农，①今三辅、太常谷减贱，②其令以叔粟当今年赋。"③

①师古曰："粜多而钱少，是为伤也。"

②郑氏曰："减音减少之减。"

③应劭曰："太常掌诸陵园，皆徙天下豪富民以充实之，后悉为县，故与三辅同赋。"

右将军张安世宿卫忠谨，封富平侯。

乌桓复犯塞，遣度辽将军范明友击之。

元平元年春二月，诏曰："天下以农桑为本。日者省用，罢不急官，①减外繇，②耕桑者益众，而百姓未能家给，③朕甚愍焉。其减口赋钱。"有司奏请减什三，上许之。

①师古曰："谓非要职（官）〔者〕。"[5]

②师古曰："繇读曰徭。"

③师古曰："给，足也。家家自给足，是（谓）〔为〕家给也。"[6]

甲申，晨有流星，大如月，众星皆随西行。

夏四月癸未，帝崩于未央宫。①六月壬申，葬平陵。②

①臣瓒曰："帝年九岁即位，即位十三岁，寿二十二。"师古曰："帝年八岁即位，明年改元，改元之后凡十三年，年二十一。"

②臣瓒曰："自崩至葬凡四十九日。平陵在长安西北七十里。"

赞曰：昔周成以孺子继统，而有管、蔡四国流言之变。①孝昭幼年即位，亦有燕、盖、上官逆乱之谋。成王不疑周公，孝昭委任霍光，各因其时以成名，大矣哉！承孝武奢侈馀敝师旅之后，海内虚耗，户口减半，②光知时务之要，轻繇薄赋，与民休息。③至始元、元凤之间，匈奴和亲，百姓充实。举贤良文学，问民所疾苦，议盐铁而罢榷酤，尊号曰"昭"，不亦宜乎！

①师古曰："四国，谓管、蔡、商、奄也。流，放也。武王崩，成王幼弱，周公摄政，四国乃流言曰公将不利于孺子，遂致雷风之异。成王既见金縢之册，乃不疑周公。事见豳诗及周书大诰。"

②师古曰："秏，损也，音火到反。减读为减省之减。"

③师古曰："繇读曰徭。"

【校勘记】

〔1〕以为（上）〔土〕德之瑞，　景祐、汲古、殿、局本都作"土"。王先谦说作"土"是。

〔2〕通保傅，传孝经、论语、尚书，未云有明。　旧注"保傅传"连读，以为是贾谊所作书名。李慈铭说，帝自谓虽通接保傅，传授孝经、论语、尚书，皆未能有明，当以傅字绝句。王先谦、杨树达都从李读。

〔3〕张说（非）〔失〕之。　景祐、殿本都作"失"。王先谦说作"失"是。

〔4〕颇省乘舆马及（菀）〔苑〕马，　景祐、殿本都作"苑"。王先谦说作"苑"是。

〔5〕谓非要职（官）〔者〕。　景祐本作"者"。

〔6〕是（谓）〔为〕家给也。　景祐、殿本都作"为"。

汉书卷八

宣帝纪第八

孝宣皇帝，①武帝曾孙，戾太子孙也。②太子纳史良娣，③生史皇孙。④皇孙纳王夫人，生宣帝，号曰皇曾孙。生数月，遭巫蛊事，太子、良娣、皇孙、王夫人皆遇害。语在太子传。曾孙虽在襁褓，⑤犹坐收系郡邸狱。⑥而邴吉为廷尉监，⑦治巫蛊于郡邸，怜曾孙之亡辜，使女徒复作淮阳赵徵卿、渭城胡组更乳养，⑧私给衣食，视遇甚有恩。

①荀悦曰："讳询，字次卿。询之字曰谋。"应劭曰："谥法'圣善周闻曰宣'。"

②韦昭曰："以违戾擅发兵，故谥曰戾。"臣瓒曰："太子诛江充以除谗贼，而事不见明。后武帝觉寤，遂族充家，宣帝不得以加恶谥也。董仲舒曰'有其功无其意谓之戾，无其功有其意谓之罪'。"师古曰："瓒说是也。"

③服虔曰："史，姓也。良娣，官也。"师古曰："太子有妃，有良娣，有孺子，凡三等。娣音次第之第。"

④师古曰："以外家姓称之，故曰史皇孙。"

⑤李奇曰："褓，络也，以缯布为之，络负小儿。褓，小儿大藉也。"孟康曰："褓，小儿被也。"师古曰："褓即今之小儿绷也。褓，孟说是也。褓音居丈反。緥音保。绷音补耕反。"

⑥如淳曰："谓诸郡邸置狱也。"师古曰："据汉旧仪，郡邸狱治天下郡国上计者，属大鸿胪。此盖巫蛊狱繁，收系者众，故曾孙寄在郡邸狱。"

⑦师古曰："监者，廷尉之官属。"

⑧李奇曰："复作者，女徒也。谓轻罪，男子守边一岁，女子软弱不任守，复令作于官，亦一岁，故谓之复作徒也。"孟康曰："复音服，谓弛刑徒也，有赦令诏书去其钳钛赭衣。更犯事，不从徒加，与民为例，故当复为官作，满其本罪年月日，律名为复作也。"师古曰："孟说是也。赵徵卿淮阳人，胡组渭城人，皆女徒也。二人更递乳养曾孙。而邴吉传云郭徵卿。纪、传不同，未知孰是。更音工衡反。"

巫蛊事连岁不决。至后元二年，武帝疾，往来长杨、五柞宫，①望气者言长安狱中有天子气，上遣使者分条中都官狱②系者，轻重皆杀之。内谒者令郭穰夜至郡邸狱，③吉拒闭，使者不得入，曾孙赖吉得全。因遭大赦，吉乃载曾孙送祖母史良娣家。语在吉及外戚传。

①师古曰："长杨、五柞二宫并在盩厔，皆以树名之。帝往来二宫之间也。柞字或作莋，其音同。"

②师古曰："中都官，凡京师诸官府也。"

③师古曰："百官表云内者署属少府。续汉书志云掌宫中布张诸亵物。丁孚汉官云令秩千石，盖当时权为此使。"

后有诏掖庭养视，上属籍宗正。①时掖庭令张贺尝事戾太子，思顾旧恩，②哀曾孙，奉养甚谨，以私钱供给教书。既壮，为取暴室啬夫许广汉女，③曾孙因依倚广汉兄弟及祖母家史氏。④受诗于东海澓中翁，⑤高材好学，然亦喜游侠，⑥斗鸡走马，具知闾里奸邪，吏治得失。数上下诸陵，⑦周徧三辅，⑧常困于莲勺卤中。⑨尤乐杜、鄠之间，⑩率常在下杜。⑪时会朝请，舍长安尚冠里，⑫身足下有毛，卧居数有光耀。⑬每买饼，所从买家辄大雠，⑭亦以(自是)〔是自〕怪。[1]

①应劭曰："掖庭，宫人之官，有令丞，宦者为之。诏敕掖庭养视之，始令宗正著其属籍。"

②师古曰："顾，念也。"

③应劭曰："暴室，宫人狱也，今曰薄室。许广汉坐法腐为宦者，作啬夫也。"师古曰："暴室者，掖庭主织作染练之署，故谓之暴室，取暴晒为名耳。或云薄室者，薄亦暴也。今俗语亦云薄晒。盖暴室职务既多，因为置狱主治其罪人，故往往云暴室狱耳。然本非狱名，应说失之矣。啬夫者，暴室属官，亦犹县乡之啬夫也。晒音所懈反，又音所智反。"

④师古曰："倚音於绮反。"

⑤服虔曰："澓音馥。"师古曰："东海人，姓澓，字中翁也。澓音房福反。中读曰仲。"

⑥师古曰："喜音许吏反。"

⑦师古曰："诸陵皆据高敞地为之，县即在其侧。帝每周游往来诸陵县，去则上，来则下，故言上下诸陵。"

⑧师古曰："游行皆至其处。"

⑨如淳曰："为人所困辱也。莲勺县有盐池，纵广十馀里，其乡人名为卤中。莲音辇。勺音灼。"师古曰："如说是也。卤者，咸地也，今

在栎阳县东。其乡人谓此中为卤盐池也。”

⑩师古曰：“二县之间也。杜属京兆，鄠属扶风。鄠音扈。”

⑪孟康曰：“在长安南。”师古曰：“率者，总计之言也。下杜即今之杜城。”

⑫文颖曰：“以属弟尚亲，故岁时随宗室朝会也。”如淳曰：“春曰朝，秋曰请。”师古曰：“舍，止也。尚冠者，长安中里名。帝会朝请之时，即于此里中止息。请音才姓反。”

⑬师古曰：“遍身及足下皆有毛。”

⑭师古曰：“雠读曰售。”

元平元年四月，昭帝崩，毋嗣。大将军霍光请皇后征昌邑王。六月丙寅，王受皇帝玺绶，尊皇后曰皇太后。癸巳，光奏王贺淫乱，请废。语在贺及光传。

秋七月，光奏议曰：“礼，人道亲亲故尊祖，尊祖故敬宗。大宗毋嗣，择支子孙贤者为嗣。孝武皇帝曾孙病已，①有诏掖庭养视，至今年十八，师受诗、论语、孝经，操行节俭，慈仁爱人，可以嗣孝昭皇帝后，奉承祖宗，子万姓。”②奏可。遣宗正德至曾孙尚冠里舍，洗沐，赐御府衣。太仆以軨猎车奉迎曾孙，③就齐宗正府。庚申，入未央宫，见皇太后，封为阳武侯。④已而群臣奉上玺绶，即皇帝位，谒高庙。

①师古曰：“盖以夙遭屯难而多病苦，故名病已，欲其速差也。后以为鄙，更改讳询。”

②师古曰：“天子以万姓为子，故云子万姓。”

③文颖曰：“軨猎，小车，前有曲舆不衣也，近世谓之軨猎车也。”孟康曰：“今之载猎车也。前有曲軨，特高大，猎时立其中格射禽兽。”李奇曰：“兰舆轻车也。”师古曰：“文、李二说皆是。时未备天子

车驾，故且取其轻便耳，非藉高大也。孟说失之。軨音铃。”

④师古曰：“先封侯者，不欲立庶人为天子也。”

八月己巳，丞相敞薨。①

①师古曰：“杨敞也。”

九月，大赦天下。

十一月壬子，立皇后许氏。赐诸侯王以下金钱，至吏民鳏寡孤独各有差。皇太后归长乐宫。初置屯卫。

本始元年春正月，募郡国吏民訾百万以上徙平陵。①遣使者持节诏郡国二千石谨牧养民而风德化。②

①文颖曰：“昭帝陵。”

②师古曰：“以德化被于下，故云风也。诗序曰‘上以风化下’。”

大将军光稽首归政，上谦让委任焉。论定策功，益封大将军光万七千户，车骑将军光禄勋富平侯安世万户。①诏曰：“故丞相安平侯敞等居位守职，与大将军光、车骑将军安世建议定策，以安宗庙，功赏未加而薨。其益封敞嗣子忠及丞相阳平侯义、②度辽将军平陵侯明友、③前将军龙雒侯增、④太仆建平侯延年、⑤太常蒲侯昌、⑥谏大夫宜春侯谭、⑦当涂侯平、⑧杜侯屠耆堂、⑨长信少府关内侯胜⑩邑户各有差。封御史大夫广明为昌水侯，⑪后将军充国为营平侯，⑫大司农延年为阳城侯，⑬少府乐成为爰氏侯，⑭光禄大夫迁为平丘侯。⑮赐右扶风德、⑯典属国武、⑰廷尉光、⑱宗正德、⑲大鸿胪贤、⑳詹事畸、㉑光禄大夫吉、㉒京辅都尉广汉㉓爵皆关内侯。德、武食邑。”㉔

①李斐曰："居光禄位，以车骑官号尊之，无车骑官属。"

②师古曰："蔡义。"

③师古曰："范明友。"

④师古曰："韩增。"

⑤师古曰："杜延年。"

⑥师古曰："苏昌。"

⑦师古曰："王谭。"

⑧师古曰："功臣表云魏不害以捕反者胡倩功封当涂侯，其子圣以定策功益封，凡二千二百户。今此纪言当涂侯平，与表乖错，未知孰是。或者有二名乎？"

⑨苏林曰："姓复陆，其祖父复陆支本匈奴胡也，归义为属国王，从骠骑有功，乃更封也。"

⑩师古曰："夏侯胜。"

⑪师古曰："田广明。"

⑫师古曰："赵充国。"

⑬师古曰："田延年。"

⑭师古曰："史乐成。"

⑮师古曰："王迁。"

⑯师古曰："周德。"

⑰师古曰："苏武。"

⑱师古曰："李光。"

⑲师古曰："楚元王之曾孙，刘辟彊子。"

⑳师古曰："韦贤。"

㉑苏林曰："畸音踦只之踦。"师古曰："宋（踦）〔畸〕也。[2]音居宜反。"

㉒师古曰："丙吉。"

㉓师古曰："赵广汉也。三辅郡皆有都尉，如诸郡。左辅都尉治高陵，

右辅都尉治郿，京辅都尉治华阴灌北。”

㉔张晏曰：“旧关内侯无邑也，以苏武守节外国，刘德宗室俊彦，故特令食邑。”

夏四月庚午，地震。诏内郡国举文学高第各一人。①

①韦昭曰：“中国为内郡，缘边有夷狄障塞者为外郡。成帝（侍）〔时〕，[3]内郡举方正，北边二十二郡举勇猛士。”

五月，凤皇集胶东、千乘。赦天下。赐吏二千石、诸侯相，下至中都官、宦吏、六百石爵，各有差，①自左更至五大夫。②赐天下人爵各一级，孝者二级，女子百户牛酒。租税勿收。

①如淳曰：“中都官宦吏，奄人为吏者也。”晋灼曰：“凡职在京师者也。”师古曰：“二说皆非也。中都官，谓在京师诸官也。宦吏，诸奄官也。”

②师古曰：“左更，第十二爵也。五大夫，第九爵也。更音工衡反。”

六月，诏曰：“故皇太子在湖，未有号谥。①岁时祠，其议谥，置园邑。”语在太子传。

①师古曰：“湖，县名也。死于湖，因即葬焉。”

秋七月，诏立燕剌王太子建为广阳王，①立广陵王胥少子弘为高密王。

①师古曰：“剌音来曷反。”

二年春，以水衡钱为平陵，徙民起第宅。①

①应劭曰：“水衡与少府皆天子私藏耳。县官公作，当仰给司农，今出水衡钱，言宣帝即位为异政也。”晋灼曰：“食货志：‘初，大司农

管盐铁，官布多，故置水衡，欲以主盐铁。及杨可告缗，上林财物众，乃令水衡主上林。'上林三官，主铸钱也。"

大司农阳城侯田延年有罪，自杀。①

①师古曰："坐增僦直而自入。"

夏五月，诏曰："朕以眇身奉承祖宗，夙夜惟念孝武皇帝躬履仁义，选明将，讨不服，匈奴远遁，平氐、羌、昆明、南越，百蛮乡风，①款塞来享；②建太学，修郊祀，定正朔，协音律；封泰山，塞宣房，③符瑞应，宝鼎出，白麟获。功德茂盛，不能尽宣，而庙乐未称，④其议奏。"有司奏请宜加尊号。六月庚午，尊孝武庙为世宗庙，奏盛德、文始、五行之舞，⑤天子世世献。武帝巡狩所幸之郡国，皆立庙。赐民爵一级，女子百户牛酒。

①师古曰："乡读曰向也。"

②应劭曰："款，叩也，皆叩塞门来服从也。"如淳曰："款，宽也。请除守塞者，自保不为寇害也，故曰款五原塞。"师古曰："应说是也。此泛说夷狄来宾之事，非呼韩邪保塞意也。"

③苏林曰："堤名，在东郡界。"李斐曰："决河上宫名也。"张晏曰："瓠子堤名。"师古曰："苏、张二说皆是。"

④师古曰："称，副也。"

⑤应劭曰："宣帝复采昭德之舞为盛德舞，以尊世宗庙也。诸帝庙皆常奏文始、四时、五行舞也。"

匈奴数侵边，又西伐乌孙。乌孙昆弥及公主因国使者上书，①言昆弥愿发国精兵击匈奴，唯天子哀怜，出兵以救公主。秋，大发兴调关东轻车锐卒，②选郡国吏三百石伉健习骑射者，皆从军。③御史大夫田广明为祁连将军，④后将军赵充国为蒲类将军，[5]云中太守田顺为虎牙将军，及度辽将军范明友、前将军韩增，凡五将军，兵十五万骑，校尉常惠持节护乌孙兵，咸击匈奴。

①师古曰："昆弥，乌孙王之号也。国使者，汉朝之使也。"

②师古曰："调亦选也。锐，利也，言其勇利也。调音徒钓反。"

③师古曰："伉，强也，音口浪反。"

④应劭曰："祁连，匈奴中山名也。诸将分部，广明值此山，因以为号也。"师古曰："祁音上夷反。"

⑤应劭曰："蒲类，匈奴中海名也，在敦煌北。"晋灼曰："匈奴传有蒲类泽。"师古曰："晋说是也。"

三年春正月癸亥，皇后许氏崩。戊辰，五将军师发长安。夏五月，军罢。祁连将军广明、虎牙将军顺有罪，下有司，皆自杀。[1]校尉常惠将乌孙兵入匈奴右地，大克获，封列侯。

①晋灼曰："田千秋子也。广明坐逗留，顺坐增虏获。"

大旱。郡国伤旱甚者，民毋出租赋。三辅民就贱者，且毋收事，尽四年。[1]

①晋灼曰："不给官役也。"师古曰："收谓租赋也，事谓役使也。尽本始四年而止。"

六月己丑，丞相义薨。[1]

①师古曰："蔡义。"

四年春正月，诏曰："盖闻农者兴德之本也，今岁不登，已遣使者振贷困乏。其令太官损膳省宰，[1]乐府减乐人，使归就农业。丞相以下至都官令丞[②]上书入谷，输长安仓，助贷贫民。民以车船载谷入关者，得毋用传。”[③]

①师古曰：“膳，具食也，食之善者也。宰为屠杀也。省，减也。汉仪注太宰令屠者七十二人，宰二百人。”

②师古曰：“都官令丞，京师诸署之令丞。”

③师古曰：“传，传符也。欲谷之多，故不问其出入也。传音张恋反。”

三月乙卯，立皇后霍氏。赐丞相以下至郎吏从官金钱帛各有差。赦天下。

夏四月壬寅，郡国四十九地震，或山崩水出。诏曰：“盖灾异者，天地之戒也。朕承洪业，奉宗庙，托于士民之上，未能和群生。乃者地震北海、琅邪，坏祖宗庙，朕甚惧焉。丞相、御史其与列侯、中二千石博问经学之士，有以应变，[①]辅朕之不逮，毋有所讳。令三辅、太常、内郡国举贤良方正各一人。律令有可蠲除以安百姓，条奏。被地震坏败甚者，勿收租赋。”大赦天下。上以宗庙堕，素服，避正殿五日。[②]

①师古曰：“谓御塞灾异也。”

②师古曰：“堕者，毁也，音火规反。”

五月，凤皇集北海安丘、淳于。[①]

①师古曰：“二县皆属北海郡。”

秋，广川王吉有罪，废迁上庸，自杀。

地节元年[①]春正月，有星孛于西方。

①应劭曰：“以先者地震，山崩水出，于是改年曰地节，欲令地得

其节。"

三月，假郡国贫民田。①

①师古曰："权以给之，不常与。"

夏六月，诏曰："盖闻尧亲九族，以和万国。①朕蒙遗德，奉承圣业，惟念宗室属未尽而以罪绝，若有贤材，改行劝善，其复属，使得自新。"②

①师古曰："尚书尧典云：'克明俊德，以亲九族。九族既睦，平章百姓。百姓昭明，协和万邦。'故诏引之。"

②师古曰："复音扶目反。"

冬十一月，楚王延寿谋反，自杀。

十二月癸亥晦，日有蚀之。

二年春三月庚午，大司马大将军光薨。诏曰："大司马大将军博陆侯①宿卫孝武皇帝三十馀年，辅孝昭皇帝十有馀年，遭大难，躬秉义，率三公、诸侯、九卿、大夫定万世策，以安宗庙。天下蒸庶，咸以康宁，②功德茂盛，朕甚嘉之。复其后世，畤其爵邑，③世世毋有所与。④功如萧相国。"

①师古曰："尊之，故不名。"

②师古曰："蒸庶，众人也。康，安也。"

③张晏曰："律，非始封，十减二。畤者，等也，言不复减也。"师古曰："复音方目反。"

④师古曰："与读曰豫。"

夏四月，凤皇集鲁郡，群鸟从之。①大赦天下。

①师古曰："今流俗书本此下云'戊申立皇太子'，而后年又有立皇太子事，此盖以元纪云元帝二岁宣帝即位，八岁为皇太子，故后人妄于此书加之，旧本无也。据疏广及丙吉传并云地节三年立皇太子，此即明验，而或者妄为臆说，乖于实矣。"

五月，光禄大夫平丘侯王迁有罪，下狱死。

上始亲政事，又思报大将军功德，乃复使乐平侯山领尚书事，①而令群臣得奏封事，以知下情。五日一听事，〔自丞相〕以下各奉职奏事，[4]以傅奏其言，②考试功能。侍中尚书功劳当迁及有异善，厚加赏赐，至于子孙，终不改易。③枢机周密，品式备具，上下相安，莫有苟且之意也。

①师古曰："霍山，光之兄孙。"

②应劭曰："敷，陈也。各自奏陈其言，然后试之以官，考其功德也。"师古曰："傅读曰敷。"

③师古曰："言各久其职事也。"

三年春三月，诏曰："盖闻有功不赏，有罪不诛，虽唐虞犹不能以化天下。今胶东相成劳来不怠，①流民自占八万馀口，②治有异等。③其秩成中二千石，赐爵关内侯。"

①师古曰："王成也。劳来者，言慰勉而招延之也。小雅鸿雁之诗序曰'劳来还定安集之'。劳音卢到反。来音卢代反。"

②师古曰："占者，谓自隐度其户口而著名籍也。占音之赡反。"

③师古曰："政治异于常等。"

又曰："鳏寡孤独高年贫困之民，朕所怜也。前下诏假公田，贷种、食。①其加赐鳏寡孤独高年帛。二千石严教吏谨视遇，毋令失职。”②

①师古曰：“贷音吐戴反。”

②师古曰：“职，常也。失职，谓失其常业也。”

令内郡国举贤良方正可亲民者。

夏四月戊申，立皇太子，大赦天下。赐御史大夫爵关内侯，中二千石爵右庶长，①天下当为父后者爵一级。赐广陵王黄金千斤，诸侯王十五人黄金各百斤，列侯在国者八十七人黄金各二十斤。

①张晏曰：“自公孙弘后，丞相常封列侯，第二十等爵。故赐御史大夫爵关内侯，第十九等爵也。右庶长，第十一等爵也。”师古曰：“张说非也。此以立皇太子国之大庆，故特赐御史大夫及中二千石爵耳，非常制也。”

冬十月，诏曰：“乃者九月壬申地震，朕甚惧焉。有能箴朕过失，①及贤良方正直言极谏之士以匡朕之不逮，②毋讳有司。③朕既不德，不能附远，是以边境屯戍未息。今复饬兵重屯，久劳百姓，④非所以绥天下也。其罢车骑将军、右将军屯兵。”又诏：“池籞未御幸者，假与贫民。⑤郡国宫馆，勿复修治。流民还归者，假公田，贷种、食，⑥且勿算事。”⑦

①师古曰：“箴，戒也。”

②师古曰：“匡，正也。”

③李奇曰：“讳，避也。虽有司在显职，皆言其过，勿避之。”

④师古曰：“饬读与敕同。饬，整也。”

⑤苏林曰：“折竹以绳绵连禁御，使人不得往来，律名为籞。”服虔曰：“籞，在池水中作室，可用栖鸟入中则捕之。”应劭曰：“池者，陂

池也。籞者，禁苑也。”臣瓒曰：“籞者，所以养鸟也。设为藩落，周覆其上，令鸟不得出，犹苑之畜兽，池之畜鱼也。”师古曰：“苏、应二说是。”

⑥师古曰：“贷音吐戴反。种，五谷种也，音之勇反。”

⑦师古曰：“不出算赋及给徭役。”

十一月，诏曰：“朕既不逮，导民不明，①反侧晨兴，念虑万方，不忘元元。唯恐羞先帝圣德，②故并举贤良方正以亲万姓，历载臻兹，然而俗化阙焉。③传曰：‘孝弟也者，其为仁之本与！’④其令郡国举孝弟、有行义闻于乡里者各一人。”

①师古曰：“不逮者，意虑不及也。”

②师古曰：“羞谓忝辱也。”

③师古曰：“多历年载，迄至于今。”

④师古曰：“论语载有若之言。与读曰予。”

十二月，初置廷尉平四人，秩六百石。

省文山郡，并蜀。①

①师古曰：“以其县道隶蜀郡。”

四年春二月，封外祖母为博平君，故酂侯萧何曾孙建世为侯。

诏曰：“导民以孝，则天下顺。今百姓或遭衰绖凶灾，①而吏繇事，使不得葬，②伤孝子之心，朕甚怜之。自今诸有大父母、父母丧者勿繇事，使得收敛送终，尽其子道。”

①师古曰：“衰音千回反。”

②师古曰：“繇读曰徭。事谓役使之。”

夏五月，诏曰：“父子之亲，夫妇之道，天性也。虽有患祸，犹蒙死而存之。①诚爱结于心，仁厚之至也，岂能违之哉！自今子首匿父母，妻匿夫，孙匿大父母，皆勿坐。②其父母匿子，夫匿妻，大父母匿孙，罪殊死，皆上请廷尉以闻。”

①师古曰：“蒙，冒也。”

②师古曰：“凡首匿者，言为谋首而藏匿罪人。”

立广川惠王孙文为广川王。

秋七月，大司马霍禹谋反。诏曰：“乃者，东织室令史张赦①使魏郡豪李竟②报冠阳侯霍云谋为大逆，③朕以大将军故，抑而不扬，冀其自新。今大司马博陆侯禹与母宣成侯夫人显及从昆弟冠阳侯云、乐平侯山、④诸姊妹婿度辽将军范明友、长信少府邓广汉、中郎将任胜、骑都尉赵平、长安男子冯殷等⑤谋为大逆。显前又使女侍医淳于衍进药杀共哀后，⑥谋毒太子，欲危宗庙。逆乱不道，咸（服）〔伏〕其辜。[5]诸为霍氏所诖误未发觉在吏者，皆赦除之。”八月己酉，皇后霍氏废。

①应劭曰：“旧时有东西织室，织作文绣郊庙之服。令史，其主者吏。”

②文颖曰：“有权势豪右大家。”

③如淳曰：“报，白也。”师古曰：“此说非也。谓张赦因李竟传言于霍云与共谋反耳，非告白其罪也。赦既为织室令史，身在京师，不须令李竟发之。据霍禹传，其事明矣。”

④师古曰：“据霍光传，云、山皆去病之孙，则于禹为子行也。今此纪言从昆弟，盖转写者脱子字耳。当言从昆弟子也。”

⑤晋灼曰：“汉语字子都。”

⑥师古曰：“杀读曰弑。共读曰恭。”

九月，诏曰："朕惟百姓失职不赡，遣使者循行郡国问民所疾苦。①吏或营私烦扰，不顾厥咎，朕甚闵之。今年郡国颇被水灾，已振贷。②盐，民之食，而贾咸贵，③众庶重困。④其减天下盐贾。"

①师古曰："行音下更反。"

②师古曰："贷音吐戴反。"

③师古曰："贾读曰价。其下亦同。"

④师古曰："更增其困也。重音直用反。"

又曰："令甲，死者不可生，①刑者不可息。②此先帝之所重，而吏未称。③今系者或以掠辜若饥寒瘐死狱中，④何用心逆人道也！朕甚痛之。其令郡国岁上系囚以掠笞若瘐死者所坐名、县、爵、里，⑤丞相御史课殿最以闻。"⑥

①文颖曰："萧何承秦法所作为律令，律经是也。天子诏所增损，不在律上者为令。令甲者，前帝第一令也。"如淳曰："令有先后，故有令甲、令乙、令丙。"师古曰："如说是也。甲乙者，若今之第一、第二篇耳。"

②李斐曰："息，灭也。若黥劓者，虽欲改过，其创瘢不可复灭也。"师古曰："息谓生长也，言劓、刖、膑、割之徒不可更生长，亦犹谓子为息耳。李说非也。"

③师古曰："称，副也。"

④苏林曰："瘐，病也。囚徒病，律名为瘐。"如淳曰："律，囚以饥寒而死曰瘐。"师古曰："瘐，病，是也。此言囚或以掠笞及饥寒及疾病而死。如说非矣。瘐音庾，字或作瘉，其音亦同。"

⑤师古曰："名，其人名也。县，所属县也。爵，其身之官爵也。里，所居邑里也。"

⑥师古曰："凡言殿最者：殿，后也，课居后也；最，凡要之首也，课居先也。殿音丁见反。"

十二月，清河王年有罪，废迁房陵。

元康元年春，以杜东原上为初陵，更名杜县为杜陵。徙丞相、将军、列侯、吏二千石、訾百万者杜陵。

三月，诏曰："乃者凤皇集泰山、陈留，甘露降未央宫。朕未能章先帝休烈，①协宁百姓，承天顺地，调序四时，获蒙嘉瑞，赐兹祉福，夙夜兢兢，靡有骄色，内省匪解，永惟罔极。②书不云乎？'凤皇来仪，庶（不）〔尹〕允谐。'③[6]其赦天下徒，赐勤事吏中二千石以下至六百石爵，自中郎吏至五大夫，④佐史以上二级，民一级，女子百户牛酒。加赐鳏寡孤独、三老、孝弟力田帛。所振贷勿收。"

①师古曰："章，明也。休，美也。烈，业也。"

②师古曰："省，视也。永，长也。惟，思也。罔，无也。极，中也。帝言内自视察，不敢惰怠，长思正道，恐无其中也。解读曰懈。"

③师古曰："虞书益稷之篇曰：'箫韶九成，凤皇来仪，击石拊石，百兽率舞，庶尹允谐。'言奏乐之和，凤皇以其容仪来下，百兽相率舞蹈。是乃众官之长，信皆和辑，故神人交畅。"

④师古曰："赐中郎吏爵得至五大夫。自此以上，每为等级而高赐也。五大夫，第九爵也。一曰二千石至五大夫，自此以下而差降。"

夏五月，立皇考庙。益奉明园户为奉明县。①

①师古曰："奉明园即皇考史皇孙之所葬也，本名广明，后追改也。"

复高皇帝功臣绛侯周勃等百三十六人家子孙，令奉祭祀，①

世世勿绝。其毋嗣者，复其次。

①师古曰："复音方目反。次下亦同。"

秋八月，诏曰："朕不明六艺，郁于大道，[①]是以阴阳风雨未时。其博举吏民，厥身修正，通文学，明于先王之术，宣究其意者，各二人，[②]中二千石各一人。"

①孟康曰："郁，不通也。"

②师古曰："究，尽也。"

冬，置建章卫尉。

二年春正月，诏曰："书云'文王作罚，刑兹无赦'，[①]今吏修身奉法，未有能称朕意，朕甚愍焉。其赦天下，与士大夫厉精更始。"[②]

①师古曰："周书康诰之辞也。言文王作法，罚其有乱常违教者，则刑之无放释也。"

②李斐曰："今吏已修身奉法矣，但不能称上意耳，故赦之。"师古曰："言文王作罚，有犯之者，皆刑无赦，今我意有所闵，闵吏修身奉法矣，而未称其任，故特赦之，与更始耳。李说非也。"

二月乙丑，立皇后王氏。[①]赐丞相以下至郎从官钱帛各有差。

①师古曰："王奉光女。"

三月，以凤皇甘露降集，赐天下吏爵二级，民一级，女子百户牛酒，鳏寡孤独高年帛。

夏五月，诏曰："狱者万民之命，所以禁暴止邪，养育群生也。能使生者不怨，死者不恨，则可谓文吏矣。今则不然。用法或持巧心，析律贰端，深浅不平，①增辞饰非，以成其罪。奏不如实，上亦亡繇知。②此朕之不明，吏之不称，四方黎民将何仰哉！二千石各察官属，勿用此人。吏务平法。或擅兴繇役，饰厨传，称过使客，③越职逾法，以取名誉，譬犹践薄冰以待白日，岂不殆哉！④今天下颇被疾疫之灾，朕甚愍之。其令郡国被灾甚者，毋出今年租赋。”

①师古曰："析，分也。谓分破律条，妄生端绪，以出入人罪。"

②师古曰："上者，天子自谓也。繇读与由同。"

③韦昭曰："厨谓饮食，传谓传舍。言修饰意气，以称过使而已。"师古曰："使人及宾客来者，称其意而遣之，令过去也。称音尺孕反。过者，过度之过也。"

④师古曰："殆，危也。"

又曰："闻古天子之名，难知而易讳也。今百姓多上书触讳以犯罪者，朕甚怜之。其更讳询。诸触讳在令前者，赦之。"①

①师古曰："令谓今诏书。"

冬，京兆尹赵广汉有罪，要斩。

三年春，以神爵数集泰山，赐诸侯王、丞相、将军、列侯、二千石金，郎从官帛，各有差。赐天下吏爵二级，民一级，女子百户牛酒，鳏寡孤独高年帛。

三月，诏曰："盖闻象有罪，舜封之。①骨肉之亲粲而不殊。②其封故昌邑王贺为海昏侯。

①应劭曰："象者，舜弟也，日以杀舜为事。舜为天子，犹封之于有鼻之国。"

②师古曰："粲，明也。殊，绝也。当明于仁恩不离绝也。"

又曰："朕微眇时，御史大夫丙吉、中郎将史曾、史玄、长乐卫尉许舜、侍中光禄大夫许延寿皆与朕有旧恩。及故掖庭令张贺辅导朕躬，修文学经术，恩惠卓异，厥功茂焉。诗不云乎？'无德不报。'①封贺所子弟子侍中中郎将彭祖为阳都侯，②追赐贺谥曰阳都哀侯。吉、曾、玄、舜、延寿皆为列侯。故人下至郡邸狱复作③尝有阿保之功，④皆受官禄田宅财物，各以恩深浅报之。"

①师古曰："大雅抑之诗也。言受人之德必有报也。"

②如淳曰："贺，张安世兄，有一子早死，故以彭祖为子。"师古曰："所子者，言养弟子以为子。"

③师古曰："谓胡组、赵徵卿之辈也。复音扶目反。"

④臣瓒曰："阿，倚；保，养也。"

夏六月，诏曰："前年夏，神爵集雍。①今春，五色鸟以万数飞过属县，②翱翔而舞，欲集未下。其令三辅毋得以春夏擿巢探卵，弹射飞鸟。③具为令。"

①晋灼曰："汉注大如鷃爵，黄喉，白颈，黑背，腹斑文也。"师古曰："鷃音晏。"

②师古曰："三辅诸县也。"

③师古曰："擿音佗狄反。射音食亦反。"

立皇子钦为淮阳王。

四年春正月，诏曰："朕惟耆老之人，发齿堕落，血气衰微，亦亡暴虐之心，今或罹文法，拘执囹圄，不终天命，朕甚怜之。

自今以来，诸年八十以上，非诬告杀伤人，佗皆勿坐。”①

①师古曰：“诬告人及杀伤人皆如旧法，其馀则不论。”

遣大中大夫彊等十二人循行天下，①存问鳏寡，览观风俗，察吏治得失，举茂材异伦之士。

①师古曰：“行音下更反。”

二月，河东霍徵史等谋反，诛。

三月，诏曰：“乃者，神爵五采以万数集长乐、未央、北宫、高寝、甘泉泰畤殿中及上林苑。朕之不逮，寡于德厚，屡获嘉祥，非朕之任。其赐天下吏爵二级，民一级，女子百户牛酒。加赐三老、孝弟力田帛，人二匹，鳏寡孤独各一匹。”

秋八月，赐故右扶风尹翁归子黄金百斤，以奉其祭祀。又赐功臣適后①黄金，人二十斤。

①师古曰：“適读曰嫡，承嗣者也。或子或孙，不拘后裔，故总言后也。”

丙寅，大司马卫将军安世薨。

比年丰，谷石五钱。①

①师古曰：“比，频也。”

神爵元年①春正月，行幸甘泉，郊泰畤。三月，行幸河东，祠后土。诏曰：“朕承宗庙，战战栗栗，惟万事统，未烛厥理。②乃元康四年嘉谷玄稷降于郡国，③神爵仍集，④金芝九茎产于函德殿铜池中，⑤九真献奇兽，⑥南郡获白虎威凤为宝。⑦朕之不明，震于珍物，⑧饬躬斋精，祈为百姓。⑨东济大河，天气清静，神鱼舞河。幸万岁宫，神爵翔集。⑩朕之不德，惧不能任。其以五年为神爵元年。赐天下勤事吏爵二级，民一级，女子百户牛酒，鳏寡孤独高年帛。所振贷物勿收。行所过毋出田租。”

①应劭曰：“前年神爵集于长乐宫，故改年。”

②师古曰：“惟，思也。统，绪也。烛，照也。”

③服虔曰：“玄稷，黑粟也。”

④师古曰：“仍，频也。”

⑤服虔曰：“金芝，色像金也。”如淳曰：“函亦含也。铜池，承霤也。”晋灼曰：“以铜作池也。”师古曰：“函德，殿名也。铜池，承霤是也，以铜为之。函读与含同。”

⑥苏林曰：“白象也。”晋灼曰：“汉注驹形，（鳞）〔麟〕色，[7]牛角，仁而爱人。”师古曰：“非白象也，晋说是矣。”

⑦服虔曰：“威凤，鸟名也。”晋灼曰：“凤之有威仪者也，与尚书‘凤皇来仪’同意。”师古曰：“晋说是。”

⑧服虔曰：“震，惊也。”苏林曰：“震，动也。珍物，瑞应也。”师古曰：“苏说是也。获珍物而心感动也。”

⑨师古曰：“饬与敕同。为音于伪反。”

⑩服虔曰：“万岁宫在东郡平阳县，今有津。”晋灼曰：“黄图汾阴有万岁宫，是时幸河东。”师古曰：“晋说是。”

西羌反，发三辅、中都官徒弛刑，①及应募佽飞射士、②羽林孤儿，③胡、越骑，三河、颍川、沛郡、淮阳、汝南材官，金城、陇西、天水、安定、北地、上郡骑士、羌骑，诣金城。夏四月，遣后将军赵充国、强弩将军许延寿击西羌。

①李奇曰：“弛，废也。谓若今徒解钳釱赭衣，置任输作也。”师古曰：“中都官，京师诸官府也。汉仪注长安中诸官狱三十六所。弛刑，李

说是也。若今徒囚但不枷锁而责保散役之耳。弛音式尔反。"

②服虔曰："周时度江，越人在船下负船，将覆之。佽飞入水杀之。汉因以材力名官。"如淳曰："吕氏春秋荆有兹非，得宝剑于干将。度江中流，两蛟绕舟。兹非拔宝剑赴江刺两蛟杀之。荆王闻之，任以执圭。后世以为勇力之官。兹、佽音相近。"臣瓒曰："本秦左弋官也，武帝改曰佽飞官，有一令九丞，在上林苑中结矰缴以弋凫雁，岁万头，以供祀宗庙。许慎曰'佽，便利也'。便利矰缴以弋凫雁，故曰佽飞。诗曰'抉拾既佽'者也。"师古曰："取古勇力人以名官，熊渠之类是也。亦因取其便利轻疾若飞，故号佽飞。弋凫雁事，自使佽飞为之，非取飞鸟为名。瓒说失之。佽音次。"

③应劭曰："天有羽林大将军之星。林，喻若林木之盛。羽，羽翼鸷击之意。故以名武官焉。"如淳曰："百官表取从军死事者之子养羽林，官教以五兵，号曰羽林孤儿，少壮令从军。汉仪注羽林从官七百人。"

六月，有星孛于东方。

即拜酒泉太守辛武贤为破羌将军，①与两将军并进。②诏曰："军旅暴露，转输烦劳，其令诸侯王、列侯、蛮夷王侯君长当朝二年者，皆毋朝。"③

①师古曰："即，就也。就酒泉而拜之，不征入。"

②师古曰："两将军，即赵充国、许延寿。"

③师古曰："朝来年之正月。"

秋，赐故大司农朱邑子黄金百斤，以奉祭祀。后将军充国言屯田之计，语在充国传。

二年春二月，诏曰："乃者正月乙丑，凤皇甘露降集京师，群鸟从以万数。朕之不德，屡获天福，祗事不怠，其赦天下。”

夏五月，羌虏降服，斩其首恶大豪杨玉、酋非首。①置金城属国以处降羌。

①文颖曰：“羌胡名大帅为酋，如中国言魁。非首，其名也。”如淳曰：“酋音酒醋熟。”师古曰：“文说失矣。酋者，自其魁帅之称，而此酋不当其义也。盖首恶者，唱首为恶也。大豪者，魁帅也。杨玉及酋非皆人名，言斩此二人之首级耳。既已言大豪，不当重言酋。且赵充国传又云酋非、杨玉首，此其明验也。酋音才由反。”

秋，匈奴日逐王先贤掸①将人众万馀来降。使都护西域骑都尉郑吉迎日逐，破车师，皆封列侯。

①郑氏曰：“掸音缠束之缠。”晋灼曰：“音田。”师古曰：“郑音是也。”

九月，司隶校尉盖宽饶有罪，下有司，自杀。

匈奴单于遣名王奉献，①贺正月，始和亲。②

①师古曰：“名王者，谓有大名，以别诸小王也。”

②师古曰：“贺来岁之正月。”

三年春，起乐游苑。①

①师古曰：“三辅黄图云在杜陵西北。又关中记云宣帝立庙于曲池之北，号乐游。案其处则今之所呼乐游庙者是也，其馀基尚可识焉。盖本为苑，后因立庙乎？乐音来各反。”

三月丙午，丞相相薨。①

①师古曰："魏相。"

秋八月，诏曰："吏不廉平则治道衰。今小吏皆勤事，而奉禄薄，[①]欲其毋侵渔百姓，难矣。[②]其益吏百石以下奉十五。"[③]

①师古曰："奉音扶用反。其下亦同。"

②如淳曰："渔，夺也，谓夺其利便也。"晋灼曰："许慎云捕鱼之字也。"师古曰："渔者，若言渔猎也。晋说是也。"

③如淳曰："律，百石奉月六百。"韦昭曰："若食一斛，则益五斗。"

四年春二月，诏曰："乃者凤皇甘露降集京师，嘉瑞并见。修兴泰一、五帝、后土之祠，祈为百姓蒙祉福。[①]鸾凤万举，蜚览翱翔，集止于旁。[②]斋戒之暮，神光显著。荐鬯之夕，神光交错。[③]或降于天，或登于地，或从四方来集于坛。上帝嘉響，海内承福。[④]其赦天下，赐民爵一级，女子百户牛酒，鳏寡孤独高年帛。"

①师古曰："为音于伪反。"

②师古曰："万举，犹言举以万数也。蜚，古飞字也。言鸾凤飞翔，览观都邑也。"

③师古曰："鬯，香酒，所以祭神。"

④师古曰："響读曰飨。"

夏四月，颍川太守黄霸以治行尤异秩中二千石，[①]赐爵关内侯，黄金百斤。及颍川吏民有行义者爵，人二级，力田一级，贞妇顺女帛。

①如淳曰："太守虽号二千石，有千石、八百石居者。有功德茂异乃得

满秩。霸得中二千石，九卿秩也。”晋灼曰：“此直谓二千石增秩为中二千石耳，不谓满不满也。”师古曰：“如说非也。霸旧已二千石矣，今增为中二千石，以宠异之。此与地节三年增胶东相王成秩其事同耳。汉制，秩二千石者一岁得一千四百四十石，实不满二千石也，其云中二千石者，一岁得二千一百六十石。举成数言之，故曰中二千石。中者，满也。”

令内郡国举贤良可亲民者各一人。

五月，匈奴单于遣弟呼留若王胜之来朝。①

①师古曰：“呼留若者，王之号也，胜之其人名。”

冬十月，凤皇十一集杜陵。

十一月，河南太守严延年有罪，弃市。

十二月，凤皇集上林。

五凤元年①春正月，行幸甘泉，郊泰畤。

①应劭曰：“先者凤皇五至，因以改元云。”

皇太子冠。皇太后赐丞相、将军、列侯、中二千石帛，人百匹，大夫人八十匹，〔夫人六十匹〕。[8]又赐列侯嗣子爵五大夫，男子为父后者爵一级。

夏，赦徒作杜陵者。

冬十二月乙酉朔，日有蚀之。

左冯翊韩延寿有罪，弃市。

二年春三月，行幸雍，祠五畤。

夏四月己丑，大司马车骑将军增薨。①

①师古曰："韩增。"

秋八月，诏曰："夫婚姻之礼，人伦之大者也；酒食之会，所以行礼乐也。今郡国二千石或擅为苛禁，禁民嫁娶不得具酒食相贺召。由是废乡党之礼，令民亡所乐，非所以导民也。诗不云乎？'民之失德，乾糇以愆。'①勿行苛政。"

①师古曰："小雅伐木之诗也。糇，食也。愆，过也。言人无恩德，不相饮食，则阙乾糇之事，为过恶也。乾音干。糇音侯。"

冬十一月，匈奴呼遬累单于帅众来降，①封为列侯。

①师古曰："遬，古速字。累音力追（切）〔反〕。"

十二月，平通侯（阳）〔杨〕恽①[9]坐前为光禄勋有罪，免为庶人。不悔过，怨望，大逆不道，要斩。

①师古曰："恽音於吻反。"

三年春正月癸卯，丞相吉薨。①

①师古曰："丙吉也。"

三月，行幸河东，祠后土。诏曰："往者匈奴数为边寇，百姓被其害。朕承至尊，未能绥定匈奴。虚闾权渠单于请求和亲，病死。右贤王屠耆堂代立。骨肉大臣立虚闾权渠单于子为呼韩邪单于，击杀屠耆堂。诸王并自立，分为五单于，更相攻击，①死者以万数，畜产大耗什八九，②人民饥饿，相燔烧以求食，③因大乖乱。单于阏氏④子孙昆弟及呼遬累单于、名王、右伊秩訾、且渠、当户以下⑤将众五万馀人来降归义。单于称臣，使弟奉珍朝贺正月，北边晏然，靡有兵革之事。朕饬躬齐戒，⑥郊上帝，祠后土，神光并见，或兴于谷，烛燿齐宫，十有馀刻。⑦甘露降，神爵集。已诏有司告祠上帝、宗庙。三月辛丑，鸾凤又集长乐宫东阙中树上，⑧飞下止地，文章五色，留十馀刻，吏民并观。朕之不敏，惧不能任，娄蒙嘉瑞，获兹祉福。⑨书不云乎？'虽休勿休，祇事不怠。'⑩公卿大夫其勖焉。⑪减天下口钱。赦殊死以下。赐民爵一级，女子百户牛酒。大酺五日。加赐鳏寡孤独高年帛。"

①师古曰："更音工衡反。"

②师古曰："耗，损也。言十损其八九也。耗音呼到反。"

③师古曰："燔，焚也，音扶元反。"

④服虔曰："阏氏音焉支。"

⑤师古曰："伊秩訾、且渠、当户，皆匈奴官号也。訾音子移反。且音子余反。"

⑥师古曰："饬与敕同。"

⑦师古曰："烛亦照也。刻者，以漏言时也。"

⑧张晏曰："门外阙内（行）〔衡〕马之里树也。"〔10〕

⑨师古曰："娄，古屡字。"

⑩师古曰："周书吕刑之辞。言虽见（裒）〔褒〕美，勿自以为有德美，当敬于事，无怠（堕）〔惰〕也。"〔11〕

⑪师古曰："勖，勉也。"

置西河、北地属国以处匈奴降者。

四年春正月，广陵王胥有罪，自杀。

匈奴单于称臣，遣弟谷蠡王入侍。①以边塞亡寇，减戍卒什二。

①服虔曰："谷音鹿。"韦昭曰："蠡音如丽反。"师古曰："谷，服音是也。蠡音落奚反。"

大司农中丞耿寿昌奏设常平仓，以给北边，①省转漕。赐爵关内侯。

①应劭曰："寿昌奏令边郡谷贱时增贾而籴，谷贵时减贾而粜，名曰常平仓。见食货志。"

夏四月辛丑晦，日有蚀之。诏曰："皇天见异，以戒朕躬，是朕之不逮，吏之不称也。①以前使使者问民所疾苦，复遣丞相、御史掾二十四人循行天下，②举冤狱，察擅为苛禁深刻不改者。"

①师古曰："称，副也。"

②师古曰："行音下更反。"

甘露元年春正月，行幸甘泉，郊泰畤。

匈奴呼韩邪单于遣子右贤王铢娄渠堂入侍。①

①师古曰："铢音殊。娄音力于反。"

二月丁巳，大司马车骑将军延寿薨。①

①文颖曰："许延寿。"

夏四月，黄龙见新丰。

丙申，太上皇庙火。甲辰，孝文庙火。上素服五日。

冬，匈奴单于遣弟左贤王来朝贺。

二年春正月，立皇子嚣为定陶王。①

①师古曰："嚣音敖。"

诏曰："乃者凤皇甘露降集，黄龙登兴，醴泉滂流，枯槁荣茂，①神光并见，咸受祯祥。②其赦天下。减民算三十。③赐诸侯王、丞相、将军、列侯、中二千石金钱各有差。赐民爵一级，女子百户牛酒，鳏寡孤独高年帛。"

①师古曰："槁音口老反。"

②师古曰："祯，正也。祥，福也。祯音贞。"

③师古曰："一算减钱三十也。"

夏四月，遣护军都尉禄将兵击珠崖。

秋九月，立皇子宇为东平王。

冬十二月，行幸萯阳宫①属玉观。②

①应劭曰："宫在鄠，秦文王所起。"伏俨曰："在扶风。"李斐曰："萯音倍。"师古曰："应说、李音是也。"

②服虔曰："以玉饰，因名焉，在扶风。"李奇曰："属玉音鸀鳿。其上有此鸟，因以为名。"晋灼曰："属玉，水鸟，似䴔䴖，以名观也。"师古曰："晋说是也。属音之欲反。"

匈奴呼韩邪单于款五原塞，①愿奉国珍朝三年正月。②诏有司议。咸曰："圣王之制，施德行礼，先京师而后诸夏，先诸夏而后夷狄。诗云：'率礼不越，遂视既发。相土烈烈，海外有截。'③陛下圣德，充塞天地，光被四表。④匈奴单于乡风慕义，⑤举国同心，奉珍朝贺，自古未之有也。单于非正朔所加，王者所客也，礼仪宜如诸侯王，称臣昧死再拜，位次诸侯王下。"诏曰："盖闻五帝三王，礼所不施，不及以政。⑥今匈奴单于称北藩臣，朝正月，朕之不逮，德不能弘覆。其以客礼待之，位在诸侯王上。"

①师古曰："款，叩也。"

②师古曰："欲于甘露三年正月行朝礼。"

③文颖曰："遂，徧也。发，行也。言契能使其民率礼不越法度，徧承视其教令奉顺而行也。相土，契孙也。烈烈，威也。截，整齐也。威武之盛烈烈然，四海之外率服整齐也。"师古曰："此商颂长发之诗。"

④师古曰："四表，四方之外也。"

⑤师古曰："乡读曰向。"

⑥师古曰："言荒外之人非礼所设者，政刑亦不及。"

三年春正月，行幸甘泉，郊泰畤。

匈奴呼韩邪单于稽侯𤩰来朝，①赞谒称藩臣而不名。赐以玺绶、冠带、衣裳、安车、驷马、黄金、锦绣、缯絮。使有司道单于②先行就邸长安，宿长平。上自甘泉宿池阳宫。上登长平阪，③诏单于毋谒。④其左右当户之群皆列观，⑤蛮夷君长王侯迎者数万人，夹道陈。上登渭桥，咸称万岁。单于就邸。置酒建章宫，飨赐单于，观以珍宝。⑥二月，单于罢归。（之）〔遣〕长乐卫尉高昌侯忠、⑦[12]车骑都尉昌、⑧骑都尉虎⑨将万六千骑送单于。单于居幕南，保光禄城。⑩诏北边振谷食。郅支单于远遁，⑪匈奴遂定。

①应劭曰："𤩰音若讪。"李奇曰："𤩰音山。"师古曰："稽音古奚反。𤩰音删，又音先安反。"

②师古曰："道读曰导。导，引也。"

③如淳曰："阪名也，在池阳南。上原之阪有长平观，去长安五十里。"师古曰："泾水之南原，即今所谓眭城阪也。"

④师古曰："不拜见也。"

⑤孟康曰："左右当户，匈奴官名。"

⑥师古曰："观，示也。"

⑦晋灼曰："功臣表董忠。"

⑧晋灼曰："韩昌。"

⑨文颖曰："不（异）〔知〕姓。"[13]晋灼曰："百官表唯记三辅、郡以上。若此皆不见姓，无从知之。"

⑩孟康曰："前光禄徐自为所筑城。"

⑪师古曰："郅音质。"

诏曰："乃者凤皇集新蔡，群鸟四面行列，皆乡凤皇立，以万数。①其赐汝南太守帛百匹，新蔡长吏、三老、孝弟力田、鳏寡孤独各有差。赐民爵二级。毋出今年租。"

①师古曰："行音胡郎反。乡读曰向。"

三月己丑，丞相霸薨。①

①文颖曰："黄霸。"

诏诸儒讲五经同异，太子太傅萧望之等平奏其议，上亲称制临决焉。乃立梁丘易、大小夏侯尚书、穀梁春秋博士。

冬，乌孙公主来归。①

①应劭曰："楚王女解忧。"

四年夏，广川王海阳有罪，废迁房陵。

冬十月丁卯，未央宫宣室阁火。

黄龙元年①春正月，行幸甘泉，郊泰畤。

①应劭曰："先是黄龙见新丰，因以冠元焉。"师古曰："汉注云此年二月黄龙见广汉郡，故改年。然则应说非也。见新丰者于此五载矣。"

匈奴呼韩邪单于来朝，礼赐如初。二月，单于归国。

诏曰："盖闻上古之治，君臣同心，举措曲直，各得其所。① 是以上下和洽，海内康平，其德弗可及已。② 朕既不明，数申诏公卿大夫务行宽大，③ 顺民所疾苦，④ 将欲配三王之隆，明先帝之德也。今吏或以不禁奸邪为宽大，纵释有罪为不苛，或以酷恶为贤，皆失其中。⑤ 奉诏宣化如此，岂不谬哉！方今天下少事，繇役省减，兵革不动，而民多贫，盗贼不止，其咎安在？上计簿，具文而已，⑥ 务为欺谩，以避其课。⑦ 三公不以为意，朕将何任？⑧ 诸请诏省卒徒自给者皆止。⑨ 御史察计簿，疑非实者，按之，使真伪毋相乱。"

①师古曰："措，置也，音千故反。"

②师古曰："已，语终辞。"

③师古曰："申，束也，谓约束之。"

④师古曰："知所疾苦，则顺其意也。"

⑤师古曰："中音竹仲反。"

⑥师古曰："虽有其文，而实不副也。簿音步户反。其下亦同。"

⑦师古曰："谩，诳言也，音慢，又音莫连反。"

⑧师古曰："言无所委任。"

⑨应劭曰："时有请云，诏使出者省卒徒，以其直自给，不复取禀假。虽有进入于官，非旧章也，故绝之。"张晏曰："先是武帝以用度不足，宜有以益官者。或奉使，求不受奉禄，自省其徒众，以取其禀者或自给。于是奸吏缘以为利，所得多于本禄，故绝之。"如淳曰：

“是时有所省卒徒，而群臣有请之以自给官府者。先时听与之，今更悔之，不复听也。”师古曰：“应、张二说是也。”

三月，有星孛于王良、阁道，入紫宫。①

①苏林曰：“皆星名。”

夏四月，诏曰：“举廉吏，诚欲得其真也。吏六百石位大夫，有罪先请，秩禄上通，足以效其贤材，自今以来毋得举。”①

①韦昭曰：“吏六百石者不得复举为廉吏也。”

冬十二月甲戌，帝崩于未央宫。①癸巳，尊皇太后曰太皇太后。②

①臣瓒曰：“帝年十八即位，即位二十五年，寿四十（八）〔三〕。”[14]

②师古曰：“于此已书尊太皇太后，而元纪之首又重书之。然尊太皇太后及皇太后宜同一时，则元纪为是，而此纪误重之。”

赞曰：孝宣之治，信赏必罚，①综核名实，政事文学法理之士咸精其能，至于技巧工匠器械，自元、成间鲜能及之，②亦足以知吏称其职，民安其业也。遭值匈奴乖乱，推亡固存，③信威北夷，④单于慕义，稽首称藩。功光祖宗，业垂后嗣，可谓中兴，侔德殷宗、周宣矣。⑤

①师古曰：“有功必赏，有罪必罚。”

②师古曰：“械者，器之总名也。一曰有盛为械，无盛为器。鲜，少也，言少有能及之者。鲜音先践反。”

③李奇曰：“推亡者，若纣为无道，天下苦之，有灭亡之形，周武遂推而弊之。固存者，譬如邻国以道莅民，上下一心，势必能存，因就

而坚固之。今匈奴内自奋争有事，故宣帝能朝呼韩邪而固存之，走郅支单于使远遁，是谓推亡也。”师古曰：“尚书仲虺之诰曰‘推亡固存，邦乃其昌’。言有亡道者则推而灭之，有存道者则辅而固之。王者如此，国乃昌盛，故此赞引之。”

④师古曰：“信读为申，古通用字。一说恩信及威并著北夷。”

⑤师古曰：“侔等殷之高宗及周宣王也。”

【校勘记】

〔1〕 亦以（自是）〔是自〕怪。 景祐、殿、局本都作“是自”。

〔2〕 宋（踦）〔畸〕也。 殿本作“畸”。王先谦说作“畸”是。

〔3〕 成帝（侍）〔时〕， 景祐、殿本“侍”都作“时”。

〔4〕 〔自丞相〕以下各奉职奏事， 景祐、殿本都有“自丞相”三字，通鉴同。

〔5〕 咸（服）〔伏〕其辜。 景祐、殿本都作“伏”。

〔6〕 庶（不）〔尹〕允谐。 景祐、汲古、殿、局本都作“尹”。

〔7〕 （鳞） 〔麟〕色， 景祐、殿本都作“麟”。王先谦说作“麟”是。

〔8〕 大夫人八十匹，〔夫人六十匹〕。 景祐、殿本有此五字。

〔9〕 平通侯（阳）〔杨〕恽 景祐本作“扬”。殿、局本都作“杨”。王先谦说作“杨”是。

〔10〕 （行）〔衡〕马之里树也。 景祐、殿本都作“衡”。

〔11〕 言虽见（哀）〔褒〕美，无怠（堕）〔惰〕也。 殿本作“褒”作“惰”。王先谦说作“褒”“惰”是。

〔12〕 （之）〔遣〕长乐卫尉高昌侯忠、 景祐、殿本都作“遣”。钱大昭说当作“遣”。

〔13〕 不（异）〔知〕姓。 景祐、殿、局本都作“知”。王先谦说作

“知”是。

〔14〕 寿四十（八）〔三〕。 景祐、殿本都作“三”，通鉴同。王鸣盛说“八”字误。

汉 书 卷 九

元帝纪第九

孝元皇帝，①宣帝太子也。母曰共哀许皇后，②宣帝微时生民间。年二岁，宣帝即位。八岁，立为太子。③壮大，柔仁好儒。见宣帝所用多文法吏，以刑名绳下，④大臣杨恽、(盍)〔盖〕宽饶等[1]坐刺讥辞语为罪而诛，⑤尝侍燕从容言：⑥“陛下持刑太深，宜用儒生。”宣帝作色曰：⑦“汉家自有制度，本以霸王道杂之，奈何纯(住)〔任〕德教，[2]用周政乎！⑧且俗儒不达时宜，好是古非今，使人眩于名实，⑨不知所守，何足委任！”乃叹曰：“乱我家者，太子也！”繇是疏太子而爱淮阳王，⑩曰：“淮阳王明察好法，宜为吾子。”而王母张倢伃尤幸。上有意欲用淮阳王代太子，然以少依许氏，俱从微起，故终不背焉。

①荀悦曰：“讳奭之字曰盛。”应劭曰：“谥法‘行义悦民曰元’。”师古曰：“奭音式亦反。”

②张晏曰："礼，妇人从夫谥。闵其见杀，故兼二谥。"师古曰："共读曰恭。"

③师古曰："宣帝即位之明年改元曰本始。本始凡四年而改元曰地节。地节三年立皇太子。若初即位年二岁，则立为太子时年九岁矣。又宣帝以元平元年七月即位，而外戚传云许后生元帝数月，宣帝立为帝。是则即位时太子未必二岁也。参校前后众文，此纪进退为错。"

④晋灼曰："刑，刑家；名，名家也。太史公曰：'法家严而少恩，名家俭而善失真。'"师古曰："晋说非也。刘向别录云申子学号刑名。刑名者，以名责实，尊君卑臣，崇上抑下。宣帝好观其君臣篇。绳谓弹治之耳。"

⑤师古曰："恽音於吻反。"

⑥师古曰："从音千容反。"

⑦师古曰："作，动也。意怒故动色。"

⑧师古曰："姬周之政。"

⑨师古曰："眩，乱视也，音胡眄反。"

⑩师古曰："繇读与由同。"

黄龙元年十二月，宣帝崩。癸巳，太子即皇帝位，谒高庙。尊皇太后曰太皇太后，①皇后曰皇太后。②

①苏林曰："上官后。"

②文颖曰："邛成王皇后，母养元帝者也。"

初元元年春正月辛丑，孝宣皇帝葬杜陵。①赐诸侯王、公主、列侯黄金，吏二千石以下钱帛，各有差。大赦天下。三月，封皇太后兄侍中中郎将王舜为安平侯。丙午，立皇后王氏。以三辅、太常、郡国公田及苑可省者振业贫民，②赀不满千钱者赋贷种、食。③封外祖父平恩戴侯同产弟子中常侍许嘉为平恩侯，奉戴侯后。④

①臣瓒曰："自崩至葬凡二十八日。杜陵在长安南五十里也。"

②师古曰："振起之，令有作业。"

③师古曰："赋，给与之也。贷，假也。贷音土戴反。种音之勇反。"

④文颖曰："戴侯，许广汉。"

夏四月，诏曰："朕承先帝之圣绪，获奉宗庙，战战兢兢。间者地数动而未静，惧于天地之戒，不知所繇。①方田作时，朕忧蒸庶之失业，②临遣光禄大夫褒等十二人③循行天下，④存问耆老鳏寡孤独困乏失职之民，⑤延登贤俊，招显侧陋，因览风俗之化。相守二千石诚能正躬劳力，⑥宣明教化，以亲万姓，则六合之内和亲，庶几虖无忧矣。书不云乎？'股肱良哉，庶事康哉！'⑦布告天下，使明知朕意。"又曰："关东今年谷不登，民多困乏。其令郡国被灾害甚者毋出租赋。江海陂湖园池属少府者以假贫民，⑧勿租赋。赐宗室有属籍者马一匹至二驷，⑨三老、孝者帛五匹，弟者、力田三匹，鳏寡孤独二匹，吏民五十户牛酒。"⑩

①师古曰："繇与由同。"

②师古曰："蒸，众也。"

③应劭曰："自临面约敕乃遣之。"

④师古曰："行音下更反。"

⑤师古曰："失职，失其常业。"

⑥师古曰："相者，诸侯王相也。守，郡守也。"

⑦师古曰："虞书益稷之辞也。言君能任贤，股肱之臣皆得良善，则众事安宁。"

⑧师古曰："湖，深水。"

⑨师古曰："二驷，八匹。"

⑩师古曰："以五十户为率，共赐之。"

六月，以民疾疫，令大官损膳，减乐府员，省苑马，以振困乏。

秋八月，上郡属国降胡万馀人亡入匈奴。

九月，关东郡国十一大水，饥，或人相食，转旁郡钱谷以相救。诏曰："间者阴阳不调，黎民饥寒，无以保治，①惟德浅薄，不足以充入旧贯之居。②其令诸宫馆希御幸者勿缮治，③太仆减谷食马，水衡省肉食兽。"④

①师古曰："保，安也。"

②应劭曰："言己德浅薄，不足以充旧贯。旧贯者，常居也。"师古曰："论语称闵子骞云'仍旧贯'。帝自谦，言不足充入先帝之宫室，故引以为言也。"

③师古曰："缮，补也。"

④师古曰："减谓损其数。省者，全去之。"

二年春正月，行幸甘泉，郊泰畤。赐云阳民爵一级，女子百户牛酒。

立弟竟为清河王。

三月，立广陵厉王太子霸为王。

诏罢黄门乘舆狗马，①水衡禁囿、宜春下苑、②少府佽飞外池、③严籞池田④假与贫民。诏曰："盖闻贤圣在位，阴阳和，风雨时，日月光，星辰静，黎庶康宁，考终厥命。⑤今朕恭承天地，托于公侯之上，明不能烛，德不能绥，灾异并臻，连年不息。乃二月戊午，地震于陇西郡，毁落太上皇庙殿壁木饰，坏败獂道县城郭官寺及民室屋，压杀人众。[6]山崩地裂，水泉涌出。天惟降灾，震惊朕师。[7]治有大亏，咎至于斯。夙夜兢兢，不通大变，深惟郁悼，未知其序。[8]间者岁数不登，元元困乏，不胜饥寒，以陷刑辟，朕甚闵之。郡国被地动灾甚者无出租赋。赦天下。有可蠲除减省以便万姓者，条奏，毋有所讳。丞相、御史、中二千石举茂材异等直言极谏之士，朕将亲览焉。”

①师古曰：“黄门，近署也，故亲幸之物属焉。”

②孟康曰：“宫名也，在杜县东。”晋灼曰：“史记云葬二世杜南宜春苑中。”师古曰：“宜春下苑即今京城东南隅曲江池是。”

③如淳曰：“汉仪注佽飞具矰缴以射凫雁，给祭祀，是故有池也。”

④苏林曰：“严饰池上之屋及其地也。”晋灼曰：“严籞，射苑也。许慎曰：‘严，弋射者所蔽也。’池田，苑中田也。”师古曰：“晋说是。”

⑤师古曰：“考，老也。言得寿考，终其天命。”

⑥师古曰：“豲道属天水。凡府庭所在皆谓之寺。豲音完。压音乌狎反。”

⑦师古曰：“师，众也。”

⑧师古曰：“郁，不通之意也。序，次也。”

夏四月丁巳，立皇太子。赐御史大夫爵关内侯，中二千石右庶长，[1]天下当为父后者爵一级，列侯钱各二十万，五大夫十万。[2]

①师古曰：“第十一爵。”

②师古曰：“五大夫，第九爵。”

六月，关东饥，齐地人相食。秋七月，诏曰：“岁比灾害，民有菜色,①惨怛于心。②已诏吏虚仓廪，开府库振救，赐寒者衣。今秋禾麦颇伤。一年中地再动。北海水溢，流杀人民。阴阳不和，其咎安在？公卿将何以忧之？其悉意陈朕过，靡有所讳。"③

①师古曰："五谷不收，人但食菜，故其颜色变恶。"

②师古曰："惨，痛也。怛，悼也。"

③师古曰："悉意，尽意也。靡，无也。"

冬，诏曰："国之将兴，尊师而重傅。故前将军望之傅朕八年，道以经书，厥功茂焉。①其赐爵关内侯，食邑八百户，朝朔望。"

①师古曰："茂，美也。道读曰导。"

十二月，中书令弘恭、石显等谮望之，令自杀。

三年春，令诸侯相位在郡守下。①

①师古曰："此诸侯谓诸侯王也。"

珠厓郡山南县反，博谋群臣。待诏贾捐之以为宜弃珠厓，救民饥馑。①乃罢珠厓。

①师古曰："谷不熟为饥，蔬不熟为馑。蔬，菜也。"

夏四月乙未晦，茂陵白鹤馆灾。诏曰："乃者火灾降于孝武园馆，朕战栗恐惧。不烛变异，咎在朕躬。①群司又未肯极言朕过，以至于斯，将何以寤焉！百姓仍遭凶阨，无以相振,②加以烦扰虖苛吏，拘牵乎微文，不得永终性命,③朕甚闵焉。其赦天下。"

①师古曰："烛，照也。"

②师古曰："仍，频也。"

③师古曰："永，长也。"

夏，旱。立长沙炀王弟宗为王。① 封故海昏侯贺子代宗为侯。

①(师古)〔郑氏〕曰：[3] "炀音供养之养也。"

六月，诏曰："盖闻安民之道，本繇阴阳。① 间者阴阳错谬，风雨不时。朕之不德，庶几群公有敢言朕之过者，今则不然。媮合苟从，未肯极言，② 朕甚闵焉。永惟烝庶之饥寒，远离父母妻子，劳于非业之作，卫于不居之宫，③ 恐非所以佐阴阳之道也。其罢甘泉、建章宫卫，令就农。百官各省费。④ 条奏毋有所讳。有司勉之，毋犯四时之禁。丞相御史举天下明阴阳灾异者各三人。"于是言事者众，或进擢召见，人人自以得上意。⑤

①师古曰："繇与由同。"

②师古曰："媮与偷同。"

③师古曰："不急之事，(古)〔故〕云非业也。"[4]

④师古曰："费用之物务减省。"

⑤师古曰："人人各自以当天子之意。"

四年春正月，行幸甘泉，郊泰畤。三月，行幸河东，祠后土。赦汾阴徒。赐民爵一级，女子百户牛酒，鳏寡高年帛。行所过无出租赋。

五年春正月，以周子南君为周承休侯，① 位次诸侯王。

①文颖曰："姓姬，名延年。其祖父姬嘉，本周后，武帝元鼎四年封为周子南君，令奉周（祠）〔祀〕。"[5]师古曰："承休国在颍川。"

三月，行幸雍，祠五畤。

夏四月，有星孛于参。诏曰："朕之不逮，序位不明，①众僚久廫，②未得其人。元元失望，上感皇天，阴阳为变，咎流万民，朕甚惧之。乃者关东连遭灾害，饥寒疾疫，夭不终命。诗不云乎？'凡民有丧，匍匐救之。'③其令太官毋日杀，④所具各减半。⑤乘舆秣马，无乏正事而已。⑥罢角抵、上林宫馆希御幸者、齐三服官、⑦北假田官、⑧盐铁官、常平仓。博士弟子毋置员，以广学者。赐宗室子有属籍者马一匹至二驷，三老、孝者帛，人五匹，弟者、力田三匹，鳏寡孤独二匹，吏民五十户牛酒。"省刑罚七十馀事。除光禄大夫以下至郎中保父母同产之令。⑨令从官给事宫司马中者，得为大父母父母兄弟通籍。⑩

①师古曰："逮，及也。言官人之位失其次序。"

②应劭曰："廫音旷。"师古曰："廫，古旷字。旷，空也。不得其人，则职事空废。"

③师古曰："邶国谷风之诗也。言见人有丧祸之事，则当尽力以救之。匍音步扶反。匐音步得反。"

④师古曰："不得日日宰杀。"

⑤师古曰："食具也。"

⑥师古曰："秣，养也，以粟秣食之也。正事谓驾供郊祀蒐狩之事，非游田者也。秣音末。"

⑦李斐曰："齐国旧有三服之官。春献冠帻縰为首服，纨素为冬服，轻绡为夏服，凡三。"如淳曰："地理志曰齐冠带天下。胡公曰服官主作文绣，以给衮龙之服。地理志襄邑亦有服官。"师古曰："齐三服

官，李说是也。纚与䌰同，音山尔反，即今之方目纱也。纨素，今之绢也。轻绡，今之轻纱也。襄邑自出文绣，非齐三服也。"

⑧李斐曰："主假赁见官田与民，收其假税也。故置田农之官。"晋灼曰："匈奴传秦始皇渡河据阳山北假中，王莽传五原北假膏壤殖谷。北假，地名。"师古曰："晋说是也。"

⑨应劭曰："旧时相保，一人有过，皆当坐之。"师古曰："特为郎中以上除此令者，所以优之也。同产，谓兄弟也。"

⑩应劭曰："从官，谓宦者及虎贲、羽林、太医、太官是也。司马中者，宫内门也。司马主武，兵禁之意也。籍者，为二尺竹牒，记其年纪名字物色，县之宫门，案省相应，乃得入也。"师古曰："应说非也。从官，亲近天子常侍从者皆是也。故此下云科第郎、从官。司马门者，宫之外门也。卫尉有八屯，卫候司马主卫士徼巡宿卫。每面各二司马，故谓宫之外门为司马门。"

冬十二月丁未，御史大夫贡禹卒。

卫司马谷吉使匈奴，不还。①

①师古曰："即卫尉八屯之卫司马。"

永光元年春正月，行幸甘泉，郊泰畤。赦云阳徒。赐民爵一级，女子百户牛酒，高年帛。行所过毋出租赋。

二月，诏丞相、御史举质朴敦厚逊让有行者，光禄岁以此科第郎、从官。①

①师古曰："始令丞相、御史举此四科人以擢用之。而见在郎及从官，又令光禄每岁依此科考校，定其第高下，用知其人贤否也。"

三月，诏曰："五帝三王任贤使能，以登至平，而今不治者，岂斯民异哉？①咎在朕之不明，亡以知贤也。是故壬人在位，②而吉士雍蔽。③重以周秦之弊，民渐薄俗，④去礼义，触刑法，岂不哀哉！繇此观之，元元何辜？⑤其赦天下，令厉精自新，各务农亩。无田者皆假之，贷种、食如贫民。⑥赐吏六百石以上爵五大夫，勤事吏二级，为父后者民一级，女子百户牛酒，鳏寡孤独高年帛。”是月雨雪，⑦陨霜伤麦稼，秋罢。⑧

①师古曰：“言今所治人，即五帝三王之众庶。”

②服虔曰：“壬人，佞人也。”

③师古曰：“吉，善也。大雅卷阿之诗曰‘蔼蔼王多吉士’。雍读曰〔壅〕。”〔6〕

④师古曰：“为薄俗所渐染也。重音直用反。”

⑤师古曰：“繇读与由同。”

⑥师古曰：“此皆谓遇赦新免罪者也，故云如贫人。”

⑦师古曰：“雨音于具反。”

⑧如淳曰：“当言罢某官某事，烂脱失之。”晋灼曰：“或无稼字，或稼字在秋下。稼或作（臧）〔桑〕，〔7〕或作霖。五行志永光元年三月陨霜杀桑，九月二日陨霜杀稼，天下大饥。言伤麦稼，秋罢，是也。”师古曰：“晋说得之。秋者，谓秋时所收谷稼也。今俗犹谓麦豆之属为杂稼。云秋罢者，言至秋时无所收也。”

二年春二月，诏曰：“盖闻唐虞象刑而民不犯，①殷周法行而奸轨服。②今朕获承高祖之洪业，托位公侯之上，夙夜战栗，永惟百姓之急，未尝有忘焉。然而阴阳未调，三光晻昧。③元元大困，流散道路，盗贼并兴。有司又长残贼，失牧民之术。是皆朕之不明，政有所亏。咎至于此，朕甚自耻。为民父母，若是之薄，谓百姓何！④其大赦天下，赐民爵一级，女子百户牛酒，鳏寡孤独高年、三老、孝弟力田帛。”又赐诸侯王、公主、列侯黄金，中二千石以下至中都官长吏各有差，吏六百石以上爵五大夫，勤事吏各二级。

①师古曰："象刑，解在武纪。"

②师古曰："轨与宄同。乱在外曰奸，在内曰轨。"

③师古曰："晻与暗同，又音乌感反。"

④师古曰："言何以抚临百姓。"

三月壬戌朔，日有蚀之。诏曰："朕战战栗栗，夙夜思过失，不敢荒宁。①惟阴阳不调，未烛其咎。娄敕公卿，日望有效。②至今有司执政，未得其中，③施与禁切，未合民心。④暴猛之俗弥长，和睦之道日衰，百姓愁苦，靡所错躬。⑤是以氛邪岁增，侵犯太阳，⑥正气湛掩，日久夺光。⑦乃壬戌，日有蚀之。天见大异，以戒朕躬，⑧朕甚悼焉。其令内郡国举茂材异等贤良直言之士各一人。"

①师古曰："荒，废也。不敢废事而自宁。"

②师古曰："娄，古屡字。其后亦同。"

③师古曰："中音竹仲反。"

④师古曰："施惠褊薄，禁令烦苛。"

⑤师古曰："错，置也，音千故反。"

⑥师古曰："氛，恶气也。邪者，言非正气也。太阳，日也。"

⑦师古曰："湛读与沈同。湛掩者，见掩而湛没。"

⑧师古曰："见，显示。"

夏六月，诏曰："间者连年不收，四方咸困。元元之民，劳于耕耘，又亡成功，困于饥馑，亡以相救。朕为民父母，德不能覆，而有其刑，甚自伤焉。其赦天下。”

秋七月，西羌反，遣右将军冯奉世击之。八月，以太常任千秋为奋威将军，别将五校并进。①

①师古曰："别领五校之兵，而与右将军并进。"

三年春，西羌平，军罢。

三月，立皇子康为济阳王。

夏四月癸未，大司马车骑将军接薨。①

①师古曰："王接。"

冬十一月，诏曰："乃者己丑地动，中冬雨水，大雾，①盗贼并起。吏何不以时禁？各悉意对。"②

①师古曰："中读曰仲。雨音于具反。"

②师古曰："时禁，谓月令所当禁断者也。悉，尽也。"

冬，复盐铁官、博士弟子员。①以用度不足，民多复除，②无以给中外繇役。

①师古曰："复音扶目反。"

②师古曰："复音方目反。"

四年春二月，诏曰："朕承至尊之重，不能烛理百姓，娄遭凶咎。加以边竟不安，师旅在外，①赋敛转输，元元骚动，穷困亡聊，犯法抵罪。夫上失其道而绳下以深刑，朕甚痛之。其赦天下，所贷贫民勿收责。"

①师古曰："娄读曰屡。竟读曰境。"

三月，行幸雍，祠五畤。

夏六月甲戌，孝宣园东阙灾。

戊寅晦，日有蚀之。诏曰："盖闻明王在上，忠贤布职，则群生和乐，方外蒙泽。今朕晻于王道，①夙夜忧劳，不通其理，靡瞻不眩，靡听不惑，②是以政令多还，民心未得，③邪说空进，事亡成功。此天下所著闻也。公卿大夫好恶不同，④或缘奸作邪，侵削细民，元元安所归命哉！乃六月晦，日有蚀之。诗不云虖？'今此下民，亦孔之哀！'⑤自今以来，公卿大夫其勉思天戒，慎身修永，以辅朕之不逮。⑥直言尽意，无有所讳。"

①师古曰："晻读与暗同。"

②师古曰："靡，无也。眩，视乱也，音胡眄反。"

③李奇曰："还，反也。易曰'涣汗其大号'，言王者发号施令如汗出，不可复反。"

④师古曰："爱憎各异也。"

⑤师古曰："小雅十月之交之诗也。孔，甚也。言灾异既多，百姓甚可哀愍。"

⑥师古曰："虞书咎繇谟云'慎厥身修思永'，言当慎修其身，思为长久之道。故此诏云慎身修永也。今流俗书本永上有职字者，后人不晓，妄加之耳。"

九月戊子，罢卫思后园①及戾园。冬十月乙丑，罢祖宗庙在郡国者。诸陵分属三辅。②以渭城寿陵亭部原上为初陵。③诏曰："安土重迁，黎民之性；④骨肉相附，人情所愿也。顷者有司缘臣子之义，奏徙郡国民以奉园陵，令百姓远弃先祖坟墓，破业失产，亲戚别离，人怀思慕之心，家有不安之意。是以东垂被虚耗之害，关中有无聊之民，⑤非久长之策也。诗不云虖？'民亦劳止，迄可小康，惠此中国，以绥四方。'⑥今所为初陵者，勿置县邑，使天下咸安土乐业，亡有动摇之心。布告天下，令明知之。"又罢先后父母奉邑。⑦

①服虔曰："戾太子母也。"

②师古曰："先是诸陵总属太常，今各依其地界属三辅。"

③服虔曰："元帝初置陵，未有名也，故曰初。"

④师古曰："重，难也。"

⑤师古曰："秏，损也，音呼到反。"

⑥师古曰："大雅民劳之诗也。止，语助也。迄，至也。康，安也。言人劳已久，至此可以小安逸之。施惠京师，以及四远也。"

⑦应劭曰："先后为其父母置邑守冢，以奉祭祀，既已久远，又非典制，故罢之。"师古曰："奉邑，奉音扶用反。"

五年春正月，行幸甘泉，郊泰畤。三月，上幸河东，祠后土。

秋，颍川水出，流杀人民。吏、从官县被害者与告，①士卒遣归。

①晋灼曰："从官，犹从役从军也。"臣瓒曰："告，休假也。"师古曰："晋说非也。从官，即上侍从之官也。言凡为吏为从官，其本县有被害者，皆与休告。"

冬，上幸长杨射熊馆，①布车骑，大猎。

①师古曰："射音食亦反。"

十二月乙酉，毁太上皇、孝惠皇帝寝庙园。

建昭元年春三月，上幸雍，祠五畤。

秋八月，有白蛾群飞蔽日，从东都门至枳道。①

①如淳曰："三辅黄图长安城东面北头门号曰宣平城门，其外郭曰东都门也。"师古曰："蛾，若今之蚕蛾类也。音五何反。枳音只。枳道解在高纪。"

冬，河间王元有罪，废迁房陵。罢孝文太后、孝昭太后寝园。

二年春正月，行幸甘泉，郊泰畤。三月，行幸河东，祠后土。益三河〔大〕郡太守秩。[8]户十二万为大郡。

夏四月，赦天下。

六月，立皇子(兴)〔舆〕为信都王。[9]闰月丁酉，太皇太后上官氏崩。

冬十一月，齐楚地震，大雨雪，①树折屋坏。

①师古曰："雨音于具反。"

淮阳王舅张博、魏郡太守京房坐窥道诸侯王以邪意，漏泄省中语，①博要斩，房弃市。

①师古曰："道读曰导。"

三年夏，令三辅都尉、大郡都尉秩皆二千石。

六月甲辰，丞相玄成薨。①

①师古曰："韦玄成。"

秋，使护西域骑都尉甘延寿、副校尉陈汤①挢发戊己校尉屯田吏士及西域胡兵攻郅支单于。②冬，斩其首，传诣京师，县蛮夷邸门。③

①师古曰："言延寿及汤本充西域之使，故先言使而后序其官职及姓名。"

②师古曰："挢与矫同。矫，托也。实不奉诏，诈以上命发兵，故言矫发也。戊己校尉者，镇安西域，无常治处，亦犹甲乙等各有方位，而戊与己四季寄王，故以名官也。时有戊校尉，又有己校尉。一说，戊己位在中央，今所置校尉处三十六国之中，故曰戊己也。郅音质。"

③师古曰："县，古悬字也。蛮夷邸，若今鸿胪客馆。"

四年春正月，以诛郅支单于告祠郊庙。赦天下。群臣上寿置酒，以其图书示后宫贵人。①

①服虔曰："讨郅支之图书也。或曰单于土地山川之形书也。"师古曰："或说非。"

夏四月，诏曰："朕承先帝之休烈，①夙夜栗栗，惧不克任。间者阴阳不调，五行失序，百姓饥馑。惟烝庶之失业，临遣谏大夫博士赏等二十一人循行天下，②存问耆老鳏寡孤独乏困失职之人，举茂材特立之士。相将九卿，其帅意毋怠，使朕获观教化之流焉。"

①师古曰："休，美也。烈，业也。"

②师古曰："行音下更反。"

六月甲申，中山王竟薨。

蓝田地沙石雍霸水，安陵岸崩雍泾水，水逆流。①

①孟康曰："安陵岸，惠帝陵旁泾水岸也。"师古曰："雍读曰壅。"

五年春三月，诏曰："盖闻明王之治国也，明好恶而定去就，崇敬让而民兴行，故法设而民不犯，令施而民从。今朕获保宗庙，兢兢业业，匪敢解怠，①德薄明晻，教化浅微。②传不云虖？'百姓有过，在予一人。'③其赦天下，赐民爵一级，女子百户牛酒，三老、孝弟力田帛。"又曰："方春农桑兴，百姓（戮）〔勠〕力[10]自尽之时也，故是月劳农劝民，无使后时。④今不良之吏，覆案小罪，⑤征召证案，兴不急之事，以妨百姓，使失一时之作，亡终岁之功，公卿其明察申敕之。"⑥

①师古曰："兢兢，慎也。业业，危也。解读曰懈。"

②师古曰："晻读与暗同。"

③师古曰："论语载殷汤伐桀告天下之文也。言君天下者，当任其忧责。"

④师古曰："劳农，谓慰勉之。劳音来到反。"

⑤师古曰："覆音方目反。"

⑥师古曰："申，重也，一曰约束之耳。"

夏六月庚申，复戾园。

壬申晦，日有蚀之。

秋七月庚子，复太上皇寝庙园、原庙、①昭灵后、武哀王、昭哀后、卫思后园。②

①文颖曰："高祖已自有庙，在长安城中，惠帝更于渭北作庙，谓之原庙。尔雅曰原者再，再作庙也。"晋灼曰："原，本也。始祖之庙，故曰本也。"师古曰："文说是。"

②师古曰："昭灵后，高祖母也。武哀王，高祖兄也。昭哀后，高祖姊也。卫思后，戾太子母也。"

竟宁元年[①]春正月，匈奴虖韩邪单于来朝。诏曰："匈奴郅支单于背叛礼义，既伏其辜，虖韩邪单于不忘恩德，乡慕礼义，[②]复修朝贺之礼，愿保塞传之无穷，边垂长无兵革之事。其改元为竟宁，赐单于待诏掖庭王樯为阏氏。"[③]

①应劭曰："虖韩邪单于愿保塞，边竟得以安宁，故以冠元也。"师古曰："据如应说，竟读为境。古之用字，境竟实同。但此诏云'边垂长无兵革之事'，竟者终极之言，言永安宁也。既无兵革，中外安宁，岂止境上？若依本字而读，义更弘通也。"

②师古曰："乡读曰向。"

③应劭曰："郡国献女未御见，须命于掖庭，故曰待诏。王樯，王氏女，名樯，字昭君。"文颖曰："本南郡秭归人也。"苏林曰："阏氏音焉支，如汉皇后也。"师古曰："秭音姊。"

皇太子冠。赐列侯嗣子爵五大夫，[①]天下为父后者爵一级。

①师古曰："第九爵。"

二月，御史大夫延寿卒。[①]

①师古曰："即繁延寿也。繁音蒲何反。"

三月癸未，复孝惠皇帝寝庙园、孝文太后、孝昭太后寝园。

夏，封骑都尉甘延寿为列侯。赐副校尉陈汤爵关内侯，黄金百斤。

五月壬辰，帝崩于未央宫。[①]

①臣瓒曰："帝年二十七即位，即位十六年，寿四十三。"

毁太上皇、孝惠、孝景皇帝庙。罢孝文、孝昭太后、昭灵后、武哀王、昭哀后寝园。

秋七月丙戌，葬渭陵。①

①臣瓒曰："自崩及葬凡五十五日。渭陵在长安北五十六里也。"

赞曰：臣外祖兄弟为元帝侍中，①语臣曰元帝多材艺，善史书。②鼓琴瑟，吹洞箫，③自度曲，被歌声，④分刌节度，⑤穷极幼眇。⑥少而好儒，及即位，征用儒生，委之以政，贡、薛、韦、匡迭为宰相。⑦而上牵制文义，优游不断，⑧孝宣之业衰焉。然宽弘尽下，出于恭俭，号令温雅，有古之风烈。

①应劭曰："元、成帝纪皆班固父彪所作，臣则彪自说也。外祖，金敞也。"如淳曰："班固外祖，樊叔皮也。"师古曰："应说是。"

②应劭曰："周宣王太史史籀所作大篆。"

③如淳曰："箫之无底者。"

④应劭曰："自隐度作新曲，因持新曲以为歌诗声也。"荀悦曰："被声，能播乐也。"臣瓒曰："度曲，谓歌终更授其次，谓之度曲。西京赋曰'度曲未终，云起雪飞'。张衡舞赋亦曰'度终复位，次受二八'。"师古曰："应、荀二说皆是也。度音大各反。被音皮义反。"

⑤苏林曰："刌，度也，知曲之终始节度也。"韦昭曰："刌，切也，谓能分切句绝，为之节制也。"师古曰："韦说是也。刌音千本反。"

⑥师古曰："幼眇读曰要妙。"

⑦师古曰："贡禹、薛广德、韦贤、匡衡迭互而为丞相也。迭音大结反。"

⑧师古曰："为文义所牵制，故不断决。"

【校勘记】

〔1〕(盍)〔盖〕宽饶等　钱大昭说明南监、闽本作“盖”。按殿本作“盖”，本传同。

〔2〕奈何纯(住)〔任〕德教，　景祐、殿、局本都作“任”。钱大昭说当作“任”。

〔3〕(师古)〔郑氏〕曰：　景祐、殿本都作“郑氏”。

〔4〕(古)〔故〕云非业也。　景祐、殿本都作“故”，通鉴注引同。

〔5〕令奉周(祠)〔祀〕。　王先谦说殿本作“祀”是。按通鉴注亦作“祀”。

〔6〕雍读曰〔壅〕。　景祐、殿本都有“壅”字，此脱。

〔7〕稼或作(臧)〔桑〕，　钱大昭说明南监、闽本作“桑”。王先谦说殿本作“桑”是。

〔8〕益三河〔大〕郡太守秩。　景祐本有“大”字。

〔9〕立皇子(兴)〔舆〕为信都王。　景祐本作“舆”。宋祁说作“舆”是。

〔10〕百姓(戮)〔勠〕力　景祐、殿本都作“勠”。王先谦说作“勠”是。

汉书卷十

成帝纪第十

孝成皇帝，①元帝太子也。母曰王皇后，元帝在太子宫生甲观画堂，②为世嫡皇孙。宣帝爱之，字曰太孙，常置左右。年三岁而宣帝崩，元帝即位，帝为太子。壮好经书，宽博谨慎。初居桂宫，③上尝急召，太子出龙楼门，④不敢绝驰道，⑤西至直城门，⑥得绝乃度，还入作室门。上迟之，问其故，以状对。上大说，⑦乃著令，令太子得绝驰道云。⑧其后幸酒，乐燕乐，⑨上不以为能。而定陶恭王有材艺，母傅昭仪又爱幸，上以故常有意欲以恭王为嗣。赖侍中史丹护太子家，辅助有力，上亦以先帝尤爱太子，故得无废。

①荀悦曰："讳骜，字太孙。骜之字曰俊。"应劭曰："谥法'安民立政曰成'。"师古曰："骜音五到反。"

②应劭曰："甲观在太子宫甲地，主用乳生也。画堂画九子母。"如淳

曰："甲观，观名。画堂，堂名。三辅黄图云太子宫有甲观。"师古曰："甲者，甲乙丙丁之次也。元后传言见于丙殿，此其例也。而应氏以为在宫之甲地，谬矣。画堂，但画饰耳，岂必九子母乎？霍光止画室中，是则宫殿中通有彩画之堂室。"

③师古曰："三辅黄图桂宫在城中，近北宫，非太子宫。"

④张晏曰："门楼上有铜龙，若白鹤、飞廉之为名也。"

⑤应劭曰："驰道，天子所行道也，若今之中道。"师古曰："绝，横度也。"

⑥晋灼曰："黄图西出南头第二门也。"

⑦师古曰："说读曰悦。"

⑧师古曰："言云者，此举著令之文。"

⑨晋灼曰："幸酒，好酒也。乐燕，沈讌也。"师古曰："幸酒，晋说是也。乐燕乐者，论语称孔子云'损者三乐：乐骄乐，乐逸游，乐燕乐，损矣'。燕乐，燕私之乐也。上乐读如本字，又音五孝反。下乐音来各反。今流俗本无下乐字，后人不晓辄去之。"

竟宁元年五月，元帝崩。六月己未，太子即皇帝位，谒高庙。尊皇太后曰太皇太后，皇后曰皇太后。以元舅侍中卫尉阳平侯王凤为大司马大将军，领尚书事。

乙未，有司言："乘舆车、牛马、禽兽皆非礼，不宜以葬。"奏可。

七月，大赦天下。

建始元年春正月乙丑，皇曾祖悼考庙灾。①

①文颖曰："宣帝父史皇孙庙。"

立故河间王弟上郡库令良为王。①

①如淳曰："汉官北边郡库，官之兵器所藏，故置令。"

有星孛于营室。

罢上林诏狱。①

①师古曰："汉旧仪云上林诏狱主治苑中禽兽宫馆事，属水衡。"

二月，右将军长史姚尹等使匈奴还，去塞百馀里，暴风火发，烧杀尹等七人。

赐诸侯王、丞相、将军、列侯、王太后、公主、王主、①吏二千石黄金，宗室诸官吏千石以下至二百石及宗室子有属籍者、三老、孝弟力田、鳏寡孤独钱帛，各有差，吏民五十户牛酒。

①张晏曰："天子女曰公主，秩比公也。王主，王之女也。"师古曰："王主则翁主也。王自主婚，故曰王主。"

诏曰："乃者火灾降于祖庙，有星孛于东方，始正而亏，①咎孰大焉！②书云：'惟先假王正厥事。'③群公孜孜，帅先百寮，辅朕不逮。④崇宽大，长和睦，凡事恕己，毋行苛刻。⑤其大赦天下，使得自新。"

①如淳曰："言始即帝之正而有彗星之亏也。"

②师古曰："孰有大于此者。孰，谁也。"

③师古曰："商书高宗肜日载武丁之臣祖己之辞也。假，至也。言先古至道之君遭遇灾变，则正其行事，修德以应之。"

④师古曰："孜孜，不怠之意。孜音兹。"

⑤师古曰："恕者，仁也。恕己之心以度于物。"

封舅诸吏光禄大夫关内侯王崇为安成侯。①赐舅王谭、商、立、根、逢时爵关内侯。

①应劭曰："百官表诸吏得举法案劾，职如御史中丞。武帝初置，皆兼官所加，或列侯、将军、卿大夫为之，无员也。"

夏四月，黄雾四塞，博问公卿大夫，无有所讳。六月，有青蝇无万数①集未央宫殿中朝者坐。②

①师古曰："言其极多，虽欲以万数计之而不可得，故云无万数。"

②服虔曰："公卿以下朝会坐也。"晋灼曰："内朝臣之朝坐也。"师古曰："朝臣坐之在宫殿中者也，服说是矣。坐音才卧反。"

秋，罢上林宫馆希御幸者二十五所。

八月，有两月相承，晨见东方。①

①服虔曰："相承，在上下也。"应劭曰："案京房易传云'君弱如妇，为阴所乘，则两月出'。"

九月戊子，流星光烛地，长四五丈，委曲蛇形，贯紫宫。

十二月，作长安南北郊，罢甘泉、汾阴祠。是日大风，拔甘泉畤中大木十韦以上。①郡国被灾什四以上，毋收田租。②

①师古曰："韦与围同。"

②师古曰："什四，谓田亩所收，十损其四。"

二年春正月，罢雍五畤。辛巳，上始郊祀长安南郊。诏曰："乃者徙泰畤、后土于南郊、北郊，朕亲饬躬，郊祀上帝。①皇天报应，神光并见。三辅长无共张繇役之劳，②赦奉郊县长安、长陵③及中都官耐罪徒。④减天下赋钱，算四十。"⑤

①师古曰："饬，整也，读与敕同。"

②师古曰："共音居用反。张音竹亮反。谓供具张设。他皆类此。"

③应劭曰："天郊在长安城南，地郊在长安城北长陵界中。二县有奉郊之勤，故一切并赦之。"

④师古曰："中都官，京师诸官府。"

⑤孟康曰："本算百二十，今减四十，为八十。"

闰月，以渭城延陵亭部为初陵。

二月，诏三辅内郡举贤良方正各一人。①

①师古曰："内郡，谓非边郡。"

三月，北宫井水溢出。

辛丑，上始祠后土于北郊。

丙午，立皇后许氏。①

①师古曰："许嘉女。"

罢六厩、技巧官。①

①服虔曰："倡技巧者也。"师古曰："谓巧艺之技耳，非倡乐之技也。"

夏，大旱。

东平王宇有罪，削樊、亢父县。①

①师古曰："樊及亢父，东平之二县也。亢音抗。父音甫。"

秋，罢太子博望苑，①以赐宗室朝请者。②减乘舆厩马。

①文颖曰："武帝为卫太子作此苑，令受宾客也。"

②师古曰："请音才性反。"

三年春三月，赦天下徒。赐孝弟力田爵二级。诸逋租赋所振贷勿收。

秋，关内大水。七月，虒上小女陈持弓闻大水至，走入横城门，阑入尚方掖门，①至未央宫钩盾中。吏民惊上城。九月，诏曰："乃者郡国被水灾，流杀人民，多至千数。京师无故讹言大水至，②吏民惊恐，奔走乘城。③殆苛暴深刻之吏未息，元元冤失职者众。④遣谏大夫林等循行天下。"⑤

①服虔曰："虒音斯。"应劭曰："虒上，地名，在渭水边。陈，姓也。持弓，名也。无符籍妄入宫曰阑。掖门者，正门之傍小门也。"如淳曰："横音光。三辅黄图北面西头第一门。"师古曰："掖门在两傍，言如人臂掖也。"

②师古曰："讹，伪言。"

③师古曰："乘，登也。"

④师古曰："职，常也。失其常业。"

⑤师古曰："行音下更反。"

冬十二月戊申朔，日有蚀之。夜，地震未央宫殿中。诏曰："盖闻天生众民，不能相治，为之立君以统理之。君道得，则草木昆蟲咸得其所；①人君不德，谪见天地，②灾异娄发，以告不治。③朕涉道日寡，举错不中，④乃戊申日蚀地震，朕甚惧焉。公卿其各思朕过失，明白陈之。'女无面从，退有后言。'⑤丞相、御史与将军、列侯、中二千石及内郡国举贤良方正能直言极谏之士，诣公车，朕将览焉。"

①师古曰："昆，众也。昆蟲，言众蟲也。又许慎说文云'二虫为蚰'，读与昆同，谓蟲之总名，两义并通。而郑康成以昆蟲为明蟲，失之矣。虫音许尾反。"

②师古曰："言天地见变，所以责之。"

③师古曰："娄，古屡字也。治音丈吏反。"

④师古曰："中，当也，音竹仲反。"

⑤师古曰："虞书益稷之篇云帝曰'予违汝弼，汝无面从，退有后言'。谓我有违道，汝当正之，无得对面则顺从唯唯，退后则有谤讟之言也。故此诏引之。"

越巂山崩。

四年春，罢中书宦官，①初置尚书员五人。②

①臣瓒曰："汉初中人有中谒者令。孝武加中谒者令为中书谒者令，置仆射。宣帝时，任中书官弘恭为令，石显为仆射。元帝即位数年，恭死，显代为中书令，专权用事。至成帝乃罢其官。"

②师古曰："汉旧仪云尚书四人为四曹：常侍尚书主丞相御史事，二千石尚书主刺史二千石事，户曹尚书主庶人上书事，主客尚书主外国事。成帝置五人，有三公曹，主断狱事。"

夏四月，雨雪。①

①师古曰："雨音于具反。"

五月，中谒者丞陈临杀司隶校尉辕丰于殿中。①

①应劭曰："丰为长安令，治有能名，擢拜司隶校尉。临素与丰有怨，见其尊显，畏为己害，拜讫未出，使人刺杀。"

秋，桃李实。大水，河决东郡金堤。①冬十月，御史大夫尹忠以河决不忧职，自杀。

①师古曰："金堤者，河堤之名，今在滑州界。"

河平元年春三月，诏曰："河决东郡，流漂二州，①校尉王延世堤塞辄平，其改元为河平。赐天下吏民爵，各有差。”

①师古曰：“兖州、豫州之地。”

夏四月己亥晦，日有蚀之，既。诏曰：“朕获保宗庙，战战栗栗，未能奉称。①传曰：‘男教不修，阳事不得，则日为之蚀。’天著厥异，辜在朕躬。公卿大夫其勉悉心，以辅不逮。②百寮各修其职，惇任仁人，退远残贼。③陈朕过失，无有所讳。”大赦天下。

①师古曰：“谓不副先帝之业。”

②师古曰：“悉，尽也。逮，及也。”

③师古曰：“惇，厚也。远，离也。远音于万反。”

六月，罢典属国并大鸿胪。

秋九月，复太上皇寝庙园。

二年春正月，沛郡铁官冶铁飞。语在五行志。

夏六月，封舅谭、商、立、根、逢时皆为列侯。

三年春二月丙戌，犍为地震山崩，①雍江水，水逆流。②

①师古曰：“犍音其言反，又其连反。”

②师古曰：“雍音壅。其下皆同。”

秋八月乙卯晦，日有蚀之。

光禄大夫刘向校中秘书。①谒者陈农使，使求遗书于天下。②

①师古曰：“言中以别外。”

②师古曰：“言令陈农为使，而（吏反下使）使之求遗书也。上使音所

〔吏反，下使〕读如本字。”[1]

四年春正月，匈奴单于来朝。

赦天下徒，赐孝弟力田爵二级，诸逋租赋所振贷勿收。

二月，单于罢归国。

三月癸丑朔，日有蚀之。

遣光禄大夫博士嘉等十一人行举濒河之郡①水所毁伤困乏不能自存者，财振贷。②其为水所流压死，不能自葬，令郡国给槥椟葬埋。③已葬者与钱，人二千。避水它郡国，在所冗食之，④谨遇以文理，无令失职。⑤举惇厚有行能直言之士。

①师古曰："巡行而举其状也。濒，水崖也。濒河，言傍河也。行音下更反。濒音频，又音宾。傍音步浪反。"

②师古曰："财与裁同，谓量其等差而振贷之。"

③师古曰："槥椟谓小棺。槥音卫。椟音读。"

④文颖曰："冗，散也。散廪食使生活，不占著户给役使也。"如淳曰："散著人间给食之，官偿其直也。"师古曰："文说是也。冗音如勇反。食读曰飤。"

⑤师古曰："勿使失其常理。"

壬申，长陵临泾岸崩，雍泾水。

夏六月庚戌，楚王嚣薨。

山阳火生石中，改元为阳朔。

阳朔元年。①

①应劭曰："时阴盛阳微，故改元曰阳朔，欲阳之苏息也。"师古曰：

"应说非也。朔，始也。以火生石中，言阳气之始。"

春二月丁未晦，日有蚀之。

三月，赦天下徒。

冬，京兆尹王章有罪，下狱死。

二年春，寒。诏曰："昔在帝尧立羲、和之官，①命以四时之事，令不失其序。故书云'黎民于蕃时雍'，②明以阴阳为本也。今公卿大夫或不信阴阳，薄而小之，③所奏请多违时政。④传以不知，周行天下，⑤而欲望阴阳和调，岂不谬哉！其务顺四时月令。"

①应劭曰："尚书尧典曰'乃命羲、和'。羲氏、和氏世掌天地之官。"

②应劭曰："黎，众也。时，是也。雍，和也。言众民于是变化，用是太和也。"韦昭曰："蕃，多也。"师古曰："此虞书尧典之辞也。今尚书作变，而此纪作蕃，两说并通。蕃音扶元反。"

③师古曰："谓为轻小之事也。"

④李奇曰："时政，月令也。"

⑤如淳曰："在位者皆不知阴阳时政，转转相因，故令后人遂不知也。"师古曰："如说非也。言递相因循，以所不知之事施设教命，周偏天下。"

三月，大赦天下。

夏五月，除吏八百石、五百石秩。①

①李奇曰："除八百就六百，除五百就四百。"

秋，关东大水，流民欲入函谷、天井、壶口、五阮关者，勿苛留。①遣谏大夫博士分行视。②

①应劭曰："天井在上党高都。壶口在壶关。五阮在代郡。"如淳曰："阮音近卷反。"师古曰："苛，细刻也。阮音其远反。苛音何。"

②师古曰："行音下更反。"

八月甲申，定陶王康薨。

九月，奉使者不称。[①]诏曰："古之立太学，将以传先王之业，流化于天下也。儒林之官，四海渊原，宜皆明于古今，温故知新，通达国体，[②]故谓之博士。否则学者无述焉，为下所轻，非所以尊道德也。'工欲善其事，必先利其器。'[③]丞相、御史其与中二千石、二千石杂举可充博士位者，使卓然可观。"[④]

①师古曰："不副上意。"

②师古曰："温，厚也，谓厚积于故事也。"

③师古曰："论语载孔子之言也，故此诏引焉。"

④师古曰："卓然，高远之貌也。"

是岁，御史大夫张忠卒。[①]

①师古曰："史不记其月，故书之于岁末。其下王骏亦同。"

三年春三月壬戌，陨石东郡，八。

夏六月，颍川铁官徒申屠圣等百八十人杀长吏，盗库兵，自称将军，经历九郡。遣丞相长史、御史中丞逐捕，以军兴从事，皆伏辜。[①]

①师古曰："逐捕之事须有发兴，皆依军法。"

秋八月丁巳，大司马大将军王凤薨。

四年春正月，诏曰："夫洪范八政，以食为首，①斯诚家给刑错之本也。②先帝劭农，③薄其租税，宠其强力，④令与孝弟同科。⑤间者，民弥惰怠，乡本者少，趋末者众，将何以矫之？⑥方东作时，⑦其令二千石勉劝农桑，出入阡陌，致劳来之。⑧书不云乎？'服田力啬，乃亦有秋。'⑨其勗之哉！"

①师古曰："洪范，尚书篇名，箕子为周武王所说。洪，大也。范，法也。八政一曰食，盖王政之所先，故以为首。"

②师古曰："言仓廪充盈，则家家自足，人不犯禁，无所用刑也。"

③苏林曰："劭音翘，精异之意也。"晋灼曰："劭，劝勉也。"师古曰："晋说是也。其字从力，音时召反。"

④师古曰："谓优宠力田之人。"

⑤师古曰："谓每同荐举及加赐也。"

⑥师古曰："乡读曰向。矫，正也。"

⑦应劭曰："东作，耕也。"师古曰："春位在东，耕者始作，故曰东作。虞书尧典曰'平秩东作'。"

⑧师古曰："阡陌，田间道也，南北曰阡，东西曰陌，盖秦时商鞅所开也。劳来，劝勉之意也。劳音郎到反。来音郎代反。"

⑨应劭曰："农夫服田，厉其膂力，乃有秋收也。"师古曰："此商书盘庚之辞。"

二月，赦天下。

秋九月壬申，东平王宇薨。

闰月壬戌，御史大夫于永卒。①

①师古曰："于定国子。"

鸿嘉元年春二月，诏曰："朕承天地，获保宗庙，明有所蔽，德不能绥，刑罚不中，众冤失职，趋阙告诉者不绝。是以阴阳错谬，寒暑失序，①日月不光，百姓蒙辜，朕甚闵焉。②书不云乎？'即我御事，罔克耇寿，咎在厥躬。'③方春生长时，临遣谏大夫理等④举三辅、三河、弘农冤狱。公卿大夫、部刺史明申敕守相，称朕意焉。其赐天下民爵一级，女子百户牛酒，加赐鳏寡孤独高年帛。逋贷未入者勿收。"

①师古曰："序，次也。"

②师古曰："蒙，被也。"

③文颖曰："此尚书文侯之命篇中辞也。言我周家用事者，无能有耇老贤者，使国之危亡，罪咎在其用事者也。"师古曰："'咎在厥躬'，平王自谓，故帝引之以自责耳。文氏乃云咎在用事，斯失之矣。"

④师古曰："天子自临敕而遣。"

壬午，行幸初陵，赦作徒。①以新丰戏乡为昌陵县，②奉初陵，赐百户牛酒。

①师古曰："徒人之在陵作役者。"

②师古曰："戏水之乡也，音许宜反。"

上始为微行出。①

①张晏曰："于后门出，从期门郎及私奴客十馀人。白衣组帻，单骑出入市里，不复警跸，若微贱之所为，故曰微行。"

冬，黄龙见真定。①

①师古曰："本赵国东垣县也，高祖十一年更名真定。"

二年春，行幸云阳。

三月，博士行饮酒礼，有雉蜚集于庭，历阶升堂而雊，①后集诸府，又集承明殿。[②]

①师古曰："蜚，古飞字也。历阶，谓以次而登也。"

②师古曰："在未央宫中。"

诏曰："古之选贤，傅纳以言，明试以功，[①]故官无废事，下无逸民，[②]教化流行，风雨和时，百谷用成，众庶乐业，咸以康宁。朕承鸿业十有馀年，数遭水旱疾疫之灾，黎民娄困于饥寒，[③]而望礼义之兴，岂不难哉！朕既无以率道，[④]帝王之道日以陵夷，[⑤]意乃招贤选士之路郁滞而不通与，[⑥]将举者未得其人也？其举敦厚有行义能直言者，冀闻切言嘉谋，匡朕之不逮。"

①师古曰："傅读曰敷。敷，陈也。令其陈言而省纳之，乃试以事也。"

②师古曰："逸，遁也。"

③师古曰："娄，古屡字。"

④师古曰："道读曰导。"

⑤师古曰："陵，丘陵也。夷，平地。言其颓替若丘陵之渐平也。又曰陵迟亦言如丘陵之逶迟，稍卑下也。他皆类此。"

⑥师古曰："与读曰欤。"

夏，徙郡国豪杰赀五百万以上五千户于昌陵。赐丞相、御史、将军、列侯、公主、中二千石冢地、第宅。[①]

①师古曰："并于昌陵赐之。"

六月，立中山宪王孙云客为广德王。

三年夏四月，赦天下。令吏民得买爵，贾级千钱。[①]

①师古曰："贾读曰价。"

大旱。

秋八月乙卯，孝景庙阙灾。

冬十一月甲寅，皇后许氏废。

广汉男子郑躬等六十馀人攻官寺，篡囚徒，[①]盗库兵，自称山君。

①师古曰："逆取曰篡。"

四年春正月，诏曰："数敕有司，务行宽大，而禁苛暴，讫今不改。一人有辜，举宗拘系，农民失业，怨恨者众，伤害和气，水旱为灾，关东流冗者众，[①]青、幽、冀部尤剧，朕甚痛焉。未闻在位有恻然者，孰当助朕忧之![②]已遣使者循行郡国。[③]被灾害什四以上，民赀不满三万，勿出租赋。逋贷未入，皆勿收。流民欲入关，辄籍内。[④]所之郡国，谨遇以理，[⑤]务有以全活之。思称朕意。"

①师古曰："冗，散失其事业也。冗音人勇反。"

②师古曰："孰，谁也。"

③师古曰："行音下更反。"

④师古曰："录其名籍而内之。"

⑤师古曰："之，往也。"

秋，勃海、清河河溢，被灾者振贷之。

冬，广汉郑躬等党与寖广，[①]犯历四县，众且万人。拜河东都尉赵护为广汉太守，发郡中及蜀郡合三万人击之。或相捕斩，除罪。[②]旬月平，迁护为执金吾，赐黄金百斤。

①师古曰："寖，古浸字。浸，渐也。"

②师古曰："贼党相捕斩而来者，赦其本罪。"

永始元年春正月癸丑，太官凌室火。[1]戊午，戾后园阙火。

①师古曰："藏冰之室。"

夏四月，封婕妤赵氏父临为成阳侯。五月，封舅曼子侍中骑都尉光禄大夫王莽为新都侯。六月丙寅，立皇后赵氏。[1]大赦天下。

①师古曰："赵飞燕也，即上所谓婕妤赵氏。"

秋七月，诏曰："朕执德不固，谋不尽下，[1]过听将作大匠万年[2]言昌陵三年可成。作治五年，中陵、司马殿门内尚未加功。[3]天下虚耗，[4]百姓罢劳，[5]客土疏恶，[6]终不可成。朕惟其难，怛然伤心。[7]夫'过而不改，是谓过矣'。[8]其罢昌陵，及故陵勿徙吏民，令天下毋有动摇之心。"立城阳孝王子俚为王。[9]

①师古曰："言不博谋于群下。"

②师古曰："过，误也。万年，解万年也。"

③如淳曰："陵中有司马殿门，如生时制也。"臣瓒曰："天子之藏圹中无司马殿门也。此谓陵上寝殿及司马门也。时皆未作之，故曰尚未加功。"师古曰："中陵，陵中正寝也。司马殿门内，瓒说是也。"

④师古曰："耗，损也，音呼到反。"

⑤师古曰："罢读曰疲。"

⑥服虔曰："取他处土以增高，为客土也。"

⑦师古曰："惟，思也。"

⑧师古曰："论语载孔子之言，故诏引之。"

⑨如淳曰："俚音里。"

八月丁丑，太皇太后王氏崩。[①]

①师古曰："宣帝王皇后也。"

二年春正月己丑，大司马车骑将军王音薨。

二月癸未夜，星陨如雨。乙酉晦，日有蚀之。诏曰："乃者，龙见于东莱，日有蚀之。天著变异，以显朕邮，[①]朕甚惧焉。公卿申敕百寮，深思天诫，有可省减便安百姓者，条奏。所振贷贫民，勿收。"又曰："关东比岁不登，[②]吏民以义收食贫民、入谷物助县官振赡者，已赐直，[③]其百万以上，加赐爵右更，[④]欲为吏补三百石，其吏也迁二等。[⑤]三十万以上，赐爵五大夫，[⑥]吏亦迁二等，民补郎。十万以上，家无出租赋三岁。万钱以上，一年。"

①师古曰："邮与尤同，谓过也。"

②师古曰："比，频也。"

③如淳曰："赐之爵，复租赋以为直。"师古曰："此说非也。收食贫人，谓收取而养食之。助县官振赡，谓出物以助郡县之官也。已赐直，谓官赐其所费直也。今方更加爵及免赋耳。食读曰饲。"

④师古曰："第十四爵也。更音工行反。"

⑤师古曰："先已为吏，则迁二等。"

⑥师古曰："第九爵也。"

冬十一月，行幸雍，祠五畤。

十二月，诏曰："前将作大匠万年知昌陵卑下，不可为万岁居，奏请营作，建置郭邑，妄为巧诈，积土增高，多赋敛繇役，兴卒暴之作。[①]卒徒蒙辜，死者连属，[②]百姓罢极，天下匮竭。[③]常侍闳前为大司农中丞，数奏昌陵不可成。④侍中卫尉长数白宜早止，徙家反故处。⑤朕以长言下闳章，⑥公卿议者皆合长计。〔长〕首建至策，[2]闳典主省大费，⑦民以康宁。闳前赐爵关内侯，黄金百斤。其赐长爵关内侯，食邑千户，闳五百户。万年佞邪不忠，毒流众庶，海内怨望，至今不息，虽蒙赦令，不宜居京师。其徙万年敦煌郡。"

①师古曰："卒读曰（猝）〔猝〕，[3]谓急也。"

②师古曰："属音之欲反。"

③师古曰："罢读曰疲。匮，空也。竭，尽也。"

④师古曰："闳，王闳也。"

⑤师古曰："长，淳于长也。"

⑥如淳曰："以卫尉长数白罢，故因下闳请奏罢作之章。"师古曰："下音胡稼反。"

⑦师古曰："司农中丞主钱谷顾庸，故云典主。"

是岁，御史大夫王骏卒。①

①师古曰："王吉之子也。"

三年春正月己卯晦，日有蚀之。诏曰："天灾仍重，朕甚惧焉。①惟民之失职，②临遣大中大夫嘉等循行天下，③存问耆老，民所疾苦。其与部刺史举惇朴逊让有行义者各一人。"

①师古曰："仍，频也。重音直用反。"

②师古曰："失其常业也。"

③师古曰："行音下更反。"

冬十月庚辰，皇太后诏有司复甘泉泰畤、汾阴后土、雍五畤、陈仓陈宝祠。[①]语在郊祀志。

①师古曰："陈宝祠在陈仓。"

十一月，尉氏男子樊並等十三人谋反，[①]杀陈留太守，劫略吏民，自称将军。徒李谭等五人共格杀並等，皆封为列侯。

①师古曰："尉氏，陈留之县。"

十二月，山阳铁官徒苏令等二百二十八人攻杀长吏，盗库兵，自称将军，经历郡国十九，杀东郡太守、汝南都尉。遣丞相长史、御史中丞持节督趣逐捕。[①]汝南太守严䜣捕斩令等。[②]迁䜣为大司农，赐黄金百斤。

①师古曰："趣读曰促。"

②师古曰："䜣与欣同。令即苏令。"

四年春正月，行幸甘泉，郊泰畤，神光降集紫殿。大赦天下。赐云阳吏民爵，女子百户牛酒，鳏寡孤独高年帛。三月，行幸河东，祠后土，赐吏民如云阳，行所过无出田租。

夏四月癸未，长乐临华殿、未央宫东司马门皆灾。[①]

①师古曰："东面之司马门也。"

六月甲午，霸陵园门阙灾。出杜陵诸未尝御者归家。诏曰："乃者，地震京师，火灾娄降，[①]朕甚惧之。有司其悉心明对厥咎，[②]朕将亲览焉。"

①师古曰："娄，古屡字。"

②师古曰："悉，尽也。"

又曰："圣王明礼制以序尊卑，异车服以章有德，虽有其财，而无其尊，不得逾制，故民兴行，①上义而下利。②方今世俗奢僭罔极，③靡有厌足。公卿列侯亲属近臣，四方所则，④未闻修身遵礼，同心忧国者也。或乃奢侈逸豫，务广第宅，治园池，多畜奴婢，被服绮縠，⑤设钟鼓，备女乐，车服嫁娶葬埋过制。吏民慕效，寖以成俗，⑥而欲望百姓俭节，家给人足，岂不难哉！诗不云乎？'赫赫师尹，民具尔瞻。'⑦其申敕有司，以渐禁之。⑧青绿民所常服，且勿止。⑨列侯近臣，各自省改。⑩司隶校尉察不变者。"

①师古曰："行音下更反。"

②师古曰："以义为上，以利为下。"

③师古曰："罔，无也。极，中也，一曰止也。"

④师古曰："则，法也。"

⑤师古曰："被音皮义反。"

⑥师古曰："寖，渐也。"

⑦师古曰："小雅节南山之诗也。赫赫，盛貌也。师尹，尹氏为太师之官也。言居位甚高，备为众庶所瞻仰。"

⑧师古曰："谓约束也。"

⑨师古曰："然则禁红紫之属。"

⑩师古曰："省，视也。视而改之。论语称曾子曰'吾日三省吾身'。"

秋七月辛未晦，日有蚀之。

元延元年春正月己亥朔，日有蚀之。

三月，行幸雍，祠五畤。

夏四月丁酉，无云有雷，声光耀耀，四面下至地，昏止。赦天下。

秋七月，有星孛于东井。诏曰：“乃者，日蚀星陨，谪见于天，大异重仍。[1]在位默然，罕有忠言。今孛星见于东井，朕甚惧焉。公卿大夫、博士、议郎其各悉心，惟思变意，明以经对，无有所讳；与内郡国举方正能直言极谏者各一人，[2]北边二十二郡举勇猛知兵法者各一人。”

①师古曰：“仍，频也。重音直用反。”

②师古曰：“令公卿与内郡国各举一人。”

封萧相国后喜为酂侯。

冬十二月辛亥，大司马大将军王商薨。

是岁，昭仪赵氏害后宫皇子。[1]

①师古曰：“赵飞燕之妹。”

二年春正月，行幸甘泉，郊泰畤。

三月，行幸河东，祠后土。

夏四月，立广陵孝王子守为王。

冬，行幸长杨宫，从胡客大校猎。[1]宿萯阳宫，[2]赐从官。

①如淳曰：“合军聚众，有幡校击鼓也。周礼校人掌王田猎之马，故谓之校猎。”师古曰：“如说非也。此校谓以木自相贯穿为阑校耳。校人职云‘六厩成校’，是则以遮阑为义也。校猎者，大为阑校以遮禽兽而猎取也。军之幡旗虽有校名，本因部校，此无豫也。”

②师古曰：“萯音倍。”

三年春正月丙寅，蜀郡岷山崩，[1]雍江三日，江水竭。

①师古曰：“岷音武巾反。”

二月，封侍中卫尉淳于长为定陵侯。

三月，行幸雍，祠五畤。

四年春正月，行幸甘泉，郊泰畤。

二月，罢司隶校尉官。

三月，行幸河东，祠后土。

甘露降京师，赐长安民牛酒。

绥和元年春正月，大赦天下。

二月癸丑，诏曰："朕承太祖鸿业，奉宗庙二十五年，德不能绥理宇内，百姓怨望者众。不蒙天祐，至今未有继嗣，天下无所系心。观于往古近事之戒，祸乱之萌，皆由斯焉。①定陶王欣于朕为子，慈仁孝顺，可以承天序，继祭祀。其立欣为皇太子。封中山王舅谏大夫冯参为宜乡侯，益中山国三万户，以慰其意。②赐诸侯王、列侯金，天下当为父后者爵，三老、孝弟力田帛，各有差。"

①师古曰："始生曰萌。"

②师古曰："以不得继统为帝之后，恐其怨恨。"

又曰："盖闻王者必存二王之后，所以通三统也。①昔成汤受命，列为三代，②而祭祀废绝。考求其后，莫正孔吉。③其封吉为殷绍嘉侯。"三月，进爵为公，及周承休侯皆为公，地各百里。

①师古曰："天、地、人是为三统。二王之后并己为三。"

②师古曰："夏、殷、周是为三代。"

③臣瓒曰："无若孔吉最正也。"

行幸雍，祠五畤。

夏四月，以大司马票骑（大）将军（根）为大司马，①[4]罢将军官。御史大夫为大司空，封为列侯。益大司马、大司空奉如丞相。②

①文颖曰："王根也。"

②如淳曰："律，丞相、大司马大将军奉钱月六万，御史大夫奉月四万也。"

秋八月庚戌，中山王兴薨。

冬十一月，立楚孝王孙景为定陶王。

定陵侯淳于长大逆不道，下狱死。廷尉孔光使持节赐贵人许氏药，饮药死。①

①师古曰："即前所废皇后许氏也。"

十二月，罢部刺史，更置州牧，秩二千石。

二年春正月，行幸甘泉，郊泰畤。

二月壬子，丞相翟方进薨。

三月，行幸河东，祠后土。

丙戌，帝崩于未央宫。①皇太后诏有司复长安南北郊。四月己卯，葬延陵。②

①臣瓒曰："帝年二十即位，即位二十六年，寿四十五。"师古曰："即位明年乃改元耳，寿四十六。"

②臣瓒曰："自崩至葬凡五十四日。延陵在扶风，去长安六十二里。"

赞曰：臣之姑充后宫为婕妤，①父子昆弟侍帷幄，数为臣言成帝善修容仪，升车正立，不内顾，不疾言，不亲指，②临朝渊嘿，尊严若神，可谓穆穆天子之容者矣！③博览古今，容受直辞。

公卿称职，奏议可述。④遭世承平，上下和睦。然湛于酒色，⑤赵氏乱内，外家擅朝，言之可为於邑。⑥建始以来，王氏始执国命，哀、平短祚，莽遂篡位，盖其威福所由来者渐矣！

①晋灼曰："班彪之姑也。"

②师古曰："不内顾者，谓俨然端严，不回眄也。不疾言者，为轻肆也。不亲指者，为惑下也。此三句者，本论语乡党篇述孔子之事，故班氏引之以美成帝。今论语云：'车中不内顾，不疾言，不亲指。'内顾者，说者以为前视不过衡轭，旁视不过辄较，与此不同。辄音於绮反。"

③师古曰："礼记云'天子穆穆，诸侯皇皇，大夫济济，士跄跄'，故此赞引之。"

④师古曰："称职，克当其任也。可述，言有文采。"

⑤师古曰："湛读曰耽。"

⑥师古曰："於邑，短气貌，读如本字。於又音乌。邑又音乌合反。他皆类此。"

【校勘记】

〔1〕 言令陈农为使，而（吏反下使）使之求遗书也。上使音所〔吏反，下使〕读如本字。 景祐、殿、局本都如此。

〔2〕〔长〕首建至策， 李慈铭说"首建"上当更有"长"字。

〔3〕 卒读曰（碎）〔猝〕， 景祐、殿、局本都作"猝"。王先谦说作"猝"是。

〔4〕 以大司马票骑（大）将军（根）为大司马， 沈钦韩说"大"字衍，荀纪无。按景祐、殿本都无"根"字。

汉书卷十一

哀帝纪第十一

孝哀皇帝,①元帝庶孙，定陶恭王子也。母曰丁姬。年三岁嗣立为王，长好文辞法律。②元延四年入朝，尽从傅、相、中尉。③时成帝少弟中山孝王亦来朝，独从傅。上怪之，以问定陶王，对曰：“令，诸侯王朝，得从其国二千石。傅、相、中尉皆国二千石，故尽从之。”上令诵诗，通习，能说。④他日问中山王：“独从傅在何法令?”不能对。令诵尚书，又废。⑤及赐食于前，后饱；起下，袜系解。⑥成帝由此以为不能，而贤定陶王，数称其材。时王祖母傅太后随王来朝，私赂遗上所幸赵昭仪及帝舅票骑将军曲阳侯王根。昭仪及根见上亡子，亦欲豫自结为长久计，皆更称定陶王,⑦劝帝以为嗣。成帝亦自美其材，为加元服而遣之,⑧时年十七矣。明年，使执金吾任宏守大鸿胪，持节征定陶王，立为皇太子。谢曰：“臣幸得继父守藩为诸侯王，材质不足以假充太子之宫。[9]陛下圣德宽仁，敬承祖宗，奉顺神祇，宜蒙福祐子孙千亿之报。[10]臣愿且得留国邸，旦夕奉问起居，俟有圣嗣，归国守藩。”书奏，天子报闻。后月馀，立楚孝王孙景为定陶王，奉恭王祀，所以奖厉太子专为后之谊。[11]语在外戚传。

①荀悦曰：“讳欣之字曰喜。”应劭曰：“恭仁短折曰哀。”

②师古曰：“年长而好之。”

③师古曰：“三官皆从王入朝。”

④师古曰：“说其义。”

⑤师古曰：“中忘之。”

⑥师古曰：“食而独在后饱，及起，又袜系解也。袜音武伐反。”

⑦师古曰：“更音工衡反。”

⑧师古曰：“为之冠。”

⑨师古曰：“谦不敢言为太子，故云假充，若言非正。”

⑩师古曰：“大雅假乐之诗曰‘干禄百福，子孙千亿’。言成王宜众宜人，天所保祐，求得福禄，故子孙众多也。十万曰亿。故此谢书引以为言。”

⑪师古曰：“奖，劝使也。”

绥和二年三月，成帝崩。四月丙午，太子即皇帝位，谒高庙。尊皇太后曰太皇太后，皇后曰皇太后。大赦天下。赐宗室王子有属者马各一驷，[1]吏民爵，百户牛酒，三老、孝弟力田、鳏寡孤独帛。太皇太后诏尊定陶恭王为恭皇。

①师古曰：“有属，谓亲未尽，尚有服者。”

五月丙戌，立皇后傅氏。[1]诏曰：“春秋‘母以子贵’，尊定陶太后曰恭皇太后，丁姬曰恭皇后，各置左右詹事，食邑如长信宫、中宫。"[②]追尊傅父为崇祖侯、丁父为褒德侯。[③]封舅丁明为阳安侯，舅子满为平周侯。追谥满父忠为平周怀侯，皇后父晏为孔乡侯，皇太后弟侍中光禄大夫赵钦为新成侯。

①师古曰："傅晏女。"

②应劭曰："成帝母王太后居长信宫。"李奇曰："傅姬如长信，丁姬如中宫也。"师古曰："中宫，皇后之宫。"

③师古曰："傅父，傅太后之父。丁父，丁太后之父。"

六月，诏曰："郑声淫而乱乐，[①]圣王所放，[②]其罢乐府。"

①师古曰："郑国有溱、洧之水，男女亟于其间聚会，故俗乱而乐淫。"

②师古曰："放，弃也。论语称孔子曰'放郑声'。"

曲阳侯根前以大司马建社稷策，益封二千户。[①]太仆安阳侯舜辅导有旧恩，益封五百户，[②]及丞相孔光、大司空汜乡侯何武益封各千户。[③]

①师古曰："王根也，建议立哀帝为太子。"

②师古曰："王舜。"

③师古曰："汜音泛。"

诏曰："河间王良丧太后三年，为宗室仪表，[①]益封万户。"

①师古曰："仪表者，言为礼仪之表率。"

又曰："制节谨度以防奢淫，为政所先，百王不易之道也。[①]诸侯王、列侯、公主、吏二千石及豪富民多畜奴婢，田宅亡限，与民争利，百姓失职，重困不足。[②]其议限列。"[③]有司条奏："诸王、列侯得名田国中，列侯在长安及公主名田县道，关内侯、吏民名田，皆无得过三十顷。④诸侯王奴婢二百人，列侯、公主百人，关内侯、吏民三十人。年六十以上，十岁以下，不在数中。贾人皆不得名田、为吏，⑤犯者以律论。诸名田畜奴婢过品，皆没入县官。齐三服官、诸官织绮绣，难成，害女红之物，皆止，无作输。⑥除任子令及诽谤诋欺法。⑦掖庭宫人年三十以下，出嫁之。官奴婢五十以上，免为庶人。禁郡国无得献名兽。益吏三百石以下奉。⑧察吏残贼酷虐者，以时退。有司无得举赦前往事。博士弟子父母死，予宁三年。"⑨

①师古曰："言为常法，不可改易。"

②师古曰："失职，失其常分也。重音直用反。"

③师古曰："令条列而为限禁。"

④如淳曰："名田国中者，自其所食国中也，既收其租税，又自得有私田三十顷。名田县道者，令甲，诸侯在国，名田他县，罚金二两。今列侯有不之国者，虽遥食其国租税，复自得田于他县道，公主亦如之，不得过三十顷。"

⑤如淳曰："市井子孙不得为吏，见食货志。"

⑥如淳曰："红亦工也。其所作已成未成皆止，无复作，皆输所近官府也。"师古曰："如说非也。谓未成者不作，已成者不输耳。"

⑦应劭曰："任子令者，汉仪注吏二千石以上视事满三年，得任同产若子一人为郎。不以德选，故除之。"师古曰："任者，保也。诋，诬也，音丁礼反。"

⑧师古曰："奉音扶用反。"

⑨师古曰："宁谓处家持丧服。"

秋，曲阳侯王根、成都侯王况皆有罪。根就国，况免为庶人，归故郡。

诏曰："朕承宗庙之重，战战兢兢，惧失天心。间者日月亡光，五星失行，郡国比比地动。①乃者河南、颍川郡水出，流杀人民，坏败庐舍。朕之不德，民反蒙辜，朕甚惧焉。已遣光禄大夫循行举籍，②赐死者棺钱，人三千。③其令水所伤县邑及他郡国灾害什四以上，民赀不满十万，皆无出今年租赋。"④

①师古曰："比比，犹言频频也。"

②师古曰："举其名籍也。行音下更反。"

③师古曰："赐钱三千以充棺。"

④师古曰："什四，谓十分损四。"

建平元年春正月，赦天下。侍中骑都尉新成侯赵钦、成阳侯赵䜣皆有罪，免为庶人，①徙辽西。

①师古曰："䜣、钦皆赵昭仪之兄。"

太皇太后诏外家王氏田非冢茔，皆以赋贫民。①

①师古曰："茔，冢域也。赋，给与也。茔音营。"

二月，诏曰："盖闻圣王之治，以得贤为首。其与大司马、列侯、将军、中二千石、州牧、守、相举孝弟惇厚能直言通政事，延于侧陋可亲民者，各一人。"①

①师古曰："言有孝弟惇厚直言通政事之人，虽在侧陋，可延致而任者，皆令举之。"

三月，赐诸侯王、公主、列侯、丞相、将军、中二千石、中都官郎吏金钱帛，各有差。

冬，中山孝王太后媛、①弟宜乡侯冯参有罪，皆自杀。

①师古曰："冯奉世之女也。媛音爰。"

二年春三月，罢大司空，复御史大夫。①

①师古曰："复音扶目反。此下皆同。"

夏四月，诏曰："汉家之制，推亲亲以显尊尊。①定陶恭皇之号不宜复称定陶。尊恭皇太后曰帝太太后，称永信宫；恭皇后曰帝太后，称中安宫。立恭皇庙于京师。赦天下徒。"

①师古曰："天子之至亲，当极尊号。"

罢州牧，复刺史。

六月庚申，帝太后丁氏崩。上曰："朕闻夫妇一体。诗云：'瞉则异室，死则同穴。'①昔季武子成寝，杜氏之殡在西阶下，请合葬而许之。②附葬之礼，自周兴焉。③'郁郁乎文哉！吾从周。'④孝子事亡如事存。帝太后宜起陵恭皇之园。"遂葬定陶。发陈留、济阴近郡国五万人穿复土。⑤

①师古曰："诗王风大车之篇也。瞉，生也。穴，冢圹也。"

②师古曰："季武子，鲁大夫季孙宿也。成寝，新为寝室也。事见礼记檀弓。"

③师古曰："礼记称孔子曰'合葬非古也，自周公以来未之有改也'。"

④师古曰："论语称孔子曰'周监于二代，郁郁乎文哉！吾从周'。言周观视夏、殷之礼而损益之，典文大备，吾从周礼也。郁郁，文章貌。"

⑤师古曰："为冢圹也。复音扶目反。"

待诏夏贺良等言赤精子之谶，①汉家历运中衰，当再受命，宜改元易号。诏曰："汉兴二百载，历数开元。皇天降非材之佑，②汉国再获受命之符，朕之不德，曷敢不通！夫基事之元命，必与天下自新，③其大赦天下。以建平二年为太初元将元年。号曰陈圣刘太平皇帝。④漏刻以百二十为度。”⑤

①应劭曰：“诸以材技征召，未有正官，故曰待诏。夏，姓也。贺良，名也。高祖感赤龙而生，自谓赤帝之精，良等因是作此谶文。”

②应劭曰：“哀帝自言不材，天降之佑。”

③师古曰：“基，始也。元，大也。始为大事之命，谓改制度也。又曰更受天之大命。”

④李斐曰：“陈，道也。言得神道圣者刘也。”如淳曰：“陈，舜后。王莽，陈之后。谬语以明莽当篡立而不知。”韦昭曰：“敷陈圣刘之德也。”师古曰：“如、韦二说是也。”

⑤师古曰：“旧漏昼夜共百刻，今增其二十。此本齐人甘忠可所造，今贺良等重言，遂施行之。事见李寻传。”

七月，以渭城西北原上永陵亭部为初陵。勿徙郡国民，使得自安。

八月，诏曰：“（时）〔待〕诏夏贺良等[1]建言改元易号，增益漏刻，可以永安国家。朕过听贺良等言，①冀为海内获福，卒亡嘉应。皆违经背古，不合时宜。六月甲子制书，非赦令也，皆蠲除之。②贺良等反道惑众，下有司。”皆伏辜。

①师古曰：“过，误也。”

②如淳曰：“悔前赦令不蒙其福，故收令还之。”臣瓒曰：“改元易号，大赦天下，以求延祚，而不蒙福，哀帝悔之，故更下制书，诸非赦罪事皆除之。谓改制易号，令皆复故也。”师古曰：“如释非也，瓒说是矣。非赦令也，犹言自非赦令耳。也，语终辞也。而读者不晓，辄改也为他字，失本文也。”

丞相博、御史大夫玄、孔乡侯晏有罪。①博自杀，玄减死二等论，晏削户四分之一。语在博传。

①师古曰："博，朱博。玄，赵玄。晏，(何)〔傅〕晏。"[2]

三年春正月，立广德夷王弟广汉为广平王。

癸卯，帝太太后所居桂宫正殿火。

三月己酉，丞相当薨。①有星孛于河鼓。

①师古曰："平当。"

夏六月，立鲁顷王子部乡侯闵为王。①

①苏林曰："部音鱼，县名也，属东海。"师古曰："又音吾。"

冬十一月壬子，复甘泉泰畤、汾阴后土祠，罢南北郊。

东平王云、云后谒、安成恭侯夫人放①皆有罪。云自杀，谒、放弃市。

①文颖曰："恭侯王崇，王太后弟。"

四年春，大旱。关东民传行西王母筹，①经历郡国，西入关至京师。民又会聚祠西王母，或夜持火上屋，②击鼓号呼相惊恐。③

①师古曰："西王母，元后寿考之象。行筹，又言执国家筹策行于天下。"

②李奇曰："皆阴为阳之象。"

③师古曰："呼音火故反。"

二月，封帝太太后从弟侍中傅商为汝昌侯，太后同母弟子侍中郑业为阳信侯。

三月，侍中驸马都尉董贤、光禄大夫息夫躬、南阳太守孙宠皆以告东平王封列侯。语在贤传。

夏五月，赐中二千石至六百石及天下男子爵。

六月，尊帝太太后为皇太太后。

秋八月，恭皇园北门灾。

冬，诏将军、中二千石举明兵法有大虑者。①

①师古曰："虑谓策谋思虑。"

元寿元年春正月辛丑朔，日有蚀之。诏曰："朕获保宗庙，不明不敏，宿夜忧劳，未皇宁息。①惟阴阳不调，元元不赡，②未睹厥咎。娄敕公卿，庶几有望。③至今有司执法，未得其中，④或上暴虐，假势获名，温良宽柔，陷于亡灭。是故残贼弥长，和睦日衰，百姓愁怨，靡所错躬。⑤乃正月朔，日有蚀之，厥咎不远，在余一人。公卿大夫其各悉心勉帅百寮，⑥敦任仁人，黜远残贼，⑦期于安民。陈朕之过失，无有所讳。其与将军、列侯、中二千石举贤良方正能直言者各一人。大赦天下。"

①师古曰："皇，暇也。"

②师古曰："赡，足也。"

③师古曰："望其厉精为治。娄，古屡字。"

④师古曰："中音竹仲反。"

⑤师古曰："错，置也，音千故反。"

⑥师古曰："悉，尽也。寮，官也。"

⑦师古曰："敦，厚也。远音（手）〔于〕万反。"[3]

丁巳，皇太太后傅氏崩。

三月，丞相嘉有罪，下狱死。①

①师古曰："王嘉。"

秋九月，大司马票骑将军丁明免。

孝元庙殿门铜龟蛇铺首鸣。①

①如淳曰："门铺首作龟蛇之形而鸣呼也。"师古曰："门之铺首，所以衔环者也。铺音普胡反。"

二年春正月，匈奴单于、乌孙大昆弥来朝。二月，归国，单于不说。①语在匈奴传。

①师古曰："说读曰悦。"

夏四月壬辰晦，日有蚀之。

五月，正三公官分职。大司马卫将军董贤为大司马，丞相孔光为大司徒，御史大夫彭宣为大司空，封长平侯。正司直、司隶，造司寇职，①事未定。

①师古曰："司直、司隶，汉旧有之，但改正其职掌。而司寇旧无，今特创置，故云造也。"

六月戊午，帝崩于未央宫。①秋九月壬寅，葬义陵。②

①臣瓒曰："帝年二十即位，即位六年，寿二十五。"师古曰："即位明年乃改元，寿二十六。"

②臣瓒曰："自崩至葬凡百五日。义陵在扶风，去长安四十六里。"

赞曰：孝哀自为藩王及充太子之宫，文辞博敏，幼有令闻。①睹孝成世禄去王室，权柄外移，是故临朝娄诛大臣，欲强主威，以则武、宣。②雅性不好声色，时览卞射武戏。③即位痿痹，④末年寖剧，⑤飨国不永，哀哉！⑥

①师古曰："博，广也。敏，疾也。令，善也。闻，名也。"

②师古曰："则，法也。"

③应劭曰："卞射，皮卞而射也。"苏林曰："手搏为卞，角力为武戏也。"晋灼曰："甘延寿传'试卞为期门'。"师古曰："苏、晋二说是。"

④苏林曰："痿音萎枯之萎。"如淳曰："痿音蹞踒弩。病两足不能相过曰痿。"师古曰："痿亦痹病也，音人佳反。痹音必寐反。蹞踒者，弩名，事见晋令。蹞音烦。踒音蕤。"

⑤师古曰："寖，渐也。"

⑥师古曰："永，长也。"

【校勘记】

〔1〕(时)〔待〕诏夏贺良等　钱大昭说"时"当作"待"。按景祐、殿、局本都作"待"。

〔2〕晏，(何)〔傅〕晏。　景祐、殿、局本都作"傅"。

〔3〕远音(手)〔于〕万反。　景祐、殿、局本都作"于"。王先谦说作"于"是。

汉书卷十二

平帝纪第十二

孝平皇帝，①元帝庶孙，中山孝王子也。母曰卫姬。年三岁嗣立为王。元寿二年六月，哀帝崩，太皇太后诏曰："大司马贤年少，不合众心。②其上印绶，罢。"贤即日自杀。新都侯王莽为大司马，领尚书事。秋七月，遣车骑将军王舜、大鸿胪左咸使持节迎中山王。③辛卯，贬皇太后赵氏为孝成皇后，退居北宫，哀帝皇后傅氏退居桂宫。④孔乡侯傅晏、少府董恭等皆免官爵，徙合浦。⑤九月辛酉，中山王即皇帝位，谒高庙，大赦天下。

①荀悦曰："讳衎之字曰乐。"应劭曰："布纲治纪曰平。"师古曰："衎音口旱反。"

②师古曰："董贤。"

③师古曰："为使而持节也。使音所吏反。"

④师古曰："北宫及桂宫皆在城中，而非未央宫中也。"

⑤师古曰："恭，董贤之父。"

帝年九岁，太皇太后临朝，大司马莽秉政，百官总己以听于莽。①诏曰："夫赦令者，将与天下更始，诚欲令百姓改行絜己，全其性命也。(性)〔往〕者有司多举奏赦前事，[1]累增罪过，诛陷亡辜，殆非重信慎刑，洒心自新之意也。②及选举者，其历职更事有名之士，则以为难保，③废而弗举，甚谬于赦小过举贤材之义。④对诸有臧及内恶未发而荐举者，皆勿案验。⑤令士厉精乡进，⑥不以小疵妨大材。⑦自今以来，有司无得陈赦前事置奏上。⑧有不如诏书为亏恩，以不道论。定著令，布告天下，使明知之。"

①师古曰："聚束曰总，音揔。"

②师古曰："洒，涤也，音先礼反。"

③师古曰："更，经也。难保者，言已尝有罪过，不可保也。更音工衡反。"

④师古曰："论语云仲弓问政，孔子对曰'赦小过，举贤材'，故此诏引之。"

⑤师古曰："有臧，谓以臧货致罪。"

⑥师古曰："乡读曰向。"

⑦师古曰："疵，病也。"

⑧师古曰："置，立也。置奏上，谓立文奏而上陈也。上音时掌反。"

元始元年春正月，越裳氏重译献白雉一，黑雉二，①诏使三公以荐宗庙。

①师古曰："越裳，南方远国也。译谓传言也。道路绝远，风俗殊隔，故累译而后乃通。"

群臣奏言大司马莽功德比周公，赐号安汉公，及太师孔光等皆益封。语在莽传。赐天下民爵一级，吏在位二百石以上，一切满秩如真。①

①如淳曰："诸官吏初除，皆试守一岁乃为真，食全奉。平帝即位故赐真。"

师古曰："此说非也。时诸官有试守者，特加非常之恩，令如真耳。非凡除吏皆当试守也。一切者，权时之事，非经常也。犹如以刀切物，苟取整齐，不顾长短纵横，故言一切。他皆放此。"

立故东平王云太子开明为王，故桃乡顷侯子成都为中山王。封宣帝耳孙信等三十六人皆为列侯。太仆王恽等二十五人①前议定陶傅太后尊号，守经法，不阿指从邪，右将军孙建爪牙大臣，大鸿胪咸前正议不阿，②后奉节使迎中山王，③及宗正刘不恶、执金吾任岑、中郎将孔永、尚书令姚恂、沛郡太守石诩，④皆以前与建策，东迎即位，⑤奉事周密勤劳，赐爵关内侯，食邑各有差。赐帝征即位前所过县邑吏二千石以下至佐史爵，各有差。又令诸侯王、公、列侯、关内侯亡子而有孙若子同产子者，皆得以为嗣。⑥公、列侯嗣子有罪，耐以上先请。宗室属未尽而以罪绝者，复其属，⑦其为吏举廉佐史，补四百石。⑧天下吏比二千石以上年老致仕者，参分故禄，以一与之，终其身。⑨遣谏大夫行三辅，⑩举籍吏民，⑪以元寿二年仓卒时横赋敛者，偿其值。⑫义陵民冢不妨殿中者勿发。⑬天下吏（舍）〔民〕亡得置什器储偫。⑭[2]

①师古曰："恽音於吻反。"

②师古曰："左咸。"

③师古曰："谓奉持节而为使。"

④师古曰："岑音士林反。恂音荀。诩音况羽反。"

⑤师古曰："帝本在中山，出关而迎，故曰东迎。与读曰豫。"

⑥师古曰："子同产子者，谓养昆弟之子为子者。"

⑦师古曰："复音扶目反。"

⑧如淳曰："宗室为吏及举廉及佐史，皆补四百石。"师古曰："此说非也。言宗室为吏者，皆令举廉，各从本秩。而依廉吏迁之为佐史者，例补四百石。"

⑨师古曰："参，三也。"

⑩师古曰："行音下更反。"

⑪张晏曰："举录赋敛之籍而（赏）〔偿〕之。"[3]

⑫师古曰："卒读曰猝。横音胡孟反。"

⑬如淳曰："陵上有宫墙，象生制度为殿屋，故曰殿中。"师古曰："此说非也。殿中，谓圹中象正殿处。"

⑭师古曰："军法，五人为伍，二伍为什，则共其器物。故通谓生生之具为什器，亦犹今之从军及作役者十人为火，共畜调度也。储，积也。偫，具也。偫音丈纪反。"

二月，置羲和官，秩二千石；外史、闾师，秩六百石。①班教化，禁淫祀，放郑声。

①应劭曰："周礼闾师掌四郊之民，时其征赋也。"

乙未，义陵寝神衣在柙中，丙申旦，衣在外床上，①寝令以急变闻。②用太牢祠。

①文颖曰："哀帝陵也。衣在寝中，今自出在床上。"师古曰："柙，匮也，音狎。"

②师古曰："非常之事，故云急变。"

夏五月丁巳朔，日有蚀之。大赦天下。公卿、将军、中二千石举敦厚能直言者各一人。

六月，使少傅左将军丰①赐帝母中山孝王姬玺书，拜为中山孝王后。赐帝舅卫宝、宝弟玄爵关内侯。赐帝女弟四人号皆曰君，食邑各二千户。

①师古曰："甄丰。"

封周公后公孙相如为褒鲁侯，孔子后孔均为褒成侯，奉其祀。追谥孔子曰褒成宣尼公。

罢明光宫及三辅驰道。

天下女徒已论，归家，顾山钱月三百。①复贞妇，乡一人。②置少府海丞、果丞各一人；③大司农部丞十三人，人部一州，劝农桑。

①如淳曰："已论者，罪已定也。令甲，女子犯罪，作如徒六月，顾山遣归。说以为当于山伐木，听使入钱顾功直，故谓之顾山。"应劭曰："旧刑鬼薪，取薪于山以给宗庙，今使女徒出钱顾薪，故曰顾山也。"师古曰："如说近之。谓女徒论罪已定，并放归家，不亲役之，但令一月出钱三百，以顾人也。为此恩者，所以行太皇太后之德，施惠政于妇人。"

②师古曰："复音方目反。乡一人，取其尤最者。"

③师古曰："海丞，主海税也。果丞，掌诸果实也。"

太皇太后省所食汤沐邑十县，属大司农，常别计其租入，以赡贫民。

秋九月，赦天下徒。

以中山苦陉县为中山孝王后汤沐邑。①

①师古曰："陉音形。"

二年春，黄支国献犀牛。①

①应劭曰："黄支在日南之南，去京师三万里。"师古曰："犀状如水牛，头似猪而四足类象，黑色，一角当额前，鼻上又有小角。"

诏曰："皇帝二名，通于器物，①今更名，合于古制。②使太师光奉太牢告祠高庙。"

①孟康曰："平帝本名箕子，更名曰衎。箕，用器也，故云通于器物。"

②师古曰："更，改也。"

夏四月，立代孝王玄孙之子如意为广宗王，江都易王孙盱台侯宫为广川王，①广川惠王曾孙伦为广德王。封故大司马博陆侯霍光从父昆弟曾孙阳、宣平侯张敖玄孙庆忌、绛侯周勃玄孙共、舞阳侯樊哙玄孙之子章皆为列侯，复爵。②赐故曲周侯郦商等后玄孙郦明友等百一十三人爵关内侯，食邑各有差。

①师古曰："盱音许于反。台音怡。"

②师古曰："共读曰恭。复音扶福反。"

郡国大旱，蝗，青州尤甚，民流亡。安汉公、四辅、三公、卿大夫、吏民为百〔姓〕困乏献其田宅者[4]二百三十人，①以口赋贫民。②遣使者捕蝗，民捕蝗诣吏，以石㪷受钱。③天下民赀不满二万，及被灾之郡不满十万，勿租税。民疾疫者，舍空邸第，为置医药。④赐死者一家六尸以上葬钱五千，四尸以上三千，二尸以上二千。罢安定呼池苑，以为安民县，⑤起官寺市里，募徙贫民，县次给食。至徙所，赐田宅什器，假与犁、牛、种、食。⑥又起五里于长安城中，⑦宅二百区，以居贫民。

①张晏曰："王莽为太傅，孔光为太师，王舜为太保，甄丰为少傅，是为四辅。莽复兼大司马，马宫为司徒，王崇为司空，是为三公。"

②师古曰："计口而给其田宅。"

③师古曰："量蝗多少而赏钱。"

④师古曰："舍，止也。"

⑤师古曰："中山之安定也。池音大河反。"

⑥师古曰："种音之勇反。"

⑦如淳曰："民居之里。"

秋，举勇武有节明兵法，郡一人，诣公车。

九月戊申晦，日有蚀之。赦天下徒。

使谒者大司马掾四十四人持节行边兵。①

①师古曰："行音下更反。"

遣执金吾候陈茂假以钲鼓，①募汝南、南阳勇敢吏士三百人，谕说江湖贼成重等二百馀人皆自出，送家在所收事。②重徙云阳，③赐公田宅。

①晋灼曰："百官表执金吾属官有两丞、候、司马。"应劭曰："将帅乃有钲鼓，今茂官轻兵少，又但往谕晓之耳，所以假钲鼓者，欲重其威也。钲者，铙也，似铃，柄中上下通。"师古曰："钲音征。铙音女交反。"

②如淳曰："贼虽自出，得还其家而已，不得复除，尚当役作之也。"师古曰："如说非也。言身既自出，又各送其家人诣本属县邑从赋役耳。"

③服虔曰："重，成重也。作贼长帅，故徙之也。"

冬，中二千石举治狱平，岁一人。①

①李奇曰："吏治狱平端也。"

三年春，诏有司为皇帝纳采安汉公莽女。①语在莽传。又诏光禄大夫刘歆等杂定婚礼。四辅、公卿、大夫、博士、郎、吏家属皆以礼娶，亲迎立轺併马。②

①师古曰："婚礼有纳采、问名之礼，谓采择其可娶者。"

②服虔曰："轺音辎，立乘小车也。併马，骊驾也。"师古曰："新定此制也。併音步鼎反。"

夏，安汉公奏车服制度，吏民养生、送终、嫁娶、奴婢、田宅、器械之品。立官稷及学官。①郡国曰学，县、道、邑、侯国曰校。

校、学置经师一人。乡曰庠，聚曰序。②序、庠置孝经师一人。

①如淳曰："郊祀志曰'已有官社，未有官稷，遂立官稷于官社之后'。"臣瓒曰："汉初除秦社稷，立汉社稷，其后又立官社，配以夏禹，而不立官稷。至此始立官稷。光武之后，但有官社，不立官稷。"师古曰："淳、瓒二说皆未尽也。初立官稷于官社之后，是为一处。今更创置建于别所，不相从也。"

②张晏曰："聚，邑落名也。"师古曰："聚小于乡。聚音才喻反。"

阳陵任横等自称将军，盗库兵，攻官寺，出囚徒。大司徒掾督逐，皆伏辜。

安汉公世子宇与帝外家卫氏有谋。宇下狱死，诛卫氏。

四年春正月，郊祀高祖以配天，宗祀孝文以配上帝。

改殷绍嘉公曰宋公，周承休公曰郑公。

诏曰："盖夫妇正则父子亲，人伦定矣。前诏有司复贞妇，归女徒，①诚欲以防邪辟，②全贞信。及眊悼之人③刑罚所不加，圣王之所制也。惟苛暴吏多拘系犯法者亲属，妇女老弱，搆怨伤化，百姓苦之。④其明敕百寮，妇女非身犯法，及男子年八十以上七岁以下，家非坐不道，诏所名捕，它皆无得系。⑤其当验者，即验问。⑥定著令。"

①师古曰："复音方目反。"

②师古曰："辟读曰僻。"

③师古曰："八十曰眊，七年曰悼。眊者老称，言其昏暗也。悼者，未成为人，于其死亡，可哀悼也。眊音莫报反。"

④师古曰："搆，结也。"

⑤张晏曰："名捕，谓下诏特所捕也。"

⑥师古曰："就其所居而问。"

二月丁未，立皇后王氏，大赦天下。

遣太仆王恽等八人置副，假节，分行天下，览观风俗。①

①师古曰："行音下更反。"

赐九卿已下至六百石、宗室有属籍者爵，自五大夫以上各有差。①赐天下民爵一级，鳏寡孤独高年帛。

①师古曰："五大夫，第九爵。"

夏，皇后见于高庙。加安汉公号曰"宰衡"。①赐公太夫人号曰功显君。封公子安、临皆为列侯。

①应劭曰："周公为太宰，伊尹为阿衡，采伊、周之尊以加莽。"

安汉公奏立明堂、辟廱。①尊孝宣庙为中宗，孝元庙为高宗，天子世世献祭。

①应劭曰："明堂所以正四时，出教化。明堂上圜下方，八窗四达，布政之宫，在国之阳。上八窗法八风，四达法四时，九室法九州，十二重法十二月，三十六户法三十六(雨)〔旬〕，七十二牖法七十二(风)〔候〕。[5]孝经曰：'宗祀文王于明堂，以配上帝。'上帝谓五畤帝太昊之属。黄帝曰合宫，有虞曰总章，殷曰阳馆，周曰明堂。辟廱者，象璧圜，雍之以水，象教化流行。"

置西海郡，徙天下犯禁者处之。

梁王立有罪，自杀。

分京师置前煇光、后丞烈二郡。更公卿、大夫、八十一元士官名位次①及十二州名。分界郡国所属，罢置改易，天下多事，吏不能纪。

①师古曰："更，改也。"

冬，大风吹长安城东门屋瓦且尽。

五年春正月，祫祭明堂。①诸侯王二十八人、列侯百二十人、宗室子九百馀人征助祭。②礼毕，皆益户，赐爵及金帛，增秩补吏，各有差。

①应劭曰："礼五年而再殷祭，壹禘壹祫。祫祭者，毁庙与未毁庙之主皆合食于太祖。"师古曰："祫音洽。"

②师古曰："征，召也。"

诏曰："盖闻帝王以德抚民，其次亲亲以相及也。昔尧睦九族，舜惇叙之。①朕以皇帝幼年，且统国政，②惟宗室子皆太祖高皇帝子孙及兄弟吴顷、楚元之后，③汉元至今，十有馀万人，虽有王侯之属，莫能相纠，④或陷入刑罪，教训不至之咎也。传不云乎？'君子笃于亲，则民兴于仁。'⑤其为宗室自太上皇以来族亲，各以世氏，郡国置宗师以纠之，致教训焉。二千石选有德义者以为宗师。考察不从教令有冤失职者，宗师得因邮亭书言宗伯，请以闻。⑥常以岁正月赐宗师帛各十匹。"

①师古曰："虞书尧典云'昔在帝尧，克明峻德，以亲九族，九族既睦，平章百姓'。咎繇谟曰'惇叙九族，庶明厉翼'。言尧能明峻德之士而任用之，以（陆）〔睦〕高祖玄孙之亲，[6]乃令百姓平和章明。舜又厚叙此亲，使众庶皆明其教，而自勉励翼戴上命也。故此诏引之。"

②师古曰："朕者，太皇太后自称也。"

③师古曰："吴顷谓高帝之兄仲也。初为代王，后废为合阳侯，而子濞封为吴王，故追谥仲为吴顷王。顷读曰倾。"

④师古曰："纠谓禁察也。"

⑤师古曰："此论语载孔子之辞也。言上能厚于亲属，则下皆化之，起为仁行也。以论语传圣人之言，故（为）〔谓〕之传。[7]他皆类此。"

⑥晋灼曰："宗伯，宗正也。"师古曰："邮，行书舍也。言为书以付邮亭，令送至宗伯也。邮音尤。"

羲和刘歆等四人使治明堂、辟廱，①令汉与文王灵台、周公作洛同符。②太仆王恽等八人使行风俗，③宣明德化，万国齐同。皆封为列侯。

①师古曰："为使者而典其事。"

②师古曰："文王筑灵台，周公成雒邑，言与之符合。"

③师古曰："行音下更反。"

征天下通知逸经、古记、天文、历算、锺律、小学、史篇、方术、本草及以五经、论语、孝经、尔雅教授者，在所为驾一封轺传，①遣诣京师。至者数千人。

①如淳曰："律，诸当乘传及发驾置传者，皆持尺五寸木传信，封以御史大夫印章。其乘传参封之。参，三也。有期会累封两端，端各两封，凡四封也。乘置驰传五封也，两端各二，中央一也。轺传两马再封之，一马一封也。"师古曰："以一马驾轺车而乘传。传音张恋反。"

闰月，立梁孝王玄孙之耳孙音为王。

冬十二月丙午，帝崩于未央宫。①大赦天下。有司议曰："礼，臣不殇君。皇帝年十有四岁，宜以礼敛，加元服。"②奏可。葬康陵。③诏曰："皇帝仁惠，无不顾哀，④每疾一发，气辄上逆，害于言语，故不及有遗诏。其出媵妾，皆归家得嫁，如孝文时故事。"⑤

①臣瓒曰："帝年九岁即位，即位五年，寿十四。"师古曰："汉注云帝春秋益壮，以母卫大后故怨不悦。莽自知益疏，篡杀之谋由是生，因到(猎)〔腊〕日上椒酒，[8]置药酒中。故翟义移书云'莽鸩弑孝平皇帝'。"

②师古曰："敛音力赡反。"

③臣瓒曰："在长安北六十里。"

④师古曰："言帝平生多所顾念哀怜。"

⑤师古曰："媵妾，谓从皇后俱来者。媵之言送。媵音食证反，又音孕也。"

赞曰：孝平之世，政自莽出，襃善显功，以自尊盛。观其文辞，方外百蛮，亡思不服；①休征嘉应，颂声并作。②至乎变异见于上，民怨于下，莽亦不能文也。③

①师古曰："大雅文王有声之诗曰：'自（东）〔西〕自（西）〔东〕，[9]自南自北，亡思不服。'言武王于镐京行辟雍之礼，自四方来观者皆感其德化，心无不归服。故此赞引之。"

②师古曰："休，美也。征，证也。"

③如淳曰："不可复文饰也。"

【校勘记】

〔1〕（性）〔往〕者有司多举奏赦前事，景祐、殿、局本都作"往"。钱大昭说"性"当作"往"。

〔2〕天下吏（舍）〔民〕亡得置什器储偫。景祐、殿、局本都作"民"。周寿昌说作"民"是。

〔3〕举录赋敛之籍而（赏）〔偿〕之。景祐、殿本都作"偿"。王先谦说作"偿"是。

〔4〕为百〔姓〕困乏献其田宅者 景祐、殿、局本都有"姓"字，此脱。

〔5〕三十六户法三十六（雨）〔旬〕，七十二牖法七十二（风）〔候〕。宋祁说"雨"字旧作"旬，"风 字旧作候"，疑此本有误。按景祐本正作"旬"作"候"。

〔6〕以（陆）〔睦〕高祖玄孙之亲，景祐、殿、局本都作"睦"。

〔7〕故（为）〔谓〕之传。钱大昭说"为"当作"谓"。按景祐、殿本都作"谓"。

〔8〕因到（猎）〔腊〕日上椒酒，钱大昭说"猎"当作"腊"。按景祐、殿本都作"腊"。

〔9〕自（东）〔西〕自（西）〔东〕，景祐本如此，与诗合。

汉书卷十三

异姓诸侯王表第一

昔诗书述虞夏之际，舜禹受禮，①积德累功，洽于百姓，摄位行政，考之于天，②经数十年，然后在位。殷周之王，乃繇卨稷，③修仁行义，历十馀世，至于汤武，然后放杀。④秦起襄公，章文、缪，献、⑤孝、昭、严，稍蚕食六国，⑥[1]百有馀载，至始皇，乃并天下。以德若彼，用力如此，其（艰）〔囏〕难也。⑦[2]

①师古曰："古禅字，音上扇反。"

②师古曰："谓在璇玑玉衡以齐七政。考之于天，知已合天心不也。"

③师古曰："繇读与由同。"

④师古曰："杀读曰弑。它皆类此。"

⑤师古曰："言秦之初大，起于襄公始为诸侯，至文公、缪公、献公，更为章著也。襄公，庄公之子；文公，襄公之子也。缪公，德公之少子；献公，灵公之子也。"

⑥师古曰："孝谓孝公也，即献公之子。昭谓昭襄王，即惠王之子，武王之弟也。严谓庄襄王，即昭襄王之孙，孝文王之子也。后汉时避明帝讳，以庄为严，故汉书姓及谥本作庄者皆易为严也。它皆类此。蚕食，谓渐吞灭之，如蚕食叶也。"

⑦师古曰："囏，古艰字也。"

秦既称帝，患周之败，以为起于处士横议，诸侯力争，四夷交侵，以弱见夺。①于是削去五等，②堕城销刃，③箝语烧书，④内锄雄俊，外攘胡粤，⑤用壹威权，为万世安。⑥然十馀年间，猛敌横发乎不虞，⑦适戍强于五伯，⑧闾阎偪于戎狄，⑨向应瘆于谤议，⑩奋臂威于甲兵。乡秦之禁，适所以资豪桀而速自毙也。⑪是以汉亡尺土之阶，繇一剑之任，五载而成帝业。⑫书传所记，未尝有焉。何则？古世相革，皆承圣王之烈，⑬今汉独收孤秦之弊。镌金石者难为功，摧枯朽者易为力，⑭其势然也。故据汉受命，谱十八王，月而列之，天下一统，乃以年数。⑮讫于孝文，异姓尽矣。

①服虔曰："言因横议而败也。"应劭曰："孟轲云'圣王不作，诸侯恣行，处士横议'。"师古曰："处士谓不官于朝而居家者也。横音(朝)〔胡〕孟反。[3]次下'横发'，其音亦同也。"

②应劭曰："周制，公、侯、伯、子、男五等爵。"

③应劭曰："坏其坚城，恐复阻以害己也。聚天下之兵，铸以为铜人十二，不欲令民复逆命也。古者以铜为兵。"师古曰："堕音火规反。"

④应劭曰："禁民聚语，畏其谤己。箝，缄也。箝与钳同。"晋灼曰："许慎云'箝，籋也'。"师古曰："晋说是也。谓箝籋其口，不听妄言也，即所谓禁耦语者也。箝音(某)〔其〕占反。[4]籋音蹑。"

⑤师古曰："攘，却也。粤，古越字。"

⑥师古曰："令威权壹归于己。"

⑦师古曰："虞，度也。意所不度，谓之不虞。"

⑧师古曰："適读曰谪。谪戍，谓陈胜、吴广也。伯读曰霸。五霸谓昆吾、大彭、豕韦、齐桓、晋文也。谪音陟厄反。"

⑨应劭曰："周礼二十五家为闾。阎音檐，门闾外旋下檐，谓之步檐也。闾阎民陈胜之属，言其逼秦甚于戎狄也。"师古曰："闾，里门也。阎，里中门也。陈胜、吴广本起闾左之戍，故总言闾阎，应说非也。闾左解在陈胜传。偪音逼。"

⑩服虔曰："瘯音惨。"应劭曰："秦法，诽谤者族。今陈胜奋臂大呼，天下莫不向应，向应之害更瘯烈于所谤议也。"师古曰："向音响。响应者，如响之应声。瘯，痛也。服音是也。"

⑪师古曰："乡读曰向，谓曩时也。秦禁，谓堕城销刃、箝语烧书之属是也。"

⑫师古曰："繇读与由同。任，用也，事也。"

⑬师古曰："革，变也。烈谓馀烈也。"

⑭师古曰："镌，琢石也，音子全反。"

⑮应劭曰："谱音补。项羽为西楚霸王，为天下主，命立十八王，王高祖于蜀汉。汉元年，诸王毕封各就国，始受命之元，故以冠表焉。"张晏曰："时天下未定，参错变易，不可以年纪，故列其月，五年诛籍，乃以年纪焉。"

公元前206

汉	元年一月　应劭曰："诸王始受封之月也。十八王同时称一月。赵歇起已二十七月，徙为代王。皆以月数旁行题都上云。"
楚	西楚霸王项籍始，为天下主，命立十八王。
分为衡山	王吴芮始，故番君。　师古曰："番音蒲河反。"
分为临江	王共敖始，故楚柱国。　师古曰："共读曰恭。"
分为九江	王英布始，故楚将。
赵常山	王张耳始，故赵将。
分为代	廿七　王赵歇始，故赵王。
齐临淄	王田都始，故齐将。
分为济北	王田安始，故齐将。
分为胶东	二十　王田市始，故齐（将）〔王〕。[5]
雍　分关中	王章邯始，故秦将。
塞　分关中	王司马欣始，故秦长史。
翟　分关中	王董翳始，故秦都尉。
燕	王臧荼始，故燕将。　师古曰："荼音大胡反。"
分为辽东	三十　王韩广始，故燕王。
魏	十九　王魏豹始，故魏王。
分为殷	王司马卬始，故赵将。
韩	廿二　王韩成始，故韩王。
分为河南	王申阳始，故楚将。

二月	三月	四月	五月
二　都彭城。	〔三〕[7]	〔四〕[8]	〔五〕[9]
二　都郴。	〔三〕	〔四〕	〔五〕
二　都江陵。	〔三〕	〔四〕	〔五〕
二　都六。	〔三〕	〔四〕	〔五〕
二　都襄国。	〔三〕	〔四〕	〔五〕
廿八　都代。	〔廿九〕	〔三十〕	〔卅一〕
二　都临淄。	〔三〕	四　田荣击都，降楚。	五　王田荣始，故齐相。
二　都博阳。	〔三〕	〔四〕	〔五〕
廿一　都即墨。	廿二	廿三	廿四　田荣击杀市。属齐。
二　都废丘。	〔三〕	〔四〕	〔五〕
二　都栎阳。	〔三〕	〔四〕	〔五〕
二　都高奴。	〔三〕	〔四〕	〔五〕
二　都蓟。	〔三〕	〔四〕	〔五〕
(廿)〔卅〕一[6]都无终。	卅二	卅三	卅四
二十　都平阳。	廿一	(卅)〔廿〕二	廿三
二　都朝歌。	三	四	五
廿三　都阳翟。	〔廿四〕	〔廿五〕	〔廿六〕
二　都雒阳。	〔三〕	〔四〕	〔五〕

六月	七月	八月
六	七	八
六	七	八
六	七	八
六	七	八
六	七	八
卅二	卅三	卅四
二	三	四
六　田荣击杀安。属齐。		
六	〔七〕[11]　邯守废丘，汉围之。	八
六	七　欣降汉。	属汉，为渭南、河上郡。
六	七　翳降汉。	属汉，为上郡。
六	〔七〕	〔八〕[12]
卅五	卅六　臧荼击杀广。属燕。	
(卅)〔廿〕四[10]	廿五	廿六
六	七	八
廿七　项籍诛成。	王郑昌始，项王立之。	二
六	七	八

205

九月	十月	十一月
九	十	十一
九	十	十一
九	十	十一
九	十	十一
九　耳降汉。	代王歇还王赵。	卅七
卅五　歇复赵王。	歇以陈馀为代王，号（安成）〔成安〕[13]君。	二
五	六	七
九	十　汉拔我陇西。	十一
九	十	十一
廿七	廿八	廿九
九	十	十一
三	王韩信始，汉立之。	二
九　阳降汉。	属汉，为河南郡。	

十二月	二年一月[14]	二月
十二	二年一月	二
十二	二年一月	二
十二	十三	十四
十二	二年一月	二
卅八	卅九	四十
三	四	五
项籍击荣，走平原，民杀之。	二　项籍复立故齐王田假为王。	田荣弟横反城阳，
十二　汉拔我北地。	二年一月	二
十二	二年一月	二
卅	卅一	卅二　豹降，为王。
十二	(卅)〔十〕三	十四　卬降汉。
三	四	五

	三月　项王三万人破汉兵五十六万。	四月	五月
	三	四	五
	三	四	五
	十五	十六	十七
	三	四	五
	四十一	四十二	四十三
	六	七	八
击假，假奔楚。杀假。	王广始，故田荣子，横立之。	二	三
		(二)〔15〕	(三)〔16〕
	三	四	五　汉杀
	三	四	五
	卅三　从汉伐楚。	卅四　豹归，畔汉。	卅五
	属汉，为河内郡。		
	六　从汉伐楚。	七	八

	六月	七月	八月
	六	七	八
	六	七	八
	十八	十九	廿
	六	七	八
	四十四	四十五	四十六
	九	十	十一
	四	五	六
邯。属汉为中地、陇西、北地郡。			
	六	七	八
	卅六	卅七	卅八　汉将韩信击虏豹。
	九	十	十一

204

九月	十月	十一月	十二月	三年一月[20]
九	十	十一	十二	三年一月
九	十	十一	十二	三年一月
廿一	廿二	廿三	〔廿四〕[19]	廿五
九	十	〔十一〕[18]	布降汉。	
四十七	四十八　汉灭歇。			
十二	十（二）〔三〕[17]	属汉，为太原郡。		
七	八	九	十	十一
九	十	十一	十二	三年一月
属汉，为河东、上党郡。				
十二	二年一月	二	三	四

二月	三月	四月	五月	六月	七月
二	三	四（汉围）〔围汉〕[21]荥阳。	五	六	七
二	三	四	五	六	七
廿六	廿七	廿八	廿九	卅	卅一
十二	十三	十四	十五	十六	十七
二	三	四	五	六	七
五	六	七	八	九	十

203

八月	九月	十月	十一月	十二月
八	九	十	十一　汉将韩信击杀龙且。	十二
八	九	十	十一	十二
子尉嗣为王。	二	三	四	五
			复赵，王张耳始，汉立之。	二
十八	十九	廿	廿一　汉将韩信击杀广。属汉，为郡。	
八	九	十	十一	十二
十一	十二	三年一月	二	三

四年一月	二月	三月	四月	五月	六月
四年一月	二	三	四	五	六
四年一月	二	三	四	五	六
六	七	八	九	十	十一
					更为淮南（王）〔国〕[22]
三	四	五	六	七	八
齐国。	王韩信始，汉立之。	二	三	四	五
四年一月	二	三	四	五	六
四	五	六	七	八	九

202

七月	八月	九月	五年　即皇帝位。
七	八	九	正月　汉诛籍。王韩信始。
七	八	九	十　芮徙长沙。
十二	十三	十四	十二月　汉虏尉。
王英布始，汉立之。	二	三（月）[23]	二年
九	十	十一	十二月乙丑，耳薨。
			以太原为国。
六	七	八	徙韩信王楚。
七	八	九　反。汉诛荼。	后九月，王卢绾始，故太尉。
		置梁国。	王彭越始。
十	十一	十二	四年
		初置长沙国。	二月乙未，王吴芮始，六月，薨。

201	200	199	198
六年	七年	八年	九年
十一月　信废为侯。			
三	四	五	六
一　子敖嗣为王。	二	三　敖废为侯。	
王韩信始。九月，信反，降匈奴。			
二	三	四	五
二	三	四	五
五　信徙太原。			
成王臣嗣。	二	三	四

197	196	195	194	193	192
(一) 十年[24]	十一年	十二年	孝惠(帝)[25]元年	二年	三年
七	八 布反，诛。				
六	绾反，降匈奴。				
六 越反，诛。					
五	六	七	八	哀王回嗣。	二

191	190	189	188	187
四年	五年	六年	七年	高后元年
			初置鲁国。	四月，王张偃始，高后外孙。
			初置淮阳国。	四月辛卯，王强始，高后所诈立孝惠子。
			复置常山国。	四月辛卯，王不疑始，高后所诈立孝惠子。
			初置吕国。	四月辛卯，王吕台始，高后兄子。
三	四	五	六	七

186	185
二年	三年
二	三
二	三
	(二)[26]
不疑薨，谥曰哀，无子。十月癸丑，王义始，故襄城侯。	二
	(二)
台薨，谥曰肃。子嘉嗣为王。	〔二〕
共王若嗣。	二

184	183	182
四年	五年	六年
四	五	六
四	五　强薨，谥曰怀，无子。	王武始，故壶关侯。
义立为帝。五月丙辰，王朝始，故轵侯。	二	三
(三)[27]	(四)[28]	
三	四	嘉坐骄废。十一月，王
		初置梁国。
三	四	五

	181	180
	七年	八年
	七	八　偃废为侯。
	二	三　武以非子诛。
	四	五　朝以非子诛。
	赵王吕禄始，高后兄子。	八月，汉大臣共诛禄。
吕产始。[29]	产徙梁。十一月丁巳，王大始，故平昌侯。	
	初置燕国。	七月癸丑，王吕通。八月，汉大臣共诛通。
	二月，王吕产始。	二　汉大臣共诛产。
	六	七

179	178	177	176	175	174	173
孝文元年	二年	三年	四年	五年	六年	七年
八	靖王产嗣。	二	三	四	五	六

172	171	170	169	168	167	166
八年	九年	十年	十一年	十二年	十三年	十四年
七	八	九	十	十一	十二	十三

165	164	163	162	161	160	159	158	157
十五年	十六年	后元元年	二年	三年	四年	五年	六年	七年
十四	十五	十六	十七	十八	十九	二十	二十一	二十二　来朝，薨。无子，国除。

【校勘记】

〔1〕 秦起襄公，章文、缪，献、⑤孝、昭、严，稍蚕食六国。 注⑤在“献”下，明颜以“章文、缪、献”断句。王念孙说献公在缪公之后十六世，而与文、缪并数，既为不伦，且上下句法，亦属参差。当断“章文、缪”为句，“献、孝、昭、严”为句。王先谦说王说是。

〔2〕 其（艰）〔黮〕难也。 钱大昭说“艰”当作“黮”。按景祐、殿、局本都作“黮”。

〔3〕 横音（朝）〔胡〕孟反。 景祐、汲古、殿、局本都作“胡”。

〔4〕 箝音（某）〔其〕占反。 景祐、汲古、局本都作“其”。

〔5〕 “故齐将”，钱大昭说当作“齐王”。按景祐、殿本都作“齐王”。

〔6〕 “廿一”，景祐、殿本都作“卅一”。王先谦说作“卅一”是。

〔7〕 此栏二至十八格缺字据殿、局本补，十九格据局本补。

〔8〕 此栏缺字据殿、局本补。十六格“卅二”，景祐本作“廿二”。朱一新说作“廿二”是。

〔9〕 此栏缺字据殿、局本补。

〔10〕 “卅四”，景祐、殿、局本都作“廿四”。朱一新说作“廿四”是。

〔11〕 此栏十一格“七”字据殿本补。十四格“七”字据殿、局本补。十八格八字原在十九格，据景祐、殿、局本移上。

〔12〕 十四格“八”字据殿、局本补。

〔13〕 “安成”，王先谦说殿本作“成安”是。

〔14〕 此栏原分作三栏，据王先谦说并。十七格，殿本作“十三”是。

〔15〕 王先谦说“二”字衍。按景祐、汲古本有，殿、局本无。

〔16〕 王先谦说“三”字衍。按景祐、汲古本有，殿、局本无。

〔17〕 “十二”，景祐、汲古、殿、局本都作“十三”。

〔18〕 “十一”据殿、局本补。

〔19〕 “廿四”据殿、局本补。

〔20〕 此栏原分作二栏，殿本并为一栏。王先谦说殿本不误。

〔21〕 “汉国”，景祐、殿、局本都作“国汉”。

〔22〕 王先谦说“王”当为“国”，各本误。

〔23〕 王先谦说“月”字衍。按景祐本有，殿本无。

〔24〕 王先谦说“一”字衍。按汲古本有，景祐、殿、局本无。

〔25〕 景祐、殿本都无“帝”字。

〔26〕 王先谦说此栏五、七格“二”字衍。按景祐本有，殿、局本无。八格“二”字据景祐、汲古、殿、局本补。

〔27〕 王先谦说“三”字衍。按景祐、汲古本有，殿、局本无。

〔28〕 王先谦说“四”字衍。按景祐、汲古本有，殿、局本无。

〔29〕 此格十一字原在九格，汲古本同，王先谦说误。据景祐、殿、局本移上。

汉书卷十四

诸侯王表第二

昔周监于二代，①三圣制法，②立爵五等，③封国八百，同姓五十有馀。周公、康叔建于鲁、卫，各数百里；太公于齐，亦五侯九伯之地。④诗载其制曰："介人惟藩，大师惟垣。大邦惟屏，大宗惟翰。怀德惟宁，宗子惟城。毋俾城坏，毋独斯畏。"⑤所以亲亲贤贤，褒表功德，⑥关诸盛衰，深根固本，为不可拔者也。故盛则周、邵相其治，致刑错；衰则五伯扶其弱，与共守。⑦自幽、平之后，日以陵夷，⑧至虖阸陋河洛之间，⑨分为二周，⑩有逃责之台，被窃鈇之言。⑪然天下谓之共主，⑫强大弗之敢倾。⑬历载八百馀年，数极德尽，既于王赧，⑭降为庶人，用天年终。号位已绝于天下，尚犹枝叶相持，莫得居其虚位，海内无主，三十馀年。⑮

①师古曰："监，视也。二代，夏、殷也。"

②师古曰："三圣谓文王、武王及周公也。"

③师古曰："公、侯、伯、子、男。"

④臣瓒曰："礼记王制云：'五国以为属，属有长；二百一十国以为州，州有伯。'"师古曰："五侯，五等诸侯也。九伯，九州之伯也。伯，长也。"

⑤师古曰："大雅板之诗也。介，善也。藩，篱也。屏，蔽也。垣，墙也。翰，干也。怀，和也。俾，使也。以善人为之藩篱，谓封周公、康叔于鲁、卫；以大师为垣墙，谓封太公于齐也。大邦以为屏蔽，谓成国诸侯也；大宗以为桢干，谓王之同姓也。能和其德则天下安宁，分建宗子则列城坚固。城不可使堕坏，宗不可使单独。单独堕坏，则畏惧斯至。"

⑥师古曰："亲贤俱封，功德并建。"

⑦师古曰："伯读曰霸。此五霸谓齐桓、宋襄、晋文、秦穆、吴夫差也。"

⑧师古曰："陵夷，言如山陵之渐平。夷谓颓替也。"

⑨应劭曰："陒者，狭也。陬者，踦踽也。西迫强秦，东有韩魏，数见侵暴，踦踽不安也。"师古曰："陒音于懈反。陬音区。"

⑩师古曰："谓东西二周也。"

⑪服虔曰："周赧王负责，无以归之，主迫责急，乃逃于此台，后人因以名之。"刘德曰："洛阳南宫誃台是也。"应劭曰："窃铁，谓出至路边窃取人铁也。"师古曰："应说非也。铁钺，王者以为威，用斩戮也。言周室衰微，政令不行于天下，虽有铁钺，无所用之，是谓私窃隐藏之耳。被音皮义反。铁音肤。誃音移，又音直移反。"

⑫如淳曰："虽至微弱，犹共以为之主。"

⑬师古曰："言诸侯虽强大者，不敢倾灭周也。"

⑭师古曰："既亦尽也。赧，谥也，一曰名也，音女版反。"

⑮师古曰："秦昭襄王五十二年周初亡，五十六年昭襄王卒，孝文王立一年而卒，庄襄王立四年而卒，子政立二十六年而乃并天下，自号

始皇帝。是为三十五年无主也。”

秦据势胜之地，骋狙诈之兵，①蚕食山东，壹切取胜。②因矜其所习，自任私知，姗笑三代，荡灭古法，③窃自号为皇帝，而子弟为匹夫，内亡骨肉本根之辅，外亡尺土藩翼之卫。陈、吴奋其白挺，④刘、项随而毙之。故曰，周过其历，秦不及期，国势然也。⑤

①应劭曰："狙，伺也，因（闻）〔间〕伺隙出兵也。[1]狙音若蛆反。"师古曰："音千絮反。"

②师古曰："蚕食，解在异姓诸侯王表。壹切，解在平纪也。"

③师古曰："姗，古讪字也。讪，谤也，音所谏反，又音删。"

④应劭曰："白挺，大杖也。孟子书曰'可使制挺以挞秦楚'是也。"师古曰："挺音徒鼎反。"

⑤应劭曰："武王克商，卜世三十，卜年七百，今乃三十六世，八百六十七岁，此谓过其历者也。秦以谥法少，恐后世相袭，自称始皇，子曰二世，欲以一迄万，今至子而亡，此之为不及期也。"

汉兴之初，海内新定，同姓寡少，惩戒亡秦孤立之败，于是剖裂疆土，立二等之爵。①功臣侯者百有馀邑，尊王子弟，大启九国。②自雁门以东，尽辽阳，为燕、代。③常山以南，太行左转，度河、济，渐于海，为齐、赵。④穀、泗以往，奄有龟、蒙，为梁、楚。⑤东带江、湖，薄会稽，为荆吴。⑥北界淮濒，略庐、衡，为淮南。⑦波汉之阳，亘九嶷，为长沙。⑧诸侯（北）〔比〕境，周（市）〔帀〕三垂，[2]外接胡越。⑨天子自有三河、东郡、颍川、南阳，⑩自江陵以西至巴蜀，北自云中至陇西，与京师内史凡十五郡，公主、列侯颇邑其中。⑪而藩国大者夸州兼郡，连城数十，⑫宫室百官同制京师，可谓挢抂过其正矣。⑬虽然，高祖创业，日不暇给，孝惠享国又浅，高后女主摄位，而海内晏如，⑭亡狂狡之忧，卒折诸吕之难，成太宗之业者，亦赖之于诸侯也。

①（项羽）〔韦昭〕曰：[3]“汉封功臣，大者王，小者侯也。”

②师古曰：“九国之数在下也。”

③师古曰：“辽阳，辽水之阳也。”

④师古曰：“太行，山名也。左转，亦谓自太行而东也。渐，入也，一曰浸也。行音胡刚反。渐音子廉反，亦读如本字。”

⑤晋灼曰：“水经云泗水出鲁（下）〔卞〕县。”[4]臣瓒曰：“彀在彭城，泗之下流为彀水。”师古曰：“奄，覆也。龟、蒙，二山名。”

⑥文颖曰：“即今吴也。高帝六年为荆国，十年更名吴。”师古曰：“荆吴，同是一国也。”

⑦师古曰：“濒，水涯也，音频，又音宾。庐、衡，二山名也。”

⑧郑氏曰：“波音陂泽之陂。”孟康曰：“亘，竟也，音古赠反。”师古曰：“波汉之阳者，循汉水而往也。水北曰阳。（陂）〔波〕音彼皮反，[5]又音彼义反。九嶷，山名，有九峰，在零陵营道。嶷音疑。”

⑨师古曰：“比谓相接次也。三垂，谓北东南也。比音频寐反。”

⑩师古曰：“三河，河东、河南、河内也。”

⑪师古曰：“十五郡中又往往有列侯、公主之邑。”

⑫师古曰：“夸音跨。”

⑬师古曰：“挢与矫同。抂，曲也。正曲曰矫。言矫秦孤立之败而大封子弟，过于强盛，有失中也。”

⑭师古曰：“晏如，安然也。”

然诸侯原本以大，末流滥以致溢，小者淫荒越法，大者睽孤横逆，以害身丧国。[①]故文帝采贾生之议分齐、赵，景帝用晁错之计削吴、楚。武帝施主父之册，下推恩之令，使诸侯王得分户邑以封子弟，不行黜陟，而藩国自析。自此以来，齐分为七，[②]赵分为六，[③]梁分为五，[④]淮南分为三。[⑤]皇子始立者，大国不过十馀城。长沙、燕、代虽有旧名，皆亡南北边矣。[⑥]景遭七国之难，抑损诸侯，减黜其官。[⑦]武有衡山、淮南之谋，作左官之律，[⑧]设附益之法，[⑨]诸侯惟得衣食税租，不与政事。[⑩]

①师古曰："易睽卦九四爻辞曰'睽孤，见豕负涂'。睽孤，乖剌之意。睽音工携反。"

②师古曰："谓齐、城阳、济北、济南、淄川、胶西、胶东也。"

③师古曰："谓赵、平原、真定、中山、广川、河间也。"

④师古曰："谓梁、济川、济东、山阳、济阴也。"

⑤师古曰："谓淮南、衡山、庐江。"

⑥如淳曰："长沙之南更置郡，燕、代以北更置缘边郡。其所有饶利、兵马、器械，三国皆失之矣。"

⑦师古曰："谓改丞相曰相，省御史大夫、廷尉、少府、宗正、博士，损大夫、谒者诸官长丞员等也。"

⑧服虔曰："仕于诸侯为左官，绝不得使仕于王侯也。"应劭曰："人道上右，今舍天子而仕诸侯，故谓之左官也。"师古曰："左官犹言左道也。皆僻左不正，应说是也。汉时依上古法，朝廷之列以右为尊，故谓降秩为左迁，仕诸侯为左官也。"

⑨张晏曰："律郑氏说，封诸侯过限曰附益。或曰阿媚王侯，有重法也。"师古曰："附益者，盖取孔子云'求也为之聚敛而附益之'之义也，皆背正法而厚于私家也。"

⑩师古曰："与读曰豫。"

至于哀、平之际，皆继体苗裔，亲属疏远，①生于帷墙之中，不为士民所尊，势与富室亡异。而本朝短世，国统三绝，②是故王莽知汉中外殚微，本末俱弱，③亡所忌惮，生其奸心；因母后之权，假伊周之称，颛作威福庙堂之上，不降阶序而运天下。④诈谋既成，遂据南面之尊，分遣五威之吏，驰传天下，班行符命。汉诸侯王厥角䭫首，⑤奉上玺韨，惟恐在后，⑥或乃称美颂德，以求容媚，岂不哀哉！是以究其终始强弱之变，明监戒焉。

①师古曰："言非始封之君，皆其后裔也，故于天子益疏远矣。"

②师古曰："谓成、哀、平皆早崩，又无继嗣。"

③师古曰："殚，尽也，音单。"

④师古曰："序谓东西厢。颛与专同。"

⑤应劭曰："厥者，顿也。角者，额角也。稽首，首至地也。言王莽渐渍威福日久，亦值汉之单弱，王侯见莽篡弑，莫敢怨望，皆顿角稽首至地而上其玺绶也。"晋灼曰："厥犹竖也，叩头则额角竖。"师古曰："应说是也。䭫音口礼反，与稽同。"

⑥师古曰："韨音弗，玺之组也。"

号谥	楚元王交		代王喜
属	高帝弟。师古曰："楚元王，帝弟，而表居代王前者，以封日先后为次也。"		高帝兄。
始封	六年正月丙午立，二十三年薨。		正月壬子立，七年，为匈奴所攻，弃国自归，废为郃阳侯，孝惠二年薨。
子	孝文二年，夷王郢客嗣，四年薨。	孝景四年，文王礼以元王子平陆侯绍封，三年薨。	吴　高祖十二年十月辛丑，王濞以故代王子沛侯立，四十二年，孝景三年，反，诛。
孙	六年，王戊嗣，二十一年，孝景三年，反，诛。	七年，安王道嗣，二十二年薨。	
曾孙		元朔元年，襄王注嗣，十二年薨。	
玄孙		元鼎元年，节王纯嗣，十六年薨。	
六世		天汉元年，王延寿嗣，三十二年，地节元年，谋反，诛。	
七世　张晏曰："礼，服尽于玄孙，故以世数名也。"			

齐悼惠王肥			
高帝子。			
正月壬子立，十三年薨。			
孝惠七年，哀王襄嗣，十二年薨。	孝文十六年，孝王将闾以悼惠王子杨虚侯绍封，十一年薨。	城阳 孝文二年二月乙卯，景王章以悼惠王子朱虚侯立，二年薨。	八世 甘露三年，戴王恢嗣，八年薨。
孝文二年，文王则嗣，十四年薨，亡后。	孝景四年，懿王寿嗣，二十三年薨。	四年，共王喜嗣，八年，徙淮南，四年，复还，凡三十三年薨。	九世 永光元年，孝王景嗣，二十四年薨。
	元光四年，厉王次昌嗣，五年薨，亡后。	孝景后元年，顷王延嗣，二十六年薨。	十世 鸿嘉二年，哀王云嗣，一年薨，亡后。(元)〔永〕始[7]元年，王俚以云弟绍封，二十五年，王莽篡位，贬为公，明年废。
		元狩六年，敬王义嗣，九年薨。	
		元封三年，惠王武嗣，十(二)〔一〕[6]年薨。	
		天汉四年，荒王顺嗣，四十六年薨。	

济北　二月乙卯，王兴居以悼惠王子东牟侯立，二年谋反，诛。	菑川　十六年四月丙寅，懿王志以悼惠王子安都侯立为济北王，十一年，孝景四年，徙菑川，三十五年薨。	八世　元延四年，怀王友嗣，六
	元光六年，靖王建嗣，二十年薨。	九世　建平四年，王永嗣，十二
	元封二年，顷王遗嗣，三十五年薨。	
	元平元年，思王终古嗣，二十八年薨。	
	初元三年，考王尚嗣，六年薨。	
	永光四年，孝王横嗣，三十一年薨。	

年薨。	济南　四月丙寅，王辟光以悼王子扐侯立，十一年反，诛。师古曰："扐音力。"	菑川　四月丙寅，王贤以悼惠王子武城侯立，十一年反，诛。
年，王莽篡位，贬为公，明年废。		

		荆王贾
		高帝从父弟。
		六年正月丙午立，六年十二月，为英布所攻，亡后。
胶西　四月丙寅，王卬以悼惠王子平昌侯立，十一年反，诛。	胶东　四月丙寅，王熊渠以悼惠王子白石侯立，十一年反，诛。	

淮南厉王长		
高帝子。		
十一年十月庚午立，二十三年，孝文六年，谋反，废徙蜀，死雍。		
十六年四月丙寅，王安以厉王子阜陵侯绍封，四十（二）〔三〕[8]年，元狩元年，谋反，自杀。	衡山　四月丙寅，王赐以厉王子阳周侯立为庐江王，十二年，徙衡山，（三）〔四〕十三年，[9]谋反，自杀。	济北　四月丙寅，王勃以厉王子安阳侯立为衡山王，十二年，徙济北，一年薨，谥曰贞王。
		孝景六年，成王胡嗣，五十四年薨。
		天汉四年，王宽嗣，十一年，后二年，谋反，自杀。

赵隐王如意	代王	赵共王恢 师古曰："共读曰恭。下皆类此。"
高帝子。	高帝子。	高帝子。
九年四月立，十二年，为吕太后所杀，亡后。	十一年正月丙子立，十七年，高后八年，为皇帝。	十一年三月丙午，为梁王，十六年，高后七年，徙赵，其年自杀，亡后。

赵幽王友		燕灵王建
高帝子。		高帝子。
十一年三月丙寅，立为淮阳王，二年，徙赵，十四年，高后七年，自杀。		十二年二月甲午立，十五年，高后七年，薨。吕太后杀其子。
孝文元年，王遂以幽王子绍封，二十六年，孝景三年，反，诛。	河间 孝文二年（二）〔三〕月[10]乙卯，文王辟彊以幽王子立，十三年薨。	
	十五年，哀王福嗣，一年薨，亡后。	

燕敬王泽	左高祖十一人。吴随父，凡十二人。师古曰："吴王濞从其父代王喜在此表中，故十二人也。"	梁怀王揖	梁孝王武	
高帝从祖昆弟。		文帝子。	文帝子。	
高后七年，以营陵侯立为琅邪王，二年，孝文元年，徙燕，二年薨。		二年二月乙卯立，十年薨，亡后。	二月乙卯，立为代王，三年，徙为淮阳王，十年，徙梁，三十五年薨。	八世　阳朔元年，王立嗣，二十七年，元始三年，
三年，康王嘉嗣，二十六年薨。			孝景后元年，恭王买嗣，七年薨。	
孝景六年，王定国嗣，二十四年，坐禽兽行，自杀。			建元五年，平王襄嗣，四十年薨。	
			太始元年，贞王毋伤嗣，十一年薨。	
			始元二年，敬王定国嗣，四十年薨。	
			初元四年，夷王遂嗣，六年薨。	
			永光五年，荒王嘉嗣，十五年薨。	

有罪，废，徙汉中，自杀。元始五年二月丁酉，王音以孝王玄孙之曾孙绍封，五年，王莽篡位，贬为公，明年废。	济川　孝景中六年五月丙戌，王明以孝王子桓邑侯立，七年，建元三年，坐杀中傅，废迁房陵。

济东　五月丙戌，王彭离以孝王子立，二十九年，坐杀人，废迁上庸。	山阳　五月丙戌，哀王定以孝王子立，九年薨，亡后。	济阴五月丙戌，哀王不识以孝王子立，(七)〔二〕[11]年薨，亡后。

代孝王参	左孝文三人。齐、城阳、两济北、济南、菑川、胶西、胶东、赵、河间、淮南、衡山十二人随父，凡十五人。	河间献王德
文帝子。		景帝子。
二月乙卯，立为太原王，(王)〔12〕三年，更为代王，七年薨。		二年三月甲寅立，二十六年薨。
孝文后三年，恭王登嗣，二十九年薨。		元光六年，共王不周嗣，四年薨。
清河　元光三年，刚王义嗣，十九年，元鼎三年，徙清河，三十八年薨。		元朔四年，刚王基嗣，十二年薨。
太始三年，顷王阳嗣，二十五年薨。		元鼎四年，顷王缓嗣，十七年薨。
地节元年，王年嗣，四年，坐与同产妹奸，废迁房陵，与邑百家。		天汉四年，孝王庆嗣，四十(七)〔三〕〔13〕年薨。
广宗　元始二年四月丁酉，王如意以孝王玄孙之子绍封，七年，王莽篡位，贬为公，明年废。		五凤四年，王元嗣，十七年，建昭元年，坐杀人，废迁房陵。

	临江哀王阏 师古曰："阏音一曷反。"	鲁共王馀
	景帝子。	景帝子。
	三月甲寅立，三年薨，亡后。	三月甲寅，立为淮阳王，二年，徙鲁，二十八年薨。
		元朔元年，安王光嗣，四十年薨。
		后元元年，孝王庆忌嗣，三十七年薨。
		甘露三年，顷王封嗣，二十八年薨。
		阳朔二年，文王睃嗣，十九年薨，亡后。 晋灼曰："睃音镌。"师古曰："睃音子缘反。"
建始元年正月丁亥，惠王良以孝王子绍封，二十七年薨。		
建平二年，王尚嗣，十四年，王莽篡位，贬为公，明年废。		

	江都易王非 师古曰："谥法，好更故旧曰易。"
	（高）〔景〕[14]帝子。
	三月甲寅，立为汝南王，二年，徙江都，二十八年薨。
	元朔二年，王建嗣，六年，元狩二年，谋反，自杀。
	广世　元始二年四月丁酉，王宫以易王庶孙盱眙侯子绍封，五年，王莽篡位，贬为公，明年废。
建平三年六月辛卯，王闵以顷王子郚乡侯绍封，十三年，王莽篡位，贬为公，明年，献神书言莽德，封列侯，赐姓王。　师古曰："郚音吾，又音鱼。"	

赵敬肃王彭祖		
景帝子。		
二月甲寅，立为广川王，四年，徙赵，六十三年薨。		
征和元年，顷王昌嗣，十九年薨。		平干　征和二年，顷王偃以敬肃王小子立，十一年薨。
本始元年，怀王尊嗣，五年薨。	地节四年二月甲子，哀王高以顷王子绍封，四月薨。[15]	元凤元年，缪王元嗣，二十四年，五凤二年，坐杀谒者，会薨，不得代。
	元康元年，共王充嗣，五十六年薨。	
	元延三年，王隐〔嗣，〕十九年，王莽篡位，贬为公，明年废。	

长沙定王发		胶西于王端
景帝子。		景帝子。
三月甲寅立，二十八年薨。		三年六月乙巳立，四十七年，元封三年薨，亡后。
元朔二年，戴王庸嗣，二十七年薨。		
天汉元年，顷王附朐嗣，十七年薨。 晋灼曰："附音符。"师古曰："附读如本字。朐音劬。本传作鲋鉤，其音同耳。"		
始元四年，剌王建德嗣，三十四年薨。		
黄龙元年，炀王旦嗣，二年薨，亡后。	初元四年，孝王宗以剌王子绍封，三年薨。	
	永光二年，缪王鲁人嗣，四十八年薨。	
	居摄二年，舜嗣，二年，王莽篡位，贬为公，明年废。	

中山靖王胜		胶东王
景帝子。		景帝子。
六月乙巳立，四十二年薨。		四年四月乙巳立，四年为皇太子。
元鼎五年，哀王昌嗣，二年薨。		
元封元年，糠王昆侈嗣，二十一年薨。师古曰:“糠音与康同。糠，恶谥也。好乐怠政曰糠。它皆类此。”		
征和四年，顷王辅嗣，三年薨。		
始元元年，宪王福嗣，十七年薨。		
地节元年，怀王脩嗣，十五年薨，亡后。		
广德　鸿嘉二年八月，夷王云客以怀王从父弟子绍封，一年薨，亡后。	广平　建平三年正月壬寅，王汉以夷王弟绍封，十三年，王莽篡位，贬为公，明年废。	

临江愍王荣	广川惠王越	
景帝子。	景帝子。	
七年十一月己酉，以故皇太子立，三年，坐侵庙壖地为宫，自杀。	中二年四月乙巳立，十二年薨。	
	建元五年，缪王齐嗣，四十五年薨。	
	征和二年，王去嗣，二十二年，本始四年，坐亨姬不道，废徙上庸，予邑百户。 师古曰："忿怒其姬，亨煮而杀。"	地节四年五月庚午，戴王文以缪王子绍封，二年薨。
		元康二年，王汝阳嗣，十五年，甘露四年，杀人，废徙房陵。

	胶东康王寄	
	景帝子。	
	四月乙巳立，二十八年薨。	
	元狩三年，哀王贤嗣，十四年薨。	六安　元狩二年七月壬子，恭王庆以康王少子立，三十八年薨。
	元封五年，戴王通平嗣，二十四年薨。	始元四年，夷王禄嗣，十(四)[16]年薨。
广德　元始二年四月丁酉，静王榆以惠王曾孙戴王子绍封，四年薨。	始元五年，顷王音嗣，五十四年薨。	本始元年，缪王定嗣，二十三年薨。
居摄元年，王赤嗣，三年，王莽篡位，贬为公，明年废。	河平元年，恭王授嗣，十四年薨。	甘露四年，顷王光嗣，二十七年薨。
	永始三年，王殷嗣，二十三年，王莽篡位，贬为公，明年废。	阳朔二年，王育嗣，三十三年，王莽篡位，贬为公，明年废。

清河哀王乘	常山宪王舜	
景帝子。	景帝子。	
中三年三月丁酉立，十二年薨，亡后。	中五年三月丁巳立，三十二年薨。	
	元鼎三年，王勃嗣，坐宪王丧服奸，废徙房陵。	真定　元鼎三年，顷王平以宪王子绍封，二十五年薨。
		征和四年，烈王偃嗣，十八年薨。
		本始三年，孝王（由）〔申〕[17]嗣，（二十二）〔三十三〕年薨。
		建昭元年，安王雍嗣，十六年薨。
		阳朔三年，共王普嗣，十五年薨。
		绥和二年，王杨嗣，十六年，王莽篡位，贬为公，明年废。

			齐怀王闳
			武帝子。
			元狩六年四月乙巳立，八年，元封元年薨，亡后。
泗水　元鼎二年，思王商以宪王少子立，十五年薨。		左孝景十四人。楚、济川、济东、山阳、济阴五人随父，凡十九人。 师古曰：“此表列诸王次第与本传不同者，本传因母氏之次而尽言所生，表则叙其昆弟长幼。又临江闵王封时年月在后，故不同也。它皆类此。”	
太初二年，哀王安世嗣，一年薨，亡后。	三年，戴王贺以思王子绍封，二十年薨。		
	元凤元年三月丙子，勤王综嗣，三十九年薨。		
	永光三年，戾王骏嗣，三十一年薨。		
	元延三年，王靖嗣，十九年，王莽篡位，贬为公，明年废。		

燕刺王旦	广陵厉王胥		
武帝子。	武帝子。		
四月乙巳立，三十七年，元凤元年，（主）〔坐〕[18]谋反，自杀。	四月乙巳立，六十三年，五凤四年，坐祝诅上，自杀。		
广阳　本始元年五月，顷王建以刺王子绍封，二十九年薨。	初元二年三月壬申，孝王霸以厉王子绍封，十三年薨。		高密　本始元年十月，衰王弘以厉王子立，八年薨。
初元五年，穆王舜嗣，二十一年薨。	建昭五年，共王意嗣，十三年薨。	元延二年，靖王守以孝王子绍封，十七年薨。	元康元年，顷王章嗣，三十四年薨。
阳朔二年，思王璜嗣，二十一年薨。	建始二年，哀王护嗣，十五年薨，亡后。	居摄二年，王宏嗣，三年，王莽篡位，贬为公，明年废。	建始二年，怀王宽嗣，十一年薨。
建平四年，王嘉嗣，十二年，王莽篡位，贬为公，明年废。			鸿嘉元年，王慎嗣，二十九年，王莽篡位贬为公，明年废。

昌邑哀王髆	左孝武四人。六安、真定、泗水、平干四人随父，(兄)〔凡〕[20]八人。	淮阳宪王钦
武帝子。		宣帝子。
天汉四年六月乙丑立，十一年薨。		元康三年四月丙子立，三十六年薨。
(元始)〔始元〕[19]元年，王贺嗣，十二年，征为昭帝后，立二十七日，以行淫乱，废归故国，予邑三千户。		河平二年，文王玄嗣，二十六年薨。
		元寿二年，王縯嗣，十九年，王莽篡位，贬为公，明年废。

	东平思王宇	
	宣帝子。	
	甘露二年十月乙亥立，三十二年薨。	
	鸿嘉元年，炀王云嗣，十六年，建平三年，坐祝诅上，自杀。	
师古曰："缤音羊善反。"	元始元年二月丙辰，王开明嗣，立五年薨，亡后。	中山　元始元年二月丙辰，王成都以思王孙桃乡顷侯宣子立，奉中山孝王后，八年，王莽篡位，贬为公，明年，献书言莽德，封（烈）〔列〕[21]侯，赐姓王。
		居摄元年，严乡侯子匡为东平王。

楚孝王嚣 师古曰："嚣音敖。"		
宣帝子。		
十月乙亥，立为定陶王，四年，徙楚，二十八年薨。		
阳朔元年，怀王芳嗣，一年薨，亡后。	阳朔二年，思王衍以孝王子绍封，〔二〕十一[22]年薨。	
	元寿元年，王纡嗣，十年，王莽篡位，贬为公，（子）明年废。	信都　绥和元年十一月壬子，王景以孝王孙立为定陶王，奉恭王后，三年，建平二年，徙信都，十三年，王莽篡位，贬为公，明年废。

中山哀王竟	左孝宣四人。燕王继绝，高密随父，凡六人。	定陶共王康	中山孝王兴	左孝元二人。广陵继绝，凡三人。孝成时河间、广德、定陶三国，孝哀时广平一国，孝平时东平、中山、广德、广世、广宗五国，皆继绝。
宣帝子。		元帝子。	元帝子。	
初元二年二月丁巳，立为清河王，五年，徙中山王，十三年薨，亡后。		永光三年三月，立为济阳王，八年，徙山阳，八年，河平四年四月，徙定陶，凡十九年薨。	建昭二年六月乙亥，立为信都王，十五年，阳朔二年，徙中山，凡三十年薨。	
		阳朔三年，王欣嗣，十四年，绥和元年，为皇太子。	绥和二年，王箕子嗣，六年，元寿二年，立为皇帝。	

【校勘记】

〔1〕 因(闻)〔间〕伺隙出兵也。 朱一新说“闻”疑作“间”。按景祐、殿、局本都作“间”。

〔2〕 诸侯(北)〔比〕境，周(市)〔帀〕三垂， 景祐、殿本“北”都作“比”，“市”都作“帀”。王先谦说作“比”作“帀”是。

〔3〕 (项羽)〔韦昭〕曰： 朱一新说史表集解引作“韦昭”。

〔4〕 泗水出鲁(下)〔卞〕县。 景祐、汲古、殿、局本都作“卞”。朱一新说作“卞”是。

〔5〕 (陂)〔波〕音彼皮反。 景祐、殿本都作“波”。

〔6〕 王先谦说“二”当作“一”。按景祐本作“一”。

〔7〕 “元始”当作“永始”，据资治通鉴改。

〔8〕 王先谦说“四十二”当作“四十三”，史表不误。

〔9〕 王先谦说“三十三”当作“四十三”。按景祐本作“三十四”。

〔10〕 朱一新说文纪作“三月”，汪本亦作“三月”，此作“二月”误。

〔11〕 殿本“七”作“二”。王先谦说作“二”是。

〔12〕 朱一新说汪本无“王”字是。按景祐本无“王”字。

〔13〕 王先谦说“七”当作“三”。按景祐本作“二”。

〔14〕 王先谦说“高”当作“景”。按景祐、殿、局本都作“景”。

〔15〕 此栏五、六、七格原在六、七、八格，据钱大昭说及景祐、殿、局本提上。七格“嗣”字据殿、局本补。

〔16〕 王先谦说“四”字衍。按景祐本“四”作“一”。

〔17〕 王先谦说“由”字闽本、汪本、殿本都作“申”。按景祐本作“申”。又说“二十二年”当作“三十三年”。按景祐本正作“三十三年”。

〔18〕 “主”，景祐、殿、局本都作“坐”。王先谦说作“坐”是。

〔19〕 王先谦说“始元”误倒作“元始”。按景祐、殿、局本都作“始元”。

〔20〕 钱大昭说“乣”当作“凡”。按殿、局本都作“凡”。

〔21〕 殿、局本“烈”都作“列”。王先谦说作“列”是。

〔22〕 此栏四格，王先谦说“十”上脱“二”字。五格，王先谦说“子”字衍。按景祐、殿、局本都无“子”字。

汉 书 卷 十 五 上

王子侯表第三上

大哉，圣祖之建业也！后嗣承序，以广亲亲。至于孝武，以诸侯王畺土过制，或替差失轨，而子弟为匹夫，①轻重不相准，于是制诏御史："诸侯王或欲推私恩分子弟邑者，令各条上，朕且临定其号名。"自是支庶毕侯矣。诗云"文王孙子，本支百世"，②信矣哉！③

①师古曰："畺亦壃字也。替，古僭字也。轨，法也。"

②师古曰："大雅文王之诗也。本，本宗也。支，支子也。言文王有明德，故天祚之，子孙嫡者为天子，支庶为诸侯，皆不绝也。"

③师古曰："侯所食邑，皆书其郡县于下。其有不书者，史失之也。或但言某人嗣及直书薨，不具年月，皆阙文也。"

号谥名	羹颉侯信　服虔曰："音戛击之戛。"师古曰："音居黠反。"	合阳侯喜	德哀侯广
属	帝兄子。	帝兄，为代王。匈奴攻代，弃国，废为侯。	
始封位次	七年中封，十三年，高后元年，有罪，削爵一级，为关内侯。　师古曰："不记月日，故云七年中也。"	八年九月丙午封，七年，孝惠二年薨，以子为王，谥曰顷王。	一百二十〔七〕[1]　十二年十一月庚辰，以兄子封，（十年）〔七年八月〕薨。
子		沛　十一年十二月癸巳，侯濞以帝兄子封，十二年，为吴王。	高后三年，顷侯通嗣，（三）〔二〕十四年薨。
孙			孝景六年，康侯龁嗣，二十四年薨。　师古曰："龁音纥。下亦同。"
曾孙			元鼎四年，侯何嗣。五年，坐酎金免。
玄孙			泰山　元康四年，广玄孙长安大夫猛，诏复家。　师古曰："大夫，第五爵也。复家，蠲赋役也。复音方目反。"

		左高祖	上邳侯郢客	朱虚侯章
			楚元王子。	齐悼惠王子。
			一百二十八 二年五月丙申封，七年，为楚王。	一百二十九 五月丙申封，八年，为城阳王。
	六世			
	七世　元寿二年五月甲子，侯勋以广玄孙之孙长安公乘绍封，千户，九年，王莽篡位，绝。　师古曰：“公乘，第八爵也。”			

	东牟侯兴居	左高后	管共侯罢军　师古曰："罢音皮彼反，又读曰疲。共读曰恭。下皆类此。"
	齐悼惠王子。		齐悼惠王子。
张晏曰："高后二年诏丞相陈平，令差第列侯位次高下，故王子侯三人有第，二年之后皆不第。"	六年四月丁酉封，四年，为济北王。		四年五月甲寅封，二年薨。
			六年，侯戎奴嗣，二十年，孝景(二)〔三〕[2]年，反，诛。

氏丘共侯甯国	营平侯信都	杨丘共侯安	杨虚侯将闾
齐悼惠王子。	齐悼惠王子。	齐悼惠王子。	齐悼惠王子。
五月甲寅封，十一年薨。	五月甲寅封，十年薨。	五月甲寅封，十二年薨。	五月甲寅封，十二年，为齐王。
十五年，侯偃嗣，十年，孝景三年，反，诛。	十四年，侯广嗣，十一年，孝景三年，反，诛。	十六年，侯偃嗣，十一年，孝景四年，坐出国界，耐[3]为司寇。	

朸侯辟光 师古曰："朸音其力反。下亦同。"	安都侯志	平昌侯卬	武成侯贤	白石侯雄渠	阜陵侯安
齐悼惠王子。	齐悼惠王子。	齐悼惠王子。	齐悼惠王子。	齐悼惠王子。	淮南厉王子。
五月甲寅封，十二年，为(齐)〔济〕[4]南王。	五月甲寅封，十二年，为济北王。	五月甲寅封，十二年，为胶西王。	五月甲寅封，十二年，为菑川王。	五月甲寅封，十二年，为胶东王。	八年五月丙午封，八年，为淮南王。

安阳侯勃	阳周侯赐	东城哀侯（良）〔良〕[5]	左孝文	平陆侯礼	休侯富
淮南厉王子。	淮南厉王子。	淮南厉王子。		楚元王子。	楚元王子。
五月丙午封，八年，为衡山王。	五月丙午封，八年，为庐江王。	五月丙午封，七年薨，亡后。		元年四月乙巳封，三年，为楚王。	四月乙巳封，三年，以兄子楚王戊反，免。三年，侯富更封红侯，六年薨，谥曰懿。
					七年，怀侯登嗣，一年薨。
					中元年，敬侯嘉嗣，二十四年薨。
					元朔四年，哀侯章嗣，一年薨，亡后。

沈猷夷侯岁 师古曰："沈音审。"	宛朐侯埶 师古曰："埶音艺。"	棘乐敬侯调
楚元王子。	楚元王子。	楚元王子。
四月乙巳封，二十年薨。	四月乙巳封，三年，反，诛。	三年八月壬子封，十六年薨。
建元五年，侯受嗣，十八年，元狩五年，坐为宗正听请，不具宗室，耐[6]为司寇。 师古曰："受为宗正，人有私请求者，受听许之，故于宗室之中事有不具，而受获罪。"		建元三年，恭侯应嗣，十五年薨。
		元朔元年，侯庆嗣，十六年，元鼎五年，坐酎金免。

乘氏侯买	桓邑侯明	左孝景	兹侯明	安城思侯苍
梁孝王子。	梁孝王子。		河间献王子。	长沙定王子。
中五年五月丁卯封，一年，为梁王。	五月丁卯封，一年，为济川王。		元光五年正月壬子封，四年，元朔三年，坐杀人，自杀。	六年七月乙巳封，十三年薨。
				元鼎元年，节侯自当嗣。
				侯寿光嗣，五凤二年，坐与姊乱，下狱病死。
				豫章

宜春侯成	句容哀侯党 师古曰："句读为章句之句。"	容陵侯福	杏山侯成
长沙定王子。	长沙定王子。	长沙定王子。	楚安王子。
七月乙巳封，十七年，元鼎五年，坐酎金免。	七月(己)〔乙〕[7]巳封，二年薨，亡后。	七月乙巳封，十七年，元鼎五年，坐酎金免。	后九月壬戌封，十七年，元鼎五年，坐酎金免。
	会稽		

浮丘节侯不害	广戚节侯将	丹(杨)〔阳〕[8]哀侯敢	盱台侯蒙之	胡孰顷侯胥行
楚安王子。	鲁共王子。	江都易王子。	江都易王子。	江都易王子。
后九月壬戌封，十一年薨。	元朔元年十月丁酉封，薨。	十二月甲辰封，六年，元狩元年薨，亡后。	十二月甲辰封，十六年，元鼎五年，坐酎金免。	正月丁卯封，十六年薨。
元狩五年，侯霸嗣，六年，元鼎五年，坐酎金免。	侯始嗣，元鼎五年，坐酎金免。			元鼎五年，侯圣嗣，坐知人脱亡名数，以为保，杀人，免。
沛		无湖		丹阳

	秣陵终侯缠	淮陵侯定国	张梁哀侯仁
	江都易王子。	江都易王子。	梁共王子。
	正月丁卯封，元鼎四年薨，亡后。	正月丁卯封，十六年，元鼎五年，坐酎金免。	二年五月乙巳封，十三年薨。
师古曰："脱亡名数，谓不占户籍也。以此人为庸保，而又别杀人也。"			元鼎三年，侯顺嗣，二十三年，征和三年，为奴所杀。
		淮陵	

龙丘侯代	剧原侯错		怀昌夷侯高遂	平望夷侯赏	
菑川懿王子。	菑川懿王子。		菑川懿王子。	菑川懿王子。	
五月乙巳封，十五年，元鼎五年，坐酎金免。	(九)〔五〕[9]月乙巳封，十七年薨。		五月乙巳封，二年薨。	五月乙巳封，七年薨。	
	元鼎二年，孝侯广昌嗣。	六世 侯胜容嗣。	四年，胡侯延年嗣。	元狩三年，原侯楚人嗣，二十六年薨。	六世 侯旦嗣。
	戴侯骨嗣。		节侯胜时嗣。	太始三年，敬侯光嗣，十四年薨。	
	质侯吉嗣。		侯可置嗣。	神爵四年，顷侯起嗣。	
琅邪	节侯嚣嗣。			孝侯均嗣。	

临众敬侯始昌		葛魁节侯宽
菑川懿王子。		菑川懿王子。
五月乙巳封，三十一年薨。		五月乙巳封，八年薨。
太始元年，康侯革生嗣，十八年薨。	六世 鳌侯贤嗣。	元狩四年，侯戚嗣，五年，元鼎三年，坐缚家吏恐猲受赇，弃市。 师古曰："猲谓以威力胁人也。赇，枉法以财相谢。猲音呼葛反。赇音求。"
元凤三年，顷侯广平嗣，薨。	七世 侯商嗣，王（恭）〔莽〕[10]篡位，绝。	
原侯农嗣。		
临原 节侯理嗣。		

益都敬侯胡	平的戴侯强 师古曰:“的音丁历反。”		剧魁夷侯黑	
菑川懿王子。	菑川懿王子。		菑川懿王子。	
五月乙巳封,薨。	五月乙巳封,十七年薨。		五(年)〔月〕[12]乙巳封,十七年薨。	
原侯广嗣。	元狩元年,思侯中时嗣,(二)〔三〕十[11]年薨。	六世 侯宣嗣。	元狩元年,思侯招嗣,三年薨。	六世 侯向嗣。
侯嘉嗣,元凤三年,坐非广子免。	太始三年,节侯福嗣,十三年薨。		四年,康侯德嗣。	
	神爵四年,顷侯鼻嗣。		孝侯利亲嗣。	
	釐侯利亲嗣。		釐侯婴嗣。	

寿梁侯守	平度康侯行		宜成康侯偃	临朐夷侯奴 师古曰："朐音劬。"
菑川懿王子。	菑川懿王子。		菑川懿王子。	菑川懿王子。
五月乙巳封，十五年，元鼎五年，坐酎金免。	五月乙巳封，四十七年薨。		五月乙巳封，十一年薨。	五月乙巳封，四十一年薨。
	元凤元年，节侯庆忌嗣，三年薨。	六世 侯嘉嗣。	元鼎元年，侯福嗣，十二年，太初元年，坐杀弟弃市。	戴侯乘嗣。
	四年，质侯帅军嗣。			节侯赏嗣。
	顷侯钦嗣。			孝侯信嗣。
寿乐	孝侯宗嗣。		平原	东海 安侯祎嗣。 师古曰："祎音猗。"

	雷侯稀	东莞侯吉	辟土节侯壮 师古曰："辟音闢。"	尉文节侯丙
	城阳共王（弟）〔子〕。[13]	城阳共王子。	城阳共王子。	赵敬肃王子。
	五月甲戌封，十五年，元鼎五年，坐酎金免。	五月甲戌封，五年，痼病不任朝，免。	五月甲戌封，三年薨。	六月甲午封，五年薨。
六世　侯岑嗣。			五年，侯明嗣，十二年，元鼎五年，坐酎金免。	元狩元年，侯犊嗣，十年，元鼎五年，坐酎金免。
	东海		东海	南郡

封斯戴侯胡伤	榆丘侯受福	襄嚵侯建 晋灼曰："音内言嚵蒐。"师古曰："音士咸反。"	邯会衍侯仁	
赵敬肃王子。	赵敬肃王子。	赵敬肃王子。	赵敬肃王子。	
六月甲午封，二十五年薨。	六月甲午封，十五年，元鼎五年，坐酎金免。	六月甲午封，十五年，元鼎五年，坐酎金免。	六月甲午封，薨。	
太初三年，原侯如意嗣，五十二年薨。			哀侯慧嗣。	六世 节侯重嗣。
甘露四年，孝侯宫嗣。			后元年，勤侯贺嗣，三十五年薨。	七世 怀侯苍嗣，薨，亡后。
侯仁嗣。			甘露元年，原侯张嗣。	
		广平	釐侯康嗣。	

朝节侯义	东城侯遗	阴城思侯苍	广望节侯忠
赵敬肃王子。	赵敬肃王子。	赵敬肃王子。	中山靖王子。
六月甲午封，十三年薨。	六月甲午封，十一年，元鼎元年，为孺子所杀。 师古曰："孺子，妾之号也。"	六月甲午封，十七年，太初元年薨。嗣子有罪，不得代。	六月甲午封，三十年薨。
元鼎三年，戴侯禄嗣。			天汉四年，顷侯中嗣，十三年薨。
侯固城嗣，五凤四年，坐酎金少四两免。			始元三年，思侯何齐嗣。
			恭侯遂嗣。
			侯阁嗣。

将梁侯朝平	薪馆侯未央	陆城侯贞	薪处侯嘉	蒲领侯嘉
中山靖王子。	中山靖王子。	中山靖王子。	中山靖王子。	广川惠王子。
六月甲午封，十五年，元鼎五年，坐酎金免。	六月甲午封，十五年，元鼎五年，坐酎金免。	六月甲午封，十五年，元鼎五年，坐酎金免。	六月甲午封，十五年，元鼎五年，坐酎金免。	三年十月癸酉封，有罪，绝。
涿	涿	涿	涿	东海

西熊侯明	枣彊侯晏	毕梁侯婴	旁光侯殷
广川惠王子。	广川惠王子。	广川惠王子。	河间献王子。
十月癸酉封，薨，亡后。	十月癸酉封，薨，亡后。	十月癸酉封，十九年，元封四年，坐首匿罪人，为鬼薪。	十月癸酉封，十年，元鼎元年，坐贷子钱不占租，取息过律，会赦，免。　师古曰："以子钱出贷人，律合收租，匿不占，取息
		魏	魏

	距阳宪侯丐	蒌节侯退 师古曰："蒌音力朱反。"	阿武戴侯豫	
	河间献王子。	河间献王子。	河间献王子。	
利又多也。占音之赡反。"	十月癸酉封，十四年薨。	十月癸酉封，十六年薨。	十月癸酉封，二十四年薨。	
	元鼎五年，侯凄嗣，坐酎金免。 师古曰："凄音妻。"	元封元年，釐侯婴嗣，二十二年薨。	太初三年，敬侯宣嗣，二十年薨。	六世 侯长久嗣，王莽篡位，绝。
		后元年，原侯益寿嗣，三十一年薨。	始元三年，节侯信嗣，二十三年薨。	
		五凤元年，安侯充世嗣，三年薨。	神爵元年，谬侯婴齐嗣。	
		四年，侯遗嗣，二十年，建始四年薨，亡后。	顷侯黄嗣。	

参户节侯免	州乡节侯禁		平城侯礼
河间献王子。	河间献王子。		河间献王子。
十月癸酉封，四十六年薨。	十月癸酉封，十一年薨。		十月癸酉封，六年，元狩三年，坐恐猲取鸡以令买偿免，复谩，完为城旦。师古曰："恐猲取人鸡，依令买鸡以偿，坐此免侯，又犯欺谩，故为城旦也。谩音漫。"
元凤元年，敬侯严嗣。	元鼎二年，思侯齐嗣。	六世 侯禹嗣，王莽篡位，绝。	
顷侯元嗣。	元封六年，宪侯惠嗣。		
孝侯利亲嗣。	釐侯商嗣。		
侯度嗣。	恭侯伯嗣。		

广侯顺	盖胥侯让 师古曰：“盖音公腊反。”	阴安康侯不害	荥关侯骞
河间献王子。	河间献王子。	济北贞王子。	济北贞王子。
十月癸酉封，十四年，元鼎五年，坐酎金免。	十月癸酉封，十四年，元鼎五年，坐酎金免。	十月癸酉封，十一年薨。	十月癸酉封，坐谋杀人，会赦，免。
		元鼎三年，哀侯秦（容）〔客〕[14]嗣，三年薨，亡后。	
勃海	魏	魏	茌平 师古曰：“茌音仕疑反。”

周望康侯何	陪缪侯则	前侯信 师古曰："字或作菆，音侧流反。"	安阳侯乐	五据侯（臞）〔曜〕[16]丘 师古曰："（臞）〔曜〕
济北贞王子。	济北贞王子。	济北贞王子。	济北贞王子。	济北式王子。
十（年）〔月〕[15]癸酉封，八年薨。	十月癸酉封，十一年薨。	十月癸酉封，十四年，元鼎五年，坐酎金免。	十月癸酉封，三十八年薨。	十月癸酉封，十四年，元鼎五年，坐酎金免。
元狩五年，侯当时嗣，六年，元鼎五年，坐酎金免。	元鼎二年，侯邑嗣，五年，坐酎金免。		后元年，糠侯延年嗣，十六年薨。	
			本始二年，康侯记嗣，十五年薨。	
			五凤元年，安侯戚嗣。	
	平原	平原	平原 哀侯得嗣，薨，亡后。	泰山

音劬，又音惧。”	富侯龙	平侯遂	羽康侯成
	济北式王子。	济北式王子。	济北式王子。
	十月癸酉封，十六年，元康元年，坐使奴杀人，下狱瘐死。	十月癸酉封，四年，元狩元年，坐知人盗官母马为臧，会赦，复作。师古曰：“有人盗马，为藏匿之，虽会赦，犹复作。复作者，徒役也。复音扶目反。”	十月癸酉封，六十年薨。
			地节三年，恭侯系嗣。
			侯弃嗣，王莽篡位，绝。

汉书卷十五上

胡母侯楚	离石侯绾	邵侯顺
济北式王子。	代共王子。	代共王子。
二月癸酉封，十四年，元鼎五年，坐酎金免。	正月壬戌封，后更为涉侯，坐上书谩，耐为鬼(新)〔薪〕。[17] 师古曰："谩，欺诳也，音漫。"	正月壬戌封，二十六年，天汉元年，坐杀人及奴凡十六人，以捕匈奴千骑，免。 师古曰："诈云捕得匈奴骑，故私杀人以当之。"[18]
泰山		

利昌康侯嘉		蔺侯罢军	临河侯贤
代共王子。		代共王子。	代共王子。
正月壬戌封，五十一年薨。		(五)〔正〕月[19]壬戌封，后更为武原侯，坐盗贼免。	正月壬戌封，后更为高俞侯，坐酎金免。
元凤五年，戴侯乐嗣，十二年薨。	六世 侯换嗣，王莽篡位，绝。		
元康二年，顷侯万世嗣。			
节侯光禄嗣。			
剌侯殷嗣。		西河	

湿成侯忠 师古曰：“湿音它合反。”	土军侯郢客 师古曰：“土军，西河之县也，说者以为洛阳土军里，非也。”	皋琅侯迁	千章侯遇
代共王子。	代共王子。	代共王子。	代共王子。
正月壬戌封，后更为端氏侯，薨，亡后。	正月壬戌封，后更为钜乘侯，坐酎金免。	正月壬戌封，薨，亡后。	正月壬戌封，后更为夏丘侯，坐酎金免。
		临淮	平原

博阳顷侯就	宁阳节侯恬	瑕丘节侯政		公丘夷侯顺	郁根侯骄 师古曰:"根音狼。"
齐孝王子。	鲁共王子。	鲁共王子。		鲁共王子。	鲁共王子。
三月乙卯封,薨。	三月乙卯封,五十二年薨。	三月乙卯封,五十三年薨。		三月乙卯封,三十年薨。	三月乙卯封,十四年,元鼎五年,坐酎金免。
侯终古嗣,元鼎五年,坐酎金免。	元凤六年,安侯庆忌嗣,十八年薨。	元平元年,思侯国嗣,四年薨。	六世 侯禹嗣。	太始元年,康侯置嗣。	
	五凤元年,康侯信嗣。	本始四年,孝侯汤嗣,十年薨。		地节四年,炀侯延寿嗣,九年薨。	
	孝侯宦嗣。	神爵二年,炀侯奉义嗣。		五凤元年,思侯赏嗣。	
济南	侯方嗣。	釐侯遂成嗣。		侯元嗣,王莽篡位,绝。	

西昌侯敬	陆地侯义	邯平侯顺	武始侯昌	鄡氏节侯贺
鲁共王子。	中山靖王子。	赵敬肃王子。	赵敬肃王子。	赵敬肃王子。
三月乙卯封，十四年，元鼎五年，坐酎金免。	三月乙卯封，十四年，元鼎五年，坐酎金免。	三月乙卯封，十四年，元鼎五年，坐酎金免。	四月甲辰封，三十四年，为赵王。	四月甲辰封，十八年薨。
				元封三年，思侯安意嗣，二十七年薨。
				始元六年，康侯千秋嗣，十六年薨。
				元康元年，孝侯汉强嗣。
	辛处	广平	魏	侯酆嗣，王莽篡位，绝。

易安侯平	路陵侯童	攸舆侯则	荼陵节侯䜣 师古曰："荼音涂。䜣与欣同。"	建成侯拾
赵敬肃王子。	长沙定王子。	长沙定王子。	长沙定王子。	长沙定王子。
四月甲辰封，二十年薨。	四年三月乙丑封，四年，元狩二年，坐杀人，自杀。	三月乙丑封，二十二年，太初元年，坐篡死罪囚，弃市。	三月乙丑封，十年薨。	三月乙丑封，元鼎二年，坐使行人奉璧皮荐，贺元年十月不会，
元封五年，康侯种嗣。			元鼎二年，哀侯汤嗣，十一年，太初元年薨，亡后。	
侯德嗣，始元元年，坐杀人免。				
鄗 师古曰："鄗音呼各反。"	南阳	南阳	桂阳	

	安众康侯丹	
	长沙定王子。	
免。 师古曰："以皮荐璧也。时以十月为岁首，有贺而不及会也。"	三月乙丑封，三十年薨。	
	元封六年，节侯山柎嗣，三十八年薨。 师古曰："柎音方于反。"	侯崇嗣，居摄元年举兵，为王莽所灭。
	地节三年，缪侯毋妨嗣。	
	釐侯褒嗣。	
	侯歆嗣。 师古曰："歆音其禁反，又音其锦反。"	

	叶平侯喜 师古曰："叶音式涉反。"	利乡侯婴	有利侯钉 师古曰："音丁，又音鼎。"
	长沙定王子。	城阳共王子。	城阳共王子。
	三月乙丑封，十三年，元鼎五年，坐酎金免。	三月乙丑封，五年，元狩三年，有罪免。	三月乙丑封，三年，元狩元年，坐遗淮南王书称臣弃市。
侯宠，建武二年以崇从父弟绍封。			
建武十三年，侯松嗣。			
今见 师古曰："作表时见为侯也。"			东海

东平侯庆	运平侯记	山州侯齿	海常侯福
城阳共王子。	城阳共王子。	城阳共王子。	城阳共王子。
三月乙丑封，五年，元狩三年，坐与姊奸，下狱瘐死。	三月乙丑封，十三年，元鼎五年，坐酎金免。	三月乙丑封，十三年,元鼎五年，坐酎金免。	三月乙丑封，十三年，元鼎五年，坐酎金免。
东海	东海		琅邪

驺丘敬侯宽	南城节侯贞		广陵虒侯表 晋灼曰："虒音斯。"	杜原侯皋
城阳共王子。	城阳共王子。		城阳共王子。	城阳共王子。
三月乙丑封，六年薨。	三月乙丑封，四十二年薨。		三月乙丑封，七年薨。	三月乙丑封，十三年，元鼎五年，坐酎金免。
元狩四年，原侯报德嗣。	始元四年，戴侯猛嗣，二十二年薨。	六世 侯友嗣，王莽篡位，绝。	元狩五年，侯成嗣，六年，元鼎五年，坐酎金免。	
侯毋害嗣，本始二年，坐使人杀兄弃市。	神爵元年，元侯尊嗣，二年薨。			
	四年，釐侯充国嗣。			
	顷侯遂嗣。			

临乐敦侯光 师古曰："敦字或音弋灼反，又作敦，古穆字。"	东野戴侯章	高平侯喜	广川侯颇	重侯担 师古曰："担音丁甘反。"
中山靖王子。	中山靖王子。	中山靖王子。	中山靖王子。	河间献王子。
四月甲午封，二十年薨。	四月甲午封，薨。	四月甲午封，十三年，元鼎五年，坐酎金免。	四月甲午封，十三年，元鼎五年，坐酎金免。	四月甲午封，四年，元狩二年，坐不使人为秋请免。
元封六年，宪侯建嗣。	侯中时嗣，太初四年薨，亡后。			
列侯固嗣。				
五凤三年，节侯万年嗣。				
侯广都嗣，王莽篡位，绝。		平原		平原

	被阳敬侯燕 师古曰："被音疲彼反。千乘之县也。"		定敷侯越	稻夷侯定
	齐孝王子。		齐孝王子。	齐孝王子。
师古曰："请音材姓反。"	四月乙卯封，十三年薨。		四月乙卯封，十二年薨。	四月乙卯封，薨。
	元鼎五年，糠侯偃嗣，二十八年薨。	六世 侯广嗣，王莽篡位，绝。	元鼎四年，思侯德嗣，五十一年薨。	简侯阳都嗣。
	始元二年，顷侯寿嗣。		元康四年，宪侯福嗣。	本始二年，戴侯咸嗣，四十二年薨。
	孝侯定嗣。		恭侯汤嗣。	甘露元年，顷侯阅嗣。
	节侯闳嗣。		定侯乘嗣，王莽篡位，绝。	侯永嗣，王莽篡位，绝。

山原侯国	繁安夷侯忠		柳康侯阳已		云夷侯信
齐孝王子。	齐孝王子。		齐孝王子。		齐孝王子。
四月乙卯封，二十七年薨。五百五十户。	四月乙卯封，十八年薨。		四月乙卯封，薨。		四月乙卯封，十四年薨。
天汉三年，康侯弃嗣，十四年薨。	元封四年，安侯守嗣。	六世 侯起嗣。	敷侯罢师嗣。	六世 侯守嗣，王莽篡位，绝。	元鼎六年，侯茂发嗣。
始元三年，安侯守嗣，二十二年薨。	节侯寿汉嗣。		于侯自为嗣。		太始二年，康侯遂嗣。
侯发嗣。	元凤五年，顷侯嘉嗣。		安侯携嗣。		釐侯终古嗣。
勃海 甘露二年，孝侯外人嗣，十八年，建始五年薨。	孝侯光嗣。		缪侯轲嗣。		侯得之嗣，王莽篡位，绝。

牟平共侯渫 师古曰："渫音先列反。"		柴原侯代	柏畅戴侯终古	歊安侯延年 师古曰："歊音许昭反。"
齐孝王子。		齐孝王子。	赵敬肃王子。	赵敬肃王子。
四月乙卯封，五年薨。		四月乙卯封，三十四年薨。	五年十一月辛酉封，薨。	十一月辛酉封，十二年，元鼎五年，坐酎金免。
元狩三年，节侯奴嗣，(三)〔二〕十五[20]年薨。	六世 釐侯威嗣。[21]	征和二年，节侯胜之嗣，二十七年薨。	侯朱嗣，始元三年薨，亡后。	
太始二年，敬侯更生嗣，(一)〔二〕十九年薨。	七世 侯隆嗣，王莽篡位，绝。	元康二年，敬侯贤嗣。		
地节四年，康侯建嗣，一年薨。		三年，康侯齐嗣。		
元康元年，孝侯龁嗣。		恭侯莫如嗣，薨，亡后。	中山	

乘丘节侯将夜	高丘哀侯破胡	柳宿夷侯盖	戎丘侯让	樊舆节侯脩
中山靖王子。	中山靖王子。	中山靖王子。	中山靖王子。	中山靖王子。
三月癸酉封，十一年薨。	三月癸酉封，八年，元鼎元年薨，亡后。	三月癸酉封，四年薨。	（二）〔三〕[22]月癸酉封，十（三）〔二〕年，元鼎五年，坐酎金免。	二月癸酉封，三十六年薨。
元鼎四年，戴侯德嗣。		元狩三年，侯苏嗣，八年，元鼎五年，坐酎金免。		后元年，炀侯过伦嗣。
侯外人嗣，元康四年，坐为子时与后母乱，免。				思侯异众嗣。
				顷侯土生嗣。
				侯自（子）〔予〕[23]嗣，王莽篡位，绝。

曲成侯万岁	安郭于侯传富	安险侯应	安道侯恢	夫夷敬侯义
中山靖王子。	中山靖王子。	中山靖王子。	中山靖王子。	长沙定王子。
（二）〔三〕月[24]癸酉封，十二年，元鼎五年，坐酎金免。	（二）〔三〕月[25]癸酉封，薨。五百二十户。	三月癸酉封，十二年，元鼎五年，坐酎金免。	三月癸酉封，十二年，元鼎五年，坐酎金免。	三月癸酉封，十二年薨。
	釐侯偃嗣。			元鼎五年，节侯禹嗣，五十八年薨。
	侯崇嗣，元康元年，坐首匿死罪免。			五凤三年，顷侯奉宗嗣。
				釐侯庆嗣。
涿	涿			怀侯福嗣。

	春陵节侯买	都梁敬侯定	
	长沙定王子。	长沙定王子。	
	六月壬子封，四年薨。	六月壬子封。八（月）〔年〕[27]薨。	
六世 侯商嗣，王莽篡位，绝。	元狩三年，戴侯熊渠嗣，五十六年薨。	元鼎元年，顷侯傒嗣。 师古曰："免傒音胡礼反。"	六世 侯佗人嗣，王莽篡位，绝。
	元康元年，孝侯仁嗣。	节侯弘嗣。	
	侯敞嗣。	原侯顺怀嗣。	
	建武二年，立敞子（社）〔祉〕[26]为城阳王。	炀侯容嗣。	

洮阳靖侯狩燕	众陵节侯贤	终弋侯广置	麦侯昌	钜合侯发
长沙定王子。	长沙定王子。	衡山赐王子。	城阳顷王子。	城阳顷王子。
六月壬子封,七年,元狩六年薨,亡后。	六月壬子封,五十年薨。	六年四月丁丑封,十一年,元鼎五年,坐酎金免。	元鼎元年四月戊寅封,五年,坐酎金免。	四月戊寅封,五年,坐酎金免。
	本始四年,戴侯真定嗣,二十二年薨。			
	黄龙元年,顷侯庆嗣。			
	侯骨嗣,王莽篡位,绝。			
		汝南	琅邪	平原

昌侯差	蕢侯方 师古曰："蕢音口怪反，字或作费，音扶未反。又音祕。"	虖葭康侯泽 师古曰："虖音乎。葭音工遐反。"	原洛侯敢	挟术侯昆景
城阳顷王子。	城阳顷王子。	城阳顷王子。	城阳顷王子。	城阳顷王子。
四月戊寅封，五年，坐酎金免。	四月戊寅封，五年，坐酎金免。	四月戊寅封，六十二年薨。	四月戊寅封，二十六年，征和三年，坐杀人弃市。	四月戊寅封，十六年，天汉元年薨，亡后。
		神爵元年，夷侯舞嗣。		
		顷侯阁嗣。		
琅邪		侯永嗣，王莽篡位，绝。	琅邪	琅邪

挟釐侯霸	朸节侯让	文成侯光	挍靖侯云 师古曰:“挍音效。”	庸侯馀	翟侯寿
城阳顷王子。	城阳顷王子。	城阳顷王子。	城阳顷王子。	城阳顷王子。	城阳顷王子。
四月戊寅封，三十五年薨。	四月戊寅封，薨。	四月戊寅封，五年，坐酎金免。	四月戊寅封，五年，坐酎金免。	四月戊寅封，有罪死。	四月戊寅封，五年，坐酎金免。
始元五年，夷侯戚嗣，二十一年薨。	侯兴嗣，为人所杀。				
神爵元年，节侯贤嗣。					
顷侯思嗣。					
孝侯众嗣，薨，亡后。	平原	东海		琅邪	东海

鳣侯应 师古曰："鳣音竹连反。"	彭侯强	瓡节侯息 师古曰："瓡即瓠字也，又音孤。"	虚水康侯禹	东淮侯类	拘侯贤
城阳顷王子。	城阳顷王子。	城阳顷王子。	城阳顷王子。	城阳顷王子。	城阳顷王子。
四月戊寅封，五年，坐酎金免。	四月戊寅封，五年，坐酎金免。	四月戊寅封，五十五年薨。	四月戊寅封，三十八年薨。	四月戊寅封，五年，坐酎金免。	四月戊寅封，五年，坐酎金免。
		元康四年，质侯守嗣，七年薨。	地节元年，息侯爵嗣，七年薨。		
			五凤四年，侯敞嗣，王莽篡位，绝。		
襄贲 师古曰："贲音奔，又音肥。"	东海			北海	千乘

湞侯不疑 师古曰："湞音育。"	陆元侯何	广饶康侯国	缾敬侯成 师古曰："缾音步（于）〔丁〕[28]反。"
城阳顷王子。	菑川靖王子。	菑川靖王子。	菑川靖王子。
四月戊寅封，五年，坐酎金免。	七月辛卯封，薨。	七月辛卯封，五十年薨。	七月辛卯封，五十四年薨。
	原侯贾嗣。	地节三年，共侯坊嗣，十四年薨。 师古曰："坊音房。"	地节二年，顷侯龙嗣，五十年薨。
	侯延寿嗣，五凤三年，坐知女妹夫亡命笞二百，首匿罪，免。 师古曰："妹夫亡命，又有笞罪，而藏匿之，坐免也。"	甘露元年，侯麟嗣，王莽篡位，绝。	(永)〔元〕康三年，原侯融嗣。
			侯闵嗣，王莽篡位，绝。
东海	寿光		

俞闾炀侯毋害 师古曰："俞音喻。"	甘井侯光	襄堤侯圣 师古曰："堤音丁奚反。"	皋虞炀侯建 师古曰："炀音戈向反。后皆类此。"
菑川靖王子。	广川缪王子。	广川缪王子。	胶东康王子。
七月辛卯封，四十四年薨。	七月乙酉封，二十五年，征和二年，坐杀人弃市。	七月乙酉封，五十年，地节四年，坐奉酎金斤（十）〔八〕两[29]少四两，免。	元封元年五月丙午封，九年薨。
地节三年，原侯况嗣，十年薨。		(始元)〔元始〕二年，圣子伦以曾祖广川惠王曾孙为广德王。	太初四年，穅侯定嗣，十四年薨。
五凤元年，侯璘嗣，十二年，初元三年薨，亡后。 师古曰："璘音邻。"			本始二年，节侯裒嗣。
			鳌侯勋嗣。
	钜鹿	钜鹿	颂侯显嗣。

	魏其炀侯昌	祝兹侯延年	高乐康侯 师古曰："史失其名也。"	参䙰侯则 晋灼曰："䙰音悾䙰。"师古曰："音子弄反，又音子公反。"
	胶东康王子。	胶东康王子。	齐孝王子。	广川惠王子。
	五月丙午封，十七年薨。	五月丙午封，五年，坐弃印绶出国免。	不得封年，薨，亡后。	不得封年，坐酎金免。
六世 侯乐嗣，王莽篡位，绝。	本始四年，原侯傅光嗣，三十三年薨。			
	甘露三年，孝侯禹嗣。			
	质侯蟜嗣。 师古曰："蟜音矫。"			
	侯嘉嗣，王莽篡位，绝。	琅邪	济南	东海

沂陵侯喜 师古曰："沂音牛衣反。"	沈阳侯自为	漳北侯宽	南緜侯佗 师古曰："緜音力专反。"	南陵侯庆
广川惠王子。	河间献王子。	赵敬肃王子。	赵敬肃王子。	赵敬肃王子。
不得封年，坐酎金免。	不得封年。	不得封年，元凤三年，为奴所杀。	不得封年，征和二年，坐酎金免。	不得封年，后三年，坐为沛郡太守横恣罔上，下狱瘐死。
东海	勃海	魏	钜鹿	临淮

鄗侯舟 师古曰："鄗音呼各反。"	安檀侯福	爰戚侯当	栗节侯乐
赵敬肃王子。	赵敬肃王子。	赵敬肃王子。	赵敬肃王子。
不得封年，征和四年，坐祝𧜀上，要斩。 师古曰："𧜀，古诅字也，音侧据反。"	不得封年，后三年，坐为常山太守祝𧜀上，讯未竟，病死。 师古曰："讯谓考问之。"	不得封年，后三年，坐与兄廖谋反，自杀。	征和元年封，二十七年薨。
			地节四年，炀侯忠嗣。
			质侯终根嗣。
			侯况嗣。
常山	魏	济南	

洨夷侯周舍 师古曰："洨音交，又音爻。"	猇节侯起 晋灼曰："猇音内言鸮。"师古曰："音于虯反。"	揤裴戴侯道 郑氏曰："揤裴音即非，在肥乡县南五里，即非（成）〔城〕[30]也。"	澎侯屈釐 师古曰："澎音彭，东海县也。屈音丘勿反，又音求勿反。"	左孝武
赵敬肃王子。	赵敬肃王子。	赵敬肃王子。	中山靖王子。	
元年封，薨。	元年封，十三年薨。	元年封，十二年薨。	二年三月丁巳封，三年，坐为丞相祝禮，要斩。	
孝侯惠嗣。	始元六年，夷侯充国嗣，二十年薨。	元凤元年，哀侯尊嗣。		
节侯迺始嗣。	神爵元年，恭侯广明嗣。	顷侯章嗣。		
哀侯勋嗣。	釐侯固嗣。	釐侯景嗣。		
侯承嗣。	侯钜鹿嗣。	东海 侯发嗣。		

【校勘记】

〔1〕 钱大昭说“一百二十”当作“一百二十七”。王先谦说史表正作“一百二十七”。“十年”，景祐、殿本都作“七年八月”。四格“三”，景祐、殿本都作“二”。

〔2〕 钱大昭说“二年”当作“三年”。王先谦说史表作“三年”。按景祐本正作“三年”。

〔3〕 景祐、殿本“耐”作“削”。

〔4〕 “齐”，景祐、殿、局本都作“济”。

〔5〕 “艮”，景祐、殿本都作“良”。王先谦说“艮”字误。

〔6〕 景祐本作“削”，殿本作“耐”。

〔7〕 王先谦说“己”当为“乙”。按景祐、殿本正作“乙”。

〔8〕 “杨”，景祐、殿本都作“阳”。

〔9〕 王先谦说“九”当为“五”。按景祐、殿、局本都作“五”。

〔10〕 “恭”，景祐、殿、局本都作“莽”。王先谦说作“莽”是。

〔11〕 “二十”，景祐本作“三十”。

〔12〕 “五年”，景祐、殿、局本都作“五月”。王先谦说作“五月”是。

〔13〕 “弟”，殿、局本都作“子”。王先谦说作“子”是，史表同。

〔14〕 “容”，王先谦说闽本、汪本都作“客”，史表同。按景祐本作“客”。

〔15〕 王先谦说“十年”当作“十月”。按景祐本作“十月”。

〔16〕 殿本作“曜”，景祐本误作“腥”。

〔17〕 “新”，殿、局本都作“薪”。

〔18〕 此格原在四格，据景祐、殿、局本提上。

〔19〕 “五月”，景祐、殿本都作“正月”。王先谦说作“正月”是。

〔20〕 此栏四格，王念孙说“三”字误，景祐本作“二十五年”。五格“一十九年”，景祐、殿本“一”作“二”。王先谦说作

“二”是。

〔21〕 四、五格原在三、四格，据景祐、殿本改。

〔22〕 此格王先谦说汪本“二”作“三”、“三”作“二”，是。按景祐、殿本同。

〔23〕 “子”，景祐、殿本都作“予”。

〔24〕 “二月”，景祐、殿本都作“三月”。

〔25〕 “二月”，景祐、殿本都作“三月”。

〔26〕 “社”，景祐、殿、局本都作“祉”。朱一新说作“祉”是。

〔27〕 “八月”，景祐、殿、局本都作“八年”。王先谦说作“八年”是。

〔28〕 此栏一格“于”，景祐、殿本都作“丁”。五格“永”，景祐、殿本都作“元”。

〔29〕 此栏三格“十两”，景祐、殿、局本都作“八两”。四格，钱大昭说“始元”当作“元始”。

〔30〕 王先谦说“成”当作“城”。按景祐、殿本都作“城”。

汉书卷十五下

王子侯表第三下

孝元之世，亡王子侯者，盛衰终始，岂非命哉！元始之际，王莽擅朝，伪褒宗室，侯及王之孙焉；①居摄而愈多，非其正，故弗录。②旋踵亦绝，悲夫！

①师古曰："王之孙亦得封侯，谓承乡侯闳以下是也。"

②师古曰："王莽所封，故不以为正也。"

号谥姓名	松兹戴侯霸	温水侯安国	兰旗顷侯临朝	容丘戴侯方山	良成顷侯文德	蒲领炀侯禄
属	六安共王子。	胶东哀王子。	鲁安王子。	鲁安王子。	鲁安王子。	清河纲王子。
始封	始元五年六月辛丑封，二十二年薨。	六月辛丑封，十年，本始二年，坐上书为妖言，会赦，免。	六月辛丑封，二十二年薨。	六月辛丑封。	六月辛丑封。	六年五月乙卯封。
子	神爵二年，共侯始嗣。		神爵二年，节侯去疾嗣，七年薨。	顷侯未央嗣。	共侯舜嗣。	哀侯推嗣，亡后。
孙	顷侯(緤)〔绁〕[1]嗣。 师古曰："緤音(于)〔千〕涉反。"		甘露元年，釐侯嘉嗣。	侯昭嗣，绝。	釐侯原嗣。	
曾孙	侯均嗣。王莽篡位，绝者凡百八十一人。 师古曰："此下言免绝者皆是也。"		侯位嗣，绝。		戴侯元嗣。	
玄孙					侯闵嗣，绝。	

	南曲炀侯迁	高城节侯梁	成献侯喜	新市康侯吉	江阳侯仁
	清河纲王子。	长沙顷王子。	中山康王子。	广川缪王子。	城阳慧王子。
	五月乙卯封，三十年薨。	六月乙未封。	元凤五年十一月庚子封，十五年薨。	十一月庚子封，二十五年薨。	六年十一月乙丑封，十年，元康元年，坐役使附落免。
元延三年，节侯不识以推弟绍封。	甘露三年，节侯江嗣。	质侯景嗣。	神爵元年，顷侯得疵嗣。师古曰："疵音才斯反。"	甘露三年，顷侯义嗣。	
侯京嗣，免。	侯尊嗣，免。	顷侯请士嗣。	炀侯傰嗣。师古曰："傰音普等反。"	侯钦嗣。	
		侯冯嗣，免。	哀侯贵嗣，建平元年薨，亡后。		
			涿郡	堂阳	东海

	阳武侯	左孝昭十二	朝阳荒侯圣	平曲节侯曾
	孝武皇帝曾孙。		广陵厉王子。	广陵厉王子。
师古曰:“有聚落来附者，辄役使之,非法制也。”	元平元年七月庚申封，即日即皇帝位。		本始元年七月壬子封。	七月壬子封，十九年，五凤四年，坐父祝诅上，免，后复封。
			思侯广德嗣。	釐侯临嗣。
			侯安国嗣，免。	侯农嗣，免。
			济南	东海

南利侯昌	安定戾侯贤	东襄爰侯宽	宣处节侯章	修市原侯寅	东昌趮侯成 晋灼曰："音躁疾。"师古曰："即古躁字也。"
广陵厉王子。	燕剌王子。	广川缪王子。	中山康王子。	清河纲王子。	清河纲王子。
七月壬子封，五年，地节二年，坐贼杀人免。	(十)〔七〕[2]月壬子封。	(二)〔三〕[3]年四月壬申封。	三年六月甲辰封，四年薨。	四年四月己丑封，(二)〔三〕[4]年薨。	四月己丑封。
	顷侯延年嗣。	侯使亲嗣，建昭元年薨，亡后。	地节三年，原侯众嗣，薨，亡后。	地节三年，顷侯千秋嗣。	顷侯亲嗣。
	侯昱嗣，免。			釐侯元嗣。	节侯霸嗣。
				侯云嗣，免。	侯祖嗣，免。
汝南	钜鹿	信都		勃海	

新乡侯豹	修故侯福	东阳节侯弘	新昌节侯庆	
清河纲王子。	清河纲王子。	清河纲王子。	燕剌王子。	
四月（乙）〔己〕丑封[5]，四年薨。	四月（乙）〔己〕丑封，五年，元康元年，坐首匿群盗弃市。	四月己丑封，十年薨。	五月癸丑封。	
地节四年，釐侯步可嗣。		神爵二年，釐侯纵嗣。	顷侯称嗣。	
炀侯尊嗣。		顷侯乃始嗣。	哀侯未央嗣，薨，亡后。	元延元年，釐侯嬿以未央弟绍封。
侯佟嗣，元始元年上书言王莽宜居摄，莽篡位，赐姓王。师古曰：“佟音徒冬反。”		哀侯封亲嗣。		侯晋嗣，免。
	清河	侯伯造嗣，免。	涿	

	邯蕃节侯偃 师古曰："邯音寒。蕃音沟。"	乐阳缪侯说	桑中戴侯广汉		张侯嵩
	赵顷王子。	赵顷王子。	赵顷王子。		赵顷王子。
	地节(三)〔二〕[6]年四月癸卯封，九年薨。	四月癸卯封。	四月癸卯封。		四月癸卯封，八年，神爵二年，坐贼杀人，上书要上，下狱瘐死。
	神爵三年，鳌侯胜嗣。	孝侯宗嗣。	节侯纵嗣。		
师古曰："袅音乃了反。"	顷侯度嗣。	顷侯崇嗣。	顷侯敬嗣，亡后。	元延二年，侯舜以敬弟绍封，十九年免。	
	侯定嗣，免。	侯镇嗣，免。			
	魏	常山			常山

	景成原侯雍	平堤严侯招 师古曰："堤音丁奚反。"	乐乡宪侯佟	高郭节侯嗑 师古曰："嗑音一盖反。"
	河间献王子。	河间献王子。	河间献王子。	河间献王子。
师古曰："要上者，怙亲而不服罪也。"	四月癸卯封，六年薨。	四月癸卯封，一年薨。	四（年）〔月〕[7]癸卯封，九年薨。	四月癸卯封，薨。
	元康四年，顷侯欧嗣。	三年，缪侯荣嗣。	神爵三年，节侯蒯嗣。	孝侯久长嗣。
	釐侯禹嗣。	节侯曾世嗣。	顷侯邓嗣。	顷侯菲嗣。师古曰："菲音斐。"
	节侯福嗣，免。	釐侯育嗣。	釐侯胜嗣。	共侯称嗣。
	勃海	钜鹿 侯乃始嗣，免。	钜鹿 侯地绪嗣，免。	哀侯霸嗣，薨，亡后。

		乐望孝侯光	成康侯饶	柳泉节侯强
		胶东戴王子。	胶东戴王子。	胶东戴王子。
		四年二月甲寅封。	二月甲寅封。	二月甲寅封，十七年薨。
	六世 侯发嗣，免。	釐侯林嗣。	侯新嗣，免。	黄龙元年，孝侯建嗣。
		侯起嗣，免。		炀侯万年嗣。
				侯永昌嗣，免。
鄚 元延元年，侯异众以霸弟绍封。师古曰："河间之县也，音莫。"		北海	北海	南阳

复阳严侯延〔年〕[8] 师古曰："复音（力）〔方〕目反。"	钟武节侯度		高城节侯梁	富阳侯赐
长沙顷王子。	长沙顷王子。		长沙顷王子。	六安夷王子。
元康元年正月癸卯封。	正月癸卯封。		正月癸卯封。	二年五月丙戌封，二十八年，建昭二年，坐上书归印绶免八百户。
炀侯汉嗣。	孝侯宣嗣。	元延二年，节侯则以霸叔父绍封。	质侯景嗣。	
侯道嗣，免。	哀侯霸嗣，亡后。		顷侯诸士嗣。	
			侯冯嗣，免。	
南阳				

汉书卷十五下

海昏侯贺	曲梁安侯敬	遽乡侯宣	新利侯偃
昌邑哀王子。	平干顷王子。	真定列王子。	胶东戴王子。
(二)〔三〕年[9]四月壬子，以昌邑王封，四年，神爵三年薨。坐故行淫辟，不得置后。 师古曰："辟读曰僻。"	七月壬子封。	四年三月甲寅封，二年薨，亡后。	神爵元年四月癸巳封，十一年，甘露四年，坐上书谩，免，复更封户都侯，建始三年又上书谩，免。四百户。
初元三年，釐侯代宗以贺子绍封。	节侯时光嗣。		
原侯保世嗣。	侯瓠辩嗣，免。		
侯会邑嗣，免，建武后封。			
豫章	魏郡	常山	

乐信顷侯强	昌成节侯元	广乡孝侯明	成乡质侯庆		平利节侯世	平乡孝侯(王)〔壬〕[10]
广川缪王子。	广川缪王子。	平干顷王子。	平干顷王子。		平干顷王子。	平干顷王子。
三年四月戊戌封。	四月戊戌封，四年薨。	七月壬申封。	七月壬申封，九百户。		四年三月癸丑封。	三月癸丑封。
孝侯何嗣。	五凤三年，顷侯齿嗣。	节侯安嗣。	节侯霸嗣，鸿嘉三年薨，亡后。	元延二年，侯果以霸弟绍封，十九年免。	质侯嘉嗣。	节侯成嗣。
节侯贺嗣。	釐侯应嗣。	釐侯周齐嗣。			釐侯禹嗣。	侯阳嗣，免。
侯涉嗣，免。	质侯江嗣，建平三年薨，亡后。	侯充国嗣，免。			侯旦嗣，免。	
钜鹿	信都	钜鹿	广平		魏郡	魏郡

平纂节侯梁	成陵节侯充	西梁节侯辟兵	历乡康侯必胜	阳城愍侯田
平干顷王子。	平干顷王子。	广川戴王子。	广川缪王子。	平干顷王子。
三月癸丑封，薨，亡后。	(二)〔三〕月[11]癸丑封，四百一十户。	三月乙亥封，七年薨。	七月壬子封，五年薨。	七月壬子封。
	侯德嗣，鸿嘉三年，坐弟与后母乱，共杀兄，德知不举，不道，下狱瘐死。	甘露三年，孝侯广嗣。	甘露元年，顷侯长寿嗣。	节侯贤嗣。
		哀侯宫嗣。	缪侯宫嗣。	釐侯说嗣。
		侯敞嗣，免。	侯东之嗣，免。	侯报嗣，免。
平原	广平	钜鹿	钜鹿	

祚阳侯仁	武陶节侯朝	阳兴侯昌	利乡孝侯安
平干顷王子。	广川缪王子。	河间孝王子。	中山顷王子。
五凤元年四月乙未封，十三年，初元五年，坐擅兴繇赋，削爵一级，为关内侯，九百一十户。	七月壬午封。	十二月癸巳封，二十六年，建始二年，坐朝私留它县，使庶子杀人，弃市。千三百五十户。	甘露元年三月壬辰封。
	孝侯弘嗣。		戴侯遂嗣。
	节侯勋嗣。		侯（固）〔国〕[12]嗣，免。
	侯京嗣，免。		
广平	钜鹿	涿郡	常山

都乡孝侯景	昌虑康侯弘 师古曰："虑音力於反。"	平邑侯敞	山乡节侯绾	建陵靖侯遂	合阳节侯平
赵顷王子。	鲁孝王子。	鲁孝王子。	鲁孝王子。	鲁孝王子。	鲁孝王子。
二年七月辛未封。	四年闰月丁亥封。	闰月丁亥封，二年，初元元年，坐杀一家二人弃市。	闰月丁亥封。	闰月丁亥封，一年薨。	闰月丁亥封，千一百六十户。
侯溱嗣，免。师古曰："溱音臻。"	釐侯奉世嗣。		侯丘嗣，免。	黄龙元年，节侯鲁嗣。	孝侯安上嗣，建始元年薨，亡后。
	侯盖嗣，免。			侯连文嗣，免。	
东海	泰山	东海	东海	东海	东海

东安孝侯强	承乡节侯当 师古曰："承音证。"	建阳节侯咸	高乡节侯休	兹乡孝侯弘	藉阳侯显	都平爱侯丘
鲁孝王子。	鲁孝王子。	鲁孝王子。	城阳惠王子。	城阳荒王子。	城阳荒王子。	城阳荒王子。
闰月丁亥封。	闰月丁亥封，二千七百户。	闰月丁亥封。	十一月壬申封。	十一月壬申封。	十一月壬申封，十六年，建昭四年，坐恐猲国民取财物，六百户。	十一月壬申封。
侯拔嗣，免。	侯德天嗣，鸿嘉二年，坐恐猲国人，受财臧五百以上，免。	孝侯霸嗣。	顷侯兴嗣。	顷侯昌嗣。		恭侯䜣（免）〔嗣〕。[13]
		侯并嗣，免。	侯革始嗣，免。	节侯应嗣。		侯堪嗣，免。
				侯宇嗣，免。		
东海	东海	东海	琅邪	琅邪	东海	东海

枣原侯山	箕愿侯文师古曰："愿音願，又音原。"	高广节侯勋	即来节侯饺师古曰："饺音狡。"	左孝宣	胶乡敬侯汉	桃炀侯良
城阳荒王子。	城阳荒王子。	城阳荒王子。	城阳荒王子。		高密哀王子。	广川缪王子。
十一月壬申封。	十一月壬申封。	十一月壬申封。	十一月壬申封。		初元元年三月丁巳封，七百四十户。	三月封。
节侯蒻嗣。	节侯瞵嗣。师古曰："瞵音邻。"	哀侯贺嗣。	侯钦嗣，免。		节侯成嗣，阳朔四年薨，亡后。	共侯敞嗣。
侯妾得嗣，薨，亡后。	侯（钦）〔褒〕[14]嗣，免。	质侯福嗣。				侯狗嗣，免。
		侯吴嗣，免。				
琅邪	琅邪	琅邪	琅邪		琅邪	钜鹿

安平釐侯习	阳山节侯宗	庸釐侯谈	昆山节侯光	折泉节侯根	博石顷侯渊	要安节侯胜	房山侯勇
长沙孝王子。	长沙孝王子。	城阳荒王子。	城阳荒王子。	城阳荒王子。	城阳荒王子。	城阳荒王子。	城阳荒王子。
三月封。	三月封。	三月封，九百一十户。	三月封。	三月封。	三月封。	三月封。	三月封，五十六年薨。
侯嘉嗣，免。	侯买奴嗣，免。	侯端嗣，永光二年，坐强奸人妻，会赦，免。	侯仪嗣，免。	侯诩嗣，免。	侯获嗣，免。	哀侯守嗣，薨，亡后。	
钜鹿	桂阳	琅邪	琅邪	琅邪	琅邪	琅邪	琅邪

式节侯宪		临乡顷侯云	西乡顷侯容	阳乡思侯发	益昌顷侯婴	羊石顷侯回	石乡炀侯理	新城节侯根
城阳荒王子。		广阳顷王子。	广阳顷王子。	广阳顷王子。	广阳顷王子。	胶东顷王子。	胶东顷王子。	胶东顷王子。
三月封，三百户。		五年六月封。	六月封。	六月封。	永光三年三月封。	三月封。	三月封。	三月封。
哀侯霸嗣，鸿嘉元年薨，亡后。	元延元年，侯萌以霸弟绍封，十九年免。	侯交嗣，免。	侯景嗣，免。	侯度嗣，免。	共侯政嗣。	共侯成嗣。	侯建国嗣，免。	侯霸嗣，免。
					侯福嗣，免。	侯顺嗣，免。		
泰山		涿	涿	涿	涿	北海	北海	北海

上乡侯歙师古曰："歙音翕。"	于乡节侯定	就乡节侯玮	石山节侯玄	都阳节侯音	参封侯嗣	伊乡顷侯迁	襄平侯豐	贳乡侯平师古曰："贳音式制反。"
胶东顷王子。	泗水勤王子。	泗水勤王子。	城阳戴王子。	城阳戴王子。	城阳戴王子。	城阳戴王子。	广阳厉王子。	梁敬王子。
三月封，三十九年免。	三月封。	三月封，七年薨，亡后。	三月封。	三月封。	三月封。	三月封，薨，亡后。	五年三月封，四十七年免。	建昭元年正月封，四年，病狂自杀。
	侯圣嗣，免。		釐侯嘉嗣，免。	侯闳嗣，免。	侯殷嗣，免。			
北海	东海	东海						

乐侯义	中乡侯延年	郑顷侯罢军	黄节侯顺	平乐节侯迁	菑乡釐侯就	东乡节侯方	陵乡侯䜣
梁敬王子。	梁敬王子。	梁敬王子。	梁敬王子。	梁敬王子。	梁敬王子。	梁敬王子。	梁敬王子。
正月封,四年,坐使人杀人,髡为城旦。	正月封,四十六年薨。	正月封。	正月封。	正月封。	正月封。	正月封。	正月封,七年,建始二年,坐使人伤家丞,又贷谷息过
		节侯骏嗣。	釐侯申嗣,元寿二年薨,亡后。	侯宝嗣,免。	侯逢喜嗣,免。	侯护嗣,免。	
		侯良嗣,免。					
			济阴		济南	沛	沛

	溧阳侯钦 师古曰："溧音栗。"	釐乡侯固 师古曰："釐音力之反。"	高柴节侯发	临都节侯未央	高质侯舜	北乡侯谭
	梁敬王子。	梁敬王子。	梁敬王子。	梁敬王子。	梁敬王子。	菑川孝王子。
律，免。师古曰："以谷贷人而多取其息也。"	正月封。	正月封，二十一年，鸿嘉四年，坐上书归印绶，免。四百七十二户。	正月封。	正月封。	正月封。	四年六月封，四十三年免。
	侯毕嗣，免。		釐侯贤嗣。	侯息嗣，免。	釐侯始嗣。	
			侯隐嗣，免。		侯便翁嗣，免。	
	沛	沛	沛			

号谥名	属	始封	子	孙	曾孙	玄孙
昌乡侯宪	胶东顷王子。	建始二年正月封，三十年，元寿二年，坐使家丞封上印绶，免。				
左孝元						
平节侯服	菑川孝王子。	四月丁卯封。	侯嘉嗣，免。			齐
广鳌侯便	菑川孝王子。	四月丁卯封。	节侯护嗣。	侯宇嗣，免。		齐
安乡孝侯喜	赵哀王子。	四月丁卯封。	鳌侯胡嗣。	侯合众嗣，免。		
柏乡戴侯买	赵哀王子。	四月丁卯封。	顷侯云嗣。	侯谭嗣，免。		
博乡节侯交	六安缪王子。	竟宁元年四月丁卯封。	侯就嗣，免。			
广平节侯德	广陵孝王子。	十二月封。	侯德嗣，免。			
兰陵节侯宜	广陵孝王子。	五年十二月封。	共侯谭嗣。	侯便强嗣，免。		

顺阳侯共	乐阳侯获	平城釐侯邑	密乡顷侯林	乐都炀侯沂	卑梁侯都	胶阳侯恁师古曰："恁音女林反。"	武乡侯庆
胶东顷王子。	胶东顷王子。	胶东顷王子。	胶东顷王子。	胶东顷王子。	高密顷王子。	高密顷王子。	高密顷王子。
正月封，三十九年免。	正月封，三十九年免。	正月封。	正月封。	正月封。	正月封，三十九年免。	正月封，三十九年免。	正月封。
		节侯珍嗣。	孝侯钦嗣。	缪侯临嗣。			侯劲嗣，免。
		侯理嗣，免。	侯敞嗣，免。	侯延年嗣，免。			

成乡釐侯安	丽兹共侯赐	窦梁怀侯强	广戚（阳）〔炀〕[15]侯勋	阴平釐侯回	
高密顷王子。	高密顷王子。	河间孝王子。	楚孝王子。	楚孝王子。	
正月封。	正月封。	正月封，四年薨，亡后。	河平三年二月乙亥封。	阳朔二年正月丙午封。	
侯德嗣，免。	侯放嗣，免。		侯显嗣。	侯诗嗣，免。	承乡　元始元年二月丙午，侯闳以孝王孙封，八年免。
			子婴，居摄元年为孺子，王莽篡位，为定安公，莽败，死。		

王子侯表第三下

乐平侯䜣		
淮阳宪王子。		
闰六月壬午封，病狂易，免，元寿二年更封共乐侯。师古曰："病狂而改易其本性也。"		
外黄 元始元年二月丙辰，侯圉以宪王孙封，八年免。	高阳 二月丙辰，侯并以宪王孙封，八年免。	平陆 二月丙辰，侯宠以宪王孙封，八年免。

郚乡侯闵 师古曰："郚音鱼，又音吾。"	建乡釐侯康	安丘侯常	栗乡顷侯护	
鲁顷王子。	鲁顷王子。	高密顷王子。	东平思王子。	
四年四月甲寅封，十七年，建平三年，为鲁王。	四月甲寅封。	鸿嘉元年正月癸巳封，二十八年免。	四月辛巳封。	
宰乡 侯延以顷王孙封，八年免。	侯自当嗣，免。		侯玄成嗣，免。	金乡 元始元年二月丙辰，侯不害以思王孙封，八年免。

平通 二月丙辰，侯旦以思王孙封，八年免。	西安 二月丙辰，侯汉以思王孙封，八年薨。	湖乡 二月丙辰，侯开以思王孙封，八年免。	重乡 二月丙辰，侯少柏以思王孙封，八年（免）〔薨〕。[16]

桑丘侯頃		
东平思王子。		
四月辛巳封。		
阳兴 二月丙辰，侯寄生以思王孙封，八年免。	陵阳 二月丙辰，侯嘉以思王孙封，八年免。	高乐 二月丙辰，侯修以思王孙封，八年免。

平邑 二月丙辰，侯闵以思王孙封，八年免。	平纂 二月丙辰，侯况以思王孙封，八年免。	合昌 二月丙辰，侯辅以思王孙封，八年免。	伊乡 二月丙辰，侯开以思王孙封，八年免。

就乡 二月丙辰，侯不害以思王孙封，八年免。	胶乡 二月丙辰，侯武以思王孙封，八年免。	宜乡 二月丙辰，侯恢以思王孙封，八年免。

		桃乡顷侯宣	新阳顷侯永	陵石侯庆
		东平思王子。	鲁顷王子。	胶东共王子。
		二年正月戊子封。	五月戊子封。	四年六月乙巳封，二十五年免。
昌城 二月丙辰，侯丰以思王孙封，八年免。	乐安 二月丙辰，侯禹以思王孙封，八年免。	侯立嗣，免。	侯级嗣，免。	

祁乡节侯贤	富阳侯萌	曲乡顷侯凤	桃山侯钦	昌阳侯霸	临安侯闵	徐乡侯炔 师古曰："炔音桂，字或作快。"
梁夷王子。	东平思王子。	梁荒王子。	城阳孝王子。	泗水戾王子。	胶东共王子。	胶东共王子。
永始二年五月乙亥封。	三年三月庚申封，二十三年免。	六月辛卯封，十七年薨。	四年五月戊申封，二十一年免。	五月戊申封，二十一年免。	五月戊申封，二十一年免。	元延元年二月癸卯封，二十一年，王莽建国元年，
侯富嗣，免。		侯云嗣，免。				
		济南				齐

	台乡侯畛 师古曰:“畛音轸。”	西阳顷侯并	堂乡哀侯恢	安国侯吉	梁乡侯交
	菑川孝王子。	东平思王子。	胶东共王子。	赵共王子。	赵共王子。
举兵欲诛莽，死。	二年正月癸卯封，十八年免。	四月甲寅封。	绥和元年五月戊午封，三年薨，亡后。	六月丙寅封，十六年免。	六月丙寅封，十六年免。
		侯偃嗣，免。			
		东莱			

襄乡顷侯福	容乡釐侯强	缊乡侯固 师古曰："缊音於粉反。"	广昌侯贺	都安节侯普	乐平侯永	万乡侯常得	庸乡侯宰
赵共王子。	赵共王子。	赵共王子。	河间孝王子。	河间孝王子。	河间孝王子。	广阳惠王子。	六安顷王子。
六月丙寅封。	六月丙寅封。	六月丙寅封，十六年免。	六月丙寅封，十六年免。	六月丙寅封。	六月丙寅封，十六年免。	六月丙寅封，十六年免。	三年七月庚午封，十五年免。
侯章嗣，免。	侯弘嗣，免。			侯胥嗣，免。			

左孝成	南昌侯宇	严乡侯信	武平侯璜
	河间惠王子。	东平炀王子。	东平炀王子。
	建平二年五月丁酉封，十二年免。	五月丁酉封，四年，坐父大逆，免，元始元年复封。六年，王莽居摄二年，东郡太守翟义举兵，立信为天子，兵败，死。	五月丁酉封，四年，坐父大逆，免，元始元年复封，居摄二年举兵死。

陵乡侯曾	武安侯侵 师古曰："侵音受。"	湘乡侯昌	方乐侯嘉
楚思王子。	楚思王子。	长沙王子。	广陵缪王子。
四年三月丁卯封，至王莽六年，举兵欲诛莽，死。	三月丁卯封，二年，元寿二年，坐使奴杀人免，元始元年复封，八年免。	五月丙午封，十一年免。	元寿元年五月乙卯封，十一年免。

宜禾节侯得	富春侯玄	左孝哀	陶乡侯恢	鳌乡侯褒	昌乡侯且	新乡侯鲤
河间孝王子。	河间孝王子。		东平炀王子。	东平炀王子。	东平炀王子。	东平炀王子。
二年四月丁酉封。	四月丁酉封，十年免。		元始元年二月丙辰封，八年〔免〕。[17]	二月丙辰封，八年免。	二月丙辰封，八年免。	二月丙辰封，八年免。
侯恢嗣，免。						

部乡侯光	新（成）〔城〕[18]侯武	宜陵侯丰	堂乡侯护	成陵侯由	成阳侯众	复昌侯休
楚思王子。	楚思王子。	楚思王子。	楚思王子。	楚思王子。	楚思王子。	楚思王子。
二月丙辰封，八年免。	二月丙辰封，八年免。	二月丙辰封，八年免。	二月丙辰封，八年免。	二月丙辰封，八年免。	二月丙辰封，八年免。	二月丙辰封，八年免。

安陆侯平	梧安侯誉	朝乡侯充	扶乡侯普	方城侯宣	当阳侯益
楚思王子。	楚思王子。	楚思王子。	楚思王子。	广阳缪王子。	广阳思王子。
二月丙辰封，八年免。	二月丙辰封，八年免。	二月丙辰封，八年免。	二月丙辰封，八年免。	二年四月丁酉封，七年免。	四月丁酉封，七年免。

广城侯（逮）〔疌〕[19]师古曰："（逮）〔疌〕音竹二反。"	春城侯允	昭阳侯赏	承阳侯景师古曰："承音烝。字或作丞。"	信昌侯广	吕乡侯尚
广阳思王子。	东平炀王子。	长沙剌王子。	长沙剌王子。	真定共王子。	楚思王子。
四月丁酉封，七年免。	四月丁酉封，七年免。	五年闰月丁酉封，四年免。	闰月丁酉封，四年免。	闰月丁酉封，四年免。	闰月丁酉封，四年免。

李乡侯殷	宛乡侯隆	寿泉侯承	杏山侯遵	左孝平
楚思王子。	楚思王子。	楚思王子。	楚思王子。	
闰月丁酉封，四年免。	闰月丁酉封，四年免。	闰月丁酉封，四年免。	闰月丁酉封，四年免。	

【校勘记】

〔1〕 钱大昭说“[illegible]”不成字，闽本作“[illegible]”。按殿本作“緁”。注“于”，殿本作“千”。

〔2〕 “十”，景祐、殿本都作“七”。朱一新说作“七”是。

〔3〕 “二”，景祐、殿本都作“三”。

〔4〕 “二”，景祐、殿本都作“三”。王先谦说作“三”是。

〔5〕 钱大昭说“乙”当作“己”，下栏修故侯亦误。按殿本都作“己”。

〔6〕 “三”，景祐、殿本都作“二”。苏舆说作“二”是。

〔7〕 “四年”，景祐、殿、局本都作“四月”。

〔8〕 此格“平”，景祐本作“年”，殿本脱。注“力”，景祐、殿本都作“方”。

〔9〕 苏舆说“二年”当作“三年”。按景祐本作“三年”。

〔10〕 “王”，殿本作“壬”。王先谦说作“壬”是。

〔11〕 “二月”，景祐、殿本都作“三月”。朱一新说作“三月”是。

〔12〕 “固”，景祐、殿本都作“国”。

〔13〕 “免”，景祐、殿、局本都作“嗣”。朱一新说作“嗣”是。

〔14〕 “钦”，钱大昭说闽本作“褒”，朱一新说汪本作“褒”。按景祐、殿本都作“褒”。

〔15〕 钱大昭说“阳”当作“炀”。按景祐、殿本都作“炀”。

〔16〕 朱一新说汪本“免”作“薨”。按景祐、殿本都作“薨”。

〔17〕 “免”，据景祐、殿、局本补。

〔18〕 “成”，景祐、殿本都作“城”。

〔19〕 钱大昭说“[illegible]”不成字，汪本作“[illegible]”。按景祐、殿本都作“[illegible]”。

汉书卷十六

高惠高后文功臣表第四

自古帝王之兴，曷尝不建辅弼之臣所与共成天功者乎！①汉兴自秦二世元年之秋，楚陈之岁，②初以沛公总帅雄俊，三年然后西灭秦，立汉王之号，五年东克项羽，即皇帝位，八载而天下乃平，始论功而定封。讫十二年，侯者百四十有三人。时大城名都民人散亡，户口可得而数裁什二三，③是以大侯不过万家，小者五六百户。封爵之誓曰："使黄河如带，泰山若厉，国以永存，爰及苗裔。"④于是申以丹书之信，重以白马之盟，⑤又作十八侯之位次。⑥高后二年，复诏丞相陈平尽差列侯之功，录弟下竟，臧诸宗庙，副在有司。⑦始未尝不欲固根本，而枝叶稍落也。

①师古曰："天功，天下之功业也。虞书舜典曰'钦哉，惟时亮天功'也。"

②师古曰："谓陈涉自称楚王时也。"

③师古曰："裁与才同，十分之内才有二三也。"

④应劭曰："封爵之誓，国家欲使功臣传祚无穷也。带，衣带也。厉，砥厉石也。河当何时如衣带，山当何时如厉石，言如带厉，国犹永存，以及后世之子孙也。"

⑤师古曰："丹书，解在高纪。白马之盟，谓刑白马歃其血以为盟也。"

⑥孟康曰："唯作元功萧、曹等十八人位次耳。高后乃诏作位次下竟。"师古曰："谓萧何、曹参、张敖、周勃、樊哙、郦商、奚涓、夏侯婴、灌婴、傅宽、靳歙、王陵、陈武、王吸、薛欧、周昌、丁复、虫达，从第一至十八也。"

⑦师古曰："副，贰也。其列侯功籍已藏于宗庙，副贰之本又在有司。"

故逮文、景四五世间，流民既归，户口亦息，列侯大者至三四万户，小国自倍，①富厚如之。②子孙骄逸，忘其先祖之艰难，多陷法禁，陨命亡国，〔或〕（云）〔亡〕子孙。[1]讫于孝武后元之年，靡有孑遗，耗矣。③罔亦少密焉。④故孝宣皇帝愍而录之，乃开庙臧，览旧籍，诏令有司求其子孙，咸出庸保之中，⑤并受复除，或加以金帛，⑥用章中兴之德。

①师古曰："自倍者，谓旧五百户，今者至千也。曹参初封万六百户，至后嗣侯宗免时，有户二万三千，是为户口蕃息故也。它皆类此。"

②师古曰："言其赀财亦稍富厚，各如户口之多也。"

③孟康曰："耗音毛。无有毛米在者也。"师古曰："孟音是也，而解非也。孑然，独立貌，言无有独存者，至于耗尽也。今俗语犹谓无为耗，音毛。"

④服虔曰："法罔差益密也。"

⑤师古曰："庸，〔卖〕功庸也；[2]保，可安信也：皆赁作者也。"

⑥师古曰："复音方目反。"

降及孝成，复加恤问，稍益衰微，不绝如线。①善乎，杜业之纳说也！曰："昔唐以万国致时雍之政，②虞、夏以（之）多群后飨共己之治。③[3]汤法三圣，殷氏太平。④周封八百，重译来贺。⑤是以内恕之君乐继绝世，隆名之主安立亡国，⑥至于不及下车，德念深矣。⑦成王察牧野之克，顾群后之勤，知其恩结于民心，功光于王府也，故追述先父之志，录遗老之策，高其位，大其宇，⑧爱敬饬尽，命赐备厚。⑨大孝之隆，于是为至。至其没也，世主叹其功，无民而不思。所息之树且犹不伐，⑩况其庙乎？是以燕、齐之祀与周并传，子继弟及，历载不堕。⑪岂无刑辟，繇祖之竭力，故支庶赖焉。⑫迹汉功臣，亦皆割符世爵，受山河之誓，存以著其号，亡以显其魂，赏亦不细矣。百馀年间而袭封者尽，或绝失姓，或乏无主，朽骨孤于墓，苗裔流于道，生为愍隶，死为转尸。⑬以往况今，甚可悲伤。⑭圣朝怜闵，诏求其后，四方忻忻，靡不归心。出入数年而不省察，恐议者不思大义，设言虚亡，则厚德掩息，遴柬布章，⑮非所以视化劝后也。⑯三人为众，虽难尽继，宜从尤功。"⑰于是成帝复绍萧何。

①晋灼曰："线，線缕字也，音先战反。"

②师古曰："雍，和也。尧典云'黎萌于变时雍'，故杜业引之也。"

③师古曰："群后谓诸侯也。恭己，无为也。孔子曰：'无为而治者，其舜也欤！夫何为哉？恭己正南面而已。'共读曰恭。"

④师古曰："三圣谓尧、舜、禹也。"

⑤师古曰："重译谓越裳氏也。"

⑥师古曰："以立亡国之后为安泰也。"

⑦张晏曰："谓武王入殷，未及下车，封黄帝之后于蓟，虞舜之后于陈也。"

⑧师古曰："寓谓启土所居也。"

⑨师古曰："饬，谨也，读与敕同。"

⑩师古曰："谓召伯止于甘棠之下而听讼，人思其德，不伐其树，召南甘棠之诗是也。"

⑪师古曰："弟代兄位谓之及。堕，毁也，音火规反。"

⑫师古曰："言国家非无刑辟，而功臣子孙得不陷罪辜而能长存者，思其先人之力，令有续嗣也。繇读与由同。"

⑬应劭曰："死不能葬，故尸流转在沟壑之中。"师古曰："愍隶者，言为徒隶，可哀愍之也。"

⑭师古曰："况，譬也。"

⑮晋灼曰："许慎云'遴，难行也'。柬，古简字也。简，少也。言今难行封，则得继绝者少，若然，此必布闻彰于天下也。"师古曰："遴读与吝同。"

⑯师古曰："视读与示同。"

⑰孟康曰："言人三为众，虽难尽继，取其功尤高者（三）〔一〕人继之，[4]于名为众矣。"服虔曰："尤功，封重者一人也。"师古曰："孟说是也。"

哀、平之世，增修曹参、周勃之属，得其宜矣。以缀续前记，究其本末，并序位次，尽于孝文，以昭元功之侯籍（云）。①[5]

①师古曰："籍谓名录也，高纪所云通侯籍也。"

号谥姓名	平阳懿侯曹参
侯状户数	以中涓从起沛，至霸上，侯。以将军入汉，以假左丞相定魏、齐，以右丞相，侯，万六百户。 师古曰："中涓，亲近之臣，若谒者、舍人之类也。涓，洁也，主居中扫洁也。涓音工玄反。"
始封	六年十二月甲申封，十二年薨。
位次	孟康曰："曹参位第二而表在首，萧何位第一而表在十三，表以封前后故也。"
子	孝惠六年，靖侯窋嗣，二十九年薨。
孙	孝文后四年，简侯奇嗣，七年薨。
曾孙	孝景四年，夷侯时嗣，二十三年薨。
玄孙	元光五年，共侯襄嗣，十六年薨。

六世　元鼎二年，侯宗嗣，二十四年，征和二年，坐与中人奸，阑入宫掖门，入财赎完为城旦。户二万三千。	十世　建武二年，侯宏嗣，以本（治）〔始〕[6]子举兵佐军，绍封。
七世　元康四年，参玄孙之孙杜陵公乘喜诏复家。　孟康曰：“诸复家皆世世无所与，得传同产子。”	十一世　侯旷嗣，今见。
八世	
九世　元寿二年五月甲子，侯本始以参玄孙之玄孙杜陵公士绍封，千户，元始元年益满二千户。	

信武肃侯靳歙 师古曰："歙音翕。"		汝阴文侯夏侯婴
以中涓从起宛朐，入汉，以骑都尉定三秦，击项籍，别定江汉，侯，五千三百户。以将军攻豨、布。		以令史从降沛，为太仆，常奉车，竟定天下，及全皇太子、鲁元公主，侯，六千九百户。
十二月甲申封，九年薨。		十二月甲申封，三十年薨。
十一		八
高后六年，侯亭嗣，二十一年，孝文后三年，坐事国人过律，免。 师古曰："事谓役使之也。"	六世 元康四年，歙玄孙之子长安上造安汉诏复家。	孝文九年，夷侯灶嗣，七年薨。
孙		十六年，共侯赐嗣，四十一年薨。
曾孙		元光（三）〔二〕[7]年，侯颇嗣，十八年，元鼎二年，坐尚公主与父御〔婢〕奸，自杀。
玄孙		玄孙

	清河定侯王吸
	以中涓从起丰，至霸上，为骑郎将，入汉，以将军击项籍，侯，二千二百户。
	十二月甲申封，二十三年薨。
	十四
六世 元康四年，婴玄孙之子长安大夫信诏复家。	孝文元年，哀侯疆嗣。七年薨。
	八年，孝侯伉嗣，二十年薨。师古曰："伉音口浪反，又音工郎反。"
	孝景五年，哀侯不害嗣，十九年，元光二年薨，亡后。
	元康四年，吸玄孙长安大夫充国诏复家。

	阳陵景侯傅宽	
	以舍人从起横阳，至霸上，为骑将，入汉，定三秦，属淮阴，定齐，为齐丞相，侯，二千六百户。	
	十二月甲申封，十二年薨。	
	十　位次曰武忠侯。　师古曰：“汉列侯位次簿有谥号姓名与史所记不同者，表则具载矣。”	
元寿二年八月，诏赐吸代后爵关内侯，不言世。	孝惠六年，顷侯清嗣，二十（四）〔二〕[8]年薨。	六世
	孝文十五年，共侯明嗣，〔二〕十二年薨。	七世　元康四年，宽玄孙之孙长陵士伍景诏复家。
	孝景四年，侯偃嗣，三十一年，元狩元年，坐与淮南王谋反，诛。	
	玄孙	

广严侯召欧 师古曰："召读曰邵。欧音乌后反。它皆类此。"	广平敬侯薛欧
以中涓从起沛，至霸上，为连敖，入汉，以骑将定燕、赵，得燕将军，侯，二千二百户。	以舍人从起丰，至霸上，为郎，入汉，以将军击项籍将锺离眛，侯，四千五百户。
十二月甲申封，二十三年薨。	十二月甲申封，十四年薨。
二十八	十五
孝文二年，戴侯胜嗣，九年薨。	高后元年，靖侯山嗣，二十六年薨。
十一年，共侯嘉嗣，十三年，孝文后七年薨，亡后。	平棘　孝文后三年，侯泽嗣，孝景中三年，有罪，免。中五年，泽复封，三十三年薨，谥曰节侯。
曾孙	元朔四年，侯穰嗣，三年，元狩元年，坐受淮南赂称臣，在赦前，免。
元康四年，欧玄孙安陵大夫不识诏复家。	元康四年，欧玄孙长安大夫去病诏复家。

博阳严侯陈濞	堂邑安侯陈婴
以舍人从砀，以刺客将入汉，以都尉击项羽荥阳，绝甬道，杀追士卒，侯。师古曰："楚军追汉兵者，濞杀其士卒也。"	以自定东阳为将，属楚项梁，为楚柱国。四岁，项羽死，属汉，定豫章、浙江，都浙，定自为王壮息，侯，
十二月甲申封，三十年薨。	十二月甲申封，(六)〔十八〕[9]年薨。
十九	八十六
塞　孝文后三年，侯始嗣，九年，坐谋杀人，会赦，免。孝景中五年，始复封，二年，后元年，有罪，免。	高后五年，共侯禄嗣，十八年薨。
孙	孝文三年，侯午嗣，尚馆陶公主，四十八年薨。
元康四年，濞曾孙茂陵公乘寿诏复家。	元光六年，侯季须嗣。十三年，元鼎元年，坐母公主卒未除服奸，兄弟争财，当死，自杀。

六百户。复相楚元王十二年。 师古曰："浙，水名。在丹阳黝县南蛮中。婴既定诸地而都之，时又有壮息者，称僭王，婴复讨平也。"	
	隆虑　孝景中五年，侯融以长公主子侯，万五千户，二十九年，坐母丧未除服奸，自杀。

	曲逆献侯陈平	
	以故楚都尉，汉王二年初起修武，为都尉，以护军中尉出奇计，定天下，侯，五千户。	
	十二月甲申封，二十四年薨。	
	四十七	
六世　元康四年，婴玄孙之子霸陵公士尊诏复家。	孝文三年，共侯买嗣，二年薨。	六世　元康四年，平玄孙之子长安簪褭莫诏复家。
	五年，简侯悝嗣，二十二年薨。	元始二年，诏赐平代后者凤爵关内侯，不言世。
	孝景五年，侯何嗣，二十三年，元光五年，坐略人妻，弃市。户万六千。	

留文成侯张良	
以厩将从起下邳，以韩申都下韩，入武关，设策降秦王婴，解上与项羽隟，请汉中地，常为计谋，侯，万户。　师古曰：“韩申都即韩王信也，楚汉春秋作信都。古信申同义。”	
正月丙午封，十六年薨。	
六十二　师古曰：“高祖自云（传）〔得〕[10]天下由张良，称其才也。叙位次，乃以曹参比萧何，校其勤也。至如户数多少，或以才德，或以功劳，亦无定也。故称萧何功第一，户唯八千。张良食万户，而位过六十。它皆类此。”	
高后三年，侯不疑嗣，十年，孝文五年，坐与门大夫杀故楚内史，赎为城旦。　师古曰：“门大夫，侯之属官也。”	六世　元康四年，良玄孙之子
孙	
曾孙	
玄孙	

	射阳侯刘缠　师古曰："即项伯也。射字或作贳者，后人改也。"	酂文终侯萧何　师古曰："酂音赞。"
	兵初起，与诸侯共击秦，为楚左令尹。汉王与项有隙于鸿门，缠解难，以破羽降汉，侯。	以客初从入汉，为丞相，守蜀及关中，给军食，佐定诸侯，为法令宗庙，侯，八千户。
	正月丙午封，九年，孝惠三年薨。嗣子睢有罪，不得代。	正月丙午封，九年薨。
		一
阳陵公乘千秋诏复家。		孝惠三年，哀侯禄嗣，六年薨，亡后。高后二年，封何夫人禄母同为侯，孝文元年罢。

	筑阳 高后二年，定侯延以何少子封，孝文元年更为酂，二年薨。 师古曰："筑音逐。"	
	炀侯遗嗣，一年薨，亡后。	武阳 五年，侯则以何孙遗弟绍封，二十年有罪，免。二万六千户。

孝景二年，侯嘉以则弟绍封，二千户，七年卒。		
中二年，侯胜嗣，二十一年，坐不斋，耐为隶臣。 师古曰："谓当侍祠而不斋也。"	酂 元狩三年，共侯庆以何曾孙绍封，二千四百户，三年薨。	
	六年，侯寿成嗣，十年，坐为太常牺牲瘦，免。	地节四年，安侯建世以何玄孙绍封，

	六世　甘露二年，思侯辅嗣。	六世　永始元年七月癸卯，釐侯喜以何玄孙之子南䜌长绍封，三年薨。　师古曰："䜌音力全反，钜鹿之县也。"
	七世　侯获嗣，永始元年，坐使奴杀人，减死，完为城旦。	七世　永始四年，质侯尊嗣，五年薨。
		八世　绥和元年，质侯章嗣，元始元年，益封满二千户，十三年薨。
十四年薨。		九世　王莽居摄元年，侯禹嗣，建国元年更为萧乡侯，莽败，绝。

绛武侯周勃		
以中涓从起沛，至霸上，侯。定三秦，食邑，为将军，入汉，定陇西，击项籍，守峣关，定泗水、东海，侯，八千一百户。		
正月丙午封，三十三年薨。		
四		
孝文十二年，侯胜之嗣，六年，有罪，免。	修 后（二）〔三〕[11]年，侯亚夫以勃子绍封，十八年，有罪，免。 师古曰："修读曰条。"	平曲 孝景后元（元）年，[12]共侯坚以勃子绍封，十九年薨。
		元朔五年，侯建德嗣，十二年，元鼎五年，坐酎金免。
		元康四年，勃曾孙槐里公乘广汉诏复家。
		元始二年，侯共以勃玄孙绍封，千户。

舞阳武侯樊哙	
以舍人起沛，从至霸上，为侯。以郎入汉，定三秦，为将军，击项籍，再益封。从破燕，执韩信，侯，五千户。	
正月丙午封，十三年薨。	
五	
孝惠七年，侯伉嗣，九年，高后八年，坐吕氏诛。 师古曰："伉音口浪反，又音冈。"	孝文元年，荒侯市人以哙子绍封，二十九年薨。
	(老)〔孝〕[13]景七年，侯它广嗣，中六年，坐非子免。
	元康四年，哙曾孙长陵不更胜客诏复家。 师古曰："不更，爵名。胜客，其人名。"
	玄孙

	曲周景侯郦商	
	以将军从起岐，攻长社以南，别定汉及蜀，定三秦，击项籍，侯，四千八百户。	
	正月丙午封，二十二年薨。	
	六	
六世　元始二年，侯章以哙玄孙之子绍封，千户。	孝文元年，侯寄嗣，三十二年，有罪，免。户万八千。	缪　孝景中三年，靖侯坚绍封。
		元光四年，康侯遂成嗣。
		怀侯世宗嗣。
		元鼎二年，侯终根嗣，二十九年，后二年，祝诅上，腰斩。

	颍阴懿侯灌婴	
	以中涓从起砀，至霸上，为昌文君，入汉，定三秦，食邑。以将军属韩信，定齐、淮南及八邑，杀项籍，侯，五千户。	
	正月丙午封，二十六年薨。	
	九	
六世　元康四年，商玄孙之子长安公士共诏复家。	孝文五年，平侯何嗣，二十八年薨。	
元始二年，诏赐商代后者猛友爵关内侯。	孝景中三年，侯彊嗣，十三年，有罪，免。户八千四百。	临汝　元光二年，侯贤以婴孙绍封，九年，元朔五年，坐子伤人首匿，免。千户。
		元康四年，婴曾孙长安官首匿诏复家。
		元寿二年八月，诏赐婴代后者谊爵关内侯。

	汾阴悼侯周昌	
	初起，以职志击秦，入汉，出关，以内史坚守敖仓，以御史大夫侯，比清阳侯。　如淳曰："职志，官名，主旗帜也。"师古曰："志音式吏反。"	
	正月丙午封，十年薨。	
	十六	
	孝惠四年，哀侯开方嗣，十六年薨。	
	孝文前五年，侯意嗣，十三年，坐行赇，髡为城旦。	安阳　孝景中二年，侯左车以昌孙绍封，八年，建元元年，有罪，免。
师古曰："官首，爵名；匿，其人名也。"		元康四年，昌曾孙沃侯国士伍明诏复家。

	梁邹孝侯武虎	
	兵初起，以谒者从击破秦，入汉，定三秦，出关，以将军击定诸侯，比博阳侯，二千八百户。	
	正月丙午封，十一年薨。	
	二十	
	孝惠五年，侯最嗣，五十八年薨。	六世　元康四年，虎玄孙之子夫夷侯国公乘充竟诏复家。
	元光三年，顷侯婴齐嗣，二十年薨。	
师古曰："明旧有官爵，免为士伍而属沃侯之国也。"	元鼎四年，侯山柎嗣，一年，坐酎金免。　师古曰："柎音肤。其字从木。"	
	玄孙	

成敬侯董渫　师古曰："渫音先列反。字或作緤。"	蓼夷侯孔聚
初起以舍人从击秦，为都尉，入汉，定三秦，出关，以将军定诸侯，比厌次侯，二千八百户。	以执盾前元年从起砀，以左司马入汉，为将军，三以都尉击项籍，属韩信，侯。　师古曰："前元年，谓初起之年，即秦胡亥元年。
正月丙午封，七年薨。	正月丙午封，三〔十〕[14]年薨。
二十五	三十
节氏　孝惠元年，康侯赤嗣，四十四年，有罪，免。户五千六百。孝景中五年，赤复封，八年薨。	孝文九年，侯臧嗣，四十五年，元朔三年，坐为太常衣冠道桥坏不得度，免。
建元四年，共侯罢军嗣，五年薨。	孙
元光三年，侯朝嗣，十二年，元狩三年，坐为济南太守与城阳王女通，耐为鬼薪。	曾孙
元康四年，渫玄孙平陵公乘诎诏复家。	元康四年，聚玄孙长安公士宣诏复家。

	费侯陈贺 师古曰："费音扶味反。说者以为季氏邑，非也。"	
后皆类此。击项籍者，即楚汉春秋及史记所谓孔将军居左者。"	以舍人前元年从起砀，以左司马入汉，用都尉属韩信，击项籍，为将军，定会稽、浙江、湖陵，侯。	
	正月丙午封，二十二年薨。	
	三十一	
师古曰："游衣冠之道。"	孝文元年，共侯常嗣，二十四年薨。	巢 孝景中六年，侯最以贺子绍封，二年薨，亡后。
	孝景二年，侯偃嗣，八年，有罪，免。	
		元康四年，贺曾孙茂陵上造侨诏复家。

阳夏侯陈豨	隆虑克侯周灶
以特将将卒五百人前元年从起宛朐，至霸上，为游击将军，别定代，破臧荼，侯。	以卒从起砀，以连敖入汉，以长鋋都尉击项籍，侯。　如淳曰："连敖，楚官。左传楚有连尹、莫敖，其后合为一官号。"师古曰："长鋋，长刃兵也，为刀而剑形。史记作长铍，铍亦刀耳。鋋音𢓜。铍音披。"
正月丙午封，十年，以赵相国反，自为王，十二年，诛。	正月丁未封，三十九年薨。
	三十四
	孝文后二年，侯通嗣，十二年，孝景中元年，有罪，完为城旦。
	孙
	曾孙
	元康四年，灶玄孙阳陵公乘诏复家。

阳都敬侯丁复 师古曰：“复音扶目反。”	阳信胡侯吕青	
以越将从起薛，至霸上，以楼烦将入汉，定三秦，属周吕侯，破龙且彭城，为大司马，破项籍叶，为将军，忠臣，侯，七千八百户。	以汉五年用令尹初从，功比堂邑侯，千户。	
正月戊申封，十九年薨。	正月壬子封，十年薨。	
十七	八十七	
高后六年，趮侯甯嗣，十(三)〔二〕[15]年薨。 师古曰：“趮，古躁字也。”	孝惠四年，顷侯臣嗣，十八年薨。	六世 中三年，侯谈嗣，三十五年，元鼎五年，坐酎金免。
孝文十年，侯安城嗣，十五年，孝景二年，有罪，免。户万七千。	孝文七年，怀侯义嗣，二年薨。	
元康四年，复曾孙临沂公士赐诏复家。	九年，惠侯它嗣，十九年薨。	
	孝景五年，共侯善嗣，五年薨。	元康四年二月，青玄孙长陵大夫阳诏复家。

东武贞侯郭蒙	汁防肃侯雍齿 （师古）〔如淳〕[16]曰："汁音什。防音方。"
以户卫起薛，属周吕侯，破秦军杠里，陷杨熊军曲遇，入汉，为城将，定三秦，以都尉坚守敖仓，为将军破项籍，侯，三千户。 师古曰："城将，将筑城之兵也。"	以赵将前三年从定诸侯，二千五百户，功比平定侯。齿故沛豪，有力，与上有隙，故晚从。
正月戊午封，十九年薨。	三月戊子封，九年薨。
四十一	五十七
高后六年，侯它嗣，三十一年，孝景六年，有罪，弃市。户万一百。	孝惠三年，荒侯钜鹿嗣，三十八年薨。
孙	孝景三年，侯野嗣，十年薨。
曾孙	终侯桓嗣，不得年，元鼎五年，坐酎金免。
元康四年，蒙玄孙茂陵公士广汉诏复家。	

棘蒲刚侯陈武	都昌严侯朱轸	
以将军前元年将卒二千五百人起薛，别救东阿，至霸上，（一）〔二〕[17]岁十月入汉，击齐历下军临（薔）〔菑〕，侯。	以舍人前元年从起沛，以队帅先降翟王，虏章邯，侯。	
三月丙申封，（四）〔三〕十八年，孝文后元年薨。子奇反，诛，不代。	三月庚子封，十四年薨。	
十三	二十三	
子	高后元年，刚侯率嗣，十五年薨。	
孙	孝文八年，夷侯诎嗣，十六年薨。	
元康四年，武曾孙云阳上造嘉诏复家。	孝景元年，共侯偃嗣，二年薨。	
	三年，侯辟彊嗣，五年，中元年薨，亡后。	元康四年，轸玄孙昌侯国公士先诏复家。

武彊严侯严不职	贳齐合侯傅胡害　师古曰："贳音式制反。"
以舍人从起沛（公），[18]至霸上，以骑将入汉，还击项籍，属丞相甯，功侯。用将军击黥布，侯。	以越户将从破秦，入汉，定三秦，以都尉击项籍，侯，六百户，功比台侯。
三月庚子封，二十年薨。	三月庚子封，二年薨。
三十三	三十六
高后七年，简侯婴嗣，十九年薨。	八年，共侯方山嗣，二十年薨。
孝文后二年，侯青翟嗣，四十七年，元鼎二年，坐为丞相建御史大夫（阳）〔汤〕不直，自杀。　师古曰："以狱建之意，而不直也。"	孝文元年，炀侯赤嗣，十一年薨。
元康四年，不职曾孙长安公乘仁诏复家。	十二年，康侯遗嗣，四十四年薨。
	元朔五年，侯猜嗣，八年，元鼎元年，坐杀人，弃市。

		海阳齐信侯摇母馀
		以越队将从破秦，入汉，定三秦，以都尉击项籍，侯，千七百户。
		三月庚子封，九月薨。
		三十七
	元寿（一）〔二〕[19]年八月，诏赐胡害为后者爵（太）〔大〕上造。	孝惠三年，哀侯昭襄嗣，九年薨。
		高后五年，康侯建嗣，三十年薨。
		孝景四年，哀侯省嗣，十年薨，亡后。
元康四年，胡害玄孙茂陵公士世诏复家。		玄孙

	南安严侯宣虎	肥如敬侯蔡寅
	以河南将军汉王三年降晋阳，以重将破臧荼，侯，九百户。 师古曰："重将者，主将领辎重也。重音直用反。一曰持重之将也，音直勇反。"	以魏太仆汉王三年初从，以车骑将军破龙且及彭城，
	三月庚子封，三十年薨。	三月庚子封,二十四年薨。
	六十三	六十六
六世 元康四年，母馀玄孙之子不更未央诏复家。	孝文九年，共侯戎嗣，十一年薨。	孝文三年，严侯戎嗣，十四年薨。
元寿二年八月，诏赐母馀代后者贤爵关内侯。	后四年，侯千秋嗣，十一年，孝景中元年，坐伤人，免。户二千一百。	后元年，侯奴嗣，七年，孝景元年薨，亡后。
	元康四年，虎曾孙南安簪褭护诏复家。	元康四年，寅曾孙肥如

	曲成圉侯虫达
侯，千户。	以西城户将三十七人从起砀，至霸上，为执金吾，五年，为二队将，属周吕侯，入汉，定三秦，以都尉破项籍陈下，侯，四千户。以将军击燕、代。
	三月庚子封，二十二年薨。
	十八 位次曰夜侯恒。
	孝文元年，侯捷嗣，八年，有罪，免。十四年，捷复封，十八年，复免。户九千三百。孝景中五年，侯捷复封，五年薨。
	建元二年，侯皇柔嗣，二十四年，元鼎二年，坐为汝南太守知民不用赤侧钱为赋，为鬼薪。 师古曰："赤侧解在食货志。时并令以充赋，而汝南不遵诏令。"
大夫福诏复家。	曾孙
	元康四年，达玄孙茂陵公乘宣诏复家。

河阳严侯陈涓	淮阴侯韩信
以卒前元年起砀从，以二队将入汉，击项籍，得梁郎将处，侯。以丞相定齐。	初以卒从项梁，梁死，属项羽为郎中，至咸阳，亡从入汉，为连敖票客。萧何言信为大将军，别定魏、赵，为齐王，徙楚，擅发兵，废为侯。 师古曰："高纪及信传并云为治粟都尉，而此云票客，参错不同。或者以其票疾而宾客礼之，故云票客也。票音频妙反。"
三月庚子封，二十二年薨。	六年封，五年，十一年，坐谋反诛。
二十九	
孝文元年，信嗣，三年，坐不偿人责过六月，免。	
孙	
曾孙	
元康四年，涓玄孙即丘公士元诏复家。	

	芒侯耏跖　师古曰:“耏音而。左氏传曰宋耏班。跖音之亦反。”	敬市侯阎泽赤
	以门尉前元年初起砀，至霸上，为定武君，入汉，还定三秦，为都尉击项羽，功侯。	以执盾初起从入汉，为河上守，迁为殷相，击项籍，侯，千户，功比平定侯。
	六年封，三年薨，亡后。	四月癸未封，三年薨。
		五十五
	张　九年，侯昭嗣，四年，有罪，免，孝景三年，诏以故列侯将兵击吴楚，复封。	九年，夷侯无害嗣，三十八年薨。
	侯申嗣，元朔六年，坐尚南宫公主不敬，免。　师古曰：“景帝女也。”	孝文后四年，戴侯续嗣，八年薨。
		孝景五年，侯縠嗣，四十年，元鼎五年，坐酎金免。

	柳丘齐侯戎赐	魏其严侯周止
	以连敖从起薛，以三队将入汉，定三秦，以都尉破项籍军，为将军，侯，八千户。	以舍人从起沛，以郎中入汉，为周信侯，定三秦，以为骑郎将，破项籍东城，侯，千户。
	六月丁亥封，十八年薨。	六月丁亥封，十八年薨。
	三十九	四十四
六世　元康四年，泽赤玄孙之子长安上造章世诏复〔家〕。[20]	高后五年，侯安国嗣，三十年薨。	高后五年，侯简嗣，二十九年，孝景三年，谋反，诛。户三千。
	孝景四年，敬侯嘉成嗣，十年薨。	孙
	后元年，侯角嗣，有罪，免。户三千。	曾孙
	元康四年，赐玄孙长安公士元生诏复家。	元康四年，止玄孙长陵不更广世诏复家。

祁榖侯缯贺

以执盾汉王三年初起从晋阳，以连敖击项籍。汉王败走，贺击楚追骑，以故不得进。汉王顾谓贺祈王。战彭城，斩项籍，争恶，绝延壁，侯，千四百户。 师古曰：“谓之祁王，盖嘉其功，故宠号之，许以为王也。争恶，谓争恶地。延壁，壁垒之名也。”

六月丁亥封，三十三年薨。

五十一

孝文十二年，顷侯胡嗣，十七年薨。

孝景六年，侯它嗣，十九年，元光二年，坐射擅罢，免。 师古曰：“方大射而擅自罢去也。”

曾孙

元康四年，贺玄孙茂陵公大夫赐诏复家。

平悼侯工师喜	鲁侯奚涓	城父严侯尹恢
初以舍人从击破秦，以郎中入汉，以将军定诸侯，守雒阳，侯，比费侯贺，千三百户。	以舍人从起沛，至咸阳为郎，入汉，以将军定诸侯，四千八百户，功比舞阳侯，死军事。	初以谒者从入汉，以将军击定诸侯，以右丞相备守
六月丁亥封，六年薨。	重平　六年，侯涓亡子，封母底为侯，十九年薨。	六年封，九年薨。
三十二　位次曰聊城侯。	七	二十六
十二年，靖侯奴嗣，三十一年薨。		孝惠三年，侯开方嗣，七年，高后三年，夺爵为关内侯。
孝文十六年，侯执嗣，十九年，孝景中五年，坐匿死罪，会赦，免。户三千三百。		孙
		曾孙
		玄孙

		任侯张越
淮阳，功比厌次侯(顷侯诸庄)，[21]二千户。		以骑都尉汉五年从起东垣，击燕、代，属雍齿，有功，为车骑将军。
		六年封，十六年，高后三年，坐匿死罪，免。户七百五十。
	六世　元康四年，恢玄孙之子新丰簪褭殷诏复家。[22]	

棘丘侯襄	河陵顷侯郭亭	
以执盾队史前元年从起砀，破秦，治粟内史入汉，以上郡守击定西魏地，功侯。	以连敖前元年从起单父，以塞路入汉，还定三秦，属周吕侯，以都尉击项籍，功侯。师古曰："塞路者，主遮塞要路，以备敌寇也。"	
六年封，十四年，高后元年，有罪，免。户九百七十。	七月庚寅封，二十四年薨。	
	二十七	
	孝文三年，惠侯欧嗣，二十二年薨。	
	孝景二年，胜侯客嗣，八年，有罪，免。	南　中六年，靖侯延居绍封，十五年薨。
		元光六年，侯则嗣，十七年，元鼎五年，坐酎金免。
		元康四年，亭玄孙茂陵公乘贤诏复家。

昌武靖信侯单究	
初以舍人从，以郎入汉，定三秦，以郎骑将军击诸侯，侯，九百户，功比魏其侯。	
七月庚寅封，十三年薨。	
四十五	
孝惠六年，惠侯如意嗣，四十三年薨。	六世
孝景中元四年，侯贾成嗣，十六年薨。	七世　元康四年，究玄孙之孙阳陵公乘万年诏复家。
元光五年，侯德嗣，四年，元朔三年，坐伤人二旬内死，弃市。户六百。	

高宛制侯丙猜		宣曲齐侯丁义
初以客从入汉，定三秦，以中尉破项籍，侯，千六百五户，比斥丘侯。		以卒从起留，以骑将入汉，
七月戊戌封，七年薨。		七月戊戌封，
四十一		四十三
孝惠元年，简侯得嗣，三十年薨。	六世	发娄 孝文十一年，
孝文十六年，平侯武嗣，二十四年薨。	七世　元康四年，猜玄孙之孙高宛大夫齮诏复家。	孙
建元元年，侯信嗣，三年，坐出入属车间，免。户三千二百。　师古曰："天子出行，陈列属车，而辄至于其间。"	八世　元始三年，猜玄孙之曾孙内诏赐爵关内侯。	元康四年，义

	终陵齐侯华毋害	东茅敬侯刘到
定三秦，破籍军荥阳，为郎骑将，破锺离眜军固陵，侯，六百七十户。	以越将从起留，入汉，定三秦，击臧荼，侯，七百四十户。从攻马邑及布。	以舍人从起砀，至霸上，以二队入汉，定三秦，以都尉击项籍，破臧荼，侯，捕韩王信，为将军，（邑益）〔益邑〕[23]千户。
三十二年薨。	七月戊戌封，三十五年薨。	八月丙辰封，二十四年薨。
	四十六	四十八
侯通嗣，十七年，有罪，赦为鬼薪。户千一百。孝景中五年，通复封，十一年，有罪，免。	孝文四年，共侯勃嗣，十六年薨。	孝文三年，侯告嗣，十二年，十六年，坐事国人过员，免。
	后四年，侯禄嗣，七年，孝景四年，坐出界，耐为司寇。户千五百。	孙
曾孙阳安公士年诏复家。	元康四年，曾孙於陵大夫告诏复家。	元康四年，到曾孙 鲖阳公乘咸诏复家。

	斥丘懿侯唐厉	
	以舍人初从起丰，以左司马入汉，以亚将攻籍，却敌，为东部都尉，破籍，侯成武，为汉中尉，击布，为斥丘侯，千户。师古曰："初为成武侯，后更封斥丘也。"	
	八月丙辰封，二十年薨。	
	四十	
师古曰："嗣爵十三年至孝文十六年而免也。事谓役使之。员，数也。"	孝文九年，共侯朝嗣，十三年薨。	
	后六年，侯贤嗣，四十三年薨。	
师古曰："鲖音纣。"	元鼎二年，侯尊嗣，二年，坐酎金免。	元康四年，厉曾孙长安公士广意诏复家。

台定侯戴野	安国武侯王陵	
以舍人从起砀，用队率入汉，以都尉击籍，籍死，击临江，属将军贾，功侯。以将军击燕、代。	以自聚党定南阳，汉王还击项籍，以兵属，从定天下，侯，五千户。	
八月甲子封，二十五年薨。	八月甲子封，二十一年薨。	
三十五	十二	
孝文四年，侯午嗣，二十二年，孝景三年，坐谋反，诛。	高后八年，哀侯忌嗣，一年薨。	
孙	孝文元年，终侯斿嗣，三十九年薨。	
曾孙	建元元年，安侯辟方嗣，二十年薨。	
元康四年，野玄孙长陵上造安昌诏复家。	元狩三年，侯定嗣，八年，元鼎五年，坐酎金免。	元康四年，陵玄孙长安公乘襄诏复家。

乐成节侯丁礼		辟阳幽侯审食其
以中涓骑从起砀，为骑将入汉，定三秦，为正奉侯，以都尉击籍，属灌婴，杀龙且，更为乐成侯，千户。		以舍人初起，侍吕后、孝惠。二岁十月，吕后入楚，食其侍从一岁，侯。
八月甲子封，二十六年薨。		八月甲子封，二十五年，为淮南王长所杀。
四十二		五十九
孝文五年，夷侯马从嗣，十八年薨。	六世	孝文四年，侯平嗣，二十一年，孝景二年，坐谋反，自杀。
后七年，武侯吾客嗣，四十二年薨。	七世　元康四年，礼玄孙之孙长安公士禹诏复家。	
元鼎二年，侯义嗣，三年，坐言五利侯不道，弃市。户二千四百。		元康四年，食其曾孙茂陵公乘非诏复家。
玄孙		

䣷成制侯周緤　师古曰："䣷音陪，又音普肯反。緤音息列反。"	
以舍人从起沛，至霸上，入汉，定三秦，食邑池阳，击项籍荥阳，绝甬道，从度平阴，遇韩信军襄国。楚、汉分鸿沟，以緤为信，战不利，不敢离上，侯，二千二百户。	
八月甲子封，二十七年薨。	
二十二	
侯昌嗣，有罪，免。	郸　孝景中元年，康侯应以昌弟绍封，一年薨。　师古曰："郸，沛之县也，音多。"
	中(三)〔二〕年，[24]侯仲居嗣，三十四年，元鼎三年，坐为太常收赤侧钱不收，完为城旦。
	元康四年，緤曾孙长安公士禹诏赐黄金十斤复家，死，亡子，复免。
长沙	沛　元始元年，緤玄孙护以诏书为次复禹同产弟子，死，亡子，绝。

	安平敬侯鄂秋
	以谒者汉王三年初从，定诸侯，有功(秋)〔秩〕，[25]举萧何功，因故侯，二千户。　师古曰："先以食邑，因就封之也。事见萧何传。"
	八月甲子封，十二年薨。
	六十一
	孝惠三年，简侯嘉嗣，九年薨。
如淳曰："食货志民巧法，用之不便，又废也。"	高后八年，顷侯应嗣，十四年薨。
	孝文十四年，炀侯寄嗣，二十五年薨。
	孝景后三年，侯但嗣，十九年，元狩元年，坐与淮南王安通，遗王书称臣尽力，弃市。

	北平文侯张苍
	以客从起武阳，至霸上，为常山守，得陈馀，为代相，徙赵相，以代相侯。为计相四岁，淮南相十四岁。千二百户。　如淳曰："计相，官名，但知计会。"
	八月丁丑封，五十年薨。
	六十五
六世　元康四年，秋玄孙之子解大夫后诏复家。	孝景六年，康侯奉嗣，八年薨。
	后元年，侯类嗣，七年，建元五年，坐临诸侯丧后，免。
	曾孙
	玄孙

	高胡侯陈夫乞	厌次侯爰类	
	以卒从起杠里，入汉，以都尉击籍，将军定燕，千户。	以慎将元年从起留，入汉，以都尉守广武，功侯。师古曰："以谨慎为将也。"	
	六年封，二十五年薨。	六年封，二十二年薨。	
	八十二	二十四	
六世　元康四年，苍玄孙之子长安公士盖宗诏复家。	孝文五年，炀侯程嗣，薨，亡后。	孝文元年，侯〔贺〕嗣，[26]五年，谋反，诛。	六世　元康四年，类玄孙之子阳陵公士世诏复家。
		孙	七世　元始三年，类玄孙之孙万诏赐爵关内侯。
		曾孙	
	元康四年，夫乞玄孙长陵公乘胜之诏复家。	玄孙	

平皋炀侯刘它　师古曰："它音徒何反。"	
汉六年以砀郡长初从，功比轪侯，侯，五百八十户。实项氏，赐姓。　师古曰："轪音大，又音第。"	
七年十月癸亥封，十年薨。	
百二十一	
孝惠五年，共侯远嗣，（二）〔三〕[27]十四年薨。	六世
孝景元年，节侯光嗣，十六年薨。	七世　元康四年，它玄孙之孙长安簪裹胜之诏复家。
建元元年，侯胜嗣，二十八年，元鼎五年，坐酎金免。	
玄孙	

复阳刚侯陈胥		
以卒从起薛，以将军入汉，以右司马击项籍，侯，千户。		
七年十月甲子封，三十一年薨。		
四十九		
孝文十一年，共侯嘉嗣，十八年薨。		六世 元始元年，胥玄孙之子传诏赐帛百匹。
孝景六年，康侯拾嗣，二十（三）〔五〕[28]年薨。		
元朔元年，侯彊嗣，七年，元狩二年，坐父拾非嘉子，免。	元康四年，胥曾孙云阳簪褭幸诏复家。	
	玄孙	

阳河齐侯其石		柏至靖侯许盎
以中谒者从入汉，以郎中骑从定诸侯，侯，五百户，功比高湖侯。		以骈邻从起昌邑，以说卫入汉，以中尉击籍，侯，千户。 师古曰："二马曰骈。骈邻，谓并两骑为军翼也。说读曰税。〔税〕[29]卫谓军行初舍止之时主为卫也。"
十一月甲子封，三年薨。		十月戊辰封，十四年，高后元年，有罪，免，三年，复封，六年薨。
八十三		五十八
十年，侯安国嗣，五十一年薨。	六世 元康四年，石玄孙之子长安官大夫益寿诏复家。	孝文元年，简侯禄嗣，十四年薨。
孝景中四年，侯午嗣，三十三年薨。		十五年，侯昌嗣，三十二年薨。
埤山 元鼎四年，共侯章更封，十三年薨。师古曰："埤音脾，又音婢。"		元光二年，侯安如嗣，十三年薨。
元封元年，侯仁嗣，征和三年，坐祝诅，要斩。		元狩三年，侯福嗣，五年，元鼎二年，坐为奸，为鬼薪。

	中水严侯吕马童	
	以郎骑将汉元年从好畤，以司马击龙且，复共斩项籍，侯，千五百户。	
	正月己酉封，三十年薨。	
	百一	
六世　元康四年，盎玄孙之子长安公士建诏复家。	孝文十年，夷侯瑕嗣，三年薨。	六世
	十（二）〔三〕年，[30]共侯青眉嗣，三十二年薨。	七世　元康四年，马童玄孙之孙长安公士建明诏复家。
	建元六年，靖侯德嗣，一年薨。	
	元光元年，侯宜城嗣，二十二年，元鼎五年，坐酎金免。	

杜衍严侯王翥 如淳曰："翥音署。"师古曰："音之庶反。"		赤泉严侯杨喜
以中郎骑汉王二年从起下邳，属淮阴侯，从灌婴共斩项羽，侯，千七百户。		以郎中骑汉王二年从起杜，属淮阴，后从灌婴共斩项籍，侯，千九百户。
正月己酉封，十八年薨。		正月己酉封，十三年，高后元年，有罪，免，二年，复封，十八年薨。
百二		百三
高后六年，共侯福嗣，七年薨。	孝景后元年，侯郢人以翥子绍封，十二年薨。	孝文十二年，定侯敷嗣，十五年薨。
孝文五年，孝侯市臣嗣，七年薨。	元光四年，侯定国嗣，十三年，元狩五年，有罪，免。	临汝 孝景四年，侯毋害嗣，六年，坐诈给人臧六百，免。中五年，毋害复封，十二年，元光二年，有罪，免。
十二年，侯舍嗣，二十四年，有罪，为鬼薪。户三千四百。	元康四年，翥曾孙长安大夫安乐诏复家。	曾孙
		元康四年，喜玄孙茂陵不更孟尝诏赐黄金十斤，复家。

		朝阳齐侯华寄
		以舍人从起薛，以连敖入汉，以都尉击项羽，复攻韩王信，侯，千户。
		三月壬寅封，十二年薨。
		六十九
	六世　子恢代复。	高后元年，文侯要嗣，二十一年薨。
	七世　子谭代。	孝文十四年，侯当嗣，三十九年，元朔二年，坐教人上书枉法，耏为鬼薪。户五千。
	八世　子并代，永始元年，赐帛百疋。	曾孙
	元始二年，求复不得。	元康四年，寄玄孙奉明大夫定国诏复家。

棘阳严侯杜得臣	涅阳严侯吕腾	
以卒从起湖陵，入汉，以郎将迎左丞相军击项籍，侯，二千户。	以骑士汉三年从出关，以郎中共击斩项羽，侯，千五百户，比杜侯。	
七月丙申封，二十六年薨。	七年封，二十五年，孝文五年薨。子成实非子，不得代。	
八十一	百四	
孝文六年，侯但嗣，四十三年薨。		六世　元康四年，腾玄孙之子涅阳不更忠诏复家。
元光四年，怀侯武嗣，七年，元朔五年薨，亡后。	孙	
	曾孙	
	玄孙	

平棘懿侯林挚	深泽齐侯赵将夕
以客从起亢父，斩章邯所置蜀守，用燕相侯，千户。	以赵将汉王三年降属淮阴侯，定赵、齐、楚，以击平城功侯，七百户。
七年封，二十四年薨。	八年十月癸丑封，十二年，高后元年，有罪，免，二年，复封，二年薨。
六十四	九十八
孝文五年，侯辟彊嗣，有罪，为鬼薪。	孝文后二年，戴侯头嗣，八年薨。
	孝景三年，侯脩嗣，七年，有罪，耏为司寇。
元康四年，挚曾孙项圉大夫常驩诏复家，死，亡子，绝。	曾孙
	元康四年，将夕玄孙平陵上造延世诏复家。

	挦顷侯温疥　师古曰："挦音询，又音旬。疥音介。"	历简侯程黑
	以燕将军汉王四年从破曹咎军，为燕相告燕王荼反，侯。以燕相国定卢绾。千九百户。	以赵卫将军汉王三年从起卢奴，击项羽敖仓下，为将军攻臧荼有功，封千户。
	十月丙辰封，二十五年薨。	十月癸酉封。十四年薨。
	九十一	九十二
	孝文六年，文侯仁嗣，十七年薨。	高后三年，孝侯釐嗣，二十二年薨。
臾 中五年，夷胡侯以头子绍封，二十一年，元朔五年薨，亡后。	后七年，侯何嗣，七年，孝景四年薨。	孝文后元年，侯灶嗣，十四年，孝景中元年，有罪，免。
	曾孙	曾孙
	元康四年，疥玄孙长安公士福诏复家。	玄孙

	武原靖侯卫胠 师古曰："胠音胁，又音怯。"	槀祖侯陈锴 师古曰："槀音公老反。锴音口骇反。"	
	汉七年以梁将军从初起，击韩信、陈豨、黥布军，功侯，二千八百户，功比高陵侯。	高帝七年为将从击代陈豨有功，侯，六百户。	
	十二月丁未封，八年薨。	十二月丁未封，七年薨。	
	九十三	百二十四	
六世 元康四年，黑玄孙之子长安簪裹弘诏复家。	孝惠四年，共侯寄嗣，三十七年薨。	孝惠三年，怀侯婴嗣，十九年薨。	六世 元康四年，锴玄
元始五年，诏赐黑代复者安爵关内侯。	孝景三年，侯不害嗣，(三十)〔十二〕年，[31]后二年，坐葬过律，免。	孝文七年，共侯应嗣，十四年薨。	
	曾孙	后五年，节侯安嗣，三十一年薨。	
	元康四年，胠玄孙郭公乘尧诏复家。	元狩二年，侯千秋嗣，九年，元鼎五年，坐酎金免。	

	宋子惠侯许瘛 师古曰："瘛音充制反。"	
	以汉三年用赵右林将初击定诸侯，五百三十六户，功比历侯。 师古曰："林将，将士林，犹言羽林之将也。"	
	二月丁卯封，四年薨。	
	九十九	
孙之子茂陵公乘主儒诏复家。	十二年，共侯留嗣，二十五年薨。	六世
	孝文十年，侯九嗣，二十二年，孝景中二年，坐寄使匈奴买塞外禁物，免。	七世 元康四年，瘛玄孙之孙宋子大夫酒诏复家。
	曾孙	
	玄孙	

猗氏敬侯陈遬 师古曰："遬，古速字。"	清简侯室中同		彊圉侯留肸
以舍人从起丰，入汉，以都尉击项羽，侯，千一百户。	以弩将初起，从入汉，以都尉击项羽、代，侯，比彭侯，户千。		以客吏初起，从入汉，以都尉击项籍、代，侯，比彭侯，千户。
三月丙戌封，十一年薨。	三月丙戌封，五年薨。		三月丙戌封，三年薨。
五十　位次曰长陵侯。	七十一		七十二
孝惠七年，靖侯支嗣，三十四年薨。	孝惠元年，顷侯圣嗣，二十二年薨。		十一年，戴侯章复嗣，二十九年薨。
孝景三年，顷侯羌嗣，一年薨，亡后。	孝文八年，康侯鲋嗣，五十二年薨。		(文侯)〔孝文〕[32]三年，侯复嗣，二年，有罪，免。
元康四年，遬曾孙猗氏大夫胡诏赐黄金十斤，复家。	元狩三年，共侯古嗣，七年薨。		元康四年，肸曾孙长安大夫定诏复家。
	元鼎四年，侯生嗣，一年，坐酎金免。	元康四年，同玄孙高宛簪褭武诏复家。	

彭简侯秦同	吴房严侯杨武	甯严侯魏遬
以卒从起薛，以弩将入汉，以都尉击项羽、代，侯，千户。	以郎中骑将汉元年从起下邽，击阳夏，以骑都尉斩项籍，侯，七百户。	以舍人从砀，入汉，以都尉击臧荼功侯，千户。
三月丙戌封，二十二年薨。	三月辛卯封，三十二年薨。	四月辛卯封，三十五年薨。
七十	九十四	七十八
孝文三年，戴侯执嗣，二十三年薨。	孝文十三年，侯去疾嗣，二十五年，孝景后三年，有罪，耐为司寇。	孝文十六年，共侯连嗣，八年薨。
孝景三年，侯武嗣，十一年，后元年，有罪，免。	元康四年，武孙霸陵公乘谈诏赐黄金十斤，复家，亡子，绝。	孝文后元年，侯指嗣，三年，坐出国界，免。
曾孙		曾孙
元康四年，同玄孙费公士寿王诏复家。	谈兄孙为次复，亡子，绝。	元康四年，遬玄孙长安公士都诏复家。

昌圉侯旅卿		共严侯旅罢师 师古曰："共音恭。罢音皮彼反，又读曰皮。"
以齐将汉王四年从韩信起无盐，定齐，击项羽，又击韩王信于代，侯，千户。		以齐将汉王四年从淮阴侯起，击项籍，又攻韩王信于平城，有功，侯，千二百户。
六月戊申封，三十四年薨。		六月壬子封，二十六年薨。
百九		百一十四
孝文十五年，侯通嗣，十一年，孝景三年，坐谋反，诛。	六世 子赐代，死，无子，绝。有同产子，元始二年求不得。	孝文七年，惠侯党嗣，八年薨。
孙		十五年，怀侯高嗣，五年薨，亡子。
曾孙		元康四年，罢师曾孙霸陵簪裹信诏复家。
元康四年，卿玄孙昌上造光诏赐黄金十斤，复家。		

阏氏节侯冯解散	安丘懿侯张说　师古曰："说读曰悦。"
以代大与汉王三年降，为雁门守，以将军平代反寇，侯，千户。师古曰："大与，主爵禄之官。"	以卒从起方与，属魏豹，一岁五月，以执盾入汉，以司马击项羽，以将军定代，侯，二千户。
六月壬子封，四年薨。	七月癸酉封，三十二年薨。
一百	六十七
十二年，共侯它嗣，一年薨，亡后。	孝文十三年，共侯奴嗣。十（二）〔三〕年[34]薨。
孝文二年，文侯遗以它遗腹子嗣，十四年薨。	孝景三年，敬侯执嗣，一年薨。
十六年，共侯胜之嗣，十三年薨。	四年，康侯新嗣，三十一年薨。
孝景六年，侯平嗣，（二）〔三〕十九[33]年，元鼎五年，坐酎金免。	元狩元年，侯拾嗣，九年，元鼎四年，坐入上林谋盗鹿，又搏揜，完为城旦。　师古曰："搏揜，谓搏击揜袭人而夺其物也。搏字或作博。一曰博，六博也，揜，意钱之属也，皆谓戏而取人财也。"

	襄平侯纪通	龙阳敬侯陈署
	父城以将军从击破秦，入汉，定三秦，功比平定侯，战好畤，死事，子侯。	以卒从，汉王元年起霸上，以谒者击项籍，斩曹咎，侯，户千。
	九月丙午封，五十二年薨。	九月己未封，十八年薨。
	六十六	八十四
六世　元康四年，说玄孙之子阳陵上造舜诏复〔家〕。[35]	孝景中三年，康侯相夫嗣，十九年薨。	高后七年，侯坚嗣，十八年，孝文后元年，有罪，免。
	元朔元年，侯夷吾嗣，十九年，元封元年薨，亡后。	
	元康四年，通玄孙长安簪褭万年诏复家。	

平严侯张瞻师		陆量侯须无 如淳曰："秦始皇本纪所谓陆梁地也。"
以赵骑将汉王五年从击诸侯，比吴房侯，千五百户。		诏以为列诸侯，自置吏令长，受令长沙王。
九年十二月壬寅封，八年薨。		三月丙戌封，三年薨。
九十五		百三十七
孝惠五年，康侯愺嗣，三十七年薨。 师古曰："愺音茾。"	六世 元康四年，瞻师玄孙之子敏上造连城诏复家，	十二年，共侯桑嗣，三十四年薨。
孝景四年，侯寄嗣。		孝文后三年，康侯庆忌嗣，五年薨。
侯安国嗣，不得年，元狩元年，为人所杀。		孝景元年，侯冉嗣，四十四年，元鼎五年，坐酎金免。
玄孙		

	高景侯周成	离侯邓弱
	父苛以内史从击破秦，为御史大夫，入汉，围取诸侯，守荥阳，功比辟阳侯，骂项籍死事，子侯。	四月戊寅封。楚汉春秋亦阙。成帝时，光禄大夫滑湛日旁占验曰："邓弱以长沙将兵侯。"
	四月戊寅封，三十五年，孝文后五年，谋反，下狱死。	
	六十	
	子	
	绳　孝景中元年，侯应以成孙绍封。	
元康四年，无曾孙郦阳秉铎圣诏复家。　师古曰："秉铎，武功爵第六级。"	侯平嗣，元狩四年，坐为太常不缮园屋，免。	
	元康四年，成玄孙长安公大夫赐诏复家。	

义陵侯吴郢	宣平武侯张敖	
以长沙柱国侯，千五百户。	嗣父耳为赵王，坐相贯高等谋反，废王为侯。	
九月丙子封，七年薨。	九年封，十七年薨。	
百三十四	三　师古曰："张耳及敖并为无大功，盖以鲁元之故，吕后曲升之也。"	
孝惠四年，侯重嗣，十年，高后七年薨，亡后。	高后二年，侯偃为鲁王，孝文元年复为侯，十五年薨，谥共。	
	六年，哀侯欧嗣，十七年薨。	
	孝景中三年，侯王嗣，十四年，有罪，免。	睢陵　元光三年，侯广国以王弟绍封，十八年薨。
		元鼎二年，侯昌嗣，十二年，太初二年，坐为太常乏祠，免。师古曰："祠事有阙也。"

	信都　高后八年四月丁酉，侯侈以鲁太后子封，孝文元年，以非正免。 乐昌　四月丁亥，侯受以鲁太后子封，元年免。
元始二年，侯庆忌以敖玄孙绍封，千户。	元康四年，耳玄孙长陵公乘遂诏复家。

东阳武侯张相如		慎阳侯乐说 如淳曰："慎音震。"师古曰："字本作滇，音真，后误作慎耳。滇阳，汝南县名也。说读曰悦。"
高祖六年为中大夫，以河间守击陈豨，力战，功侯，千三百户。		淮阴侯韩信舍人，告信反，侯，二千户。
十一年十二月癸巳封，三十二年薨。		十二月甲寅封，五十一年薨。
百一十八		百三十一
孝文十六年，共侯殷嗣，五年薨。	六世 元康四年，相如玄孙之子茂陵公乘宣诏复家。	孝景中六年，靖侯愿嗣，四年薨。
后五年，戴侯安国嗣，六年薨。		建元元年，侯买之嗣，二十二年，元狩五年，坐铸白金，弃市。
孝景四年，哀侯彊嗣，十三年，建元元年薨，亡后。		曾孙
玄孙		玄孙

	开封愍侯陶舍	
	以右司马汉王五年初从，以中尉击燕、代，侯，比共侯，二千户。	
	十二月丙辰封，一年薨。	
	百一十五	
六世　元康四年，说玄孙之子长安公士通诏复家。	十二年，夷侯青嗣，四十八年薨。	六世
	孝景中三年，节侯偃嗣，十七年薨。	七世　元康四年，舍玄孙之孙长安公士元始诏复家。
	元光五年，侯睢嗣，十八年，元狩五年，坐酎金免。	
	玄孙	

禾成孝侯公孙昔	堂阳哀侯孙赤	祝阿孝侯高色
以卒汉王五年初从，以郎中击代击陈豨，侯，千九百户。	以中涓从起沛，以郎入汉，以将军击项籍，为惠侯，坐守荥阳降楚，免，复来，以郎击籍，为上党守击陈豨，侯，八百户。	以客从起齧桑，以上队将入汉，以将军击魏太原、井陉,属淮阴侯，罂度军破项籍及豨，侯，千八百户。
正月己未封，二十年薨。	正月己未封，九年薨。	正月己卯封，二十一年薨。
百一十七	七十七	七十四
孝文五年，怀侯渐嗣，九年薨。	高后元年，侯德嗣，四十三年，孝景中六年，有罪，免。	孝文五年，侯成嗣，十四年，后三年，坐事国人过律，免。
孙	孙	孙
元康四年，昔曾孙霸陵公乘广意诏复家。	元康四年，赤曾孙霸陵公乘明诏复家。	曾孙
		元康四年，色玄孙长陵上造弘诏复家。

	长脩平侯杜恬
如淳曰："菑桑，邑名。"	以汉王二年用御史初从出关，以内史击诸侯，攻项昌，以廷尉死事，侯，千九百户。
	三月丙戌封，四年薨。
	百八　位次曰信平侯。
	孝惠三年，怀侯中嗣，十七年薨。
	孝文五年，侯意嗣，二十七年，有罪，免。
	阳平　孝景中五年，侯相夫绍封，三十七年，元封三年，坐为太常与大乐令中可当郑舞人擅繇，阑出入关，免。　师古曰："择可以为郑舞，而擅从役使之，又阑出入关。"

江邑侯赵尧	营陵侯刘泽	土军式侯宣义
以汉五年为御史，用奇计徙御史大夫周昌为赵相，代昌为御史大夫，从击陈豨，功侯，六百户。	汉三年为郎中击项羽，以将军击陈豨，得王黄，侯。帝从昆弟，万一千户。	高祖六年为中地守，以廷尉击陈豨，侯，一千一百户，就国后为燕相。
十一月封，高后元年，有罪，免。	十一月封，十五年，高后七年，为琅邪王。	二月丁亥封，七年薨。
	八十八	百二十二　位次曰信成侯。
		孝惠六年，孝侯莫如嗣，三十五年薨。
		孝景三年，康侯平嗣，十九年薨。
		建元六年，侯生嗣，八年，元朔二年，坐与人妻奸，免。
		玄孙

	广阿懿侯任敖	须昌贞侯赵衍
	以客从起沛，为御史，守丰二岁，击项籍，为上党守，陈豨反，坚守，侯，千八百户。后迁为御史大夫。	以谒者汉王元年初从起汉中。雍军塞渭上，上计欲还，衍言从它道，道通，后为河间守，豨反，诛都尉相如，功侯，千四百户。
	二月丁亥封，十九年薨。	二月己丑封，三十二年薨。
	八十九	百七
六世 元康四年，义玄孙之子阿武不更寄诏复家。	孝文三年，夷侯敬嗣，一年薨。	孝文十六年，戴侯福嗣，四年薨。
	四年，敬侯但嗣，四十年薨。	后四年，侯不害嗣，八年，孝景五年，有罪，免。
	建元五年，侯越人嗣，二十一年，元鼎二年，坐为太常庙酒酸，免。	曾孙
	元康四年，敖玄孙广阿簪褭定诏复家。	玄孙

		临辕坚侯戚鳃
		初从为郎，以都尉守蕲城，以中尉侯，五百户。
		二月乙酉封，六年薨。
		百一十六
	六世	孝惠五年，夷侯触龙嗣，三十七年薨。
	七世　元康四年，衍玄孙之孙长安簪裹步昌诏复家。	孝景四年，共侯中嗣，十六年薨。
		建元四年，侯贤嗣，二十五年，元鼎五年，坐酎金免。
		元康四年，鳃玄孙梁郎官大夫常诏复家。　师古曰："仕梁为郎而有官大夫之爵也。"

	汲绍侯公上不害	甯陵夷侯吕臣
	高祖六年为太仆，击代豨有功，侯，千三百户。为赵太仆。	以舍人从起留，以郎入汉，破曹咎成皋，为都尉击豨，功侯，千户。
	二月乙酉封，三年薨。	二月辛亥封，二十七年薨。
	百二十三	七十三
六世	孝惠二年，夷侯武嗣，二十七年薨。	孝文十一年，戴侯谢嗣，十六年薨。
七世　元始二年，鰓玄孙之孙少诏赐爵关内侯。	孝文十四年，康侯通嗣，二十七年薨。	孝景四年，惠侯始嗣，十七年薨。
	建元二年，侯广德嗣，九年，元光五年，坐妻大逆，弃市。	曾孙
	元康四年，不害玄孙安陵五大夫常诏复家。	元康四年，吕臣玄孙南陵公大夫得诏复家。

汾阳严侯靳彊	戴敬侯秘彭祖 师古曰："今见有秘姓，读如秘书，而韦昭妄为音读，非也。"	
以郎中骑千人前三年从起栎阳，击项羽，以中尉破锺离眛军，功侯。	以卒从起沛，以卒开沛城门，为太公仆，以中厩令击陈豨，功侯，千一百户。	
三月辛亥封，十一年薨。	三月癸酉封，十一年薨。	
九十六	百二十六	
高后三年，共侯解嗣，三十三年薨。	高后三年，共侯悼嗣，十二年薨。	六世
孝景五年，康侯胡嗣，十二年绝，不得状。	孝文八年，夷侯安国嗣，四十八年薨。	七世　元康四年，彭祖玄孙之孙阳陵大夫政诏复家。
江邹　元鼎五年，侯石封嗣，九年，太始四年，坐为太常行幸离宫道桥苦恶，大仆敬声系以谒闻，赦免。	元朔五年，安侯轸嗣，十二年薨。	
元康四年，彊玄孙长安公乘忠诏复家。	元鼎五年，侯蒙嗣，二十五年，后元年，坐祝诅上，大逆，腰斩。	

衍简侯翟盱　师古曰："盱音况于反。"	平州共侯昭涉掉尾　师古曰："姓昭涉，名掉尾也。音徒弔反。"	
以汉王二年为燕令，以都尉下楚九城，坚守燕，侯，九百户。	汉四年以燕相从击项籍，还击臧荼，侯，千户。	
七月己丑封，十二年薨。	八月甲辰封，十八年薨。	
百三十	百一十一	
高后四年，祗侯山嗣，(一)〔二〕[36]年薨。	孝文二年，戴侯种嗣，三年薨。	
六年，节侯嘉嗣，四十四年薨。	五年，怀侯它人嗣，四年薨。	
建元三年，侯不疑嗣，十年，元朔元年，坐挟诏书论，耐为司寇。　师古曰："诏书当奉持之，而挟以行，故为罪也。"	九年，孝侯马童嗣，二十九年薨。	
元康四年，盱玄孙阳陵公乘光诏复家。	孝景后一年，侯昧嗣，二十四年，元狩五年，坐行驰道中，免。	元康四年，掉尾玄孙涪不更福诏复家。

中牟共侯单右车		邔严侯黄极忠 师古曰："邔音钜巳反。"
以卒从沛，入汉，以郎击布，功侯，二千二百户。始高祖微时有急，给高祖马，故得侯。		以群盗长为临江将，已而为汉击临江王及诸侯，破布，封千户。
十二年十月乙未封，二十三年薨。		十月戊戌封，二十七年薨。
百二十五		百十三
孝文八年，敬侯缯嗣，五年薨。	六世 元康四年，右车玄孙之子阳陵不更充国诏复家。	孝文十二年，夷侯荣成嗣，九年薨。
十三年，戴侯终根嗣，三十七年薨。		后元五年，共侯明嗣，三十五年薨。
元光二年，侯舜嗣，十八年，元鼎五年，坐酎金免。		元朔五年，侯遂嗣，八年，元鼎元年，坐掩搏夺公主马，髡为城旦。户四千。
玄孙		

		博阳节侯周聚
		以卒从丰，以队率入汉，击项籍(城)〔成〕[37]皋有功，为将军，布反，定吴郡，侯。
		十月辛丑封，二十四年薨。
		五十三
	六世　元康四年，极忠玄孙之子邵公乘调诏复家。	孝文九年，侯遬嗣，十五年，孝景元年，有罪，夺爵一级。
	元始元年，赐极忠代后者敞爵关内侯。	孙
师古曰："搏字或作博，已解于上。"		元康四年，聚曾孙长陵公乘万年诏复家。

阳羡定侯灵常	下相严侯泠耳 师古曰："泠音零。"	高陵圉侯王虞人
以荆令尹汉五年初从，击锺离眛及陈公利幾，徙为汉中大夫，从至陈，取韩信，迁中尉，以击布，侯，二千户。	以客从起沛，入汉，用兵击破齐田解军，以楚丞相坚守彭城距布军，功侯，二千户。	以骑司马汉王元年从起废丘，以都尉破田横、龙且，追籍至东城，以将军击布，侯，九百户。
十月壬寅封，十四年薨。	十月己酉封，十八年薨。	十二月丁亥封，十年薨。
百一十九	八十五	九十二
高后七年，共侯贺嗣，八年薨。	孝文三年，侯顺嗣，二十三年，孝景三年，坐谋反，诛。	高后三年，侯弄弓嗣，十八年薨。
孝文七年，哀侯胜嗣，六年薨，亡后。	孙	孝文十三年，侯行嗣，十二年，孝景三年，谋反，诛。
曾孙	曾孙	
元康四年，常玄孙南和大夫横诏复家。	元康四年，耳玄孙长安公士安诏复家。	

期思康侯贲赫 师古曰：“贲音肥。”	戚圉侯季必 师古曰：“灌婴传云李必，今此作季。表、传不同，当有误。”
淮南王英布中大夫，告反，侯，一千户。	以骑都尉汉二年初起栎阳，攻破废丘，因击项籍，属韩信，破齐，攻臧荼，为将军，击韩信，侯，千五百户。
十二月癸卯封，二十九年，孝文十四年薨，亡后。	十二月癸卯封，十六年薨。
百三十二	九十
子	孝文元年，贲侯长嗣，三年薨。
孙	四年，躁侯瑕嗣，三十八年薨。
曾孙	建元三年，侯信成嗣，二十年，元狩五年，坐为太常纵丞相侵神道，为隶臣。 师古曰：“刑法志罪人狱已决，完为城旦舂，满三岁为鬼薪白粲，一岁为臣妾，一岁免为庶人。然则男子为隶臣，女子为隶妾也。”
元康四年，赫玄孙寿春大夫充诏复家。	元康四年，必玄孙长安公士买之诏复家。

穀阳定侯冯谿	
以卒前二年起(拓)〔柘〕,[38]击籓,定代,为将军,功侯。	
正月乙丑封,二十二年薨。	
百五	
孝文七年,共侯熊嗣,十八年薨。	六世 元康四年,谿玄孙之子穀阳不更武诏复家。
孝景二年,隐侯卯嗣,三年薨。	
五年,懿侯解中嗣,十二年薨。	
建元四年,侯偃嗣。	

严敬侯许猜 师古曰："猜音千才反。"		成阳定侯奚意
以楚将汉二年降，从起临济，以郎中击项羽、陈豨，侯，六百户。		以魏郎汉王二年从起阳武，击项籍，属魏王豹，豹反，徙属相国彭越，以太原尉定代，侯，六百户。
正月乙丑封，四十年薨。		正月乙酉封，二十六年薨。
百一十二		百一十
孝景二年，侯恢嗣，十六年薨。	六世 元康四年，猜玄孙之子平寿公士任寿诏复家。	孝文十一年，侯信嗣，二十九年，建元元年，有罪，要斩。
建元二年，炀侯则嗣，九年薨。		孙
元光五年，节侯周嗣，三年薨。		元康四年，意曾孙阳陵公乘通诏复家。
元朔二年，侯广宗嗣，十五年，元鼎五年，坐酎金免。		

桃安侯刘襄		高梁共侯郦疥
以客从，汉王二年起定陶，以大谒者击布，侯，千户。为淮南太守。项氏亲。		父食其以客从破秦，以列侯入〔汉〕，[39]还定诸侯，常使使约和诸侯，说齐王死事，子侯。
三月丁巳封，七年，孝惠七年，有罪，免，二年，复封，十六年薨。		二月丙寅封，六十三年薨。
百三十五		六十六
孝文十年，懿侯舍嗣，三十年薨。	六世　元康四年，襄玄孙之子长安上造益寿诏复家。	元光三年，侯勃嗣。
建元元年，厉侯由嗣，十三年薨。		侯平嗣，元狩元年，坐诈衡山王取金，免。
元朔二年，侯自为嗣，十五年，元鼎五年，坐酎金免。		曾孙
玄孙		元康四年，食其玄孙阳陵公乘赐诏复家。

纪信匡侯陈仓		景严侯王竞
以中涓从起丰，以骑将入汉，以将军击项籍，后攻卢绾，侯，七百户。		以车司马汉元年初从起高陵，属刘贾，以都尉从军，侯，五百户。
六月壬辰封，十年薨。		六月壬辰封，七年薨。
八十		百六
高后三年，夷侯开嗣，二十二年薨。	六世　元康四年，仓玄孙之子长安公士千秋诏复家。	孝惠七年，戴侯真粘嗣，十九年薨。
孝文后二年，侯炀嗣，八年，孝景二年，反，诛。		孝文十一年，侯嫉嗣　二十二年，孝景十年，有罪，免。
曾孙		曾孙
玄孙		元康四年，竞玄孙长安公士昌诏复家。

	张节侯毛释之	煮枣端侯革朱
	以中涓从起丰，以郎骑入汉，还从击诸侯，侯，七百户。	以越连敖从起薛，别以越将入汉，击诸侯，以都尉侯，九百户。
	六月壬辰封，二十六年薨。	六月壬辰封，七年，孝惠七年薨。嗣子有罪，不得代。
	七十九	七十五
师古曰："粘亦黏字。"	孝文十一年，侯鹿嗣，二年薨。	孝文二年，康侯式以朱子绍封，二十一年薨。
师古曰："嬹音许孕反。"	十三年，侯舜嗣，二十三年，孝景中六年，有罪，免。	孝景中二年，侯昌嗣，二年，有罪，免。
	曾孙	曾孙
	元康四年，释之玄孙长安公士景诏复家。	元康四年，朱玄孙阳陵大夫奉诏复家。

傿陵严侯朱濞	（藏）卤〔严〕侯[41]张平		左高祖百四十七人。周吕、建成二人在外戚，羹颉、合阳、沛、德四人在王子，凡百五十三人。
以卒从起丰，入汉，以都尉击项籍、臧荼，侯，二千七百户。	以中尉前元年从起单父，不入关，以击黥布、卢绾，得南阳，侯，二千七百户。		
十二月封，十一年薨。	十二月封，十二年薨。		
五十（一）〔二〕[40]	四十八		
高后四年，共侯庆嗣，十一年，孝文七年薨，亡后。	高后五年，侯胜嗣，七年，孝文四年，有罪，为隶臣。	六世　元康四年，平玄孙之子长安公士常诏复家。	
元康四年，濞曾孙阳陵公士言诏复家。	曾孙		
	玄孙		

便顷侯吴浅	轪侯黎朱苍 师古曰："轪音大，又音第。"	
以父长沙王功侯，二千户。	以长沙相侯，七百户。	
元年九月癸卯封，三十七年薨。	二年四月庚子封，八年薨。	
百三十三	百（一）〔二〕十[42]	
孝文后七年，共侯信嗣，六年薨。	高后三年，孝侯豨嗣，二十一年薨。	六世 元康四年，苍玄孙之子竟陵簪裹汉诏复家。
孝景六年，侯广志嗣。	孝文十六年，彭祖嗣，二十四年薨。	
侯千秋嗣，元鼎五年，坐酎金免。	侯扶嗣，元封元年，坐为东海太守行过擅发卒为卫，当斩，会赦，免。	
编 元康四年，浅玄孙长陵上造长乐诏复家。	玄孙 江夏	

平都孝侯刘到	左孝惠三人。	南宫侯张买	梧齐侯阳城延
以齐将高祖三年定齐降，侯，千户。		以父越人为高祖骑将从军，以中大夫侯。	以军匠从起郏，入汉，后为少府，作长乐、未央宫，筑长安城先就，侯。师古曰：“郏，颍川之县也，音夹。”
五年六月乙亥封，十三年薨。		元年四月丙寅，封。	四月乙酉封，六年薨。
百一十			七十六
孝文三年，侯成嗣，三十五年，孝景后二年，有罪，免。		侯生嗣，孝武初有罪，为隶臣。万六千六百户。	七年，敬侯去疾嗣，三十四年薨。
			孝景中三年，靖侯偃嗣，十五年薨。
元康四年，到曾孙长安公乘如意诏复家。			元光三年，侯戎奴嗣，十四年，元狩五年，坐使人杀季父，弃市。户三千三百。
		北海	玄孙

	平定敬侯齐受
	以卒从起留，以家车吏入汉，以骁骑都尉击项籍，得楼烦将，用齐丞相侯。师古曰："家车吏，主汉王之家车，非军国所用。"
	四月乙酉封，九年薨。
	五十四
六世　元康四年，延玄孙之子梧公士注诏复家。	孝文二年，齐侯市人嗣，四年薨。
	六年，共侯应人嗣，四十一年薨，亡后。
	元光二年，康侯延居嗣，八年薨。
	元鼎（四）〔二〕年，侯昌嗣，二年，元鼎（二）〔四〕年，[43]有罪，免。

	博成敬侯冯无择	沅陵顷侯吴阳 师古曰："沅音元。"
	以悼武王郎中从高祖起丰，攻雍，共击项籍，力战，奉悼武王出荥阳，侯。 师古曰："悼武王，高后兄，周吕侯吕泽也，高后追尊曰悼武王。"	以父长沙王功侯。
	四月己丑封，三年薨。	七月丙申封，二十五年薨。
		百三十六
	四年，侯代嗣，八年，坐吕氏诛。	孝文后二年，顷侯福嗣，十七年薨。
		孝景中五年，哀侯周嗣，薨，亡后。
元康四年，受玄孙安平大夫安德诏复家。		

中邑贞侯朱进	乐（成）〔平〕[44]简侯卫毋择	山都贞侯王恬启
以执矛从入汉，以中尉破曹咎，用吕相侯，六百户。师古曰：“为吕王之相也。”	以队率从起沛，属皇䜣，以郎击陈馀，用卫尉侯，六百户。	汉五年为郎中柱下令，以卫将军击陈豨，用梁相侯。师古曰：“柱下令，今主柱下书史也。”
四年四月丙申封，二十二年薨。	四月丙申封，二年薨。	四月丙申封，八年薨。
孝文后二年，侯悼嗣，二十一年，孝景后三年，有罪，免。	六年，共侯胜嗣，四十一年薨。	孝文四年，宪侯中黄嗣，二十三年薨。
	孝景后三年，侯侈嗣，六年，建元六年，坐买田宅不法，有请赇吏，死。	孝景四年，敬侯触龙嗣，二十三年薨。
		元狩五年，侯当嗣，八年，元封元年，坐阑入甘泉上林，免。

	祝兹夷侯徐厉	成阴夷侯周信
	以舍人从沛，以郎中入汉，还，得雍王邯家属，用常山丞相侯。	以卒从起单父，为吕后舍人，度吕后，为河南守，侯，五百户。 师古曰："时有寇难，得度于水，因以免也。"
	四月丙申封，十一年薨。	四月丙申封，十六年薨。
	孝文七年，康侯悼嗣，二十九年薨。	孝文十二年，侯勃嗣，十五年，有罪，免。
	孝景中六年，侯偃嗣，九年，建元六年，有罪，免。	

俞侯吕它　如淳曰："俞音输。"	醴陵侯越	左高后十二人。扶柳、襄城、轵壶关、昌平、赘其、腾、昌城、腄、祝兹、建陵十一人在恩澤外戚，洨、沛、信都、樂昌、東平五人隨父，上邳、朱虚、東牟三人在王子，凡三十一人。師古曰："腄音直瑞反。洨音交，又音下交反。"
父婴以连敖从高祖破秦，入汉，以都尉定诸侯，功比朝阳侯，死事，子侯。	以卒从，汉二年起栎阳，以卒吏击项羽，为河内都尉，用长沙相侯，六百户。	
四月丙申封，四年，坐吕氏诛。	四月丙申封，八年，孝文四年，有罪，免。	

陽信夷侯劉揭	壯武侯宋昌	樊侯蔡兼
高祖十三年爲郎，以典客奪吕禄印，閉殿門止産等，共立皇帝，侯，二千户。	以家吏從高祖起山東，以都尉從滎陽，食邑，以代中尉勸王，驂乘入即帝位，侯，千四百户。	以睢陽令高祖初從阿，以韓家子還定北地，用常山相侯，千二百户。師古曰：“本六國時韓家之諸子也，后更姓蔡也。”
元年十一月辛丑封，十四年薨。	四月辛亥封，三十三年，孝景中四年，有罪，奪爵一級，爲關内侯。	六月丙寅封，十四年薨。
十五年，侯中意嗣，十四年，孝景六年，有罪，免。		十五年，康侯客嗣，十八年薨。
		孝景中二年，共侯平嗣，二十一年薨。
		元朔二年，侯辟方嗣，元鼎四年，坐搏揜，完爲城旦。

	泜陵康侯魏驷 晋灼曰:“泜，古愖字。”师古曰:“音直夷反。”	南郑侯起 师古曰:“郑音贞。说者云当为郑，非也。”
	以阳陵君侯。	以信平君侯。
	七年三月丙寅封，十二年薨，亡后。	(二)〔三〕月[45]丙寅封，坐后父故削爵一级，为关内侯。师古曰:“会于廷中而随父，失朝廷以爵

	黎顷侯召奴　师古曰："召平之子也。召读曰邵。"	鲜侯孙单　师古曰："鲜音步丁反。"
	以父齐相侯。	父卬以北地都尉匈奴入力战死事，子侯。
之序，故削爵也。"	十年四月癸丑封，十一年薨。	十四年三月丁巳封，十二年，孝景前三年，坐反，诛。
	后五年，侯渍嗣，三十五年薨。	
	元朔五年，侯延嗣，十九年，元封六年，坐不出持马，要斩。户千八百。　师古曰："时发马给军，匿而不出也。"	

弓高壮侯韩隤当	
以匈奴相国降，侯。故韩王子。	
十六年六月丙子封。	
不得子嗣侯者年名。	
元朔五年，侯则嗣，薨，亡后。	龙頟　元朔五年四月丁未，侯譊以都尉击匈奴得王，侯，十二年，元鼎五年，坐酎金免。　师古曰："譊音女交反。"

按道　元封元年五月己卯，愍侯说以横海将军击东越，侯，十九年，为卫太子所杀。		
延和三年，侯兴嗣，四年，坐祝诅上，要斩。	后元元年，侯曾以兴弟绍封龙頟，三十一年薨。	
齐	五凤元年，思侯宝嗣，鸿嘉元年薨，亡后。	元封元年，节侯共以宝从父昆弟绍封。

	襄城哀侯韩婴	故安节侯申屠嘉	左孝文十人。轵、鄡、周阳三人在外戚，管、氏（营）丘、营平、[47]阳虚、杨丘、朸、安都、平昌、武成、白石、阜陵、安阳、阳周、东城十四人在王子，凡二十七人。师古曰："鄡音一户反，又音於庶反。今书本有鄛字者，误。"
	以匈奴相国降，侯，二千户。韩王信太子之子。	孝文二年举淮阳守，从高祖功，食邑五百户，用丞相侯。	
	六月丙子封，七年薨。	后三年四月丁巳封，七年薨。	
六世侯敞弓嗣，王莽败，绝。	后七年，侯释之嗣，三十一年，元朔四年，坐诈疾不从，耐为隶臣。	孝景前三年，侯共嗣，二十二年薨。	
		〔清安〕[46]元狩三年，侯臾更封，五年，元鼎元年，坐为九江太守受故官送，免。	
	魏		

【校勘记】

〔1〕 陨命亡国，〔或〕(云)〔亡〕子孙。 钱大昭所见闽本、朱一新所见汪本都作“或亡子孙”。王先谦说闽、汪本是。

〔2〕 庸，〔卖〕功庸也； 朱一新说汪本有“卖”字是。按景祐、殿本都有。

〔3〕 虞、夏以(之)多群后飨共己之治。 王念孙说“以”下“之”字涉上下文而衍，汉纪孝成纪无。

〔4〕 取其功尤高者(三)〔一〕人继之，景祐、殿本都作“一”。王先谦说作“一”是。

〔5〕 钱大昭、朱一新说闽、汪本无“云”字。按景祐本亦无。

〔6〕 “本治”，钱大昭说当作“本始”。按景祐、殿本都作“本始”。

〔7〕 此格“元光三年”，景祐本作“二年”。朱一新说史记作“二年”是。下脱“婢”字，史表有。

〔8〕 “二十四年”，景祐、殿本都作“二十二年”。六格“十二年”，景祐本作“二十二年”。

〔9〕 苏舆说“六”字盖“十八”二字之驳文。按景祐本正作“十八”。

〔10〕 王先谦说“传”是“得”之误。按景祐、殿、局本都作“得”。

〔11〕 “后二年”，朱一新说汪本“二”作“三”是。按景祐本作“三”。

〔12〕 “后元元年”，朱一新说汪本作“后元年”是。按景祐本作“后元年”。

〔13〕 “老”，景祐、殿、局本都作“孝”。

〔14〕 景祐、殿本都作“三十年”。

〔15〕 苏舆说“三”当作“二”。按景祐本正作“二”。

〔16〕 景祐、殿本都作“如淳”。

〔17〕 此格“一岁”，景祐本作“二岁”，史表同。“临蓄”，王鸣盛说监本作“临菑”，字误。按殿、局本都作“临菑”。三格“四十八年”，景祐、殿本都作“三十八年”。

〔18〕 此栏二格，王先谦说“公”字衍。按史表作“以舍人从至霸上”。六格，王先谦说史表作“逮御史大夫汤”，张汤也，此误。

〔19〕 此格，朱一新说汪本“一”作“二”是。王先谦说“太”殿本作“大”是。按景祐本正作“二”作“大”。

〔20〕 殿本有“家”字，此脱，景祐本亦脱。

〔21〕 王先谦说史表无“顷侯诸庄”四字，疑衍。

〔22〕 此格原在六格，据景祐、殿、局本提上。

〔23〕 王先谦说“邑益”当作“益邑”。按殿本作“益邑”。

〔24〕 王先谦说史表“中三年”作“中二年”。按景祐本亦作“中二年”。

〔25〕 据史表校，“秋”当作“秩”。

〔26〕 王先谦说“侯”下夺“贺”字，史表“贺”字两见。

〔27〕 朱一新说汪本“二”作“三”是。按殿本作“三”。

〔28〕 殿本“三”作“五”。齐召南说作“三”非。

〔29〕 “税”字据史表集解引补。

〔30〕 “十二年”，景祐、殿本都作“十三年”，史表同。

〔31〕 “三十年”，景祐、殿本都作“十二年”。

〔32〕 “文侯”，景祐、殿本都作“孝文”，此误。

〔33〕 苏舆说“二十九”当作“三十九”。按景祐本正作“三十九”。

〔34〕 王念孙说“十二年”景祐本作“十三年”是。

〔35〕 “家”字据景祐、殿本补。

〔36〕 王先谦说殿本“一”作“二”是。

〔37〕殿本“城”作“成”，王先谦说作“成”是。

〔38〕“拓”，景祐、殿本都作“柘”。

〔39〕王先谦说“入”下脱“汉”字，史表有。

〔40〕“五十一”，钱大昭说当从史表作“五十二”。按景祐、殿本正作“五十二”。

〔41〕景祐、殿本都作“卤严侯”。

〔42〕钱大昭说闽本作“百二十”是。按景祐、殿本都作“百二十”。

〔43〕朱一新说元鼎“四年”“二年”误倒。按局本不误。

〔44〕王先谦说史表“成”作“平”。按景祐、殿本都作“平”。

〔45〕“二月”，景祐、殿本都作“三月”。

〔46〕“清安”，　据景祐、殿、局本补，史表有。

〔47〕管、氏（营）丘、营平　钱大昕说王子侯表管一国，氏丘一国，营平一国，此“氏”下多“营”字。

汉书卷十七

景武昭宣元成功臣表第五

昔书称“蛮夷帅服”，①诗云“徐方既俫”，②春秋列潞子之爵，许其慕诸夏也。③汉兴至于孝文时，乃有弓高、襄城之封，④虽自外俫，本功臣后。故至孝景始欲侯降者，丞相周亚夫守约而争。⑤帝黜其议，初开封赏之科，⑥又有吴楚之事。武兴胡越之伐，将帅受爵，应本约矣。⑦后（有）〔世〕承平，[1]颇有劳臣，辑而序之，续元功次云。⑧

①师古曰：“舜典之辞也。言王者德泽广被，则四夷相率而降服也。”

②师古曰：“大雅常武之诗曰：‘王猷允塞，徐方既俫。’言周之王道信能充实，则徐方、淮夷并来朝也。俫，古来字。”

③应劭曰：“潞子离狄内附，春秋嘉之，称其爵，列诸盟会也。”师古曰：“潞音路。”

④师古曰：“弓高侯穨当，襄城侯桀龙，皆从匈奴来降而得封也。”

⑤应劭曰："景帝欲封王皇后兄信，亚夫对'高祖之约，非功臣不侯也'。"师古曰："景帝欲封匈奴降者徐卢等，而亚夫争之，以为不可。今表所称，盖谓此尔，不列王信事也。应说失之。"

⑥师古曰："不从亚夫之言，竟封也。"

⑦师古曰："应高祖非有功不得侯之约。"

⑧师古曰："辑与集同。元功，谓佐兴其帝业者也。"

号谥姓名	俞侯栾布 师古曰："俞音输。"	建陵哀侯卫绾	建平敬侯程嘉
功状户数	以将军吴楚反击齐，侯。	以将军击吴楚，用中尉侯。	以将军击吴楚，用江都相侯。
始　封	六年四月丁卯封，六年薨。	四（年）〔月〕[2]丁卯封，二十一年薨。	四月丁卯封，十八年薨。
子	中六年，侯贲嗣，二十二年，元狩六年，坐为太常雍牺牲不如令，免。 师古曰："雍，右扶风县也，五畤祠在焉。"	元光五年，侯信嗣，十八年，元鼎五年，坐酎金免。	元光二年，节侯横嗣，一年薨。
孙			三年，侯回嗣，四年薨，亡后。
曾　孙			
玄　孙			

平曲侯公孙浑邪 师古曰：“浑音胡温反。字或作昆，又作混，其音同。”	
以将军击吴楚，用陇西太守侯。	
四月己巳封，五年，中四年，有罪，免。	
南奅　元朔五年四月丁卯，侯贺以将军击匈奴得王，侯。十二年，元鼎五年，坐酎金免。 师古曰：“奅音普孝反。”	葛绎　太初二年，侯贺（获）〔复〕[3]以丞相封。三年，延和二年，以子敬声有罪，下狱死。 师古曰：“延亦征字也。”

江阳康侯苏息	遽侯横 师古曰："史失其姓。它皆类此。"	新市侯王弃之	商陵侯赵周
以将军击吴楚，用赵相侯。	父建德以赵相不听王遂反，死事，子侯，千一百七十户。	父悍以赵内史，王遂反不听，死事，子侯。	父夷吾以楚太傅，王戊反不听，死事，子侯。
中二年，懿侯卢嗣，八年薨。	中二年四月乙巳封，六年，后二年，有罪，弃市。	四月乙巳封，八年薨。	四月乙巳封，三十六年，元鼎五年，坐为丞相知列侯酎金轻，下狱自杀。
建元二年，侯朋嗣，十六年薨。		炀侯始昌嗣，元光四年为人所贼杀。	
元朔六年，侯雎嗣，十一年，元鼎五年，坐酎金免。			

山阳侯张当居	安陵侯于军	桓侯赐	遒侯陆彊 师古曰："遒即古遒字，音子修反。涿郡之县。"
父尚以楚相，王戊反不听，死事，子侯。	以匈奴王降侯，千五百五十户。	以匈奴王降侯。	以匈奴王降侯，千五百七十户。
四月乙巳封，二十四年，元朔五年，坐为太常择博士弟子故不以实，完为城旦。	中三年十一月庚子封，十三年，建元六年薨，亡后。	十二月丁丑封。	十二月丁丑封。
			侯则嗣，孝武后元年坐祝诅上，要斩。

容城携侯徐卢	（翕）〔易〕侯[4]仆黚 郑氏曰："黚音怚。"	范阳靖侯范代	翕侯邯郸
以匈奴王降侯，七百户。	以匈奴王降侯，千一百十户。	以匈奴王降侯，六千二百户。	以匈奴王降（汉）〔侯〕。[5]
十二月丁丑封，七年薨。	十二月丁丑封，六年，后三年薨，亡后。	十二月丁丑封，十四年薨。	十二月丁丑封，六年，元光四年，坐行来不请长信，免。 如淳曰："长信宫，太后所居也。"
建元二年，康侯缠嗣，十四年薨。		元光二年，怀侯德嗣，四年薨，亡后。	
元朔三年，侯光嗣，四十年，后元二年，坐祝诅上，要斩。			
		涿郡 元始二年，玄孙政诏赐爵关内侯。	内黄

	亚谷简侯卢它之
	以匈奴东胡王降侯，千户。故燕王绾子。
师古曰：“请，谒也。”	中五年四月丁巳封，二年薨。
	后（元）[6]元年，侯种嗣，七年薨。
	建元五年，康侯漏嗣，七年薨。
	元光六年，侯贺嗣，三十九年，延和二年，坐受卫太子节，掠死。 师古曰：“以卫太子擅发兵，而贺受其节，疑有反心，故见考掠而死也。”

塞侯直不疑	左孝景十八人。平陆、休、沈猷、红、宛朐、棘乐、乘氏、桓邑八人在王子，魏其、盖二人在外戚，隆虑一人随父，凡二十九人。 师古曰："据楚元王传云休侯富免侯后更封为红侯，而王子侯表但云休侯富，虽述重封，又无红邑，其数止七人。然此表乃以休及红列为二数，又称八人在王子侯，是则此表为误也。"	翕侯赵信
以御史大夫侯，前有将兵击吴楚功。		以匈奴相国降侯，元朔二年击匈奴功益封，千六百八十户。
后元年八月封，六年薨。		元光四年十月壬午封，六年，元朔六年，为右将军击匈奴，兵败，降匈奴。
建元四年，康侯相如嗣，十二年薨。		
元朔四年，侯坚嗣，十三年，元鼎五年，坐酎金免。		
		内黄

特辕侯乐	亲阳侯月氏 师古曰：“氏音支。”	若阳侯猛
以匈奴都尉降侯，六百五十户。	以匈奴相降侯，六百八十户。	以匈奴相降侯，五百三十户。
元朔元年后九月丙寅封，十三年，元鼎元年薨，亡后。	元朔二年十月癸巳封，五年，坐谋反入匈奴，要斩。	十月癸巳封，五年，坐谋反入匈奴，要斩。
南阳	舞阳	平氏

平陵侯苏建	岸头侯张次公	涉安侯於单
以都尉从车骑将军击匈奴功侯，元朔五年，用游击将军从大将军，益封，凡一千户。	以都尉从车骑将军击匈奴侯，从大将军，益封，凡二千户。	以匈奴单于太子降侯。
三月丙辰封，六年，坐为前将军与翕侯信俱败，独身脱来归，当斩，赎罪，免。	五月己巳封，五年，元狩元年，坐与淮南王女陵奸，受财物，免。 师古曰："陵，淮南王安女名也。"	三年四月丙子封，五月薨，亡后。
武当	皮氏	

昌武侯赵安稽	襄城侯桀龙 师古曰："此龙盖匈奴名耳，而说者以为龙桀，非也。"	安乐侯李蔡
以匈奴王降侯，以昌武侯从骠骑将军击左王，益封。	以匈奴相国降侯，四百户。	以将军再击匈奴得王，侯，二千户。
四年七月庚申封，二十一年薨。	七月庚申封，三十二年，与浞野侯俱战死事。	四月乙巳封，六年，元狩五年，坐以丞相侵卖园陵道壖地，自杀。
太初元年，侯充国嗣，四年薨，亡后。	太初三年，侯病已嗣，十五年，后二年，坐祝诅上，下狱瘐死。	
舞阳	襄垣	昌

合骑侯公孙敖	轵侯李朔 师古曰："轵音只。"	从平侯公孙戎奴
以护军都尉三从大将军击匈奴，至右王庭得王侯，元朔六年，从大将军，益封，九千五百户。	以校尉三从大将军击匈奴，至右王庭得虏阏氏功侯。	以校尉三从大将军击匈奴，至右王庭为雁行上石山先登侯，一千一百户。
以五年四月丁未封，至元狩二年坐将兵击匈奴与票骑将军期后，畏懦当斩，赎罪。 师古曰："懦音乃唤反，又曰音而掾反。"	四月乙卯封，六年,有罪，当免。	四月乙卯封，三年，元狩二年，坐为上党太守发兵击匈奴不以闻，免。
高城	西安	乐昌

随城侯赵不虞	博望侯张骞
以校尉三从大将军击匈奴，攻辰吾先登石亹，侯，七百户。 师古曰："辰吾水之上也，时匈奴军在焉。山绝水曰亹，音门。"	以校尉数从大将军击匈奴，知道水，及前使绝国大夏，侯。
四月乙卯封，三年，元狩二年，坐为定襄都尉，匈奴败，太守以闻非实，谩，免。 师古曰："谩，诳也，音漫。"	六年三月甲辰封，元狩二年，坐以将军击匈奴畏懦，当斩，赎罪，免。
千乘	

众利侯郝贤 师古曰："郝音呼各反，又音式亦反。"	潦悼侯王援訾	从票侯赵破奴 师古曰："票音频妙反。"
以上谷太守四从大将军击匈奴，首虏千级以上，侯，千一百户。	以匈奴赵王降侯，五百六十户。	以司马再从票骑将军击匈奴，得两王（千）〔子〕骑〔将〕侯，[8]二千户。
五月壬辰封，二年，元狩二年，坐为上（容）〔谷〕太守入（戈守）〔戍卒〕财物，〔上〕计[7]谩，免。 师古曰："上财物之计簿而欺谩不实。"	元狩元年七月壬午封，二年薨，亡后。	二年五月丙戌封，九年，元鼎五年，坐酎金免。元封三年，以匈（奴）河将军击楼兰，封浞野侯。
姑莫	舞阳	

	宜冠侯高不识	煇渠忠侯仆朋 师古曰："煇音许围反。"
	以校尉从票骑将军再击匈奴。侯，一千一百户。故匈奴归义。	以校尉从票骑将军再出击匈奴得王，侯，从票骑将军虏五王，益封。故匈奴归义。
五年，太初二年，以浚稽将军击匈奴，为虏所获，军没。	五月庚戌封，四年坐击匈奴增首不以实，当斩，赎罪，免。 师古曰："增加所获首级之数也。"	二年二月乙丑封，八年薨。
		元鼎四年，侯雷电嗣，二十二年，延和三年，以五原属国都尉与贰师将军俱击匈奴，没。
	昌	鲁阳

下摩侯謼毒尼 师古曰："謼字与呼同。"	湿阴定侯昆邪 师古曰："湿音吐合反。昆音胡门反。"	煇渠慎侯应庀 师古曰："庀音疋履反。"
以匈奴王降封，七百户。	以匈奴昆邪王将众十万降侯，万户。	以匈奴王降侯。
六月乙亥封，九年薨。	三年七月壬午封，四月薨。	七月壬午封，五年，元鼎三年薨，亡后。
元鼎五年，炀侯伊即轩嗣。 师古曰："轩音居言反。"	元鼎元年，魏侯苏嗣，十年，元封五年薨，亡后。	
侯冠支嗣，神爵三年，诏居弋居山，坐将家属阑入恶师居，免。 师古曰："恶师，地名，有官所置居室。"		
猗氏	平原	鲁阳

河綦康侯乌黎	常乐侯稠雕	邳离侯路博德
以匈奴右王与浑邪降侯，六百户。	以匈奴大当户与浑邪降侯，五百七十户。 师古曰："当户，匈奴官名也。"	以右北平太守从票骑将军击左王，得重，会期，虏首万二千七百人，侯，千六百户。师古曰："得重，得辎重也。会期，不失期也。"
七月壬午封，六年薨。	七月壬午封，十八年薨。	四年六月丁卯封，十五年，太初元年，坐见知子犯逆不道罪免。
元鼎三年，侯馀利鞮嗣，四十二年，本始二年薨，亡后。 师古曰："鞮音丁奚反。"	太初三年，侯广汉嗣，六年，太始元年薨，亡后。	
济南	济南	朱虚

义阳侯卫山	杜侯复陆支
以北地都尉从票骑将军击匈奴得王，侯，千一百户。	以匈奴归义因孰王从票骑将军击左王，以少破多，捕虏三千一百，侯，千三百户。
六月丁卯封，二十六年，太始四年，坐教人诳告众利侯当时弃市罪，狱未断病死。	六月丁卯封，五年薨。
	元鼎三年，侯偃嗣。
	侯屠耆嗣。
	侯宣平嗣。
平氏	重平 侯福嗣，河平四年，坐非子免。

众利侯伊即轩 师古曰："轩音居言反。"	湘成侯敞屠洛	散侯董舍吾
以匈奴归义楼剸王从票骑将军击左王，手剑合，侯，千一百户。 师古曰："手用剑而合战也。剸音专，又音之兖反。"	以匈奴符离王降侯，千八百户。	以匈奴都尉降侯，千一百户。
六月丁卯封，十四年薨。	六月丙子封，七年，元鼎五年，坐酎金免。	六（年）〔月〕[9]丙子封，十七年薨。
元封六年，侯当时嗣。		太初三年，侯安汉嗣。
侯辅宗嗣，始元五年薨，亡后，为诸县。		侯贤嗣，征和三年，坐祝诅（二）〔上〕，下狱病死。
	阳成	阳成

臧马康侯雕延年	辽侯次公 师古曰："辽音辽。"	术阳侯建德	龙侯摎广德 师古曰："摎音居虬反。"	成安侯韩延年
以匈奴王降侯，八百七十户。	以匈奴归义王降侯，七百九十户。	以南越王兄越高昌侯侯，三千户。	父乐以校尉击南越死事，子侯，六百七十户。	父千秋以校尉击南越死事，子侯，千三百八十户。
六(年)〔月〕[10]丙子封，五年薨，亡后。	元鼎四年六月丙午封，五年，坐酎金免。	五年三月壬午封，四年，坐使南海逆不道，诛。	三(年)〔月〕[11]壬午封，六年，坐酎金免。	三月壬午封，七年，元封六年，坐为太常行大行令事留外国书一月，乏兴，入谷赎，完为城旦。
朱虚	舞阳	下邳		郏 师古曰："音夹。"

景武昭宣元成功臣表第五

	昆侯渠复累 师古曰："累音力追反。"	骐侯驹幾 师古曰："骐音其。"	
	以属国大首渠击匈奴侯。	以属国骑击匈奴捕单于兄侯，五百二十户。	
师古曰："当有所兴发，因其迟留故阙乏。"	五月戊戌封。	五月壬子封。	
	侯乃始嗣，地节四年薨，亡后。	侯督嗣。	
		鳌侯崇嗣，阳朔二年薨，亡后。	元延元年六月己未，侯诗以崇弟绍封，五百五十户。
	钜鹿	北屈	

梁期侯任破胡	膫侯毕取	将梁侯杨仆
以属国都尉间出击匈奴将军衾绨等侯。 师古曰："衾音力追反。缦音莫汉反。"	以南越将军降侯，五百一十户。	以楼船将军击南越推锋却敌侯。
五（年）〔月〕[12]辛巳封。	六年三月乙酉封。	三月乙酉封，四年，元封四年，坐为将军击朝鲜畏懦，入竹二万个，赎完为城旦。 师古曰："个，枚也。音古贺反。"
侯当千嗣，太始四年，坐卖马一匹贾钱十五万，过平，臧五百以上，免。	侯奉义嗣，后二年，坐祝诅上，要斩。	
	南阳	

安道侯揭阳定 师古曰："揭音竭。"	随桃顷侯赵光	湘成侯监居翁	海常严侯苏弘
以南越揭阳令闻汉兵至自定降，侯，六百户。	以南越苍梧王闻汉兵至降，侯，三千户。	以南越桂林监闻汉兵破番禺，谕瓯骆民四十馀万降，侯，八百三十户。	以伏波司马得南越王建德侯。
三月乙酉封。	四月癸亥封，薨。	五月壬申封。	七月乙酉封，七年，太初元年薨，亡后。
侯当时嗣，延和四年，坐杀人，弃市。	侯昌乐嗣，本始元年薨。嗣子有罪，不得代。	侯益昌嗣，五凤四年，坐为九真太守盗使人出买犀、奴婢，臧百万以上，不道，诛。	
南阳	元始五年，放以光玄孙绍封，千户。	〔堵阳〕[13]	

外石侯吴阳	下鄜侯左将黄同 师古曰："鄜音孚。"	缭嫈侯刘福 师古曰："缭音聊。嫈音於耕反。"	蘌兒严侯辕终古 师古曰："蘌音御。"
以故东越衍侯佐繇王功侯，千户。	以故瓯骆左将斩西于王功侯，七百户。	以校尉从横海将军击南越侯。	以军卒斩东越徇北将军侯。
元封元年正月壬午封，九年薨。	四月丁酉封。	正月乙卯封，二年，有罪，免。	闰月癸卯封，六年，太初元年薨，亡后。
太初四年，侯首嗣，十四年，后二年，坐祝诅上，要斩。	侯奉汉嗣，后二年，坐祝诅上，要斩。		
济阳	南阳		

开陵侯建成	临蔡侯孙都	东城侯居股
以故东粤建成侯与繇王斩馀善侯，二千户。	以南粤郎，汉军破番禺，为伏波得南粤相吕嘉，侯，千户。	以故东粤繇王斩东粤王馀善侯，万户。
闰月癸卯封。	闰月癸卯封。	闰月癸卯封，二十年，延和三年，坐卫太子举兵谋反，要斩。
侯禄嗣，（延）〔征〕和[14]三年，坐舍卫太子所私幸女子，又祝诅上，要斩。师古曰："舍谓居止也。"	侯襄嗣，太初元年，坐击番禺夺人虏掠，死。	
临淮	河内	九江

无锡侯多军	涉都侯喜	平州侯王唊 如淳曰：“唊音颊。”
以东粤将军，汉兵至，弃军降侯千户。	以父弃故南海太守，汉兵至，以越邑降，子侯，二千四十户。	以朝鲜将，汉兵至，降，侯，千四百八十户。
元年封。	元年封，八年，太初二年薨，亡后。	三年四月丁卯封，四年薨，亡后。
侯卯嗣，延和四年，坐与归义赵文王将兵追反虏，到弘农擅弃兵还，赎罪，免。		
会稽	南阳	梁父

荻（直）〔苴〕[15]侯韩陶 师古曰："荻音狄。苴音七余反。"	澅清侯参 师古曰："澅音获，又音胡卦反。"	騠兹侯稽谷姑 师古曰："騠音大奚反。"
以朝鲜相将，汉兵围之，降侯，五百四十户。 师古曰："为相而将朝鲜兵。"	以朝鲜尼谿相使人杀其王右渠，降侯，千户。	以小月氏右苴王将众降，侯，千九百户。 师古曰："苴音子余反。"
四月丁卯封，十九年，延和二年薨，封终身，不得嗣。	六月丙辰封，十一年，天汉二年，坐匿朝鲜亡虏，下狱病死。	四年十一月丁未封，三年，太初元年薨，亡后。
勃海	齐	琅邪

浩侯王恢	瓡讘侯杆者 师古曰："瓡读与狐同。讘音之涉反。"	幾侯张路 师古曰："路音格，又音各。"	涅阳康侯最
以故中郎将将兵捕得车师王，侯。	以小月氏王将军众千骑降侯，七百六十户。	以朝鲜王子汉兵围朝鲜降侯。	以父朝鲜相路人，汉兵至，首先降，道死，子侯。
正月甲申封，一月，坐使酒泉矫制害，当死，赎罪，免。 如淳曰："律，矫诏大害，要斩。有矫诏害，矫诏不害。"	正月乙酉封，二年薨。	三年癸未封，六年，使朝鲜，谋反，格死。	三月壬寅封，五年，太初元年薨，亡后。
	六月，侯胜嗣，五年，天汉二年薨，制所幸封，不得嗣。		
	河东	河东	齐

海西侯李广利	新畤侯赵弟	承父侯续相如
以贰师将军击大宛斩王侯，八千户。	以贰师将军骑士斩（都）〔郁〕[16]成王首侯。 师古曰："郁成，西域国名也。"	以使西域发外王子弟，诛斩扶乐王首，虏二千五百人侯，千百五十户。
太初四年四月丁巳封，十一年，延和三年，击匈奴兵败，降。	四月丁巳封，七年，太始三年，坐为太常鞫狱不实，入钱百万赎死，而完为城旦。 如淳曰："鞫者以其辞决罪也。"晋灼曰："律说出罪为故纵，入罪为故不直。"	太始三年五月封，五年，延和四年四月癸亥，坐贼杀军吏，谋入蛮夷，祝诅上，要斩。
	齐	东莱

开陵侯成娩 师古曰:"娩音晚,又音免。"		秺侯商丘成 如淳曰:"秺音腐蠹反。"	重合侯莽通
以故匈奴介和王将兵击车师,不得封年。		以大鸿胪击卫太子,力战,亡它意侯,二千一百二十户。	以侍郎发兵击反者如侯,侯,四千八百七十户。
		延和二年七月癸巳封,四年,后二年,坐为詹事侍祠孝文庙,醉歌堂下曰"出居,安能郁郁",大不敬,自杀。	七月癸巳封,四年,后二年,坐发兵与卫尉溃等谋反,要斩。
侯顺嗣。			
质侯褎嗣,薨,亡后。	元延元年六月乙未,釐侯级以褎弟绍封,千二十户。		
	侯参嗣,王莽败,绝。		
		济阴	勃海

德侯景建	题侯张富昌	邘侯李寿 师古曰："邘音于。"	辽阳侯江喜 师古曰："辽音聊。"
以长安大夫从莽通共杀如侯，得少傅石德，侯，三千七百三十五户。	以山阳卒与李寿共得卫（李）〔太子〕侯[17]八百五十八户。	以新安令史得卫太子侯，一百五十户。	以圉啬夫捕反者故城父令公孙勇侯，千一百二十户。 师古曰："圉，淮阳县也。"
七月癸巳封，四年，后二年，坐共莽通谋反，要斩。	九月封，四年，后二年四月甲戌，为人所贼杀。	九月封，三年，坐为卫尉居守，擅出长安界，送海西侯至高桥，又使吏谋杀方士，不道，诛。	二年十一月封。
			六年，侯仁嗣，永光四年，坐使家丞上书还印符，随方士，免。
济南	钜鹿	河内	清河

当涂康侯魏不害	蒲侯苏昌	丞父侯孙王
以圉守尉捕反者淮阳胡倩侯，侯圣与议定策，益封，凡二千二百户。	以圉小史捕反者故越王子邹起侯，千二十六户。	以告反者太原白义等侯，千一百五十户。
十一月封，薨。	十一月封。	四年三月乙酉封，三年，始元元年，坐杀人，会赦，免。
爰侯圣嗣。	侯夷吾嗣，鸿嘉三年，坐婢自赎为民后略以为婢，免。	
剌侯杨嗣。		
戴侯向嗣。		
九江 侯坚居嗣，居摄二年，更为翼汉侯，王莽篡位，为翼新侯，莽败，绝。	琅邪	东莱

左孝武七十五人。武安、周阳、长平、冠军、平津、周子南、乐通、牧丘、富民九人在外戚恩泽，南窌、龙頟、宜春、阴安、发干五人随父，凡八十九人，王子不在其中。	秺敬侯金日磾	建平敬侯杜延年
	以驸马都尉发觉侍中莽何罗反侯，二千二百一十八户。	以谏大夫告左将军等反侯，二千户，以太仆与大将军先定策，益封，（三）〔二〕千[18]三百六十户。
	始元二年侯，丙子封，一日薨。	元凤元年七月甲子封，二十八年薨。
	始元二年，侯赏嗣，四十二年薨，亡后。	甘露二年，孝侯缓嗣，十九年薨。
	孙	竟宁元年，荒侯业嗣，三十四年薨。
	元始四年，侯常以日磾曾孙绍侯，千户，王莽败，绝。	元始二年，侯辅嗣。
		济阳 侯宪嗣，建武中以先降梁王，薨，不得代。 师古曰："梁王，刘永也。"

宜城戴侯燕仓		弋阳节侯任宫	商利侯王山寿
以假稻田使者先发觉左将军桀等反谋，告大司农敞侯。侯安削户六百，定七百户。		以故丞相征事手捕反者左将军桀，侯，九百一十五户。	以丞相少史诱反者车骑将军安入丞相府侯，九百一十五户。
七月甲子封，六年薨。		七月甲子封，三十三年薨。	七月甲子封，十四年，元康元年，坐为代郡太守故劾十人罪不直，免。
元平元年，刺侯安嗣，四十一年薨。	六世 侯旧嗣，王莽败，绝。	初元二年，刚侯千秋嗣，三十二年薨。	
竟宁元年，釐侯尊嗣，十年薨。		河平三年，愿侯恽嗣，二年薨。	
阳朔二年，炀侯武嗣。		阳朔元年，孝侯岑嗣，二十四年薨。	
济阴 侯级嗣。		元始元年，侯固嗣，更始元年，为兵所杀。	徐

	成安严侯郭忠		平陵侯范明友
	以张掖属国都尉匈奴入寇与战，斩黎汗王，侯，七百二十四户。		以校尉击反氐，后以将军击乌桓，获王，虏首六千二百侯，与大将军光定策，益封，凡二千九百二十户。
	三年二月癸丑封，七年薨。		四年七月乙巳封,十一年,地节四年,坐谋反诛。
	本始三年，爰侯迁嗣，四年薨。	六世　居摄元年，侯每以忠玄孙之子绍封，王莽败，绝。	
	元康三年，刻侯赏嗣，四十一年薨。		
	阳朔三年，郰侯长嗣。 师古曰："郰音臬。"		
	颍川 鳌侯萌嗣，薨，亡后。		武当

义阳侯傅介子	左孝昭八人。博陆、安阳、宜春、安平、富平、阳平六人在恩泽外戚，桑乐一人随父，凡十五人。	长罗壮侯常惠
以平乐厩监使诛楼兰王，斩首侯，七百五十九户。		以校尉光禄大夫持节将乌孙兵击匈奴，获名王，首虏三万九千级侯，二千八百五十户。
七月乙巳封，十三年，元康元年薨。嗣子有罪，不得代。		本始四年四月癸巳封，二十四年薨。
		初元二年，严侯成嗣，十六年薨。
		建始三年，爱侯邯嗣，五年薨。
元始四年，侯长以介子曾孙绍封，更始元年，为兵所杀。		河平四年，侯翕嗣，四十九年，建武四年薨，亡后。
平氏		陈留

爰戚靖侯赵长年	博成侯张章	高昌壮侯董忠
以平陵大夫告楚王延寿反侯，千五百三十户。	以长安男子先发觉大司马霍禹等谋反，以告期门董忠，忠以闻侯，三千九百一十三户。	以期门受张章言霍禹谋反，告左曹杨恽侯，再坐法，削户千一百，定七十九户。
地节二年四月癸卯封，十七年薨。	四年八月乙丑封，九年薨。	八月乙丑封，十九年薨。
节侯䜣嗣。	五凤元年，侯建嗣，十二年，建始四年，坐尚阳邑公主与婢奸主旁，数醉骂主，免。	初元二年，炀侯宏嗣，四十一年，建平元年，坐佞邪，免，二年，复封故国，三年薨。
永始四年，侯牧嗣，四十年，建武四年，以先降梁王，免。		元寿元年，侯武嗣，二年，坐父宏前为佞邪，免。
		建武二年五月己巳，侯永绍封。
	淮阳	千乘

平通侯杨恽	都成敬侯金安上	合阳爱侯梁喜
以左曹中郎受董忠等言霍禹等谋，以告侍中金安上侯，二千五百户。	以侍中中郎将受杨恽言霍禹等反谋，传言止内霍氏禁闼侯，千七百七十一户。	以平阳大夫告霍徵史、徵史子信、家监回伦、故侍郎郑尚时谋反侯，千五百户。
八月乙丑封，十年，五凤三年，坐为光禄勋诽谤政治，免。	八月乙丑封，十一年薨。	元康四年二月壬午封，四十一年薨。
	五凤三年，夷侯常嗣，一年薨，亡后。	建始二年，侯放嗣。
	元始元年，侯钦以安上孙绍封，为王莽诛。	元始五年，侯萌以喜孙绍封，千户，王莽败，绝。
	元始元年，戴侯杨嗣，王莽败，绝。	
博阳		平原

安远缪侯郑吉	归德靖侯先贤掸 师古曰："掸音缠。"	信成侯王定
以校尉光禄大夫将兵迎日逐王降，又破车师，侯，坐法削户三百，定七百九十户。	以匈奴单于从兄日逐王率众降侯，二千二百五十户。	以匈奴乌桓屠蓦单于子左大将军率众降侯，千六百户，后坐弟谋反，削百五户。 师古曰："蓦音莫白反。"
神爵三年四月壬戌封，十一年薨。	四月戊戌封，二十六年薨。	五凤二年九月癸巳封，十二年薨。
初元元年，侯光嗣，八年，永光三年薨，亡后。	竟宁元年，炀侯富昌嗣，二年薨。	初元五年，侯广汉嗣，三年，永光三年薨，亡后。
居摄元年，侯永以吉曾孙绍封，千户，王莽败，绝。	建始二年，侯讽嗣，五十六年薨。	元始五年，侯杨以定孙绍封，千户。
	建武二年，侯襄嗣。	
慎	汝南 侯霸嗣，永平十四年，有罪免。	细阳

<table>
<tr><td>义阳侯厉温敦</td><td rowspan="7">左孝宣十阳都、一人。营平、平丘、昌水、阳城、爰氏、扶阳、高平、阳城、博阳、邛成、将陵、建成、西平、平恩、平昌、乐陵、平台、乐昌、博望、乐成二十一人在恩泽外戚，乐平、冠阳、酂、周子南君四人随父，凡三十六人。</td><td>义成侯甘延寿</td></tr>
<tr><td>以匈奴謼连累单于率众降侯，千五百户。
师古曰：“謼与呼同。累音力住反。”</td><td>以使西域骑都尉讨郅支单于斩王以下千五百级侯，四百户，孙迁益封，凡二千户。</td></tr>
<tr><td>三年二月甲子封，四年，坐子伊细王谋反，削爵为关内侯，食邑千户。</td><td>竟宁元年四月戊辰封，九年薨。</td></tr>
<tr><td></td><td>阳朔元年，炀侯建嗣，十九年薨。</td></tr>
<tr><td></td><td>建平元年，节侯迁嗣，居摄二年更为诛郅支侯，十四年薨。</td></tr>
<tr><td></td><td>建国二年，侯相嗣，建武四年，为兵所杀。</td></tr>
<tr><td></td><td></td></tr>
</table>

驷望忠侯冷广 师古曰："冷音零。"	延乡节侯李谭	新山侯称忠
以湿沃公士告男子马政谋反侯，千八百户。 师古曰："湿音它合反。"	以尉氏男子捕得反者樊并侯，千户。	以捕得反者樊并侯，千户。
(炀)〔鸿〕[19]嘉元年正月辛丑封，薨。	永始四年七月己巳封，十三年薨。	十一月己酉封。
侯何齐嗣，王莽败，绝。	元始元年，侯成嗣，王莽败，绝。	
琅邪		

童乡釐侯钟祖	楼虚侯訾顺	左孝元一人。安平、平恩、扶阳三人随父，阳平、乐安二人在恩泽外戚，凡六人。孝成五人。安昌、高阳、安阳、城阳、高陵、定陵、殷绍嘉、宜乡、氾乡、博山十人在恩泽外戚，武阳、博阳、赞、骐、龙頟、开陵、乐陵、博望、乐成、安平、平阿、成都、红阳、曲阳、高平十五人随父，凡三十人。师古曰："頟字或作额。"
以捕得反者樊并侯，千户。	以捕得反者樊并侯，千户。	
七月己酉封，薨，亡后。	七月己酉封。	
元始五年，侯匡以祖子绍封，王莽败，绝。		

【校勘记】

〔1〕后(有)〔世〕承平， 景祐、殿本都作“世”。王先谦说作“世”是。

〔2〕王先谦说“四年”当作“四月”。按景祐、殿、局本都作“四月”。

〔3〕“获”，景祐、殿本都作“复”。王先谦说作“复”是。

〔4〕“翕侯”，王先谦说史表作“易侯”是。按景祐、殿本都作“易侯”。

〔5〕王先谦说“汉”当为“侯”。按殿、局本作“侯”，景祐本亦误。

〔6〕苏舆说“后”下“元”字衍。按景祐本无。

〔7〕王先谦说史表“上容”作“上谷”，“戈守”作“戍卒”，“计”上有“上”字，是。按景祐、殿本“谷”“卒”二字不误，局本“卒”亦误作“守”。

〔8〕此栏二格，王先谦说史表作“得两王子骑将功侯”，此表“子”误“千”，又夺“将”字。三格“匈奴河”，史表无“奴”字。王说此衍。

〔9〕此栏三格“六年”，景祐、殿本都作“六月”。五格“二”，景祐、殿、局本都作“上”。

〔10〕“六年”，景祐、殿本都作“六月”，史表同。

〔11〕苏舆说“三年”当作“三月”。按景祐、殿、局本都作“三月”。

〔12〕王先谦说“五年”当为“五月”。按殿本作“五月”。

〔13〕“堵阳”，据景祐、殿本补。

〔14〕“延和”当作“征和”。卫太子死于征和二年。汉无延和年号。

〔15〕钱大昭说南监本、闽本“直”作“苴”。按景祐、殿、局本都作“苴”。

〔16〕 王先谦说“都”是“郁”传写之误。按景祐、殿本都作“郁”。

〔17〕 王先谦说“李”乃“太子”二字合误一字。按景祐、殿、局本都作“太子”。

〔18〕 朱一新说据传，“三千”当作“二千”。按景祐、殿本都作“二千”。

〔19〕 “炀”，景祐、殿本都作“鸿”。王先谦说作“鸿”是。

汉书卷十八

外戚恩泽侯表第六

自古受命及中兴之君，必兴灭继绝，修废举逸，然后天下归仁，四方之政行焉。①传称武王克殷，追存贤圣，至乎不及下车。②世代虽殊，其揆一也。高帝拨乱诛暴，庶事草创，日不暇给，然犹修祀六国，求聘四皓，过魏则宠无忌之墓，适赵则封乐毅之后。③及其行赏而授位也，爵以功为先后，官用能为次序。后嗣共己遵业，旧臣继踵居位。④至乎孝武，元功宿将略尽。会上亦兴文学，进拔幽隐，公孙弘自海濒而登宰相，⑤于是宠以列侯之爵。又畴咨前代，询问耆老，初得周后，复加爵邑。自是之后，宰相毕侯矣。元、成之间，晚得殷世，以备宾位。

①师古曰："论语孔子陈帝王之法云'审法度，修废官，四方之政行焉；兴灭国，继绝世，举逸人，天下之人归心焉'。故此序引之也。"

②师古曰："礼记云'武王克殷，未及下车，而封黄帝之后于蓟，封帝

尧之后于祝，封帝舜之后于陈’。此其事也。”

③师古曰：“高纪十二年诏云：‘秦皇帝、楚隐王、魏安釐王、齐愍王、赵悼襄王皆绝无后。其与秦皇帝守冢二十家，楚、魏、齐各十家，赵及魏公子无忌各五家。’张良传高帝谓四人曰‘吾求公，公避逃我，今公何自从吾儿游乎？’又高纪十年‘求乐毅有后乎，得其孙叔，封之乐乡，号华成君’也。楚、魏、齐、赵皆旧六国，故总云六国。四皓须眉皓白，故谓之四皓。称号在王贡两龚鲍传。”

④师古曰：“共读曰恭。”

⑤师古曰：“海濒，谓近海之地。濒音频，又音宾。”

汉兴，外戚与定天下，侯者二人。[①]故誓曰：“非刘氏不王，若有亡功非上所置而侯者，天下共诛之。”是以高后欲王诸吕，王陵廷争；孝景将侯王氏，脩侯犯色。[②]卒用废黜。是后薄昭、窦婴、上官、卫、霍之侯，以功受爵。其馀后父据春秋褒纪之义，[③]帝舅缘大雅申伯之意，[④]寖广博矣。[⑤]是以别而叙之。

①服虔曰：“吕后兄周吕侯泽、建成侯释之。”师古曰：“与读曰豫，言豫其功也。”

②师古曰：“脩音条。”

③应劭曰：“春秋，天子将纳后于纪，纪本子爵也，故先褒为侯，言王者不取于小国。”

④应劭曰：“申伯，周宣王元舅也，为邑于谢。后世欲光宠外亲者，缘申伯之恩，援此义以为谕也。”

⑤师古曰：“寖，渐也。”

号谥姓名	临泗侯吕公	周吕令武侯泽
侯状户数	以汉王后父赐号。	以客从入汉，定三秦，将兵下砀，汉王败彭城，往从之，佐定天下。
始　封	元年封，四年薨，高后元年追尊曰吕宣王。	六年正月丙戌封，三年薨。
子		侯台嗣，高祖九年更封为鄜侯，四年，高后元年，为吕王，二年薨，谥曰肃，追尊令武曰悼武王。
孙		腄　三年，王嘉嗣，坐骄废。侯通，嘉弟，六年四月丁酉封，八年，为燕王，九月，反，诛。 东平 侯庀，通弟，八年五月丙辰封，九月，反，诛。
曾　孙		
玄　孙		

		建成康侯释之
		以客从击秦。汉王入汉，使释之归丰卫太上皇。
		六年四月丙戌封，九年薨。
	汶 侯产，台弟，高后元年四月辛卯封，六年，为吕王，七年，为梁王，八年，反，诛。 师古曰："汶音问。"	孝惠二年，侯则嗣，七年，有罪，免。则弟种，高后元年四月乙酉封，奉吕宣王国，七年，更为不其侯，八年，反，诛。
师古曰："腄音之瑞反。庀音匹履反。"		

	左高祖三人。	扶柳侯吕平
		以皇太后姊长姁子侯。 师古曰："平既吕氏所生，不当姓吕，盖史家唯记母族也。姁音况于反，又音况羽反。"
		元年四月丙寅封，八年，反，诛。
汉阳　侯禄，种弟，高后元年九月丙寅封，八年，为赵王，追尊康侯曰赵昭王，九月，反，诛。		

襄城侯义	轵侯朝	壶关侯武	昌平侯大	赘其侯吕胜	滕侯吕更始
以孝惠子侯。	以孝惠子侯。	以孝惠子侯。	以孝惠子侯。	以皇太后昆弟子淮阳丞相侯。	为舍人郎中十二岁，以都尉屯霸上，用楚丞相侯。
四月辛卯封，三年，为常山王。	四月辛卯封,四年，为常山王。	四月辛卯封，六年，为淮阳王。	二月癸未封，七年，为吕王。	四月丙申封，八年，反，诛。	四月丙申封,八年，反，诛。

吕成侯吕忿	祝兹侯吕莹 师古曰："莹音荥，又音乌瞑反。"	建陵侯张释寺人	左高后十人。五人随父，凡十五人。	轵侯薄昭
以皇太后昆弟子侯。	以皇太后昆弟子侯。	以大谒者劝王诸吕侯。		高祖七年为郎，从军十七年，以中大夫迎帝于代，以车骑将军迎皇太后侯，万户。
四月丙申封，八年，反，诛。	八年四月丁酉封，九月，反，诛。	四月丁酉封，九月，免。		元年正月乙巳封，十年，坐杀使者，自杀。帝临，为置后。
				十一年，易侯戎奴嗣，三十年薨。
				建元二年，侯梁嗣。

鄔侯驷钧 师古曰："鄔音一户反，又音於度反。"	周阳侯赵兼	孝文三人。左	章武景侯窦广国	南皮侯窦彭祖
以齐王舅侯。	以淮南王舅侯。		以皇太后弟侯，万一千户。	以皇太后兄子侯。
四月辛未封，六年，坐济北王兴居举兵反弗救，免。	四月辛未封，六年，有罪，免。		孝文后七年六月乙卯封，七年薨。	六月乙卯封，二十一年薨。
			孝景七年，共侯定嗣，十八年薨。	建元六年，夷侯良嗣，五年薨。
			元光三年，侯常生嗣，十年，元狩元年，坐谋杀人，未杀，免。	元光五年，侯桑林嗣，十八年，元鼎五年，坐酎金免。

魏其侯窦婴	盖靖侯王信	左孝景四人。	武安侯田蚡
以将军屯荥阳扞破吴楚七国侯。皇太后昆弟子。	以皇后兄侯。		以皇太后同母弟侯。
三年六月乙巳封，二十三年，元光四年，有罪，弃市。	中五年五月甲戌封，二十五年薨。		孝景后三年三月封，十年薨。
	元光三年，顷侯充嗣。		元光四年，侯恬嗣，五年，元朔三年，坐衣襜褕入宫，不敬，免。师古曰："衣谓著之也。襜褕，直裾禅衣也。襜音昌占反。褕音逾。"
	侯受嗣，元鼎五年坐酎金免。		

周阳懿侯田胜	长平烈侯卫青	
以皇太后同母弟侯。	以将军击匈奴取朔方侯，后破右贤王，益封，又封三子。皇后弟。	
三月封，十二年薨。	元朔二年二月丙辰封，二十三年薨。	
元光六年，侯祖嗣，八年，元狩三年，坐当归轵侯宅不与，免。	宜春 侯伉，五年四月丁未以青功封，元鼎元年坐挢制不害免，太初元年嗣侯，五年，（蘭）〔阑〕[1]入宫，完为城旦。	阴安 侯不疑，四月丁未以青功封，十二年，元鼎五年，坐酎金免。

	平津献侯公孙弘	冠军景桓侯霍去病
	以丞相诏所褒侯，三百七十三户。	以校尉击匈奴侯，后以将军破祈连迎昆邪王，益封。皇后姊子。
	元朔三年十一月乙丑封，六年薨。	六年四月壬申封，七年薨。
发干 侯登，四月丁未以青功封，坐酎金免。	元狩三年，侯度嗣，十三年，元封四年，坐为山阳太守诏征钜野令史成不遣，完为城旦。	南阳 元鼎元年，哀侯嬗嗣，七年薨，亡后。 师古曰："嬗音上战反。"
元康四年，诏赐青孙钱五十万，复家。		乐平　侯山，地节二年四月癸巳以从祖祖父大将军光功封，三千户，四年，坐谋反，诛。
永始元年，青曾孙玄以长安公乘为侍郎。		
元始四年，赐青玄孙赏爵关内侯。	高城	东郡

	周子南君姬嘉	
	以周后诏所褒侯，三千户。	
	元鼎四年十一月丁卯封，六年薨。	
	元封四年，君置嗣，二十四年薨。	
冠阳 侯云，山弟，三年四月戊申以大将军光功封，千八百户，四年，坐谋反，诛。	始元四年，君当嗣，十六年，地节三年，坐使奴杀家丞，弃市。	元康元年三月丙戌，君延年以当弟绍封，初元五年正月癸巳，更封为周承休侯，位次诸侯王，二十九年薨，谥曰考。
		建昭三年，质侯安嗣，四年薨。
南阳	长社	阳朔二年，釐侯世嗣，八年薨。

	六世 永始二年，侯当嗣，七年，绥和元年，进爵为公，地满百里，元始四年，为郑公，王莽篡位，为章牟公。
	七世 天凤元年，公常嗣，建武二年五月戊辰更为周承休侯。
	八世 五年，侯武嗣，十三年，更为卫公。
	观

乐通侯栾大	牧丘恬侯石庆	富民定侯车千秋	左孝武九人。三人随父，凡十二人。
以方术诏所褒侯，三千户。	以丞相及父万石积行侯。	以丞相侯，八百户，以遗诏益封，凡千六百户。	
四年四月乙巳封，五年，坐罔上，要斩。	五年九月丁丑封，十年薨。	征和四年六月丁巳封，十二年薨。	
	太初三年，侯德嗣，二年，天汉元年，坐为太常失法罔上，祠不如令，完为城旦。	元凤四年，侯顺嗣，六年，本始三年，坐为虎牙将军击匈奴诈增虏获，自杀。	
高平	平原	蕲	

博陆宣成侯霍光	安阳侯上官桀	宜春敬侯王䜣
以奉车都尉捕反者莽何罗侯，二千三百五十户，后以大将军益封，万七千二百户。	以骑都尉捕反者莽何罗侯，二千三百户。女孙为皇后。	以丞相侯，子谭与大将军光定策，益封，坐法削户五百，定六百八户。
始元二年正月壬寅封，十七年薨。	正月壬寅封，五年，元凤元年，反，诛。	元凤四年二月乙丑封，二年薨。
地节二年四月癸卯，侯（禹）〔禹〕[2]嗣，四年，谋反，要斩。	桑乐侯安 始元五年六月辛丑以皇后父车骑将军封，千五百户，二年，反，诛。[3]	元凤六年，康侯谭嗣，四十五年薨。
		建始三年，孝侯咸嗣，十八年薨。
元始二年四月乙酉，侯阳以光从父昆弟之曾孙龙勒士伍绍封，三千户，王莽篡位，绝。		元延元年，釐侯章嗣，(十)[4]八年薨。
北海河间东郡 师古曰："光初封食北海、河间，后益封又食东郡。"	荡阴 师古曰："桀所食也。" 千乘 师古曰："安所食也。"	汝南 建平三年，侯强嗣，二十六年，更始元年，为兵所杀。

安平敬侯（阳）〔杨〕敞[5]	富平敬侯张安世
以丞相侯，七百户，与大司马大将军光定策，益封子忠，凡五千五百四十七户。	以右将军光禄勋辅政勤劳侯，以车骑将军与大将军光定策，益封，凡万三千六百四十户。
六年二月乙丑封，一年薨。	十一月乙丑封，十三年薨。
元平元年，顷侯忠嗣，十一年薨。	阳都 元（侯）〔康〕[6]四年，爱侯延寿嗣，十一年薨。元康三年三月乙未，侯彭祖以世父故掖庭令贺有旧恩封，千六百户，四年，神爵三年，为小妻所杀。
元康三年，侯谭嗣，九年，五凤四年，坐为典属国季父恽有罪，谭言诽，免。	甘露三年，缪侯敞嗣，四年薨。 师古曰："自敞以下至纯皆延寿之嗣也。"
	初元二年，共侯临嗣，十五年薨。
汝南	平原 思侯放嗣，三十六年薨。

	阳平节侯蔡义	左孝昭六人。一人桑乐侯随父，凡七人。
	以丞相侯，前为御史大夫与大将军光定策，益封，凡七百户。	
	元平元年九月戊戌封，三年，本始四年薨，亡后。	
六世 建平元年，侯纯嗣，王莽建国四年更为张乡侯，建武中为武始侯。		
今见		

营平壮侯赵充国	平丘侯王迁
以后将军与大将军光定策功侯，千二百七十九户。	以光禄大夫与大将军光定策功侯，千二百五十三户。
本始元年八月辛未封，二十二年薨。	八月辛未封，五年，地节二年，坐平尚书听请受臧六百万，自杀。 如淳曰："律，诸为人请求于吏以枉法，而事已行，为听行者，皆为司寇。"师古曰："有人私请求，而听受之。"
甘露三年，质侯弘嗣，二十二年薨。	
建始四年，考侯钦嗣，七年薨。	
阳朔三年，侯岑嗣，十二年，元延三年，坐父钦诈以长安女子王君侠子为嗣，免。户二千九百四十四。	
济南	肥城

昌水侯田广明	阳城侯田延（平）〔年〕[7]	爰氏肃侯便乐成 师古曰："杜周传作史乐成。霍光传作使乐成。今此云姓便，三者不同，疑表误。"
以鸿胪击武都反氐赐爵关内侯，以左冯翊与大将军光定策侯，二千七百户。	以大司农与大将军光定策功侯，二千四百五十三户。	以少府与大将军光定策功侯，二千三百二十七户。
八月辛未封，三年，坐为祁连将军击匈奴不至期，自杀。	八月辛未封，二年，坐为大司农盗都内钱三千万，自杀。 如淳曰："天子钱藏中都内，又曰大内。"	八月辛未封，一年薨。
		本始二年，康侯辅嗣，三年薨。
		地节元年，哀侯临嗣，二年薨，亡子，绝。
		元始五年闰月丁酉，侯凤以乐成曾孙绍封，千户，王莽败，绝。
於陵	济阳	单父

扶阳节侯韦贤	平恩戴侯许广汉	高平宪侯魏相
以丞相侯，七百一十一户。	以皇太子外祖父昌成君侯，五千六百户。	以丞相侯，八百一十三户。
（二）〔三〕年[8]六月甲辰封，十年薨。	地节三年四月戊申封，七年薨，亡后。	地节三年六月壬戌封，八年薨。
神爵元年，共侯玄成嗣，九年，有罪，削一级为关内侯，永光二年二月丁酉复以丞相侯，六年薨。	初元元年，共侯嘉以广汉弟子中常侍绍侯，二十二年薨。	神爵三年，侯弘嗣，六年，甘露元年，坐酎宗庙骑至司马门，不敬，削爵一级为关内侯。
建昭三年，顷侯宽嗣。	河平一年，严侯况嗣。	
元延元年，釐侯育嗣。	鸿嘉二年，质侯旦嗣，二十九年薨。	
萧 侯湛嗣，元始中户千四百二十，王莽败，绝。	建国四年，侯敬嗣，王莽败，绝。	柘

平昌节侯王无故	乐昌共侯王武	阳城缪侯刘德
以帝舅关内侯侯，六百户。	以帝舅关内侯侯，六百户。	以宗正关内侯行谨重为宗室率侯，子安民以户五百赎弟更生罪，减一等，定户六百四十户。
四年二月甲寅封，九年薨。	二月甲寅封，十四年薨。	四年三月甲寅封，十年薨。
五凤元年，考侯接嗣，十六年薨。	甘露二年，戾侯商嗣，二十七年薨。	五凤二年，节侯安民嗣，(十)[9]八年薨。
永光三年，釐侯临嗣，二十一年薨。	河平四年，侯安嗣，二十七年，元始三年，为王莽所杀。	初元元年，釐侯庆忌嗣，二十一年薨。
鸿嘉元年，侯获嗣，三十八年，建武五年，诏书复获。师古曰："以其失爵复之也。复音方目反。"		居摄元年，侯飒嗣，王莽败，绝。师古曰："飒音立。"
	汝南	汝南

乐陵安侯史高		邛成共侯王奉光
以悼皇考舅子侍中关内侯与发霍氏奸，侯，二千三百户。 师古曰："与读曰豫。"		以皇后父关内侯侯，二千七百五十户。
八月乙丑封，二十四年薨。	武阳顷侯丹	元康二年三月癸未封，十八年薨。
永光二年，严侯术嗣，十一年薨。	鸿嘉元年四月庚辰以帝为太子时辅导有旧恩侯，千三百户，七年薨。	初元二年，侯敞嗣，二十八年薨。
建始二年，康侯崇嗣，四年薨，亡后。元延二年六月癸巳，侯淑以崇弟绍封，亡后。	永始四年，炀侯郜嗣，十一年薨。	鸿嘉二年，侯勋嗣，十四年，建平二年，坐选举不以实，骂廷史，大不敬，免。
元始四年，侯岑以高曾孙绍封，王莽败，绝。	元寿二年，侯获嗣，更始元年为兵所杀。	元始元年，侯坚固以奉光曾孙绍封，王莽败，绝。
	郯	济阴

	将陵哀侯史(鲁)〔曾〕[10]	平台康侯史玄
	以悼皇考舅子侍中中郎将关内侯有旧恩侯，二千二百户。	以悼皇考舅子侍中中郎将关内侯有旧恩侯，千九百户。
安平夷侯舜	三月乙未封，五年，神爵四年薨，亡后。	三月乙未封，二十五年薨。
初元元年癸卯以皇太后兄侍中中郎将封，千四百户，十三年薨。		建昭元年，戴侯恁嗣，十九年薨。 师古曰："恁音女林反。"
建昭四年，刚侯章嗣，十四年薨。		鸿嘉二年，侯习嗣。
阳朔四年，釐侯渊嗣，二十五年薨。		
元始五年，怀侯买嗣，王莽败，绝。		常山

博望顷侯许舜		乐成敬侯许延寿	
以皇太子外祖父同产弟长乐卫尉有旧恩侯，千五百户。		以皇太子外祖父同产弟侍中关内侯有旧恩侯，千五百户。	
三月乙未封，四年薨。		三月乙未封，十年薨。	
神爵三年，康侯敞嗣，八年薨。		甘露元年，恩侯汤嗣，六年薨。	
甘露三年，戾侯党嗣，二十六年薨。		初元二年，哀侯常嗣，九年薨。	元延二年，节侯恭以常弟绍封，千户。
河平四年，釐侯并嗣，薨，亡后。	元延二年六月癸巳，侯报子以并弟绍封，千户，王莽败，绝。		建昭元年，康侯去疾嗣，二十一年，鸿嘉三年薨，亡后，侯修嗣，王莽败，绝。
		平氏	

博阳定侯丙吉	建成定侯黄霸
以御史大夫关内侯有旧恩功德茂侯，千三百三十户。	以丞相侯，六百户，侯赏以定陶太后不宜立号，益封，二千二百户。
元康三年二月乙未封，八年薨。	五凤三年二月壬申封，四年薨。
五凤三年，〔侯〕[11]显嗣，二年，甘露元年坐酎宗庙骑至司马门，不敬，夺爵一级为关内侯。	甘露三年，思侯赏嗣，三十年薨。
鸿嘉元年六月己巳，康侯昌以吉孙绍〔封〕。	阳朔三年，忠侯辅嗣，二十七年薨。
元始二年，釐侯并嗣。	居摄二年，侯辅嗣，王莽败，绝。
南顿 侯胜客嗣，王莽败，绝。	沛

西平安侯于定国	左孝宣二十人。一人阳都侯随父，凡二十一人。	阳平顷侯王禁	
以丞相侯，六百六十户。		以皇后父侯，二千六百户，子凤以大将军益封五千四百户，凡八千户。	
甘露三年五月甲子封，十一年薨。		初元元年三月癸卯封，六年薨。	安成共侯崇
永光四年，顷侯永嗣，二十四年薨。		永光二年，敬成侯凤嗣，二十(四)[12]年薨。	建始元年二月壬子，以皇太后母弟散骑光禄大夫关内侯侯，万户，二年薨。
鸿嘉元年，侯恬嗣，四十三年，更始元年绝。		阳朔三年，釐侯襄嗣，十九年薨。	建始三年，靖侯奉世嗣，三十九年薨。
		建平四年，康侯岑嗣，十三年薨。	建国二年，侯持弓嗣，王莽败，绝。
临淮		东郡 建国三年，侯莫嗣，十二年，更始元年，为兵所杀。	汝南

平阿安侯谭	成都景成侯商	
河平二年六月乙亥，以皇太后弟关内侯侯，二千一百户，十一年薨。	六月乙亥，以皇太后弟关内侯侯，二千户，以大司马益封二千户，十六年薨。	
永始元年，剌侯仁嗣，十九年，为王莽所杀。	元延四年，侯况嗣，四年，绥和二年，坐山陵未成置酒歌舞，免。	建平元年，侯邑以况弟绍封，王莽篡位，为隆信公，与莽俱死。
元始四年，侯述嗣，建武二年薨，绝。		
沛	山阳	

红阳荒侯立	曲阳炀侯根
六月乙亥封，以皇太后弟关内侯侯，二千一百户，三十年薨。	六月乙亥，以皇太后弟关内侯侯，三千七百户，再以大司马益封七千七百户，哀帝又益二千户，凡万二千四百户，二十一年薨。
元始四年，侯柱嗣，王莽败，绝。	建平元年，侯涉嗣，王莽篡位，为直道公，为莽所杀。
曾孙 武桓侯泓，建武元年以父丹为将军战死，往与上有旧侯。	
南阳	九江

高平戴侯逢时	
六月乙亥，以皇太后弟关内侯侯，三千户，十八年薨。	新都侯莽
元延四年，侯置嗣，王莽败，绝。	永始元年五月乙未，以帝舅曼子侯，千五百户，后篡位，诛。
	褒新 侯安，元始四年四月甲子以莽功侯，二千户，莽篡位，为信迁公，病死。 赏都 侯临，四月甲子以莽功侯，二千户，莽篡位为天子，侯为统义阳王，自杀。
临淮	南阳

安昌节侯张禹	左孝元二人。一人安平侯随父，凡三人。	乐安侯匡衡
以丞相侯，六百一十七户，益户四百。		以丞相侯，六百四十七户。
河平四年六月丙午封，二十一年薨。		建昭三年七月癸亥封，七年，建始四年，坐颛地盗土，免。
建平二年，侯宏嗣，二十八年，更始元年，为兵所杀。		
汝南		僮

高阳侯薛宣	安阳敬侯王音	成阳节侯赵临
以丞相侯，千九十户。	以皇太后从弟大司马车骑将军侯，千六百户，子舜益封。	以皇后父侯，二千户。
鸿嘉元年四月庚辰封，五年，永始二年，坐西州盗贼群辈免，其年复封，十年，绥和二年，坐不忠孝，父子贼伤近臣，免。	六月己巳封，五年薨。	永始元年四月乙亥封，五年薨。
	永始二年，侯舜嗣，王莽篡位，为安新公。	元延二年，侯䜣嗣，建平元年，坐弟昭仪绝继嗣，免，徙辽西。
	建国三年，公揖嗣，更号和新公，与莽俱死。	
东莞		新息

	高陵共侯翟方进	定陵侯淳于长
	以丞相侯，千户，哀帝即位，益子宣五百户。	以侍中卫尉言昌陵不可成侯，千户。皇太后姊子。
新成侯钦	永始二年十一月壬子封，八千户，八年薨。	元延三年二月丙午封，二年，绥和元年，坐大逆，下狱死。
绥和二年五月壬辰以皇太后弟封，一年，建平元年，坐弟昭仪绝继嗣，免，徙辽西。	绥和二年，侯宣嗣，十二年，居摄元年，弟东郡太守义举兵欲讨莽，莽灭其宗。	
〔穰〕[13]	琅邪	汝南

殷绍嘉侯孔何齐	宜乡侯冯参	氾乡侯何武 师古曰："氾音凡。"
以殷后孔子世吉適子侯，千六百七十户，后六月进爵为公，地方百里，建平二年益户九百三十二。 师古曰："適读曰嫡。孔吉之適子也。"	以中山王舅侯，千户。	以大司空侯，千户，哀帝即位益千户。
绥和元年二月甲子封，八年，元始二年，更为宋公。	绥和元年二月甲子封，建平元年，坐姊中山太后祝诅，自杀。	四月乙丑封，十年，元始三年，为莽所杀，赐谥曰刺。
		元始四年，侯况嗣，建国四年薨。
沛		南阳

博山简烈侯孔光	左孝成十人。安成、平阿、成都、红阳、曲阳、高平、新都、武阳侯八人随父，凡十八人。	阳安侯丁明
以丞相侯，千户，元始元年益万户。		以帝舅侯，五千户。
二年三月丙戌封，二年，建平二年，坐众职废，免，元寿元年五月乙卯复以丞相侯，六年薨。		绥和二年四月壬寅封，七年，元始元年，为王莽〔所〕[14]杀。
元始五年，侯放嗣，王莽败，绝。		
顺阳		

孔乡侯傅晏	平周侯丁满	高乐节侯师丹
以皇后父侯，三千户，又益二千户。	以帝舅子侯，千七百三十九户。	以大司马关内侯侯，二千三十六户。
四月壬寅封，六年，元寿二年，坐乱妻妾位免，徙合浦。	五月己丑封，元始三年，坐非正免。	绥和二年七月庚午封，一年，建平元年，坐漏泄免，元始三年二月癸巳更为义阳侯，二月薨。
		侯业嗣，王莽败，绝。
夏丘	湖阳	新野 东海

高武贞侯傅喜	杨乡侯朱博	新甫侯王嘉	汝昌侯傅商
以帝祖母皇太太后从父弟大司马侯，二千三十户。	以丞相侯，二千五十户，上书以故事不过千户，还千五十户。	以丞相侯，千六十八户。	以皇太太后从父弟封，千户，后以奉先侯祀益封，凡五千户。
建平元年正月丁酉封，十五年薨。	建(元)〔平〕[15]二年四月乙亥封，八月，坐诬罔，自杀。	三年四月丁酉封，三年，元寿元年，罔上，下狱瘐死。	四年二月癸卯封，一年，元寿元年，坐外附诸侯免。
建国二年，侯劲嗣，王莽败，绝。		元始四年，侯崇绍封，王莽败，绝。	元寿二年五月，侯昌以商兄子绍奉祀封，八月，坐非正免。
杜衍	湖陵	新野	阳穀

阳新侯郑业	高安侯董贤	方阳侯孙宠
以皇太太后同母弟子侯，千户。	以侍中驸马都尉告东平王云祝诅反逆侯，千户，后益封，二千户。	以骑都尉与息夫躬告东平王反谋侯，千户。
八月辛卯封，二年，元寿二年，坐非正免。	建平四年八月辛卯封，二年，元寿二年，坐为大司马不合众心免，自杀。	八月辛卯封，二年，元寿二年，坐前为奸谗免，徙合浦。
新野	朱扶	龙亢

宜陵侯息夫躬	长平顷侯彭宣	左孝哀十三人。新成、新都、平阳、营陵、德五人随父，凡十八人。	扶德侯马宫	扶平侯王崇
以博士弟子因董贤告东平王反谋侯，千户。	以大司空侯，二千七十四户。		以大司徒侯，二千户。	以大司空侯，二千户。
八月辛卯封，二年，元寿二年，坐祝诅，下狱死。	元寿二年五月甲子封，四年薨。		元始元年二月丙辰封，王莽篡位，为太子师，卒官。	二月丙辰封，三年，为傅婢所毒，薨。
	元始四年，节侯圣嗣，十四年薨。			
	天凤五年，侯业嗣，王莽败，绝。			
杜衍	济南		赣榆	临淮

广阳侯甄丰	承阳侯甄邯 师古曰："承音烝。"	褒鲁节侯公子宽	褒成侯孔均
以左将军光禄勋定策安宗庙侯，五千三百六十五户。	以侍中奉车都尉定策安宗庙功侯，二千四百户。	以周公世鲁顷公玄孙之玄孙奉周祀侯，二千户。	以孔子世褒成烈君霸(鲁)〔曾〕[16]孙奉孔子祀侯，二千户。
二月癸巳封，王莽篡位，为广新公，后为王莽所杀。	三月癸卯封，王莽篡位，为承新公。	六月丙午封，薨。	六月丙午封。
		十一月，侯相如嗣，更姓公孙氏，后更为姬氏。	
南阳	汝南	南阳平	瑕丘

防乡侯平晏	红休侯刘歆	宁乡侯孔永
以长（安）〔乐〕[17]少府与刘歆、孔永、孙迁四人使治明堂辟雍得万国欢心功侯，各千户。	以侍中牺和与平晏同功侯。	以侍中五官中郎将与平晏同功侯。
五年闰月丁丑封，王莽篡位，为就新公。	闰月丁酉封，王莽篡位，为国师公，后为莽所诛。	闰月丁酉封，王莽篡位，为大司马。

定乡侯孙迁	常乡侯王恽 师古曰："恽音於粉反。"	望乡侯阎迁	南乡侯陈崇	邑乡侯李翕	亭乡侯郝党
以常侍谒者与平晏同功侯。	以太仆与阎迁、陈崇等八人使行风俗齐同万国功侯，各千户。	以鸿胪与王恽同功侯。	以大司徒司直与王恽同功侯。	以水衡都尉与王恽同功侯。	以中郎将与王恽同功侯。
闰月丁酉封。	闰月丁酉封。	闰月丁酉封。	闰月丁酉封。	闰月丁酉封。	闰月丁酉封。

章乡侯谢殷	蒙乡侯逯普 师古曰："逯音录，字或作逮。二姓皆有之。"	卢乡侯陈凤	成武侯孙建	明统侯侯辅
以中郎将与王恽同功侯。	以骑都尉与王恽同功侯。	以中郎将与王恽同功侯。	以强弩将军有折衝之威〔侯〕。[18]	以骑都尉明为人后一统之义侯。
闰月丁酉封。	闰月丁酉封，王莽篡位，为大司马。	闰月丁酉封。	闰月丁酉封，王莽篡位，为成新公。	闰月丁酉封。

破胡侯陈冯	讨狄侯杜勋	左孝平二十二人，邛成、博陆、宣平、红、舞阳、秺、乐陵、都成、新甫、爰氏、合阳、义阳、章乡、信成、随桃、褒新、赏都十七人随父继世，凡三十九人。
以父汤前为副校尉讨郅支单于侯，千四百户。	以前为军假丞手斩郅支单于首侯，千户。	师古曰："据功臣表及王子侯表，平帝时无红侯，唯周勃玄孙恭以元始二年绍封绛侯。疑红字当为绛，转写者误耳。又功臣表作童乡侯，今此作章乡，二表不同，亦当有误也。"
七月丙申封。	七月丙申封。	

【校勘记】

〔1〕 王先谦说“蘭”当为“闌”，误加艸。按各本都误。

〔2〕 王先谦说“禺”当为“禹”。按景祐、殿、局本都作“禹”。

〔3〕 此格原在五格，据殿本移上。

〔4〕 苏舆说“十”字衍，是。

〔5〕 殿本考证说，敞姓杨，非姓阳，各本误。

〔6〕 “元侯”，景祐、殿、局本都作“元康”。王先谦说作“元康”，是。

〔7〕 “平”，景祐、殿、局本都作“年”，史表同。

〔8〕 朱一新说“二年”当作“三年”。按景祐、殿本都作“三年”。

〔9〕 王念孙说景祐本无“十”字，是。

〔10〕 “鲁”，景祐、殿、局本都作“曾”，史表同。王先谦说此形近致误。

〔11〕 “侯”字、五格“封”字，都据殿本补。

〔12〕 苏舆说“四”字衍，是。

〔13〕 “穰”字据景祐、殿本补。

〔14〕 王先谦说“莽”下脱“所”字。按殿、局本都有。

〔15〕 钱大昭说“建元”当作“建平”。按景祐、殿本都作“建平”。

〔16〕 王先谦说“鲁”是“曾”之误。

〔17〕 王先谦说“长安”误，当作“长乐”。

〔18〕 钱大昭说威下脱“侯”字，闽本有。按景祐、殿、局本都有。

汉书卷十九上

百官公卿表第七上

师古曰："汉制，三公号称万石，其俸月各三百五十斛穀。其称中二千石者月各百八十斛，二千石者百二十斛，比二千石者百斛，千石者九十斛，比千石者八十斛，六百石者七十斛，比六百石者六十斛，四百石者五十斛，比四百石者四十五斛，三百石者四十斛，比三百石者三十七斛，二百石者三十斛，比二百石者二十七斛，一百石者十六斛。"

易叙宓羲、神农、(皇)〔黄〕帝[1]作教化民，①而传述其官，②以为宓羲龙师名官，③神农火师火名，④黄帝云师云名，⑤少昊鸟师鸟名。⑥自颛顼以来，为民师而命以民事，⑦有重黎、句芒、祝融、后土、蓐收、玄冥之官，然已上矣。⑧书载唐虞之际，命羲和四子，⑨顺天文，授民时；咨四岳，以举贤材，扬侧陋；⑩十有二牧，柔远能迩；⑪禹作司空，平水土；⑫弃作后稷，播百谷；卨作司徒，敷五教；⑭咎繇作士，正五刑；⑮垂作共工，利器用；⑯朕作朕虞，育草木鸟兽；⑰伯夷作秩宗，典三礼；⑱夔典乐，和神人；⑲龙作纳言，出入帝命。[20]夏、殷亡闻焉，[21]周官则备矣。[22]天官冢宰，地官司徒，春官宗伯，夏官司马，秋官司寇，冬官司空，是为六卿，[23]各有徒属职分，用于百事。[24]太师、太傅、太保，是为三公，[25]盖参天子，坐而议政，无不总统，故不以一职为官名。又立三少为之副，少师、少傅、少保，是为孤卿，与六卿为九焉。记曰三公无官，言有其人然后充之，[26]舜之于尧，伊尹于汤，周公、召公于周，是也。或说司马主天，司徒主人，司空主土，是为三公。四岳谓四方诸侯。自周衰，官失而百职乱，战国并争，各变异。秦兼天下，建皇帝之号，[27]立百官之职。汉因循而不革，[28]明简易，随时宜也。其后颇有所改。王莽篡位，慕从古官，而吏民弗安，亦多虐政，遂以乱亡。故略表举大分，[29]以通古今，备温故知新之义云。[30]

①应劭曰："宓羲氏始作八卦，神农氏为耒耜，黄帝氏作衣裳，神而化之，使民宜之。"师古曰："见易下系。宓音伏，字本作虙，转写讹谬耳。"

②师古曰："春秋左氏传载郯子所说也。"

③应劭曰："师者长也，以龙纪其官长，故为龙师。春官为青龙，夏官为赤龙，秋官为白龙，冬官为黑龙，中官为黄龙。"张晏曰："庖羲将兴，神龙负图而至，因以名师与官也。"

④应劭曰："火德也，故为炎帝。春官为大火，夏官为鹑火，秋官为西火，冬官为北火，中官为中火。"张晏曰："神农有火星之瑞，因以名师与官也。"

⑤应劭曰："黄帝受命有云瑞，故以云纪事也。由是而言，故春官为青云，夏官为缙云，秋官为白云，冬官为黑云，中官为黄云。"张晏曰："黄帝有景云之应，因以名师与官也。"

⑥应劭曰："金天氏，黄帝子青阳也。"张晏曰："少昊之立，

凤鸟适至，因以名官。凤鸟氏为历正，玄鸟司分，伯赵司至，青鸟司开，丹鸟司闭。”师古曰：“玄鸟，燕也。伯赵，伯劳也。青鸟，鸧鴳也。丹鸟，鷩雉也。”

⑦应劭曰：“颛顼氏代少昊者也，不能纪远，始以职事命官也。春官为木正，夏官为火正，秋官为金正，冬官为水正，中官为土正。”师古曰：“自此以上皆郯子之辞也。”

⑧应劭曰：“少昊有四叔，重为句芒，该为蓐收，修及熙为玄冥。颛顼氏有子曰黎，为祝融。共工氏有子曰句龙，为后土。故有五行之官，皆封为上公，祀为贵神。”师古曰：“上谓其事久远也。该音该。”

⑨应劭曰：“尧命四子分掌四时之教化也。”张晏曰：“四子谓羲仲、羲叔、和仲、和叔也。”师古曰：“事见虞书尧典。”

⑩师古曰：“四岳，分主四方诸侯者。”

⑪应劭曰：“牧，州牧也。”师古曰：“柔，安也。能，善也。迩，近也。”

⑫师古曰：“空，穴也。古人穴居，主穿土为穴以居人也。”

⑬应劭曰：“弃，臣名也。后，主也，为此稷官之主也。”师古曰：“播谓布种也。”

⑭应劭曰：“五教，父义，母慈，兄友，弟恭，子孝也。”师古曰：“卨音先列反。”

⑮应劭曰：“士，狱官之长。”张晏曰：“五刑谓墨、刖、劓、剕、宫、大辟也。”师古曰：“咎音皋。繇音弋昭反。墨，凿其额而涅以墨也。刖，断足也。劓，割鼻也。剕，去髌骨也。宫，阴刑也。大辟，杀之也。”

⑯应劭曰：“垂，臣名也。为共工，理百工之事也。”师古曰：“共读曰龚。”

⑰应劭曰：“荞，伯益也。虞，掌山泽禽兽官名也。”师古曰：“荞，古

益字也。虞，度也，主商度山川之事。”

⑱应劭曰：“伯夷，臣名也。典天神、地祇、人鬼之礼也。”师古曰：“秩，次也；宗，尊也：主尊神之礼，可以次序也。”

⑲应劭曰：“夔，臣名也。”师古曰：“夔音钜龟反。”

⑳应劭曰：“龙，臣名也。纳言，如今尚书，管王之喉舌也。”师古曰：“自此以上皆尧典之文。”

㉑师古曰：“言夏、殷置官事不见于书传也。礼记明堂位曰‘夏后氏官百，殷二百’，盖言其大数而无职号统属也。”

㉒师古曰：“事见周书周官篇及周礼也。”

㉓师古曰：“冢宰掌邦治，司徒掌邦教，宗伯掌邦礼，司马掌邦政，司寇掌邦禁，司空掌邦土也。”

㉔师古曰：“言百者，举大数也。分音扶问反。”

㉕应劭曰：“师，训也。傅，覆也。保，养也。”师古曰：“傅，相也。”

㉖师古曰：“不必备员，有德者乃处之。”

㉗张晏曰：“五帝自以德不及三皇，故自去其皇号。三王又以德不及五帝，自损称王。秦自以德褎二行，故兼称之。”

㉘师古曰：“革，改也。”

㉙师古曰：“分音扶问反。”

㉚师古曰：“论语称孔子曰‘温故而知新，可以为师矣’。温犹厚也，言厚蓄故事，多识于新，则可为师。”

相国、丞相，①皆秦官，金印紫绶，掌丞天子助理万机。秦有左右，②高帝即位，置一丞相，十一年更名相国，绿绶。孝惠、高后置左右丞相，文帝二年复置一丞相。有两长史，秩千石。哀帝元寿二年更名大司徒。武帝元狩五年初置司直，秩比二千石，掌佐丞相举不法。

①应劭曰：“丞者，承也。相者，助也。”

②荀悦曰："秦本次国，命卿二人，是以置左右丞相，无三公官。"

太尉，秦官，①金印紫绶，掌武事。武帝建元二年省。元狩四年初置大司马，②以冠将军之号。③宣帝地节三年置大司马，不冠将军，亦无印绶官属。成帝绥和元年初赐大司马金印紫绶，置官属，禄比丞相，去将军。哀帝建平二年复去大司马印绶、官属，冠将军如故。元寿二年复赐大司马印绶，置官属，去将军，位在司徒上。有长史，秩千石。

①应劭曰："自上安下曰尉，武官悉以为称。"

②应劭曰："司马，主武也，诸武官亦以为号。"

③师古曰："冠者，加于其上共为一官也。"

御史大夫，秦官，①位上卿，银印青绶，掌副丞相。有两丞，秩千石。一曰中丞，在殿中兰台，掌图籍秘书，外督部刺史，内领侍御史员十五人，受公卿奏事，举劾按章。成帝绥和元年更名大司空，金印紫绶，禄比丞相，置长史如中丞，官职如故。哀帝建平二年复为御史大夫，元寿二年复为大司空，御史中丞更名御史长史。侍御史有绣衣直指，②出讨奸猾，治大狱，武帝所制，不常置。

①应劭曰："侍御史之率，故称大夫云。"臣瓒曰："茂陵书御史大夫秩中二千石。"

②服虔曰："指事而行，无阿私也。"师古曰："衣以绣者，尊宠之也。"

太傅，古官，高后元年初置，金印紫绶。后省，八年复置。后省，哀帝元寿二年复置。位在三公上。

太师、太保，皆古官，平帝元始元年皆初置，金印紫绶。太师位在太傅上，太保次太傅。

前后左右将军，皆周末官，秦因之，位上卿，金印紫绶。汉不常置，或有前后，或有左右，皆掌兵及四夷。有长史，秩千石。

奉常，秦官，掌宗庙礼仪，有丞。景帝中六年更名太常。①属官有太乐、太祝、太宰、太史、太卜、太医六令丞，又均官、都水两长丞，②又诸庙寝园食官令长丞，有廱太宰、太祝令丞，③五畤各一尉。又博士及诸陵县皆属焉。景帝中六年更名太祝为祠祀，武帝太初元年更曰庙祀，初置太卜。博士，秦官，〔2〕掌通古今，秩比六百石，员多至数十人。武帝建元五年初置五经博士，宣帝黄龙元年稍增员十二人。元帝永光元年分诸陵邑属三辅。王莽改太常曰秩宗。

①应劭曰："常，典也，掌典三礼也。"师古曰："太常，王者旌旗也，画日月焉，王有大事则建以行，礼官主奉持之，故曰奉常也。后改曰太常，尊大之（仪）〔义〕也。"〔3〕

②服虔曰："均官，主山陵上槁输入之官也。"如淳曰："律，都水治渠堤水门。三辅黄图云三辅皆有都水也。"

③文颖曰："廱，主熟食官。"如淳曰："五畤在廱，故特置太宰以下诸官。"师古曰："如说是也。雍，右扶风之县也。太宰即是具食之官，不当复置饔人也。"

郎中令，秦官，①掌宫殿掖门户，有丞。武帝太初元年更名光禄勋。②属官有大夫、郎、谒者，皆秦官。又期门、羽林皆属焉。③大夫掌论议，〔4〕有太中大夫、中大夫、谏大夫，皆无员，多至数十人。武帝元狩五年初置谏大夫，秩比八百石，太初元年更名中大夫为光禄大夫，秩比二千石，太中大夫秩比千石如故。郎掌守门户，出充车骑，有议郎、中郎、侍郎、郎中，皆无员，多至千人。议郎、中郎秩比六百石，侍郎比四百石，郎中比三百石。中郎有五官、左、右三将，秩皆比二千石。郎中有车、户、骑三将，④秩皆比千石。谒者掌宾赞受事，员七十人，秩比六百石，有仆射，⑤秩比千石。期门掌执兵送从，武帝建元三年初置，比郎，无员，多至千人，有仆射，秩比千石。平帝元始元年更名虎贲郎，⑥置中郎将，秩比二千石。羽林掌送从，次期门，武帝太初元年初置，名曰建章营骑，后更名羽林骑。又取从军死事之子孙养羽林，官教以五兵，号曰羽林孤儿。⑦羽林要有令丞。宣帝令中郎将、骑都尉监羽林，秩比二千石。仆射，秦官，[5]自侍中、尚书、博士、郎皆有。古者重武官，有主射以督课之，军屯吏、驺、宰、永巷宫人皆有，取其领事之号。⑧

①臣瓒曰："主郎内诸官，故曰郎中令。"

②应劭曰："光者，明也。禄者，爵也。勋，功也。"如淳曰："胡公曰勋之言阍也。阍者，古主门官也。光禄主宫门。"师古曰："应说是也。"

③服虔曰："与期门下以徼行，后遂以名官。"师古曰："羽林，亦宿卫之官，言其如羽之疾，如林之多也。一说羽所以为王者羽翼也。"

④如淳曰："主车曰车郎，主户卫曰户郎。汉仪注郎中令主郎中，左右车将主左右车郎，左右户将主左右户郎也。"

⑤应劭曰："谒，请也，白也。仆，主也。"

⑥师古曰："贲读与奔同，言如猛兽之奔。"

⑦师古曰："五兵谓弓矢、殳、矛、戈、戟也。"

⑧孟康曰："皆有仆射，随所领之事以为号也。若军屯吏则曰军屯仆

射，永巷则曰永巷仆射。”

卫尉，秦官，掌宫门卫屯兵，①有丞。景帝初更名中大夫令，后元年复为卫尉。属官有公车司马、卫士、旅贲三令丞。②卫士三丞。又诸屯卫候、司马二十二官皆属焉。长乐、建章、甘泉卫尉皆掌其宫，③职略同，不常置。

①师古曰："汉旧仪云卫尉寺在宫内。胡广云主宫阙之门内卫士，于周垣下为区庐。区庐者，若今之仗宿屋矣。"

②师古曰："汉官仪云公车司马掌殿司马门，夜徼宫中，天下上事及阙下凡所征召皆总领之，令秩六百石。旅，众也。贲与奔同，言为奔走之任也。"

③师古曰："各随所掌之宫以名官。"

太仆，秦官，①掌舆马，有两丞。属官有大厩、未央、家马三令，各五丞一尉。②又车府、路軨、骑马、骏马四令丞；③又龙马、闲驹、橐泉、騊駼、承华五监长丞；④又边郡六牧师菀令，各三丞；⑤又牧橐、昆蹄令丞，⑥皆属焉。中太仆掌皇太后舆马，不常置也。武帝太初元年更名家马为挏马，⑦初置路軨。

①应劭曰："周穆王所置也，盖大御众仆之长，中大夫也。"

②师古曰："家马者，主供天子私用，非大祀戎事军国所须，故谓之家马也。"

③伏俨曰："主乘舆路车，又主凡小车。軨，今之小马车曲舆也。"师古曰："軨音零。"

④如淳曰："橐泉厩在橐泉宫下。騊駼，野马也。"师古曰："闲，阑，养马之所也，故曰闲驹。騊駼出北海中，其状如马，非野马也。騊音徒高反。駼音涂。"

⑤师古曰："汉官仪云牧师诸苑三十六所，分置北边、西边，分养马三十万头。"

⑥应劭曰："橐，橐佗。昆蹏，好马名也。蹏音啼。"如淳曰："尔雅曰'昆蹏研，善升甗'者也，因以为厩名。"师古曰："牧橐，言牧养橐佗也。昆，兽名也。蹏研者，谓其蹏下平也。善升甗者，谓山形如甑，而能升之也。蹏即古蹄字耳。研音五见反。甗音言，又音牛偃反。"

⑦应劭曰："主乳马，取其汁挏治之，味酢可饮，因以名官也。"如淳曰："主乳马，以韦革为夹兜，受数斗，盛马乳，挏取其上（把）〔肥〕，[6]因名曰挏马。礼乐志丞相孔光奏省乐官七十二人，给大官挏马酒。今梁州亦名马酪为马酒。"晋灼曰："挏音挺挏之挏。"师古曰："晋音是也。挏音徒孔反。"

廷尉，秦官，①掌刑辟，有正、左右监，秩皆千石。景帝中六年更名大理，武帝建元四年复为廷尉。宣帝地节三年初置左右平，秩皆六百石。哀帝元寿二年复为大理。王莽改曰作士。

①应劭曰："听狱必质诸朝廷，与众共之，兵狱同制，故称廷尉。"师古曰："廷，平也。治狱贵平，故以为号。"

典客，秦官，掌诸归义蛮夷，有丞。景帝中六年更名大行令，武帝太初元年更名大鸿胪。①属官有行人、译官、别火三令丞，②及郡邸长丞。③武帝太初元年更名行人为大行令，初置别火。王莽改大鸿胪曰典乐。初，置郡国邸属少府，中属中尉，后属大鸿胪。

①应劭曰："郊庙行礼赞九宾，鸿声胪传之也。"

②如淳曰："汉仪注别火，狱令官，主治改火之事。"

③师古曰："主诸郡之邸在京师者也。"

宗正，秦官，[①]掌亲属，有丞。平帝元始四年更名宗伯。属官有都司空令丞，[②]内官长丞。[③]又诸公主家令、门尉皆属焉。王莽并其官于秩宗。初，内官属少府，中属主爵，后属宗正。

①应劭曰："周成王之时彤伯入为宗正也。"师古曰："彤伯为宗伯，不谓之宗正。"

②如淳曰："律，司空主水及罪人。贾谊曰'输之司空，编之徒官'。"

③师古曰："律历志主分寸尺丈也。"

治粟内史，秦官，掌谷货，有两丞。景帝后元年更名大农令，武帝太初元年更名大司农。属官有太仓、均输、平准、都内、籍田五令丞，[①]斡官、铁市两长丞。[②]又郡国诸仓农监、都水六十五官长丞皆属焉。騪粟都尉，[③]武帝军官，不常置。王莽改大司农曰羲和，后更为纳言。初，斡官属少府，中属主爵，后属大司农。

①孟康曰："均输，谓诸当所有输于官者，皆令输其地土所饶，平其所在时贾，官更于佗处卖之，输者既便，而官有利也。"

②如淳曰："斡音筦，或作幹。斡，主也，主均输之事，所谓斡盐铁而榷酒酤也。"晋灼曰："此竹箭幹之官长也。均输自有令。"师古曰："如说近是也。纵作幹读，当以幹持财货之事耳，非谓箭幹也。"

③服虔曰："騪音搜狩之搜。搜，索也。"

少府，秦官，掌山海池泽之税，以给共养，[①]有六丞。属官有尚书、符节、太医、太官、汤官、导官、乐府、若卢、考工室、左弋、居室、甘泉居室、左右司空、东织、西织、东园匠十(二)〔六〕官令丞，[②][7]又胞人、都水、均官三长丞，[③]又上林中十池监，④又中书谒者、黄门、钩盾、尚方、御府、永巷、内者、宦者（七）〔八〕官令丞。⑤[8]诸仆射、署长、中黄门皆属焉。⑥武帝太初元年更名考工室为考工，左弋为佽飞，居室为保宫，甘泉居室为昆台，永巷为掖廷。佽飞掌弋射，有九丞两尉，太官七丞，昆台五丞，乐府三丞，掖廷八丞，宦者七丞，钩盾五丞两尉。成帝建始四年更名中书谒者令为中谒者令，初置尚书，员五人，有四丞。河平元年省东织，更名西织为织室。绥和二年，哀帝省乐府。王莽改少府曰共工。

①应劭曰："名曰禁钱，以给私养，自别为藏。少者，小也，故称少府。"师古曰："大司农供军国之用，少府以养天子也。（供）〔共〕音居用反。[9]养音弋亮反。"

②服虔曰："若卢，诏狱也。"邓展曰："旧洛阳两狱，一名若卢，主受亲戚妇女。"如淳曰："若卢，官名也，藏兵器。品令曰若卢郎中二十人，主弩射。汉仪注有若卢狱令，主治库兵将相大臣。"臣瓒曰："冬官为考工，主作器械也。"师古曰："太官主膳食，汤官主饼饵，导官主择米。若卢，如说是也。左弋，地名。东园匠，主作陵内器物者也。"

③师古曰："胞人，主掌宰割者也。胞与庖同。"

④师古曰："三辅黄图云上林中池上籞五所，而此云十池监，未详其数。"

⑤师古曰："钩盾主近苑囿，尚方主作禁器物，御府主天子衣服也。"

⑥师古曰："中黄门，奄人居禁中在黄门之内给事者也。"

中尉，秦官，掌徼循京师，①有两丞、候、司马、千人。②武帝太初元年更名执金吾。③属官有中垒、寺互、武库、都船四令丞。④都船、武库有三丞，中垒两尉。又式道左右中候、候丞及左右京辅都尉、尉丞兵卒皆属焉。⑤初，寺互属少府，中属主爵，后属中尉。

①如淳曰："所谓游徼，徼循禁备盗贼也。"师古曰："徼谓遮绕也。徼音工钓反。"

②师古曰："候及司马及千人皆官名也。属国都尉云有丞、候、千人。西域都护云司马、候、千人各二人。凡此千人，皆官名也。"

③应劭曰："吾者，御也，掌执金革以御非常。"师古曰："金吾，鸟名也，主辟不祥。天子出行，职主先导，以御非常，故执此鸟之象，因以名官。"

④如淳曰："汉仪注有寺互。都船狱令，治水官也。"

⑤应劭曰："式道凡三候，车驾出还，式道候持麾至宫门，门乃开。"师古曰："式，表也。"

自太常至执金吾，秩皆中二千石，丞皆千石。

太子太傅、少傅，古官。属官有太子门大夫、①庶子、②先马、③舍人。

①应劭曰："员五人，秩六百石。"

②应劭曰："员五人，秩六百石。"

③张晏曰："先马，员十六人，秩比谒者。"如淳曰："前驱也。国语曰句践亲为夫差先马。先或作洗也。"

将作少府，秦官，掌治宫室，有两丞、左右中候。景帝中六年更名将作大匠。属官有石库、东园主章、左右前后中校七令丞，①又主章长丞。②武帝太初元年更名东园主章为木工。成帝阳朔三年省中候及左右前后中校五丞。

①如淳曰："章谓大材也。旧将作大匠主材吏名章曹掾。"师古曰："今所谓木钟者，盖章声之转耳。东园主章掌大材，以供东园大匠也。"
②师古曰："掌凡大木也。"

詹事，秦官，[①]掌皇后、太子家，有丞。[②]属官有太子率更、家令丞，仆、中盾、卫率、厨厩长丞，[③]又中长秋、私府、永巷、仓、厩、祠祀、食官令长丞。诸宦官皆属焉。[④]成帝鸿嘉三年省詹事官，并属大长秋。[⑤]长信詹事掌皇太后宫，景帝中六年更名长信少府，[⑥]平帝元始四年更名长乐少府。

①应劭曰："詹，省也，给也。"臣瓒曰："茂陵书詹事秩真二千石。"
②师古曰："皇后、太子各置詹事，随其所在以名官。"
③张晏曰："太子称家，故曰家令。"臣瓒曰："茂陵中书太子家令秩八百石。"应劭曰："中盾主周卫徼道，秩四百石。"如淳曰："汉仪注卫率主门卫，秩千石。"师古曰："掌知漏刻，故曰率更。自此以上，太子之官也。更音工衡反。"
④师古曰："自此以上，皆皇后之官。"
⑤师古曰："省皇后詹事，总属长秋也。"
⑥张晏曰："以太后所居宫为名也。居长信宫则曰长信少府，居长乐宫则曰长乐少府也。"

将行，秦官，[①]景帝中六年更名大长秋，[②]或用中人，或用士人。[③]

①应劭曰："皇后卿也。"
②师古曰："秋者收成之时，长者恒久之义，故以为皇后官名。"
③师古曰："中人，奄人也。"

典属国，秦官，掌蛮夷降者。武帝元狩三年昆邪王降，[①]复增属国，置都尉、丞、候、千人。属官，九译令。成帝河平元年省并大鸿胪。

①师古曰："昆音下门反。"

水衡都尉，①武帝元鼎二年初置，掌上林苑，有五丞。属官有上林、均输、御羞、禁圃、辑濯、锺官、技巧、六厩、辩铜九官令丞。②又衡官、水司空、都水、农仓，又甘泉上林、都水七官长丞皆属焉。上林有八丞十二尉，均输四丞，御羞两丞，都水三丞，禁圃两尉，甘泉上林四丞。成帝建始二年省技巧、六厩官。王莽改水衡都尉曰予虞。初，御羞、上林、衡官及铸钱皆属少府。

①应劭曰："古山林之官曰衡。掌诸池苑，故称水衡。"张晏曰："主都水及上林苑，故曰水衡。主诸官，故曰都。有卒徒武事，故曰尉。"师古曰："衡，平也，主平其税入。"

②如淳曰："御羞，地名也，在蓝田，其土肥沃，多出御物可进者，扬雄传谓之御宿。三辅黄图御羞、宜春皆苑名也。辑濯，船官也。锺官，主铸钱官也。辩铜，主分别铜之种类也。"师古曰："御宿，则今长安城南御宿川也，不在蓝田。羞、宿声相近，故或云御羞，或云御宿耳。羞者，珍羞所出；宿者，止宿之义。辑读与楫同，音集；濯音直孝反：皆所以行船也。汉旧仪云天子六厩，未央、承华、騊駼、骑马、辂軨、大厩也，马皆万匹。据此表，大仆属官以有大厩、未央、辂軨、骑马、騊駼、承华，而水衡又云六厩技巧官，是则技巧之徒供六厩者，其官别属水衡也。"

内史，周官，秦因之，掌治京师。景帝二年分置左〔右〕内史。①[10]右内史武帝太初元年更名京兆尹，②属官有长安市、厨两令丞，又都水、铁官两长丞。左内史更名左冯翊，③属官有廪牺令丞尉。④又左都水、铁官、云垒、长安四市四长丞皆属焉。

①师古曰："地理志云武帝建元六年置左右内史，而此表云景帝二年分置，表志不同。又据史记，知志误矣。"

②张晏曰："地绝高曰京。左传曰'莫之与京'。十亿曰兆。尹，正也。"师古曰："京，大也。兆者，众数。言大众所在，故云京兆也。"

③张晏曰："冯，辅也。翊，佐也。"

④师古曰："廪主藏谷，牺主养牲，皆所以供祭祀也。"

主爵中尉，秦官，掌列侯。景帝中六年更名都尉，武帝太初元年更名右扶风，①治内史右地。属官有掌畜令丞。②又（有）〔右〕都水、[11]铁官、厩、廱厨四长丞皆属焉。③与左冯翊、京兆尹是为三辅，④皆有两丞。列侯更属大鸿胪。元鼎四年更置（二）〔三〕辅都尉、[12]都尉丞各一人。

①张晏曰："扶，助也。风，化也。"

②如淳曰："尹翁归传曰'豪强有论罪，输掌畜官，使斫莝'。东方朔曰'益为右扶风'，畜牧之所在也。"

③如淳曰："五畤在廱，故有厨。"

④服虔曰："皆治在长安城中。"师古曰："三辅黄图云京兆在尚冠前街东入，故中尉府，冯翊在太上皇庙西入，右扶风在夕阴街北入，故主爵府。长安以东为京兆，长陵以北为左冯翊，渭城以西为右扶风也。"

自太子太傅至右扶风，皆秩二千石，丞六百石。

护军都尉，秦官，武帝元狩四年属大司马，成帝绥和元年居大司马府比司直，哀帝元寿元年更名司寇，平帝元始元年更名护军。

司隶校尉，周官，①武帝征和四年初置。持节，从中都官徒千二百人，②捕巫蛊，督大奸猾。③后罢其兵。察三辅、三河、弘农。元帝初元四年去节。成帝元延四年省。绥和二年，哀帝复置，但为司隶，冠进贤冠，属大司空，比司直。

①师古曰："以掌徒隶而巡察，故云司隶。"

②师古曰："中都官，京师诸官府也。"

③师古曰："督谓察视也。"

城门校尉掌京师城门屯兵，有司马、①十二城门候。②中垒校尉掌北军垒门内，外掌西域。③屯骑校尉掌骑士。步兵校尉掌上林苑门屯兵。越骑校尉掌越骑。④长水校尉掌长水宣曲胡骑。⑤又有胡骑校尉，掌池阳胡骑，不常置。⑥射声校尉掌待诏射声士。⑦虎贲校尉掌轻车。凡八校尉，皆武帝初置，有丞、司马。⑧自司隶至虎贲校尉，秩皆二千石。西域都护加官，宣帝地节二年初置，以骑都尉、谏大夫使护西域三十六国，有副校尉，秩比二千石，丞一人，司马、候、千人各二人。戊己校尉，元帝初元元年置，⑨有丞、司马各一人，候五人，秩比六百石。

①师古曰："八屯各有司马也。"

②师古曰："门各有候，萧望之置小苑东门候，亦其比也。"

③师古曰："掌北军垒门之内，而又外掌西域。"

④如淳曰："越人内附，以为骑也。"晋灼曰："取其材力超越也。"师古曰："宣纪言佽飞射士、胡越骑，又此有胡骑校尉。如说是。"

⑤师古曰："长水，胡名也。宣曲，观名，胡骑之屯于宣曲者。"

⑥师古曰："胡骑之屯池阳者也。"

⑦服虔曰："工射者也。冥冥中闻声则中之，因以名也。"应劭曰："须诏所命而射，故曰待诏射也。"

⑧师古曰："自中垒以下凡八校尉。城门不在此数中。"

⑨师古曰："甲乙丙丁庚辛壬癸皆有正位，唯戊己寄治耳。今所置校尉亦无常居，故取戊己为名也。有戊校尉，有己校尉。一说戊己居中，镇覆四方，今所置校尉亦处西域之中抚诸国也。"

奉车都尉掌御乘舆车，驸马都尉掌驸马，①皆武帝初置，秩比二千石。侍中、左右曹诸吏、散骑、中常侍，皆加官，②所加或列侯、将军、卿大夫、将、都尉、尚书、太医、太官令至郎中，亡员，③多至数十人。侍中、中常侍得入禁中，诸曹受尚书事，诸吏得举法，散骑骑并乘舆车。④给事中亦加官，⑤所加或大夫、博士、议郎，掌顾问应对，位次中常侍。中黄门有给事黄门，位从将大夫。皆秦制。

①师古曰："驸，副马也。非正驾车，皆为副马。一曰驸，近也，疾也。"

②应劭曰："入侍天子，故曰侍中。"晋灼曰："汉仪注诸吏、给事中日上朝谒，平尚书奏事，分为左右曹。魏文帝合散骑、中常侍为散骑常侍也。"

③如淳曰："将谓郎将以下也。自列侯下至郎中，皆得有散骑及中常侍加官。是时散骑及常侍各自一官，亡员也。"

④师古曰："并音步浪反。骑而散从，无常职也。"

⑤师古曰："汉官解诂云掌侍从左右，无员，常侍中。"

爵：一级曰公士，[①]二上造，[②]三簪袅，[③]四不更，[④]五大夫，[⑤]六官大夫，七公大夫，[⑥]八公乘，[⑦]九五大夫，[⑧]十左庶长，十一右庶长，[⑨]十二左更，十三中更，十四右更，[⑩]十五少上造，十六大上造，[⑪]十七驷车庶长，[⑫]十八大庶长，[⑬]十九关内侯，[⑭]二十彻侯。[⑮]皆秦制，以赏功劳。彻侯金印紫绶，避武帝讳，曰通侯，或曰列侯，改所食国令长名相，又有家丞、门大夫、庶子。

①师古曰："言有爵命，异于士卒，故称公士也。"

②师古曰："造，成也，言有成命于上也。"

③师古曰："以组带马曰袅。簪袅者，言饰此马也。袅音乃了反。"

④师古曰："言不豫更卒之事也。更音工衡反。"

⑤师古曰："列位从大夫。"

⑥师古曰："加官、公者，示稍尊也。"

⑦师古曰："言其得乘公家之车也。"

⑧师古曰："大夫之尊也。"

⑨师古曰："庶长，言为众列之长也。"

⑩师古曰："更言主领更卒，部其役使也。更音工衡反。"

⑪师古曰："言皆主上造之士也。"

⑫师古曰："言乘驷马之车而为众长也。"

⑬师古曰："又更尊也。"

⑭师古曰："言有侯号而居京畿，无国邑。"

⑮师古曰："言其爵位上通于天子。"

诸侯王，高帝初置，[①]金玺盭绶，[②]掌治其国。有太傅辅王，内史治国民，中尉掌武职，丞相统众官，群卿大夫都官如汉朝。景帝中五年令诸侯王不得复治国，天子为置吏，改丞相曰相，省御史大夫、廷尉、少府、宗正、博士官，大夫、谒者、郎诸官长丞皆损其员。武帝改汉内史为京兆尹，中尉为执金吾，郎中令为光禄勋，故王国如故。损其郎中令，秩千石；改太仆曰仆，秩亦千石。成帝绥和元年省内史，更令相治民，如郡太守，中尉如郡都尉。

①师古曰："蔡邕云汉制皇子封为王，其实诸侯也。周末诸侯或称王，汉天子自以皇帝为称，故以王号加之，总名诸侯王也。"

②如淳曰："盭音戾。盭，绿也，以绿为质。"晋灼曰："盭，草名也，出琅邪平昌县，似艾，可染绿，因以为绶名也。"师古曰："晋说是也。玺之言信也。古者印玺通名，今则尊卑有别。汉旧仪云诸侯王黄金玺，橐佗钮，文曰玺，谓刻云某王之玺。"

监御史，秦官，掌监郡。汉省，丞相遣史分刺州，不常置。武帝元封五年初置部刺史，掌奉诏条察州，①秩六百石，员十三人。成帝绥和元年更名牧，秩二千石。哀帝建平二年复为刺史，元寿二年复为牧。

①师古曰："汉官典职仪云刺史班宣，周行郡国，省察治状，黜陟能否，断治冤狱，以六条问事，非条所问，即不省。一条，强宗豪右田宅逾制，以强凌弱，以众暴寡。二条，二千石不奉诏书遵承典制，倍公向私，旁诏守利，侵渔百姓，聚敛为奸。三条，二千石不恤疑狱，风厉杀人，怒则任刑，喜则淫赏，烦扰刻暴，剥截黎元，为百姓所疾，山崩石裂，袄祥讹言。四条，二千石选署不平，苟阿所爱，蔽贤宠顽。五条，二千石子弟恃怙荣势，请托所监。六条，二千〔石〕违公下比，[13]阿附豪强，通行货赂，割损正令也。"

郡守，秦官，掌治其郡，秩二千石。有丞，边郡又有长史，掌兵马，秩皆六百石。景帝中二年更名太守。

郡尉，秦官，掌佐守典武职甲卒，秩比二千石。有丞，秩皆六百石。景帝中二年更名都尉。

关都尉，秦官。农都尉、属国都尉，皆武帝初置。

县令、长，皆秦官，掌治其县。万户以上为令，秩千石至六百石。减万户为长，秩五百石至三百石。皆有丞、尉，秩四百石至二百石，是为长吏。①百石以下有斗食、佐史之秩，②是为少吏。大率十里一亭，亭有长。十亭一乡，乡有三老、有秩、啬夫、游徼。三老掌教化。啬夫职听讼，收赋税。游徼徼循禁贼盗。县大率方百里，其民稠则减，稀则旷，乡、亭亦如之，皆秦制也。列侯所食县曰国，皇太后、皇后、公主所食曰邑，有蛮夷曰道。凡县、道、国、邑千五百八十七，乡六千六百二十二，亭二万九千六百三十五。

①师古曰："吏，理也，主理其县内也。"

②师古曰："汉官名秩簿云斗食月奉十一斛，佐史月奉八斛也。一说，斗食者，岁奉不满百石，计日而食一斗二升，故云斗食也。"

凡吏秩比二千石以上，皆银印青绶，①光禄大夫无。②秩比六百石以上，皆铜印黑绶，大夫、博士、御史、谒者、郎无。③其仆射、御史治书尚符玺者，有印绶。比二百石以上，皆铜印黄绶。④成帝阳朔二年除八百石、五百石秩。绥和元年，长、相皆黑绶。哀帝建平二年，复黄绶。吏员自佐史至丞相，十二万二百八十五人。

①师古曰："汉旧仪云银印背龟钮，其文曰章，谓刻曰某官之章也。"

②师古曰："无印绶。"

③师古曰："大夫以下亦无印绶。"

④师古曰："汉旧仪云六百石、四百石至二百石以上皆铜印鼻钮，文曰印。谓钮但作鼻，不为虫兽之形，而刻文云某官之印。"

【校勘记】

〔1〕(皇)〔黄〕帝　景祐、殿、局本都作"黄"。王先谦说作"黄"是。

〔2〕博士，秦官，此处本提行，景祐、汲古、局本并同，惟殿本连上。王先谦说博士属太常，不提行是。

〔3〕尊大之(仪)〔义〕也。　景祐、殿本都作"义"。王先谦说作"义"是。

〔4〕大夫掌论议，　此处本提行，汲古本同，景祐、殿、局本连上。王先谦说此郎中令属官，不提行是。

〔5〕仆射，秦官，此处本提行，而景祐、殿本连上。王先谦说不提行是。

〔6〕挏取其上(把)〔肥〕，　景祐、殿本都作"肥"。王先谦说作"肥"是。

〔7〕十(二)〔六〕官令丞，　钱大昭说"十二"疑是"十六"。按殿本作"十六"。王先谦说作"十六"是。

〔8〕(七)〔八〕官令丞。　殿本"七"作"八"。王先谦说作"八"是。

〔9〕(供)〔共〕音居用反。　景祐、殿本都作"共"。王先谦说作"共"是。

〔10〕分置左〔右〕内史。　王念孙说脱"右"字，下文"右内史"、"左内史"皆承此句言之。

〔11〕 又（有）〔右〕都水、刘攽说“有”当作“右”。上云“左都水”，此云“右都水”。

〔12〕 更置（二）〔三〕辅都尉、 钱大昭说“二”当作“三”。按景祐、殿本都作“三”。

〔13〕 二千〔石〕违公下比 “石”字据景祐、殿、局本补。

汉书卷十九下

百官公卿表第七下

师古曰："此表中记公卿姓名不具及、但举其官而无名、或言若干年不载迁免死者，皆史之阙文，不可得知。"

相国	丞相	大司徒	太师	太傅
	太尉		大司马	
	御史大夫		大司空	
	列将军			
	奉常		太常	
	郎中令		光禄勋	
	卫尉		中大夫令	
	太仆			
	廷尉		大理	
	典客	大行令	大鸿胪	
	宗正	治粟内史	大司农	
		中尉执金吾	少府	
	水衡都尉		主爵都尉	右扶风
左内史		左冯翊	右内史	京兆尹

	公元前206	205	204	203
	高帝元年	二	三	四
太保	沛相萧何为丞相。			
	内史周苛为御史大夫守荥阳，三年死。			中尉周昌为御史大夫，六年徙为赵丞相。
	滕令夏侯婴为太仆。			
	执盾襄为治粟内史。			
	职志周昌为中尉，三年迁。师古曰：“志音式异反。”			
	内史周苛迁。			

202	201	200
五	六	七
太尉卢绾，后九月为燕王。		
		博士叔孙通为奉常，三年徙为太子太傅。
郎中令王恬启。		
	将军郦商为卫尉。	
	汲侯公上不害为太仆。	
廷尉义渠。		
广平侯薛欧为典客。 师古曰：“欧音一后反。”		
军正阳咸延为少府，二十一年卒。中尉丙猜。		
殷内史杜恬。		

199	198	197
八	九	十
	丞相何迁为相国。	
		符玺御史赵尧为御史大夫，十年免。
		中地守宣义为廷尉。

196	195	194	193
十一	十二	孝惠元年	二
			七月辛未，相国何薨。
绛侯周勃为太尉，后官省。			
	太子太傅叔孙通复为奉常。		
卫尉王氏。		营陵侯刘泽为卫尉。	
	廷尉育。		
中尉戚鳃。 师古曰："鳃音先才反。"			

192	191	190	
	三	四	五
七月癸巳，齐相曹参为相国。			八月己丑，相国参薨。
	长修侯杜恬为廷尉。		

189	188
六	七
十月己丑，安国侯王陵为右丞相，曲逆侯陈平为左丞相。	
绛侯周勃复为太尉，〔十年〕[1]迁。	
	奉常免。 师古曰："名免也。"
土军侯宣义为廷尉。	
	辟阳侯审食其为典客，一年迁。

187
高后元年
十一月甲子，右丞相陵为太傅，左丞相平为右丞相，典客审食其为左丞相。
上党守任敖为御史大夫，三年免。

186	185	184	183
二	三	四	五
		平阳侯曹（窋）〔窋〕为御史大夫，五年免。[2]	
上邳侯刘郢客为宗正，七年为楚王。			

182	181	180	179
六	七	八	孝文元年
	七月辛巳，左丞相食其为太傅。	九月丙戌，复为丞相，后九月免。	十月辛亥，右丞相平为左丞相，太尉周勃为右丞相，八月辛未免。
			十月辛亥，将军灌婴为太尉，二年迁，官省。
		淮南丞相张苍为御史大夫，四年迁。[3]	
			太中大夫薄昭为车骑将军。
	奉常根。		
			郎中令张武。
	廷尉围。		河南守吴公为廷尉。
	典客刘揭。		

	178
	二
	十月，丞相平薨。十一月乙亥，绛侯勃复为丞相。
代中尉宋昌为卫将军。	
	奉常饶。
	卫尉足。

	177	176
	三	四
	十二月，丞相勃免。乙亥，太尉灌婴为丞相。	十二月乙巳，丞相婴薨。正月甲午，御史大夫张苍为丞相。
		御史大夫围。
	中郎将张释之为廷尉。	
	典客冯敬，四年迁。	

175	174	173	
	五	六	七
			典客冯敬为御史大夫。
			典客靓。 师古曰：“靓与静同。”

172	171	170	169	168	167	166	165
八	九	十	十一	十二	十三	十四	十五
				奉常昌閭。			
太仆婴薨。							
		廷尉昌。廷尉嘉。					廷尉宜昌。
						中尉周舍。	
						内史董赤。	

164	163	162
十六	后元年	二
		八月戊戌，丞相（仓）〔苍〕[4]免。庚午，御史大夫申屠嘉为丞相。
淮阳守申屠嘉为御史大夫，二年迁。		八月庚午，开封侯陶青为御史大夫，七年迁。
	廷尉信。	

161	160	159	158	157	156
三	四	五	六	七	孝景元年
				奉常信。	
					太中大夫周仁为郎中令，十三年老病免，食二千石禄。
					廷尉歐。师古曰：“歐读与驱同。”
					平陆侯刘礼为宗正，二年为楚王。
					中尉嘉。
					中大夫鼂错为左内史，一年迁。

162

二

六月，丞相嘉薨。八月丁未，御史大夫陶青为丞相。

八月丁巳，左内史朝错为御史大夫。

奉常游。

154	153	152
三	四	五
中尉周亚夫为太尉，五年迁，官省。		
正月壬子，错有罪要斩。	御史大夫介。	
故詹事窦婴为大将军。		
故吴相袁盎为奉常。 〔奉常〕[5]殷。	南皮侯窦彭祖为奉常。	安丘侯张欧为奉常。
		姚丘侯刘舍为太仆。 师古曰："侯表及诸传皆云桃侯，独此为姚丘，疑误也。"
廷尉胜。		
德侯刘通为宗正，三年薨。		
河间大傅卫绾为中尉，四年赐告，后为太子太傅。		

	151	150	149
	六	七	中元年
		六月乙巳，丞相青免。太尉周亚夫为丞相。	
		太仆刘舍为御史大夫，三年迁。	
		鄼侯萧胜为奉常。	
			廷尉福。
		济南太守郅都为中尉，三年免。	

148	147	146	145
二	三	四	五
	九月戊戌，丞相亚夫免。御史大夫刘舍为丞相。		
	太子太傅卫绾为御史大夫，四年迁。		
	煮枣侯乘昌为奉常。		轪侯吴利为奉常。师古曰："轪音大，又音第。"
(中尉)[6]			少府神。
			主爵都尉不疑。

144	143
六	后元年
	七月丙午，丞相舍（死）〔免〕。[7]八月壬辰，御史大夫卫绾为丞相。
	八月壬辰，卫尉直不疑为御史大夫，三年（死）〔免〕。
奉常利更为太常。	
	郎中令贺。
中大夫令直不疑更为卫尉。	
廷尉瑕更为大理。	
济南都尉甯成为中尉，四年迁。	

142	141	140
二	三	孝武建元元年
		六月，丞相绾免。(后)[8]丙寅，魏其侯窦婴为丞相。
		武安侯田蚡为太尉。
		齐相牛抵为御史大夫。 师古曰："抵音丁礼反。"
	柏至侯许昌为太常，二年迁。	
		郎中令王臧，一年有罪自杀。
		淮南太守灌夫为太仆，二年为燕相。
		大行令光。
大农令惠。		
中尉广意。		中尉张敺，九年迁。
主爵都尉奴。		
		中尉甯成为内史，下狱论。内史印。

139	138
二	三
十月，丞相婴免。三月乙未，太常许昌为丞相。	
太尉蚡免，官省。	
御史大夫赵绾，有罪自杀。	
南陵侯赵周为太常，四年免。	
郎中令石建，六年卒。	
大理信。	
大行令过期。	
	北地都尉韩安国为大农令，三年迁。
内史石庆。	内史石徧。

137	136	135
四	五	六
		六月癸巳，丞相昌免。武安侯田蚡为丞相。
武强侯严青翟为御史大夫，二年，坐窦太后丧不办免。		大农令韩安国为御史大夫，四年病免。
		太常定。
		太仆贺，三十三年〔迁〕。[9]
廷尉迁。 廷尉建。	廷尉武。	廷尉殷。
	大行令王恢。	
		大农令殷。
		东海太守汲黯为主爵都尉，十一年徙。
江都相郑当时为右内史，五年贬为詹事。		

134	133	132	131
元光元年	二	三	四
			三月乙卯，丞相蚡薨。五月丁巳，平棘侯薛泽为丞相。
			九月，中尉张欧为御史大夫，五年老病免，食上大夫禄。
太常王臧。			宣平侯张欧为太常。师古曰：“欧音一后反。”
陇西太守李广为卫尉。			
	内史充。		

	五
	廷尉翟公。
	詹事郑当时为大农令，十一年免。
	故御史大夫韩安国为中尉，一年迁。
	右内史番係。博士公孙弘为左内史，四年迁。 师古曰：“番音普安反。”

129	128	127
六	元朔元年	二
太常司马当时。		蓼侯孔臧为太常，三年坐南陵桥坏衣冠道绝免。
中尉韩安国为(都)〔卫〕[10]尉，二年为将军。		
大行令丘。		
中大夫赵禹为中尉。		

126	125	124
三	四	五
		十一月乙丑，丞相泽免。御史大夫公孙弘为丞相。
左内史公孙弘为御史大夫，二年迁。		四月丁未，河东太守九江番係为御史大夫。
		山阳侯张当居为太常，坐选子弟不以实免。
卫尉苏建。		
中大夫张汤为廷尉，五年迁。		
	宗正刘弃。	
少府孟贲。中尉李息。	少府产。	中尉赵禹为少府。中尉殷容。
		主爵都尉李蔡。
左内史李沮，四年为将军。师古曰："沮音组。"	右内史贲。师古曰："贲音奔。"	主爵都尉汲黯为右内史，五年免。

123	122
六	元狩元年
	乐安侯李蔡为御史大夫，一年迁。
绳侯周平为太常，四年坐不缮园陵免。	
右北平太守李广为郎中令，五年免。	
	大行令李息。
	宗正刘受。
	中尉司马安。
	会稽太守朱买臣为主爵都尉。
	左内史敞。

121	120
二	三
三月戊寅，丞相弘薨。壬辰，御史大夫李蔡为丞相。	
	三月壬辰，廷尉张汤为御史大夫，六年有罪自杀。
	冠军侯霍去病为票骑将军。
	卫尉张骞。
	廷尉李友。廷尉安。 廷尉禹。
	中尉霸。
	主爵都尉赵食其，二年为将军。

119
四
大将军卫青为大司马大将军。票骑将军霍去病为大司马票骑将军。
戚侯李信成为太常，二年坐纵丞相李蔡侵道免。
沈猷侯刘受为宗正，二年坐听请不具宗室论。大农令颜异，二年坐腹非诛。
河内太守王温舒为中尉，五年迁。
中尉丞（阳）〔杨〕[11]仆为主爵都尉。
定襄太守义纵为右内史，二年下狱弃市。

118

五

三月甲午，丞相蔡有罪自杀。四月乙卯，太子少傅严青翟为丞相。

郎中令李敢。

卫尉充国，三年坐斋不谨弃市。

廷尉司马安。

117	116	115
六	元鼎元年	二
		二月壬辰，丞相青翟有罪自杀。二月辛亥，太子太傅赵周为丞相。
九月，大司马去病薨。		
		二月辛亥，太子太傅石庆为御史大夫，三年迁。
俞侯栾贲为太常，坐牺牲不如令免。	盖侯王信为太常。	广安侯任越人为太常，坐庙酒酸论。师古曰："任敖传及侯表皆云广阿侯。今此为广安，此表误。"
郎中令徐自为，十三年为光禄勋。		
	廷尉霸。	
		中郎将张骞为大行令，三年卒。
大农令正夫。		大农令孔仅。
		少府当，四年下狱死。
		水衡都尉张罢。
右内史王晁。	右内史苏纵。	

三

郸侯周仲居为太常，坐不收赤侧钱收行钱论。

中尉王温舒为廷尉，一年复徙中尉。

关都尉尹齐为中尉，一年抵罪。

	113	112
	四	五
		九月辛巳，丞相周下狱死。丙申，御史大夫石庆为丞相。
师古曰：“赤侧当废而不收，乃收见行之钱也。郸音多。”	睢陵侯张广国为太常。	平曲侯周建德为太常。阳平侯杜相为太常，五年坐擅繇大乐令论。师古曰：“擅役使人也。”
		卫尉路博德。
	故少府赵禹为廷尉，四年以老贬为燕相。	
	宗正刘安国。（为）[12]大农令客。	
	廷尉王温舒为中尉，二年免。	
	水衡都尉豹。	
	右内史李信成。中大夫兒宽为左内史，三年迁。	

111
六
齐相卜式为御史大夫，一年贬为太子太傅。
大农令张成。
少府豹为中尉。

110	109	108
元封元年	二	三
左内史兒宽为御史大夫，八年卒。		
	御史中丞杜周为廷尉，十一年免。	
	故中尉王温舒为少府，三年徙。	
水衡都尉阎奉。		
御史中丞咸宣为左内史，六年免。 师古曰：“咸音减省之减。”		

107	106	105
四	五	六
	大将军青薨。	
酇侯萧寿成为太常，坐牺牲不如令论。	成安侯韩延年为太常，二年坐留外国使人入粟赎论。	
		少府德有罪自杀。右辅都尉王温舒行中尉事，二年狱族。
水衡都尉德迁。		
少府王温舒为右内史，二年免。		

	104	103
	太初元年	二
		正月戊寅，丞相庆薨。闰月丁丑，大仆公孙贺为丞相。
	睢陵侯张昌为太常，二年坐乏祠论。	
	郎中令自为更为光禄勋。	
		侍中公孙敬声为太仆，十二年下狱死。
	大鸿胪壶充国。	大鸿胪商丘成，十二年迁。
	中尉。	少府王伟。(中尉)[13]
	故左内史咸宣为右扶风，三年下狱自杀。	
	京兆尹无忌。左冯翊殷周。	

	102
	三
	正月，胶东太守延广为御史大夫。
	牧丘侯石德为太常，三年坐庙牲瘦入穀赎论。
	搜粟都尉上官桀为少府，年老免。 师古曰：“疑此非上官桀，表误也。”

101	100	99
四	天汉元年	二
	济南太守琅邪王卿为御史大夫，二年有罪自杀。	
		新畤侯赵弟为太常，五年坐鞫狱不实论。
	大司农桑弘羊，四年贬为搜粟都尉。	
		故廷尉杜周为执金吾，一年迁。

98	97
三	四
二月，执金吾杜周为御史大夫，四年卒。	
廷尉吴尊。	
	弘农太守沛范方渠中翁为执金吾。 师古曰：“沛人，姓范，名方渠，字中翁也。中读曰仲。”
	左冯翊韩不害。[14]

96	95	94
太始元年	二	三
		三月，光禄大夫河东暴胜之公子为御史大夫，三年下狱自杀。 师古曰：“公子，亦胜之字也。后皆类此。”
		容城侯唯涂光为太常，徙为安定都尉。
廷尉郭居。		
大司农。		
	少府充国。	
	水衡都尉守。	直指使者江充为水衡都尉，五年为太子所斩。

93	92	91
四	征和元年	二
		四月壬申，丞相贺下狱死。五月丁巳，涿郡太守刘屈氂为左丞相。
		九月大鸿胪商丘成为御史大夫，四年坐祝诅自杀。
江都侯靳石为太常，四年坐为谒问囚故太仆敬声乱尊卑免。		
		光禄勋韩说少卿为太子所杀。
	廷尉常。	廷尉信。
	光禄大夫公孙遗守少府。	
		京兆尹于己衍坐大逆诛。

90	
	三
	六月壬寅，丞相屈氂下狱要斩。
	邗侯李寿为卫尉，坐居守擅出长安界使吏杀人下狱死。
	廷尉意。
	高庙郎中田千秋为大鸿胪，一年迁。

89	88
四	后元元年
六月丁巳，大鸿胪田千秋为丞相。	
缪侯郦终根为太常，十一年坐祝诅诛。	
光禄勋有禄。	
	守卫尉不害。
大鸿胪戴仁坐祝诅诛。淮阳太守田广明为鸿胪，五年迁。	
右辅都尉王䜣为右扶风，九年迁。	
	京兆尹建坐祝诅要斩。

二
二月丁卯，侍中奉车都尉霍光为大司马大将军。
二月乙卯，搜粟都尉桑弘羊为御史大夫，七年坐谋反诛。
侍中驸马都尉金日磾为车骑将军，一年薨。太仆上官桀为左将军，七年反，诛。
当涂侯魏不害为太常，六年坐孝文庙风发瓦免。
守卫尉遗。
太仆并左将军。
执金吾郭广意免。

86	85
孝昭始元元年	二
尚书令张安世为光禄勋，六年迁。	
卫尉天水王莽稚叔，三年迁。	
司隶校尉雒阳李仲季主为廷尉，四年坐诬罔下狱弃市。	
	光禄大夫刘辟彊为宗正，数月卒。
执金吾河东马適建子孟任职，六年坐杀人下狱自杀。	
水衡都尉吕辟胡，五年为云中太守。	
青州刺史隽不疑为京兆尹，五年病免。	

84	83
三	四
	卫尉王莽为右将军卫尉，三年卒。骑都尉上官安为车骑将军，三年反，诛。
	大鸿胪田广明为卫尉，五年迁。
胶西太守齐徐仁中孙为少府，六年坐纵反者自杀。 师古曰：“中读曰仲。”	

	82
	五
	军正齐王平子心为廷尉，四年坐纵（道）〔首〕[15]匿谋反者下狱弃市。

81	80
六	元凤元年
	九月庚午，右扶风王䜣为御史大夫，三年迁。
	光禄勋张安世为右将军光禄勋，六年迁。
轑阳侯江德为太常，四年坐庙（夜郎）〔郎夜〕[16]饮失火免。	
	光禄勋并右将军。
	谏大夫杜延年为太仆，十五年免。
大将军司马杨敞为大司农，四年迁。	太中大夫刘德为宗正，数月免。
	执金吾壶信。
	中郎将赵充国为水衡都尉，六年迁。
守京兆尹樊福。	左冯翊贾胜胡，二年坐纵谋反者弃市。

79	78	77
二	三	四
		正月甲戌，丞相千秋薨。二月乙丑，御史大夫王訢为〔丞〕相。[17]
		二月乙丑，大司农杨敞为御史大夫，二年迁。
	中郎将范明友为度辽将军卫尉，十二年迁。	
		蒲侯苏昌为太常，十一年坐籍霍山书泄秘书免。
	卫尉并将军。	
	廷尉夏国。	
	青州刺史刘德为宗正，二十二年薨。	河内太守平原赵彭祖为大司农，三年卒。
	光禄大夫蔡义为少府，三年迁。	
	卫尉田广明为左冯翊，四年迁。	京兆尹彭祖。

76

	五
	十二月庚戌，丞相䜣薨。
师古曰：“以秘书借霍山。”	
	钜鹿太守淮阳朱寿少乐为廷尉，坐侍中（加）〔邢〕[18]元下狱风吏杀元弃市。
	詹事韦贤为大鸿胪，四年为长信少府。
	沛国太守李寿为执金吾。

75	74
六	元平元年
十一月己丑，御史大夫杨敞为丞相。	八月己巳，丞相敞薨。九月戊戌，御史大夫蔡义为丞相。
十一月，少府蔡义为御史大夫，一年迁。	九月戊戌，左冯翊田广明为御史大夫，三年为祁连将军。
	右将军安世为车骑将军光禄勋，七年迁。水衡都尉赵充国为后将军。水衡都尉光禄大夫韩增为前将军，十三年迁。
廷尉李光，四年免。	
河东太守田延年为大司农，三年有罪自杀。	
便乐成为少府，四年卒。	执金吾延寿。
右扶风周德。	
	左冯翊武。

	73	72
	孝宣本始元年	二
		詹事东海宋畴翁壹为大鸿胪，二年迁。
		河南太守魏相为大司农，一年迁。
		博士后仓为少府，二年。执金吾辟兵，三年。
	守京兆（田）〔尹〕[19]广陵相成。	

71	70
三	四
六月己丑，丞相义薨。甲辰，长信少府韦贤为丞相。	
六月甲辰，大司农魏相为御史大夫，四年迁。	
廷尉李义。	
	山阳太守梁为大鸿胪。
大司农淳于赐。	
少府恶。	左冯翊宋畸为少府，六年坐议凤皇下彭城未至京师不足美贬为泗水太傅。
光禄大夫于定国为水衡都尉，二年迁。	六安相朱山拊为右扶风，一年下狱死。
颍川太守赵广汉为京兆尹，六年下狱要斩。	大鸿胪宋畸为左冯翊，一年迁。左冯翊延，三年免。

69	68
地节元年	二
	三月庚午，大司（农）〔马〕[21]光薨。
	侍中中郎将霍禹为右将军，一年迁。
水衡都尉光禄大夫于定国为廷尉，十七年迁。	
	执金吾郅元。
水衡都尉朱辅。(为)〔20〕右扶风博。	颍川太守广为右扶风，三年。

67
三
正月甲申，丞相贤赐金免。六月壬辰，御史大夫魏相为丞相。
四月戊申，车骑将军光禄勋张安世为大司马车骑将军，七月戊戌，更为大司马卫将军。右将军霍禹为大司马。七月壬辰，大司马禹下狱要斩。
六月辛丑，太子太傅丙吉为御史大夫，八年迁。
度辽将军卫尉范明友为光禄勋，一年坐谋反诛。
大司农辅。
执金吾延年。
左冯翊宜。

66	65
四	元康元年
弋阳侯任宫为太常，四年坐人盗茂陵园中物免。	
	北海太守张延寿为太仆，四年病免。
北海太守朱邑为大司农，四年卒。	
	平原太守萧望之为少府，一年徙。
勃海太守龚遂为水衡都尉。	东海太守尹翁归为右扶风，四年卒。
颍川太守让为左冯翊。	守京兆尹彭城太守遗。

64	63	62
二	三	四
		八月丙寅，大司马安世薨。
		蒲侯苏昌复为太常，六年病免。
执金吾广意。		太中大夫李彊中君守少府，三年迁。师古曰："中读曰仲。"
		光禄大夫冯奉世为水衡都尉，十四年迁。
少府萧望之为左冯翊，三年迁。	守京兆尹颍川太守黄霸，数月还故官。	

61	60	59
神爵元年	二	三
		三月丙午，丞相相薨。四月戊戌，御史大夫丙吉为丞相。
前将军韩增为大司马车骑将军。		
		七月甲子，大鸿胪萧望之为御史大夫，三年贬为太子太傅。
	后将军充国。	
中郎将杨恽为诸吏光禄勋，五年免。		
	卫尉忠。	
太仆戴长乐，五年免。		
左冯翊萧望之为大鸿胪，二年迁。		少府李彊为大鸿胪。
大司农王禹，四年迁。		
	南阳太守贤为执金吾。	光禄大夫梁丘贺为少府。
广陵太守陈万年为右扶风，五年迁。		
胶东相张敞为京兆尹，八年免。左冯翊彊，三年免。		东郡太守韩延寿为左冯翊，二年下狱弃市。

58	57
四	五凤元年
河内太守韦玄成为卫尉，二年迁。	
	大司农王禹为大鸿胪。
	大司农延。
	守左冯翊勃海太守信。

56

二
四月己丑，大司马增薨。五月，强弩将军许延寿为大司马车骑将军。
〔八月壬午，太子太傅黄霸为御史大夫，一年迁。〕[22]
卫尉韦玄成为太常，二年免。
卫尉弘。
右扶风陈万年为太仆，五年迁。
宗正刘丁。
守左冯翊五原太守延寿。

55	54	53
三	四	甘露元年
正月癸卯，丞相吉薨。二月壬申，御史大夫黄霸为丞相。		
		三月丁巳，大司马延寿薨。
六月辛酉，西河太守杜延年为御史大夫，三年以病赐安车驷马免。		
		蒲侯苏昌复为太常，二年病免。
执金吾田听天，三年迁。		

52	51
二	三
	(二)〔三〕[23]月己丑，丞相霸薨。五月甲午，御史大夫于定国为丞相。
五月己丑，廷尉于定国为御史大夫，一年迁。	五月甲午，太仆陈万年为御史大夫，七年卒。
	雁门太守建平侯杜缓为太常，七年坐盗贼多免。
	博阳侯丙显为太仆，一年为建章卫尉。
执金吾田听天为廷尉，三年迁。	
守左冯翊广川相充郎。	

50	49
四	黄龙元年
	十二月癸酉，侍中乐陵侯史高为大司马车骑将军。
典属国常惠为右将军，四年薨。	太子太傅萧望之为前将军，一年为光禄勋，二年免。
卫尉顺。	
秺侯金赏为侍中太仆，七年迁。	
中山相加守廷尉。	廷尉解延年。
执金吾平。	
右扶风武。	
京兆尹成。	〔左冯翊常。〕[24]

孝元初元元年

光禄勋并将军。

平昌侯王接为卫尉，五年迁。

大鸿胪显，十一年。

散骑谏大夫刘更生为宗正，二年免。大司农宏。

淮阳中尉韦玄成为少府，二年为太子太傅。水衡都尉冯奉世为执金吾，二年迁。

水衡都尉〔冯奉世〕。[25]

太原太守陈遂为京兆尹，一年迁。

47	46
二	三
	执金吾冯奉世为右将军，三年为诸吏典属国，二年为光禄勋。侍中卫尉许嘉为右将军，五年迁。
光禄勋赏。	光禄大夫周堪为光禄勋，三年贬为河东太守。
京兆尹陈遂为廷尉，二年卒。	
大司农充郎。	
	丞相司直南郡李延寿子惠为执金吾，九年迁。
	淮阳相郑弘为右扶风，四年迁。
京兆尹代郡范。守左冯翊延免。	

45

	四
	弋阳侯任千秋长伯为太常，四年以将军将兵。
	廷尉魏郡尹忠子宾，十四年为诸吏光禄大夫。
	少府延，二年免。
	京兆尹成。

五
六月辛酉，长信少府贡禹为御史大夫，十二月丁未卒。丁巳，长信少府薛广德为御史大夫，一年以病赐安车驷马免。
河南太守刘彭祖为左冯翊，二年迁太子太傅。

43

永光元年

十一月戊寅，丞相定国赐金，安车驷马免。

七月癸未，大司马高赐金，安车驷马免。九月戊子，侍中卫尉王接为大司马车骑将军。

七月辛亥，太子太傅韦玄成为御史大夫，一年迁。

太仆金赏为光禄勋，一年卒。

卫尉云。

故建章卫尉丙显为太仆，十年免。

大司农尧。[26]

侍中中大夫欧阳馀为少府，五年卒。

42	41
二	三
二月丁酉，御史大夫韦玄成为丞相。	
	四月癸未，大司马接薨。七月壬戌，左将军卫尉许嘉为大司马车骑将军。
二月丁酉，右扶风郑弘为御史大夫，五年有罪自杀。	
	右将军奉世为左将军光禄勋，二年卒。侍中中郎将王商为右将军，十一年迁。
光禄大夫非调为大司农。	
右扶风强，五年。	
陇西太守冯野王为左冯翊，五年迁。	

40	39	38	37
四	五	建昭元年	二
			八月癸亥，诸吏散骑光禄〔勋〕[27]匡衡为御史大夫，一年迁。
		太子少傅匡衡为光禄勋，一年迁。	左曹西平侯于永为光禄勋，十六年迁。
			执金吾李延寿为卫尉，一年迁。
			左冯翊冯野王为大鸿胪，五年为上郡太守。
宗正刘临。			
		尚书令五鹿充宗为少府，五年贬为玄菟太守。	
水衡都尉福。		右扶风。	
光禄大夫琅邪张谭仲叔为京兆尹，四年不胜任免。			左冯翊郭延。

	三
	六月甲辰，丞相玄成薨。七月癸亥，御史大夫匡衡为丞相。
	七月戊辰，卫尉李延寿为御史大夫，三年卒。一姓（繁）〔繁〕。[28] 师古曰：“（繁）〔繁〕音蒲元反。”
	阳平侯王凤为侍中卫尉，三年迁。

35	34	33
四	五	竟宁元年
		六月己未，侍中卫尉王凤为大司马大将军。
		（七）〔三〕月[30]丙寅，太子少傅张谭为御史大夫，三年坐选举不实免。
		太仆谭。
		阳城侯刘庆忌宁君为宗正，三年迁。
		河南太守召信臣为少府，二年徙。中少府安平侯王章子然为执金吾，三年迁。
中郎将丙禹（谓）〔为〕[29]水衡都尉，五年。	京兆尹王昌稺宾，二年转为雁门太守。	

	32	31
	孝成建始元年	二
	骐侯驹普为太常，数月薨。	宗正刘庆忌为太常，五年病免。
	卫尉王罢军。	
		执金吾王章为太仆，五年病免。
		蜀郡太守何寿为廷尉，四年徙。
		大鸿胪浩赏，二年徙。
		右扶风温顺为少府，二年坐买公田与近臣下狱论。弋阳侯任千秋长伯为执金吾，一年迁。
	常山太守温顺子教为右扶风，一年迁。	水衡都尉爵。太原太守让为右扶风。
	弘农太守宋平次君为京兆尹。河南太守毕众为左冯翊。	河东太守杜陵甄〔尊〕[31]少公为京兆尹，二年贬为河南太守。

30

	三
	十二月丁丑，丞相衡免。
	八月癸丑，大司马嘉赐金免。
	十月乙卯，诸吏左曹光禄大夫尹忠为御史大夫，一年坐河决自杀。
	右将军王商为左将军，一年迁。执金吾千秋为右将军，一年迁。
	宗正刘通。
	南阳太守王昌为右扶风，三年免。

	四
	三月甲申，右将军王商为丞相。
	十一月壬戌，少府张忠为御史大夫，六年卒。
	右将军千秋为左将军，三年薨。长乐卫尉史丹为右将军，三年迁。
	河南太守汉为大鸿胪，一年免。
	东平相钜鹿张忠子赣为少府，十一月迁。
	守京辅都尉王遵为京兆尹，二年免。大鸿胪浩赏为左冯翊，九月减死罪一等论。

28	27
河平元年	二
卫尉王玄中都。 师古曰：“中读曰仲。”	
	北海太守安成范延寿子路为廷尉，八年卒。
千乘太守东莱刘顺为宗正，四年坐使合阳侯举子免。	廷尉何寿为大司农。
司隶校尉王骏为少府，七年徙。执金吾辅。	
水衡都尉王勋。	汉中太守平原王赏少公为右扶风，三年免。
杜陵韩勋长宾为左冯翊，三年为少府。	楚相齐宋登为京兆尹，三年贬为东莱都尉，未发，坐漏泄省中语下狱自杀。

	26
	三
	右将军丹为左将军，十三年薨。太仆王章为右将军。
	宜春侯王咸长伯为太常，一年病免。平昌侯王临为太常，六年薨。
	侍中中郎将王音为太仆，三年迁。
	右曹光禄大夫辛庆忌为执金吾，四年贬为云中太守。
	光禄大夫武为左冯翊。

25

四
四月壬寅，丞相商免。六月丙午，诸吏散骑光禄大夫张禹为丞相。
大夫韦安世为大鸿胪，二年为长乐卫尉。
侍中奉车都尉金敞为水衡都尉，一年迁。
司隶校尉王章为京兆尹，一年下狱死。

24	23
阳朔元年	二
	四月癸卯，侍中太仆王音为御史大夫，一年迁。
侍中水衡都尉金敞为卫尉，四年卒。	
	史柱国卫公为太仆。 师古曰："姓史，名柱国，字卫公也。"
	大鸿胪勋。
常山太守刘武成为宗正，四年卒。	
水衡都尉顺。河内太守甄尊为右扶风，三年迁。	
弘农太守平陵逢信少子为京兆尹，三年迁陈留太守。薛宣为左冯翊，二年迁。	

22

三

八月丁巳，大司马凤薨。九月甲子，御史大夫王音为大司马车骑将军。

十一月丁卯，诸吏散骑光禄勋于永为御史大夫，二年卒。

右将军王章为光禄勋，数月薨。

右扶风甄尊为太仆。

护西(城)〔域〕[32]骑都尉韩立子渊为执金吾，五年坐选举不实免。

左曹水衡都尉河内苟参威神。

21	20
四	鸿嘉元年
	三月庚戌，丞相禹赐金，安车驷马免。四月庚辰，御史大夫薛宣为丞相。
	正月癸巳，少府薛宣为御史大夫。四月庚辰，京兆尹王骏为御史大夫，五年卒。
	光禄勋辛庆忌为右将军。
	平台侯史中为太常，六月病免。建平侯杜业君都为太常，七年免。
云中太守辛庆忌为光禄勋，四年迁。	
	阳平侯王襄为卫尉，五年徙。
京兆尹逢信为太仆，六年迁。	
	大鸿胪慎。
	千乘令刘庆忌为宗正，六月坐平都公主杀子贬为辽东太守。
左冯翊薛宣为少府，二月迁。	东都太守琅邪王赏中子为少府，四年免。 师古曰："中读曰仲。"
水衡都尉禹。太原太守淳于信中君为右扶风。 师古曰："中读曰仲。"	
少府王骏为京兆尹，一年迁。	太原太守河内邓义子华为京兆尹，一年为钜鹿太守。庐江太守赵增寿稺公为左冯翊，一年迁。

19

	二
	左冯翊赵增寿为廷尉，五年贬为常山都尉。
	陇西太守刘威子然为京兆尹，一年卒。泗水相茂陵满黔子桥为左冯翊，四年贬为汉中都尉。

18
	三
	右将军庆忌为光禄勋，四年迁。光禄勋并将军。
	张掖太守牛商子夏为右扶风，四年免。
	丞相司直翟方进为京兆尹，三年迁。

17	16	15
四	永始元年	二
		十月己丑，丞相宣免。十一月壬子，执金吾翟方进为丞相。
		正月乙巳，大司马音薨。二月丁酉，特进成都侯王商为大司马卫将军。
		三月丁酉，京兆尹翟方进为御史大夫，八月贬为执金吾。十一月壬子，诸吏散骑光禄勋孔光为御史大夫，七年贬为廷尉。
		诸吏散骑光禄大夫孔光为光禄勋,九月迁。执金吾韩勋为光禄勋，六月迁。
		太仆逢信为卫尉，二年免。
		卫尉王襄为太仆，三年病免。
		长信少府平当为大鸿胪，三年迁。
中少府韩勋为执金吾，四年迁。 师古曰：“中少府，皇后官。”	南阳太守陈咸为少府，二年免。	御史大夫翟方进为执金吾，一月迁。
	水衡都尉淳于长，三年免。	
		信都太守长安宗正子泄为京兆尹，二年贬为河南太守。琅邪太守朱博为左冯翊，一年迁。

三

右将军辛庆忌为左将军，三年卒。光禄勋韩勋为右将军，一年卒。

少府师丹为光禄勋，二年迁侍中光禄大夫。

琅邪太守陈庆君卿为廷尉，一年为长信少府。

朔方太守刘它人为宗正。左冯翊朱博为大司农，一年为犍为太守。

光禄大夫师丹为少府，五月迁。詹事许商为少府，二年为侍中光禄大夫。金城太守廉褒子上为执金吾，一年迁。

东平太傅彭宣为右扶风，一年迁。

河内太守杜陵（宠）〔庞〕[33]真稺孙为左冯翊，三年迁。

13

四

十一月庚申，大司马商赐金，安车驷马免。

执金吾廉褒为右将军，五年免。

鄭侯萧尊为太常，六年薨。

侍中水衡都尉淳于长为卫尉，三年免。

右扶风彭宣为廷尉，三年以王国人为太原太守。

会稽太守沛刘交游君为宗正，十年。汝南太守严䜣子庆为大司农，三年卒。

护羌校尉尹岑子河为执金吾，一年迁。

光禄大夫颍川师临子威为水衡都尉，八月迁。水衡都尉临为右扶风，三年为沛郡都尉。

司隶校尉何武为京兆尹，一年贬为楚内史。

元延元年
正月壬戌，成都侯商复为大司马卫将军，十二月乙未迁为大司马大将军，辛亥薨。庚申，光禄勋王根为大司马票骑将军。
执金吾尹岑为右将军，二年薨。
大鸿胪平当为光禄勋，七月坐前议昌陵贬为钜鹿太守。曲阳侯王根为光禄勋，一月迁。
护军都尉甄舜子节为太仆。东莱太守平陵范隆伟公为太仆，二年免。
左冯翊庞真为少府，四年迁。广汉太守赵护子夏为执金吾。
侍中光禄大夫赵彪大伯为侍中水衡都尉，三年卒。
广陵太守王建为京兆尹。河南太守徐让子张为左冯翊，四年免。

11	10
二	三
	廷尉朱博为后将军，二年免。
乐昌侯王安惠公为光禄勋，数月病免。	尚书仆射赵（亡）〔玄〕[34]少平为光禄勋，二年为太子太傅。
	护军都尉任宏伟公为太仆，二年徙。
光禄大夫朱博为廷尉，一年迁。	沛郡太守何武为廷尉，二年迁。
太山太守萧育守大鸿胪，数月徙。	九江太守王嘉为大鸿胪，三年迁。
	大司农尧。
	水衡都尉南阳王超骄军，三年坐淳于长自杀。守鸿胪太山太守萧育为右扶风，三年免。
广陵太守孙宝为京兆尹，一年免。	

9	8
四	绥和元年
	四月丁丑，大司马票骑将军根更为大司马，七月甲寅赐金，安车驷马免。十一月丙寅，侍中骑都尉光禄大夫王莽为大司马。
	三月戊午，廷尉何武为御史大夫，四月乙卯为大司空，一年免。
	廷尉孔光为左将军，一年迁。执金吾王咸为右将军，一年迁。
	侍中光禄大夫师丹为诸吏散骑光禄勋，十一月为太子太傅。大司农许商为光禄勋，四月迁。
	成（汤）〔阳〕[35]侯赵䜣君伟为卫尉，六月。侍中光禄大夫司农赵玄为卫尉，一月为中少府。
	驸马都尉王舜为太仆，二年病免。
	御史大夫孔光为廷尉，九月迁。少府庞真为廷尉，二年为长信少府。
北地太守谷永为大司农，一年免。	侍中光禄大夫许商为大司农，数月迁。太原太守彭宣为大司农，一年迁。
	詹事（中）〔平〕陵贾延初卿为少府，三年。太仆宏为执金吾，十一月贬为代郡太守。光禄大夫王臧幼公为执金吾，三月迁，南阳谢尧长平一年迁。
	京兆都尉甄丰长伯为水衡都尉，二年为泗（州）〔水〕相。
	长信少府薛宣为京兆尹，一年贬为淮阳相。丞相司直琅邪遂义子赣为左冯翊，坐选举免。

7

二

二月壬子，丞相方进薨。三月丙戌，左将军孔光为丞相。

十一月丁卯，大司马莽赐金，安车驷马免。庚午，左将军师丹为大司马，四月徙。

十月癸酉，大司马丹为大司空，一年免。

右将军王咸为左将军，十月免。卫尉傅喜为右将军，十一月赐金罢。太子太傅师丹为左将军，五月迁。光禄勋彭宣为右将军，二年迁。

安丘侯刘常为太常，四年病，赐金百斤，安车驷马免就国。

大司农彭宣为光禄勋，六月迁。卫尉王能为侍中光禄勋，二年贬为弘农，坐吕宽自杀。

太子中庶子傅喜稺游为卫尉，二月迁。侍中光禄大夫王龚子即为卫尉，二月迁。城门校尉丁望为卫尉，三年迁。

执金吾谢尧为大鸿胪，三年徙。

大司农河东梁相子夏，一年迁。

光禄大夫钜鹿阎宗君阑为执金吾，六年卒。执金吾河内孙云子叔，三年迁。

故太仆范隆为右扶风，八月为冀州牧。太山马嘉次君为右扶风，一年免。

光禄大夫朱博为京兆尹，数月迁。光禄大夫郇汉游君为京兆尹，数月病，为中大夫。大鸿胪王嘉为京兆尹，二年迁。

6	
	孝哀建平元年
	四月丁酉，侍中光禄大夫傅喜为大司马。
	十月壬午，京兆尹朱博为大司空。
	右将军彭宣为左将军，一年坐与淮阳王婚免。
	大司农梁相廷尉，二年贬为东海都尉。
	大司农左咸，一年徙。
	司隶校尉东海方赏君宾为左冯翊，二年迁。

5

二

四月乙未，丞相光免。御史大夫朱博为丞相，八月甲戌有罪自杀。十二月甲寅，御史大夫平当为丞相。

二月丁丑，大司马喜免。阳安侯丁明为大司马卫将军。

四月戊午，大司空博为御史大夫，乙亥迁。中尉赵玄为御史大夫，五月下狱论。九月乙酉，诸吏散骑光禄勋平当为御史大夫，二月迁。十月丙寅，京兆尹王嘉为御史大夫，一年迁。

光禄勋丁望为左将军卒。执金吾公孙禄为右将军，一年迁。

卫尉望为光禄勋，一月迁。光禄大夫平当为光禄勋，四月迁。

少府贾延为卫尉，十一月还故官。执金吾孙云为卫尉，四年迁。

城门校尉丁宪子尉为太仆，四年迁。

大鸿胪云阳毕申世叔，五年徙。

卫尉贾延为少府，一年迁。五官中郎将颍川公孙禄中子为执金吾。

师古曰："中读曰仲。"

侍中水衡都尉让。大鸿胪谢尧为扶风，一年迁。

4

三

三月己酉，丞相当薨。四月丁酉，御史大夫王嘉为丞相。

四月丁酉，河南太守王崇为御史大夫，九月贬。

右将军公孙禄为左将军，二年免。执金吾（峤）〔蟜〕[36]望为右将军，一年迁。

少府贾延为光禄勋，三年迁。

左冯翊方赏为廷尉，四年徙。

御史大夫王崇为大司农，二年迁。

尚书令涿郡赵昌君仲为少府，一年为河内太守。将作大匠东海蟜望王君为执金吾，三月迁。光禄大夫萧育为执金吾，一年免。

光禄大夫东海魏章子让为右扶风，一年免。

颍川太守毋将隆为京兆尹，一年迁。大司农左威为左冯翊，三年为复土将军。

3	2
四	元寿元年
	三月丙午，丞相嘉下狱死。七月丙午，御史大夫孔光为丞相。
	正月辛丑，大司马卫将军明更为大司马票骑大将军。特进孔乡侯傅晏为大司马卫将军，辛亥赐金，安车驷马免。
三月丁卯，诸吏散骑光禄勋贾延为御史大夫，一年迁。	五月乙卯，诸吏光禄大夫孔光为御史大夫，二月迁。七月丙午，⿱穴臭乡侯何武为御史大夫，二月免。
诸吏散骑光禄大夫王安为右将军，一年迁。	御史大夫何武为前将军，二年免。
建平侯杜业为太常，三年贬为上党都尉。	
	詹事马宫为光禄勋，二年迁。
	少府董恭为卫尉，二月为光禄大夫。右扶风弘谭为卫尉，一年迁。
陈留太守渤海刘不恶子丽为宗正，更名容。	
光禄大夫董恭君孟为少府，一年迁。京兆尹毋将隆为执金吾，一年贬为沛郡都尉。	卫尉孙云为少府，一月。陈留太守茂陵耿丰为少府,二年为复土将军。京兆尹申屠博为执金吾，一年免。
光禄大夫龚胜为右扶风，一年归故官。	光禄大夫沛弘谭巨君为右扶风，冬迁。
光禄大夫茂陵申屠博次孙为京兆尹，一年迁。	京兆尹南阳翟萌幼中。 师古曰："中读曰仲。"

(二)[37]

九月己卯，大司马明免。十一月壬午，诸吏光禄大夫韦赏为大司马车骑将军，己丑卒。十二月庚子，侍中驸马都尉董贤为大司马卫将军。

八月辛卯，光禄大夫彭宣为御史大夫。

光禄大夫南夏常仲齐为右扶风。

公元前1

（三）〔二〕[38]

五月甲子，丞相光为大司徒，九月辛酉为太傅。右将军马宫为大司徒。

五月甲子，大司马卫将军贤更为大司马，六月乙未免。庚申，新都侯王莽为大司马。

五月甲子，御史大夫宣为大司空，三月病免。八月戊午，右将军王崇为大司空。

安阳侯王舜为车骑将军，八月迁。卫尉王崇为右将军，二月。光禄勋马宫为右将军，三月迁。光禄勋甄丰为右将军，六月迁。执金吾孙建为右将军，二年迁。

博阳侯西昌长娇为太常，二年贬为东（都）〔郡〕[39]太守。

左曹中郎将甄丰为光禄勋，一年迁。

大司农王崇为卫尉，二月迁。建成侯黄辅子元为卫尉。

长乐卫尉王恽子敬为太仆，五年迁。

故廷尉梁相复为大理，二年坐除吏不次免。

复土将军左咸为大鸿胪。

卫尉弘谭为大司农。

光禄大夫韩容子伯为执金吾，一月免。护军都尉孙建子夏为执金吾，三月迁。

大鸿胪毕由为右扶风，六月贬为定襄太守。

京兆尹清河孙意子承。廷尉方赏为左冯翊，一年迁。

公元1

	孝平元始元年
	二月丙辰，太傅孔光为太师，大司马王莽为太傅，大司马车骑将军王舜为太保车骑将军。
	二月丙辰，大司马莽迁。
	侍中奉车都尉甄邯子心为光禄勋，三年迁。
	中郎将萧咸为大司农，一年卒。
	少府宗伯凤君房。中郎将任岑为执金吾，一年卒。
	右辅都尉赵恢君向为右扶风，一年免。
	大司徒司直金钦为京兆尹，一月为侍中。光禄大夫左冯翊张嘉。

2

二
二月癸酉，大司空王崇（为）病免。四月丁酉，少（府）〔傅〕[40]左将军甄丰为大司空。
右将军孙建为左将军光禄勋。甄邯为右将军光禄勋。
安昌侯张宏子夏为太常，二年贬为越骑校尉。
大鸿胪桥仁。
光禄大夫孙宝为大司农，数月免。
左辅都尉尹赏为执金吾，一年卒。
中郎将幸成子渊为水衡都尉。大司马司直沛武襄君孟为右扶风，三年为冀州牧。

3	4	5
三	四	五
		四月乙未，太师光薨。大司徒宫为大司马，八月壬午免。十二月丙午，长乐少府平晏为大司徒。
		执金吾王骏为步兵将军。
城门校尉刘岑子张为太常，二年徙为宗伯。		
		太仆恽为光禄勋。
尚书令颍川钟元宁君为大理。		
		大鸿胪左咸。
	宗正容更为宗伯，一年免。	太常刘岑为宗伯。大司农尹咸。
执金吾长安王骏君公，三年迁。		
	将作大匠谢尧为右扶风，年七十病免，赐爵关内侯。	尚书令南阳邓冯君侯为右扶风。
左冯翊匡咸子期。	京兆尹锺义。左冯翊沛孙信子儒。	宰衡护军武襄为京兆尹，数月迁。中郎将南阳郝党子严为左冯翊。

【校勘记】

〔1〕“十年”据景祐、殿本补。

〔2〕此格原在三格，据景祐、殿、局本移下。王先谦说“窋”讹“窟”。按局本作“窋”。

〔3〕此格原在五格，据景祐、殿、局本移上。

〔4〕“仓”，殿本作“苍”。王先谦说作“苍”是。

〔5〕“奉常”据景祐、殿本补。王先谦说盖盎免而殷代也。

〔6〕王先谦说中尉都三年方免，此处不应有“中尉”二字。

〔7〕此栏二格，王先谦说“死”为“免”字之讹。按殿本作“免”。四格，王先谦说“死”亦“免”之误。

〔8〕王先谦说“后”字盖衍。

〔9〕王先谦说“年”下脱“迁”字。按各本都脱。

〔10〕王先谦说“都”当为“卫”。按景祐、殿本都作“卫”。

〔11〕王先谦说“阳”当为“杨”。按景祐、殿本都作“杨”。

〔12〕王先谦说“为”字衍。按景祐、殿本无。

〔13〕王先谦说“中尉”衍文。

〔14〕此格原在十四格，据景祐、殿本移下。

〔15〕王先谦说“道”是“首”之误字。

〔16〕“夜郎”，景祐、殿本都作“郎夜”。王先谦说“郎”在“夜”上是。

〔17〕殿本考证说“相”上脱“丞”字。按景祐本有。

〔18〕殿本“加”作“邢”。

〔19〕王先谦说“田”是“尹”之误。按景祐、局本都作“尹”。

〔20〕沈钦韩说“为”字衍。

〔21〕钱大昭说“农”当为“马”。按景祐、殿、局本都作“马”。

〔22〕此栏四格据景祐、殿本补。钱大昭说闽本有。六格原在五格，八格原在七格，据景祐、殿本移下。

〔23〕“二”，景祐、殿本都作“三”。王先谦说作“三”是。

〔24〕此格据景祐、殿本补。钱大昭说闽本有。

〔25〕殿本有“冯奉世”三字，考证说从宋本补。按景祐本无此三字。

〔26〕此格原在十一格，据景祐、殿、局本移下。

〔27〕钱大昭说“光禄”下脱“勋”字。按各本都脱。

〔28〕“縏”，王先谦说殿本作“繁”是。

〔29〕“谓”，景祐、殿、局本都作“为”。

〔30〕沈钦韩说史表作“三月”，“七月”是传写之误。按景祐本正作“三月”。

〔31〕“尊”字据景祐、殿本补。

〔32〕景祐、殿本都作“域”，“城”字误。

〔33〕“宠”，景祐、殿本都作“庞”。王先谦说作“庞”是。

〔34〕“亡”，景祐、殿本都作“玄”。

〔35〕此栏八格“汤”，景祐、殿、局本都作“阳”。王先谦说作“阳”是。十三格“中陵”，景祐、殿本都作“平陵”。王先谦说作“平陵”是。十四格“州”，景祐、殿本都作“水”。王先谦说作“水”是。

〔36〕“峤”，景祐、殿本都作“虙”。

〔37〕景祐、殿本无“二”字。

〔38〕“三”，景祐、殿本都作“二”。周寿昌说孝哀崩于元寿二年，无三年。

〔39〕“都”，景祐、殿本都作“郡”。王先谦说作“郡”是。

〔40〕王先谦说“病”上“为”字衍，“府”当作“傅”。

汉书卷二十

古今人表第八

师古曰："但次古人而不表今人者，其书未毕故也。"

自书契之作，先民可得而闻者，经传所称，唐虞以上，帝王有号谥，辅佐不可得而称矣，①而诸子颇言之，虽不考虖孔氏，然犹著在篇籍，归乎显善昭恶，劝戒后人，故博采焉。孔子曰："若圣与仁，则吾岂敢？"②又曰："何事于仁，必也圣乎！"③"未知，焉得仁？"④"生而知之者，上也；学而知之者，次也；困而学之，又其次也；困而不学，民斯为下矣。"⑤又曰："中人以上，可以语上也。"⑥"唯上智与下愚不移。"⑦传曰：譬如尧舜，禹、稷、卨与之为善则行，⑧鲧、讙兜欲与为恶则诛。⑨可与为善，不可与为恶，是谓上智。桀纣，龙逢、比干欲与之为善则诛，⑩于莘、崇侯与之为恶则行。⑪可与为恶，不可与为善，是谓下愚。齐桓公，管仲相之则霸，竖貂辅之则乱。⑫可与为善，可与为恶，是谓中人。因兹以列九等之序，究极经传，继世相次，总备古今之略要云。⑬

①文颖曰："言远，经传不复称序也。"师古曰："契谓刻木以记事。自唐虞以上帝王有号见于经典，其臣佐不可得而称记也。"

②师古曰："此孔子自谦，不敢当圣与仁也。"

③师古曰："言能博施于人而济众者，非止称仁，乃为圣人也。"

④师古曰："言智者虽能利物，犹不及仁者所济远也。"

⑤师古曰："困谓有所不通也。"

⑥师古曰："言中庸之人渐于训诲，可以知上智之所知也。"

⑦师古曰："言上智不染于恶，下愚虽教无成。自此已上皆见论语。凡引此者，盖班氏自述所表先圣后仁及智愚之次，皆依于孔子者也。"

⑧师古曰："传谓解说经义者也。"

⑨师古曰："鲧，梼杌也。讙兜，浑敦也。"

⑩师古曰："关龙逢，桀之臣也；王子比干，纣之臣也：皆直谏而死也。"

⑪师古曰："于莘，桀之勇人也。崇侯，纣之佞臣也。"

⑫师古曰："竖貂，即寺人貂也。"

⑬张晏曰："老子玄默，仲尼所师，虽不在圣，要为大贤，文伯之母达于礼典，动为圣人所叹，言为后世所则，而在第四。田单以即墨孤城复强齐之大，鲁连之博通，忽于荣利，蔺子申威秦王，退让廉颇，乃在第五。大姬巫怪，好祭鬼神，陈人化之，国多淫祀，寺人孟子违于大雅，以保其身，既被宫刑，怨刺而作，乃在第三。嫪毐上烝，昏乱礼度，恶不忍闻，乃在第七。其馀差违纷错不少，略举扬较，以起失谬。独驰骛于数千岁之中，旁观诸子，事业未究，而寻遇窦氏之难，使之然乎？"师古曰："六家之论，轻重不同；百行所存，趣舍难壹。张氏辄申所见，掎摭班史，然其所论，又自差

错。且年代久远，坟典隳亡，学者舛驳，师论分异，是以表载古人名氏，或与诸书不同。今则特有发明，用畅厥旨。自女娲以下，帝鸿以前，诸子传记，互有舛驳，叙说不同，无所取正，大要知其古帝之号而已。诸人士见于史传，彰灼可知者，无待解释，其间幽昧者，时复及焉。”

上上圣人	太昊帝宓羲氏 张晏曰："太昊，有天下号也。作罔罟田渔以备牺牲，故曰宓羲氏。"师古曰："宓音伏，字本作虙，其音同。"
上中仁人	
上下智人	
中　上	
中　中	
中　下	
下　上	
下　中	
下下愚人	

女娲氏	共工氏	容成氏	大廷氏	柏皇氏	中央氏	栗陆氏
师古曰：“娲音古蛙反，又音瓜。”	师古曰：“共读曰龚。下皆类此。”		师古曰：“廷读曰庭。”			

骊连氏　赫胥氏　尊卢氏　沌浑氏师古曰："沌音大本反。浑音胡本反。"　昊英氏　有巢氏　朱襄氏　葛天氏　阴康氏

				炎帝神农氏 张晏曰："以火德王，故号曰炎帝。作耒耜，故曰神农。"		
亡怀氏 师古曰："亡读曰无。下皆类此。"	东扈氏	帝鸿氏	悉诸 炎帝师。	少典 炎帝妃，生黄帝。	列山氏	归臧氏

黄帝轩辕氏

张晏曰："以土德王，故号曰黄帝。作轩冕之服，故谓之轩辕。"

方雷氏	絫祖	彤鱼氏
黄帝妃，生玄嚣，是为青阳。	黄帝妃，生昌意。 师古曰："絫音力追反。"	黄帝妃，生夷鼓。

仓颉

黄帝史。

蚩尤

⿰巾每母 黄帝妃，生仓林。 师古曰：“⿰巾每音谟，字从巾。即嫫母也。”	封钜 黄帝师。	大填 黄帝师。	大山稽 黄帝师。	力牧

风后	鬼臾区 师古曰："即鬼容区也。臾、容声相近。"	封胡	孔甲	岐伯	泠沦氏 服虔曰："沦音鯩，始造十二律者。"师古曰："音零纶。"

少昊帝金天氏 张晏曰："以金德王，故号曰金天。"			颛顼帝高阳氏			
五鸟	五鸠	昌仆 昌意妃， 生颛顼。	女禄 颛顼妃， 生老童。	娇极 老童妃， 生重黎。	吴回	后土
			〔九黎〕[1]			

蓐收　玄冥　熙　柱　帅味　允格　台骀　穷蝉

师古曰:“骀音胎。”颛顼子，生敬康。

大款	柏夷亮父	绿图	侨极
颛顼师。	颛顼师。 师古曰："父读曰甫。下皆同。"	颛顼师。	玄嚣子，生帝喾。

帝喾高辛氏

张晏曰："少昊以前天下之号象其德，颛顼以来天下之号因其名。高阳、高辛，皆所兴地名也。颛顼与喾，皆以字为号，上古质故也。"

姜原	简逷	陈丰	娵訾
帝喾妃，生弃。	帝喾妃，生卨。师古曰："逷音吐历反，即简狄也。"	帝喾妃，生尧。师古曰："即陈锋是也。"	帝喾妃，生挚。

祝融	陆终 祝融子。	女溃 陆终妃，生六子：一曰昆吾，二曰参胡，三曰彭祖，四曰会乙，五曰曹姓，六曰季连。

舟人 廖叔安 师古曰：“左氏传作（戮）〔飂〕，[2]同音力周反，又力授反。”	赤松子 帝喾师。	柏招 帝喾师。	句望 敬康子，生蟜牛。 师古曰：“句音鉤。蟜音矫。”

〔帝尧〕[3]陶唐氏

张晏曰：“翼善传圣曰尧。”

帝挚　女皇尧妃，散宜氏女。　羲仲　羲叔　和仲　和叔　仓舒　隤敳师古曰：“隤音颓。敳音五来反。”

朱尧子。　阏伯　实沈　女志鲧妃，有娎氏女，生禹。师古曰：“娎音所巾反。”

共工　讙兜　三苗　鲧

梼敟	大临	龙降	咎繇	仲容	叔达	柏奋	仲堪
师古曰："音畴演。"		师古曰："降音下江反。"					

叔献	季仲	柏虎	仲熊	叔豹	季熊 师古曰："即左氏传所谓季狸者也。"	尹寿 尧师。	被衣 师古曰："被音披。"

帝舜有虞氏 张晏曰："仁圣盛明曰舜，舜之言充也。"
方回　王兒 师古曰："兒音五奚反。"　齧缺　许繇 师古曰："即许由也。"　巢父　子州支父　娥皇 舜妃。　女罃 舜妃。师古曰："即女英也。罃音於耕反。"
敤手 舜妹。师古曰："敤音口果反。流俗书本作击字者误。"
鼓叜 (娇)〔蟜〕[4]牛子，生舜。　象 舜弟。

	姞人 弃妃。 师古曰："姞音其乙反。"			卨	垂		朱斨	柏誉 师古曰："誉音弋於反。"
董父	石户之农	北人亡择	雒陶	续身		柏阳	东不訾	秦不虚 师古曰："雒陶已下皆舜之（支）〔友〕也。身或作耳。虚或作（字）〔宇〕[5]。并见尸子。"
商均 舜子。								

帝禹夏后氏
柏益　龙　夔　女趫 禹妃，涂山氏女，生启。师古曰：“趫音丘遥反。”　启 禹子。
昭明 卨子。　奚仲　相土 昭明子。　六卿　不窋 弃子。师古曰：“窋音竹出反。”
昌若 相土子。
太康 启子，昆弟五人，号五观。

胤

根圉 昌若子。

有扔君 师古曰："扔音仍。"

武罗

柏因

熊髡

庬圉 师古曰："武罗以下四人皆羿之贤臣也。庬音龙。"

中康 太康弟。师古曰："中读曰（中）〔仲〕。[6]下皆类此。"

相 中康子。

后缗 相妃，生少康。

后夔玄妻

羲和 师古曰："即废时乱日，胤往征之者也。"

逄门子

羿 师古曰："有穷君也。"

韩浞 师古曰："羿之相也。浞音七角反。"

奡 师古曰："音五到反。楚辞所谓浇者也。"

	少康 相子。	二姚 少康妃。		芬 师古曰："音纷。"	芒 槐子。	泄
靡	女艾		冥 根圉子。	垓 冥子。 师古曰："音该。"	微 垓子。	鞠 不窋子。
		虞后氏杼 少康子。 师古曰："杼音太吕反。"		槐 〔杼子。〕[7]	报丁 微子。	
斟灌氏	斟寻氏 师古曰："二国，夏同姓诸侯，为羿所灭。"					
殪 师古曰："殪音许冀反。"		柏封叔				

公刘

鞠子。

不降

刘絫

师古曰："古累字。"

关龙逢

扃

不降弟。

师古曰："扃音工荣反。"

廑

师古曰："音勤，又音觐。"

报乙 报丙 主壬 主癸

孔甲

不降子。

皋

师古曰："墓在殽者也。"

发

韦

师古曰："豕韦国彭姓。"

鼓

师古曰："即顾国，己姓。"

癸

发子，是为桀。

末嬉

桀妃。

于莘

帝汤殷商氏

师古曰：“禹、汤皆字。三王去唐虞之文，从高古之质，故夏殷之王皆以名为号也。”

有㜪氏

汤中妃，生大丁。

师古曰：“㜪与莘同。”

大丁

伊尹

仲虺

师古曰：“汤左相也。”

老彭

义伯

中伯

师古曰：“义、仲，汤之二臣。”

虞公遂

逢公柏陵

费昌

师古曰：“费音扶味反。”

终古

夏太史令。

庆节

公刘子。

皇仆

庆节子。

昆吾

师古曰：“姒姓国也。三者皆汤所诛也。”

推侈

葛伯

师古曰：“汤所征。”

尹谐

师古曰：“汤所诛，见孔子家语。”

	咎单 师古曰："汤臣，主土地之官也。单音善。下皆类此。"		太甲 大丁子。		
卞随	务光				
外丙 大丁弟。	中壬 外丙弟。	沃丁 太甲子。	大庚 沃丁弟。	小甲 大庚子。	雍己 小甲弟。
		差弗 皇仆子。 师古曰："差音楚宜反。"			

大戊 雍己弟。	巫咸 师古曰："大戊之臣也。"		祖乙 河亶甲弟。	
伊陟 师古曰："伊尹子也。"	臣扈 师古曰："亦汤臣。"	外壬 中丁弟。	河亶甲 外壬弟。	巫贤
孟献 益后。	中衍	中丁 大戊弟。	祖辛 祖乙子。	沃甲 祖辛弟。

毁隃 差弗子。 师古曰："隃音逾。"	公非 毁隃子。	辟方 公非子。 师古曰："辟音壁。"

盘庚 阳甲弟。

大彭

豕韦

阳甲 祖丁子。

小辛 盘庚子。

祖丁 祖辛子。

南庚 沃甲子。

高圉 辟方子。

夷竢 高圉子。师古曰：“竢与俟同。”

亚圉 高圉子。

云都 亚圉弟。

公祖 亚圉子。

武丁 小乙子。

傅说 师古曰："说读曰悦。武丁相也。"

甘盘 师古曰："武丁师也。"

大王亶父 公祖子。

姜女 大王妃。

小乙 小辛弟。

祖己

孝己

祖伊

刘姓豕韦

祖庚 武丁子。

甲 祖庚弟。

太伯

中雍

王季

大任 王季妃，生文王。

微子 纣兄。

箕子

冯辛 甲子。

庚丁 冯辛弟。

武乙 庚丁子。

大丁 武乙子。

乙 大丁子。

辛 乙子，是为纣。

比干　伯夷　叔齐

太师挚　亚饭干 师古曰："饭音扶晚反。"　三饭缭 师古曰："缭音来雕反。"

胶鬲　微中　商容　师涓 师古曰："涓音工玄反。"　梅伯

妲己 纣妃。师古曰："妲音丁葛反。"　费中 师古曰："费音扶味反。"　飞廉　恶来　左强

					文王周氏			
					大姒 文王妃。			
四饭缺	鼓方叔	播鞉武 师古曰："鞉音徒高反。"	少师阳	击磬襄 师古曰："自师挚已下八人皆纣时奔走分散而去。郑玄以为周平王时人，非也。"		虢中	虢叔 师古曰："中、叔二人皆文王弟也。"	
邢侯	鬼侯	伯达		伯适 师古曰："适音江阔反。"	中突	中曶 师古曰："曶与忽同。"	叔夜	
				伯邑考 文王子。	楚熊丽 鬻子。 师古曰："鬻读与粥同。"			

武王 文王子。

大颠 闳夭 散宜生 南宫适 师古曰："大颠以下，文王之四友也。" 祭公 师古曰："祭音侧介反。" 师尚父 毕公 文王子。

粥熊 师古曰："文王师也。粥音弋六反。" 辛甲 周任 史扁 师古曰："扁音编。" 向挚殷〔太〕[8]史。 邑姜 武王妃。

叔夏 季随 季騧 师古曰："伯达以下，周之八士也，騧音瓜。" 成叔武 文王子。 霍叔处 文王子。 檀伯达 师古曰："武王臣。"

虞侯 芮侯 师古曰："二国讼田质于文王者。" 吴周章 中雍曾孙。

芮伯 师古曰："周同姓之国在圻内者，当武王时作旅巢命。" 巢伯 师古曰："南方远国，武王克商而来〔朝〕。"[9]

太师庛　少师强　成王诵 武王子。　召公 周同姓。

大姬 武王妃。　曹叔振铎 文王子。　毛叔郑 文王子。　虞阏父　陈胡公满 舜后。　卫康叔封 文王子。

苏忿生 师古曰："武王司寇苏公。"　滕叔绣 文王子。　原公 文王子。　郜子 文王子。师古曰："郜音告。"　雍子 文王子。　酆侯 文王子。

杜伯　楚熊狂 丽子。　虞中 周章弟。　杞东楼公 禹后。　邘侯 武王子。　韩侯 武王子。　齐丁公 伋师尚父子。

季胜 恶来弟。　秦女妨 恶来子。　楚子绎 狂子。

禄父 纣子。

周公 文王子。

史佚

聃季载 文王子。

君陈

芮伯 师古曰："周司徒也。"

师伯 师古曰："周宗伯也。尚书作彤伯。"

毛公 师古曰："周司空也。"

师氏 师古曰："周大夫也。"

郇侯 文王子。师古曰："郇音荀。"

唐叔虞 武王子。

应侯 武王子。

右史戎夫

祝雍

邗叔

鲁公伯禽 周公子。

凡伯 周公子。

蒋侯 周公子。

邢侯 周公子。

茅侯 周公子。

胙侯 周公子。

孟会 季胜子。

蔡中胡 叔度子。

管叔鲜 文王子。

蔡叔 文王子。

龙臣

师古曰："周武贲氏也。尚书作武臣。"

中桓

南宫髦

师古曰："二人亦周大夫也。桓、髦皆其名也。自芮伯以下皆见周书顾命。"

康王钊

成王子。

师古曰："钊音之遥反，又音工辽反。"

商子

祭侯

周公子。

师古曰："祭音侧介反。"

晋侯燮

虞子。

秦旁皋

女防子。

楚熊艾

绎子。

宋微中

启子。

鲁孝公

伯禽子。

卫康叔

封子。

陈申公

满子。

蔡伯

胡子。

楚熊亶艾子。

蔡侯宫

伯子。

祭公

辛繇靡

师古曰："繇读与由同。"

穆王满 昭王子。

吕侯 师古曰："穆王司寇也。"

齐乙公 丁公子。

晋武公 燮子。

秦大几 旁皋子。

鲁炀公 孝公子。师古曰："炀音式向反。"

齐癸公 乙子。

秦大雒 大乙子。

楚熊盘 艾子。

宋公稽 仲子。

卫孝伯 康伯子。

陈柏公 申公弟。

陈孝公

造父 衡父子。师古曰："造音千到反。"

徐隐王 师古曰："即偃王也。"

衡父 孟增子。

昭王瑕 康王子。

房后 师古曰："昭王后也。"

君牙 伯冏 祭公谋父 密母

师古曰："穆王司徒也。" 师古曰："穆王太仆也。冏音居永反。" 师古曰："祭音侧介反。"

卫嗣伯 孝伯子。

卫（建）〔疌〕[10] 嗣伯子。

秦非子 大雒子。

铅陵卓子

楚熊锡 盘子。

宋愍公 共公子。

卫靖伯 （建）〔疌〕子。

共王伊扈 穆王子。

晋成侯 武侯子。

陈慎侯 孝侯子。

鲁幽公 炀公子。

齐哀公 癸公子。

密康公

懿王坚 穆王子。诗作。师古曰："政道既衰，怨刺之诗始作也。"

宋炀公 愍公弟。

齐胡公 哀公弟。

宋弗父何[11]
愍公子。

芮良夫

共伯和
师古曰："共，国名也。伯，爵也。和，共伯之名也。共音恭。而迁史以为周召二公行政，号曰共和，无所据也。"

秦嬴
非子子。

秦侯
嬴子。

楚挚红
渠子。

卫贞伯
靖伯子。

鲁献公
厉公弟。

燕惠公
邵公九世。

宋釐公
厉公子。
师古曰："釐读曰僖。下皆类此。"

蔡厉侯
宣侯子。

鲁厉公
魏公子。

晋厉侯
成侯子。

卫顷侯
贞伯子。

楚熊延
挚弟。

蔡武侯
厉侯子。

卫釐公
顷公子。

孝王辟方
共王弟。
师古曰："辟音壁。"

夷王摺
懿王子。
师古曰："摺音燮。"

齐武公
(厉)〔献〕[12]公子。

鲁魏公
幽公弟。

楚熊挚
渠子。

宋厉公
愍公子。

齐献公
胡公弟。

召虎

嘉父　谭大夫　寺人孟子

史伯　宋父何子。　秦中伯〔子〕。[13]　鲁武公慎公弟。　秦严公仲子。　楚熊霸严子。

曹夷伯振铎六世。　鲁慎公献公子。　齐文公厉公弟。　晋釐侯靖侯子。　楚熊紃严弟。师古曰："紃音巡。"　卫武公釐公子。

楚熊勇延子。　晋靖侯厉侯子。　郑颜　夏父　蔡夷侯武侯子。　楚熊蚡紃子。　陈釐公幽〔公〕[14]子。

杞题公东楼子。　曹幽伯夷伯子。　陈幽公慎公子。　齐厉公武公子。　鲁懿公武公子。　叔术　旴

厉王胡夷王子。　卫巫　楚熊严。勇子。　伯御鲁懿公兄子。　卫共伯釐公子。

周宣王靖 厉王子。
方叔 南中 中山父 申伯 尹吉父 韩侯 蹶父 师古曰："蹶音居卫反。" 张中 程伯休父 师古曰："休音许虬反。"
伯阳父 史伯 师服 虢文公
宋世子士 蔡夷侯 奄父 造父六世孙。 郑桓公友
宋惠公 僖公子。 燕釐侯 十世。 宋戴公 惠公子。
晋献侯 釐侯子。 晋缪侯 献侯子。 齐成公 文公子。 鲁孝公 懿公子。 陈武公 釐公子。 蔡釐侯 夷侯子。
曹戴伯 幽〔伯〕[15]子。
晋殇公 缪公弟。 幽王宫涅 宣王子。

楚若敖 咢子。

燕顷侯 十一世。

齐严侯 成侯子。

陈夷公 武公子。

陈平公 夷公弟。

曹惠伯 戴伯子。

褒姒

虢石父

皇父卿士

司徒皮 师古曰：“即十月之交诗所谓‘蕃维司徒’是也。”

太宰冢伯

秦襄公 严公子。

文子

晋文侯仇 缪侯子。

鲁惠公 孝公子。

秦文公 襄公子。

膳夫中术 师古曰："即所谓中允膳夫也。"

内史掫子 师古曰："掫音侧流反。"

趣马蹶 师古曰："趣音（于）〔千〕[16]后反。蹶音居卫反。"

师氏萬 师古曰："萬读与楀同，音九禹反。"

〔宋正考父〕[17]

辛有

赵叔带 奄父子。 宋武公 戴公子。 卫严公 武公子。 陈文公 平公子。 宋宣公 武公子。 楚坌冒 蚡子。

师古曰："坌音扶粉反。"

楚蚡敖 若敖子。 郑武公 桓公子。 燕哀侯 十二世。 燕郑侯 十三世。 蔡共侯 釐公子。 齐釐公 严公子。 燕缪侯 十四世。

晋昭侯 文侯子。 潘父 曹桓公 缪公子。 蔡戴侯。共公子。

申侯 平王宜臼 曹缪公 惠公子。 曲沃桓叔 晋文侯弟。

宋大金考父子。　臧釐伯　石碏师古曰："碏音千若反。"

宋缪公和宣公弟。　蔡桓侯封人宣侯子。　郑仪父　颍考叔　郑公子吕

陈桓侯鲍文侯子。　展亡骇　宋司徒皇父　司空牛父

蔡宣侯戴侯子。　郑严公寤生武公子。　叔段　晋鄂侯孝侯子。

晋孝侯昭侯子。　曲沃严伯桓叔子。　鲁隐公惠公子。　公子翚师古曰："翚音晖。"　卫桓公完严公子。

宋孔父 大金子。　卫太子伋　公子寿

臧哀伯

楚武王 蚠冒弟。　邓曼 楚武王夫人。　鲁施父

曹严公亦姑 桓公子。师古曰："即射姑也。"　秦宪公 文公子。　宋严公冯 缪公子。

公子縠生　耏班 师古曰："耏音而。"　桓王林 平王孙，泄父子。　卫宣公晋 桓公子。　虞公

宰咺 师古曰："咺音许远反。"　宋殇公 宣公子。　华督 师古曰："华音下化反。"　蔡哀侯 桓侯弟。　晋哀侯 鄂侯子。　晋小子侯 哀侯子。

公子州吁　芮伯　鲁桓公 惠公子。　夫人文姜　彭生　陈厉公〔桓公弟。〕[18]

随季良　鲁申繻　楚保甲

鬬伯比　熊率且比师古曰：“率音力出反。且音子余反。”　郑祭足　楚文王武王子。　（驻）〔骓〕[19]甥　聃甥师古曰：“聃音乃甘反。”　养甥

燕宣公十五世。　观丁父薳章师古曰：“薳音于诡反。”　严王佗桓王子。　邓祁侯　卫惠公朔宣公子。　公子黔牟

虞叔　楚瑕丘　随少师　鲁严公同桓公子。

秦出公曼　郑厉公突严公子。　夫人哀姜

长狄侨如

管仲

鲍叔牙

齐寺人费 师古曰："即徒人费也。费音秘。" 王青二友 高傒 师古曰："傒音奚。"

谢丘章 辛甲 石之纷如 师古曰："纷音扶云反。" 齐桓公小白 襄公弟。

左公子泄 潘和 秦武公 出公兄。 燕桓侯 十六世。 齐公子纠 鲁公孙隐

郑昭公忽 厉公兄。 高渠弥 郑子亹 昭公弟。 右公子职 王子克 纪侯 纪季

周公黑肩 连称 管至父 雍人禀 鲋里乙 宋愍公捷

齐襄公兒 公子亡知

召忽 师古曰："召读曰邵。" 隰朋 甯戚 宋仇牧 鲁曹刿 师古曰："刿音居卫反。"

王子成父 宾须亡 麦丘人 轮边 师古曰："轮扁也。扁音翩。"

萧叔大心 石祁子 原繁

颛孙 师古曰："颛音上专反。" 曹釐公夷 严公子。 宋桓公禦说 愍公弟。师古曰："说读曰悦。" 秦德公 武公弟。

齐伯氏 寺人貂易牙 常之巫 师古曰："齐桓时人也，见吕览。" 卫公子开方 釐王胡齐 严王子。

南宫万 子游 猛获 南宫牛 郑子婴齐 子亹子。 傅瑕 晋愍侯 哀侯弟。 曲沃武公 严公子。

楚粥拳　宰孔

平陵老　愚公　陈公子完 佗子。　虢史嚚　周内史过

息妫　虢叔　鲁禦孙

秦宣公 德公子。　燕严侯 十七世。　郑文公椄 厉公子。　彊鉏

陈宣公杵臼 严公弟。　息侯　惠王母凉　郑高克　公孙素　陈辕涛涂

王子颓　芀国　边柏　楚杜敖 文王子。师古曰："即堵敖。"　陈太子御寇

鲁公子季友	鲁公子奚斯	卫弘演 师古曰："演音演。"	荀息		
楚屈（桓）〔完〕[20] 师古曰："屈音九勿反。"	卜偃	辛廖 师古曰："廖音聊。"			
召伯廖	齐仲孙湫 师古曰："湫音子小反。"	许夫人	先丹木	羊舌大夫	史苏
秦成公 宣公弟。	曹昭公班 釐公子，作诗。	卫戴公 黔牟子。	赵夙	毕万 毕公后。	
楚申侯	鲁公子般	鲁闵公启 严公子。	史华龙滑		
鲁公子牙	圉人荦	公子庆父	卜齮 师古曰："齮音螘。"	卫懿公 惠公子。	晋献公 武公子。
晋骊姬					

宋公子目夷　宫之奇　百里奚　奄息　中行 师古曰：“行音户郎反。”

梁馀子养　罕夷　申生　狐突　秦缪公 成公弟。　秦缪夫人　公孙枝　繇余 师古曰：“即由余。”

鲁釐公　楚逢伯　卫甯严子　富辰　晋冀芮　庆郑　韩简　郑叔詹

士蒍　臣猛足　井伯　卫文公 戴公弟。　宋襄公 桓公子。　蔡严侯 穆侯子。

奚齐　卓子 师古曰：“卓音敕角反。”　赵孟 夙子，生衰。 师古曰：“衰音楚危反。”　蔡缪公　许釐公　襄王郑

优施　梁五　东关五　虞公 为晋所灭，太王后。　虢公 为晋所灭，王季后。　郑子华　曹共公 昭公子。

甯武子

鍼虎 师古曰："鍼音其廉反。"　狐偃

蹇叔　烛之武　内史叔兴　卜徒父　禽息　王廖 师古曰："廖音聊。"　晋文公 献公子。

皇武子　鳌负羁妻　曹竖侯獳 师古曰："獳音乃侯反。"　楚子玉　鬬宜申　成大心　栾悼子

燕襄公 十八世。　梁卜招父 师古曰："招音上遥反。"　卫元晅 师古曰："晅音许远反。"　叔武　鍼严子

晋惠公 献公子。　里克　虢（叔）〔射〕[21]　宋襄公 成公子。　齐孝公 桓公子。

惠后　梁伯　晋怀公 惠公子。　卫成公 文公子。

王子带　楚成王恽 师古曰："左传作頵，音於伦反。"　潘崇

赵衰 师古曰："衰音楚危反。" 衰妻 介子推 推母 郤縠 舟之侨 荀林父

夫人姜氏 魏犫 毕万子。 颠颉 胥臣 贾佗 师古曰："佗音徒何反。" 董因 竖头须 齐国严子

晋李离 寺人披 曹文公寿 共公子。 燕桓公 十九世。 秦康公 缪公子。

仓葛 郑缪公兰 文公子。 石臭 师古曰："臭音丑略反。" 陈缪公 宣公子。

郑子臧

曹共公 昭公子。 齐公子无诡 师古曰："左氏传作无亏。" 齐昭公 孝公子。

先轸　狼瞫师古曰："瞫音审。"　阳处父　甯嬴　臾骈师古曰："骈音步千反。"　郑弦高　叔仲惠伯

周内史叔服　孟明视　西气术　士会　绕朝　石癸　公孙寿　荡意诸

晋襄公　郑文公文公子。　宋子哀　郑子貜且师古曰："貜音居碧反。且音子余反。"　鲁公孙敖

陈共公缪公子。　鲁文公　周匡王班　齐君舍昭公子。　单伯

周顷王王臣　夏父不忌　宋昭公　胥申父　狐射姑师古曰："射音夜。"　鲁宣公

楚缪工商臣

宋方叔 嘉子。[22]　乐豫　董狐　令尹子文

公冉务人　卜楚丘　晋赵盾 衰子。　鉏麑　宋伯夏 叔子。[23]　（鬬伯比）穆王子。　楚严王

蔡文公 严公子。　单襄子　灵辄　祁弥明 师古曰："祁音上尸反。"　郑子良　士贞子

鲁叔孙得臣　秦共公 康公子。　晋成公黑臀 灵公弟。　秦桓公 共公子。　卫穆公速

周定王榆

邴歜 师古曰："歜音触。"　阎职　晋赵穿　郑灵公

齐懿公商人　晋灵公夷皋 襄公子。　陈灵公 共公子。

楚蒍贾　申叔时　孙叔敖

王孙满　箴尹克黄　魏颗 师古曰："颗音口果反。"　五参　陈应　申公申培 师古曰："培音陪。"

泄冶　孔达　王子伯廖 师古曰："廖音聊。"　晋解阳　荀尹　箕郑　公子雍

逢大夫　王札子　鲁公子归生　申舟　齐惠公 懿公弟。　陈成公 灵公子。

宋文公鲍 昭公弟。　翟丰舒　召伯 师古曰："召读曰邵。"　毛伯　少师庆　士亹　郑襄公坚 灵公子。

公子归生　子公　晋（失）〔先〕[24]縠　楚子越

夏姬　孔宁　仪行父

乐伯　优孟　郑公子弃疾　子反　逢丑父　宾媚人

秦景公 桓公子。

楚郏公

钟仪

楚共王 严王子。

晋郤克

辟司徒妻 师古曰："辟读曰壁。"

燕宣公 二十世。

曹宣公庐 文公子。

吴寿梦 中雍后，十五世。师古曰："梦音莫风反。"

郑悼公 襄公子。

卫缪公 成公子。

周简王夷 定王子。

鲁成公 宣公子。

齐顷公 惠公子。

卫定公 缪公子。

穀阳竖

曹郗时
师古曰："即曹欣时也。郗音许其反。"

范文子
士燮。

臧宣叔

韩献子厥

程婴

羊舌

荀蓥

郑贾人

伯宗

伯宗妻

秦医缓

桑田巫

吕相

郄至

申公巫臣

王孙阅

燕昭公
二十一世。

赵朔
盾子。

郄犨

郄锜
师古曰："锜音螘。"

卫孙良夫

中叔于奚

宋共公瑕
文公子。

晋景公
成公子。

宋平公
成公子。

郑公子班

曹成公负刍
宣公弟。

屠颜贾
师古曰："即屠岸贾也。音工下反。"

宋荡子

晋厉公
景公子。

公孙杵臼	刘康公	单襄公	苗贲皇	叔婴齐	宋华元	孟献子	
	姚句耳 师古曰:"句音钩。"	吕锜	养由基	叔山舟	匡句须 师古曰:"句音其于反。"		
中行偃	胥童	栾书	羊鱼	鲍严子牵	向于	郑成公纶 师古曰:"纶音工顽反,左传作睔,音工顿反。"	
叔孙侨如	公子偃	长鱼矫			羊斟		
					宋鱼石		

乐正求	牧中	晋悼公周		郑唐	楚工尹襄	祁奚	羊舌职	魏绛
鲍国	晋解狐	祁午	韩亡忌	铜鞮伯华		鲁匠庆	卫柳壮师古曰："壮读曰庄。"	
燕武公二十二世。		郑廖	杨干	子服佗	叔梁纥师古曰："纥音下结反。"	秦堇父	狄斯弥	
				灵王泄心简王子。	鲁襄公			
庆克	国佐			楚公子申	公子壬夫	郑釐公成公子。		

张老　籍偃　汝齐　宋子罕　(白)〔向〕[25]戌　范宣子士匄。　晋邢蒯　齐殖绰

吴诸樊　齐晏桓子　楚子囊　郑师慧　卫大叔仪　公子鱄

士鞅　尹公佗　庾公差　公孙丁　无终子嘉父　姜戎驹支

齐灵公环 顷公子。

卫献公衎 定公子。

卫殇公焱 献公弟。师古曰："春秋焱作剽。"

子驷　孙蒯　朱庶其　郑尉止　卫甯喜

程郑　西鉏吾

范武子 师古曰：“据今春秋说范武子即士会也，而此重见，岂别人乎？未详其说。”

鲁季文子　乐王鲋

郑游眅 师古曰：“眅音普板反。”　齐杞梁　殖妻　华州 师古曰：“即华周。”　祝佗父 师古曰：“佗音徒何反。”　申蒯

曹武公胜 成公子。　郑简公嘉 釐公子。　晋阳（罕）〔毕〕[26]　行人子员 师古曰：“员音云。”　子朱

楚令尹子南　观起 师古曰：“观音工唤反。”　燕文公 二十三世。　鲁国归父　郑公孙夏　燕懿公 二十四世。

孙文子 林父。　福阳子 妘姓。师古曰：“即偪阳也。妘音云。”　楚屈建　鲁臧坚　宋华臣　晋叔鱼

巢牛臣

晋叔向 向母 师古曰："向读曰嚮。" 蘧伯玉 吴季札 郑子产 晏平仲

楚申叔豫 齐大史三人 南史氏 陈文子 卞严子 臧文仲

陈不占 士鞅 卫右宰 縠臣 厚成子 卫公子荆 绛老人 史赵 士文伯

楚湫举 师古曰："即椒举。" 薳奄 赵武 朔子。 醦蔑 师古曰："醦音子公反。" 郑子皮

楚康王 共王子。 晋亥唐 秦医和

齐崔杼 庆封 庆嗣 吴遏 寿梦子。 晋平公彪 悼公子。 齐陈桓子 卫襄公恶 献公子。

宋伊戾 吴馀祭 师古曰："祭音侧介反。" 景王贵 灵王子。 鲁昭公稠 师古曰："稠音直流反。"

齐严公光 灵公子。 楚夹敖 康王子。

仲尼

太子晋　左丘明　颜渊　闵子骞　冉伯牛

宰我　子贡　冉有　季路　子游　子夏

郑卑湛　师古曰："卑音脾。湛音谌。"

行人子羽　冯简子　子大叔　卫北宫文子

刘定公

晋船人固来　师古曰："即固乘也。"

舟人清涓　鲁谢息　郑定公　简公子。

曹平公　武公子。

陈惠公　哀公孙。

郑孔张

晋昭公夷　平公子。

燕惠公　二十五世。

陈公子招　周儋桓伯　鲁南蒯　莒子庚舆

蔡景侯　蔡灵侯　陈哀公弱　成公子。

吴馀眛　馀祭弟。师古曰："眛音秣。"

宋寺人

仲弓						
曾子	子张	曾皙	子贱	南容 师古曰:"南宫縚也,字子容。"	公冶长	公西华
鲁叔孙豹	狐丘子林	晋赵文子	孟釐子	孟懿子	南宫敬叔 师古曰:"南宫适。"	
公孙楚	公孙黑	韩宣子厥	鲁叔孙昭子	楚薳罢 师古曰:"罢读曰疲。"	吴厥由 师古曰:"即蹶由。"	
燕悼公 二十六世。	薳启疆	申子亹	左史倚相	申亡宇	申亥 亡宇子。	晋籍谈
周原伯鲁						
晋顷公 昭公子。	宋元公佐 平公子。	蔡平侯 景侯子。	樊顷子	司徒醜	子鼌	宾猛 师古曰:"即宾孟也。"
柳	鲁竖牛	楚灵王围	晋邢侯	雍子	楚公子比	观从 师古曰:"观音工唤反。"

有若	漆彫启	澹台灭明 师古曰："澹音大甘反。"	樊迟	巫马期	司马牛	子羔	
郯子	老子	南荣畴 师古曰："即南荣趎也。趎音直俱反。"				公伯寮	
卫史鼂	师旷	屠蒯	子服惠伯	晋荀吴	裨灶	里析	
子鉏商	周史大豖	蜎子 师古曰："蜎音一兖反。"			孝成子	齐虞人	
		〔齐景公杵臼严公弟。〕[27]					
	蔡悼侯 灵侯孙。	梁丘据		曹桓公 平公子。		南宫极	顿子
周悼王猛 景王子。						敬王丏 景王子，悼王兄。	

原宪 颜路 商瞿 季次 公良 颜刻

师古曰："瞿音劬。"

公肩子 子石 隰成子 琴牢

梓慎 申须 林既 北郭骚 逄於何 司马穰苴

师古曰："穰音人羊反。苴音子余反。"

越石父 栢常骞 燕子干 魏献子 司马弥牟

绛孙。

裔款 许男 燕共公

二十七世。

胡子髡 沈子逞 陈夏齧 鲁季平子 宋乐大心 季公鸟

楚平王弃疾 费亡极 曹声公

灵王弟。 悼公弟。

楚伍奢　伍尚　鲁师己　子家羁

司马笃　魏戊　智徐吾　孟丙　成鱄 师古曰：“音上兖反。”　阎没　汝宽

楚太子建　燕平公 二十八世。　专诸　秦哀公 景公子。

公叔务人　寺人僚柤 师古曰：“柤音侧加反。”　臧昭伯　厚昭伯 师古曰：“即郈昭伯也。”　吴王阖庐

吴僚 馀昧子。师古曰：“僚音聊。”　曹隐公通 平公弟。　吴夫概 师古曰：“夫音扶。概音工代反。”

楚子西　公子闾　伍子胥　江上丈人　史鱼　公叔文子

吴孙武　申包胥　蔡墨　楚史皇　王孙由于　鑢金 师古曰："鑢音虑。"

楚司马子期　沈尹戌　卫彪傒 师古曰："傒音奚。"　苌弘　员公辛 师古曰："员读曰郧。"

楚昭王 平王子。　钟建　郑献公虿 定公子。　宋景公兜栾 元公子。

楚郄宛　越王允常 夏少康后。　鬭且 师古曰："且音子余反。"　鲁定公

徐子章禹　卫灵公元 襄公子。　南子　蒯聩 师古曰："蒯音五怪反。"

中叔圉	祝佗 师古曰："佗音徒何反。"	王孙贾		公父文伯母		卫公子逞
屠羊说 师古曰："说读曰悦。"		莫敖大心	蒙縠		陈逢滑	司马狗 师古曰："卫宣公臣也。见鲁连子。"
	王孙章	楚石奢	刘文公卷 师古曰："卷音其专反。"			季康子
	宋中幾	齐高张		荣驾鹅 师古曰："驾音加。"		〔秦惠公哀公孙。〕[28]
宋昭公	郳严公	夷射姑 师古曰："射音夜。"		楚囊瓦	唐成公	蔡昭侯 悼侯弟。
宋朝	弥子瑕	雍渠 黎且子。 师古曰："且音子余反。"				季桓子

观射父 师古曰："观音工唤反。"

颜雠由　大夫选　陈司城贞子　颜烛雏 师古曰："即颜涿聚子也。"　邮亡恤

公父文伯　东野毕

郑声公胜 献公子。

晋定公 顷公子。　陈怀公 惠公子。　滕悼公　许幼　莒郊公

曹靖公路 声公子。　范吉射 师古曰："射音食亦反。"

鸣犊 窦犨 越句践 大夫种

允常子。

师古曰："句音钩。"

王良 柏乐 阳城胥渠 扁鹊 董安于 田饶

周舍 田果 行人烛过 燕简公 严先生

二十九世。

师古曰："即杀陶朱公儿者也。"

赵简子 韩悼子 齐国夏 桑掩胥

武子孙。

宣子子。

邾悼公 顿子 胡子 薛襄子 小邾子

中行寅 杞隐公 杞釐公 曹伯阳

师古曰："行音户郎反。"

悼公子。

隐公子。

为宋所灭。

范蠡　叶公子高

后庸　诸稽到　苦成　皋如　计然

仇汜　荣声期 师古曰："即荣启期也。声或作启。"　楚芋尹文 师古曰："芋音于具反。"　隰斯弥　市南熊宜僚

秦悼公 惠公弟。　燕献公 三十世。　楚白公胜

鲁哀公　齐晏孺子 师古曰："即安孺子也。"　高昭子　楚惠王章 昭王子。

齐悼公阳生　鲍牧　田恒 陈乞子。　诸御鞅

公孙彊　田乞 完六世孙。　齐简公壬　子我

朱张

达巷党人

仪封人　长沮 师古曰："沮音子余反。"

大陆子方　严善　鲁太师　公明贾　陈亢 师古曰："音冈，又音抗。"

屈固　檀弓　公仪中子　皋鱼　颜亡父

申鸣　孔文子　太叔疾　陈辕颇　蔡成公 昭公子。

卫太叔遗　卫出公辄　浑良夫 师古曰："浑音下昆反。"　孔悝　石气　狐黡 师古曰："即孟黡。"

子行

少连

桀溺　丈人　何蒉 师古曰："蒉音匮。"　楚狂接舆

子服景伯　林放　陈司败　陈子禽　阳膚

颜噲伦　颜夷　陈弃疾　工尹商阳

齐平公惊 简公子。　厥党童子 师古曰："即阙党童子也。"　革子（戚）〔成〕[29] 师古曰："即棘（字）〔子〕成也。"　周元王赤 敬王子。

卫简公蒯聩　原壤　叔孙武叔　卫公孙朝　尾生晦 师古曰："即微生亩也。晦，古亩字。"

卫侯起　石国　阳虎

孟之反			大连		颜丁		颜柳
师襄子			师己	宾牟贾	公肩瑕 师古曰："即公肩假也。"		
尾生高 师古曰："即微生高也。"		申枨	师冕 师古曰："即师免。"	郑戴胜之	南郭惠子		姑布子卿
齐禽敖 师古曰："即黔敖也。"		饿者	陈子亢		陈尊己		
	晋出公 定公子。			公之鱼			宋桓魋
	互乡童子		茀肸 师古曰："即佛肸也。茀音弼。"			公山不狃 师古曰："即公山不扰也。音人九反。"	
				陈愍公 为楚所灭。			

周丰　采桑羽　乐正子春　石雔　子服子

卫视夷　师古曰："即式夷也。见吕氏春秋。"　史留　豫让　青荓子　师古曰："荓音步丁反。"　赵襄子　简子子。　知过　师古曰："即知果。"

宋子韦　公输般　离朱　陈太宰喜　吴行人仪　郑鄸魁象　师古曰："郑人所俘也。鄸音隽。魁，口贿反。象音累。"

秦厉共公　悼公子。　郑共公丑　哀公弟。　晋定公　昭公子。

匡人　贞定王　元王子。　晋哀公忌　智伯

杞愍公　鳌公子。　杞鳌公　师古曰："此不当言鳌公，字误也。"　郑哀公易　声公子。　蔡声侯产　成侯子。

吴王夫差　太宰嚭

惠子　公房皮

鲍焦　墨翟　禽屈釐 师古曰："即禽滑釐者是也。屈音其勿反，又音丘勿反。"　我子　田俅子 师古曰："俅音求。"

燕考公桓 三十一世。　魏桓子 献子曾孙。　韩康子 贞子子。　高赫　原过　任章

田襄子 悼子子。　鲁悼公 出公子。

齐宣公 平公子。　蔡元侯 声侯子。　卫悼公 出公叔子。　卫敬公 悼公子。

蔡侯齐 为楚所灭。　杞简公春 为楚所灭。　思王叔袭 定王子。　周考哲王嵬 思王弟。

段干木 田子方 甯越 太史屠黍

随巢子 胡非子 魏文侯
桓子孙。 李克 魏成子

中山武公
周桓公子。 韩武子
康子子。 公季成 司马庚 司马喜

燕成公
三十二世。 秦躁公
厉公子。
师古曰："躁音千到反。" 赵献侯
襄子兄孙。 赵桓子
襄子弟。

西周桓公
考王弟。 鲁元公
悼公子。 周威公
桓公子。 东周惠公
威公子。

秦怀公
躁公子。 卫怀公
敬公弟。 周威烈王
考王子。 郑幽公
共公子。

翟黄　任座 师古曰："座音才戈反。"　李悝 师古曰："悝音口回反。"　赵仓堂　屈侯鲋

躬吾君　牛畜　荀䜣　徐越

司马期　赵公中达　田大公和　秦简公 厉公子。

楚简王 惠王子。　燕愍公 三十三世。　乐阳 师古曰："即乐羊也。"　赵烈侯 献侯子。

秦灵公 怀公孙。　卫慎公[30] 敬公子。

宋昭公 景公子。　晋幽公 懿公子。　楚声王 简王子。

子思

西门豹　公仪休　泄柳　申详

鲁穆公 元公子。　费惠公 师古曰："费音秘。"　颜敢　王慎　长息　公明高

韩景侯虔 武侯子。　孙子　南宫边　列子

燕釐公 三十四世。　秦惠公 简公子。　赵武公 列侯弟。　韩烈侯 景侯子。

晋列侯 幽公子。　宋悼公 昭公子。　楚悼王 声王子。

元安王骄 威烈王子。　郑缭公骀 师古曰："缭音聊。骀音台。"

郑相驷子阳　齐康公 为田氏所灭。

孟子

严仲子　聂政　聂政姊　孟胜　徐弱　白圭　邹忌　孙膑 师古曰："膑音频忍反。"

魏武侯 文侯子。　阳成君　大监突　徐子　齐威王 田桓侯子。

吴起　韩文侯　赵敬侯 烈侯子。　魏惠王 武王子。　齐桓侯 和侯子。　赵成侯 敬侯子。

韩相侠絫　宋休公 悼公子。　晋孝公 列公子。　秦出公 惠公子。　楚肃王 悼王子。　韩懿侯 哀侯子。

韩哀侯 文侯子。

郑康公乙 为韩所灭。　晋靖公任伯 为韩魏所灭。

赵良

田忌 太史儋 商鞅 申子

章子 大成午 甘龙

燕桓公三十五世。 秦献公灵公子。 赵肃侯成侯子。 秦孝公献公子。 韩昭侯懿侯子。

鲁共公缪公子。 庞涓师古曰："涓音工玄反。" 宋辟公休公子。 卫声公慎公子。 楚唐蔑

周夷烈王喜元安王子。

屈宜咎　释椒　（郑）〔鄭〕[31]敖子华　史举

杜挚　子桑子　被雍　昭奚恤　江乙　沈尹华　冯赫

燕文公 桓公子，三十六世。　安陵缠 师古曰："缠即缠字也。"　苏秦　张仪　齐宣王辟彊 威王子。

卫成公 声公子。　楚宣王 肃王子。　鲁康公

周显圣王扁 夷烈王子。师古曰："扁音篇。"　宋剔成君 辟公子。　严蹻 师古曰："蹻音居略反。"

闾丘光							闾丘印	颜歜 师古曰："歜音触。"
淳于髡	昆辩 师古曰："齐人也，靖郭君所善，见战国策。而吕览作剧貌辩。"		司马错	犀首	公中用	史起		荡疑 师古曰："即薄疑也。"
	靖郭君	于陵中子	秦惠王 孝王子。		魏襄王 惠王子。			韩宣王 昭王子。
鲁景公 康公子。		唐尚	楚威王		卫平公 成公子。			卫嗣君 平公子。
							慎靓王 〔显王子。〕[32]	

屈原

昭廷

王升　尹文子　番君　唐易子　如耳　西周武公　陈轸　占尹

魏哀王 襄王子。　韩襄王 宣王子。　苏代　苏厉　宋遗

燕易王 三十七世。　周昭文君　赧王延 慎靓王子。　马犯　周景　令尹子椒

鲁平公 景公子。　燕王哙 三十八世。　子之　楚怀王 威王子。　靳尚

越王无疆 句践十世。为楚所灭。

夫人郑袖

渔父　肥义

樗里子 师古曰："樗音丑於反。"　甘茂

应竖　秦武王 惠王子。　任鄙　公羊子　榖梁子　万章　告子　薛居州

上官大夫　乌获　轧子　翠子 师古曰："聚字也。"　沈子 师古曰："鲁人也。善春秋。"　北宫子　鲁子　公扈子

子兰　孟说 师古曰："说读曰悦。"　戚子　根牟子　申子　慎子　严周　惠施

魏昭王 哀王子。　鲁愍公 平公子。　楚顷襄王 怀王子。　卫怀君 嗣君子。

赵武灵王 肃侯子。　李兑　田不礼　代君章　齐愍王 宣王子。

滕文公

公孙丑

乐正子

高子

仲梁子

孔穿
子思玄孙。

王歜
师古曰："歜音触。"

燕昭王
三十九世，哙子。

尸子

捷子

邹衍

田骈

惠盎

王孙贾

宋玉

严辛

范雎

苏不释

公孙龙

魏公子牟

狐爰
师古曰："即狐咺也，齐人。见战国策。"

唐勒

景瑳
师古曰："瑳音子何反，即景差也。"

齐襄王
愍王子。

燕惠王
四十世，昭王子。

淖齿
师古曰："淖音女教反，字或作卓。"

骑劫

宋君偃
为齐所灭。

鲁仲连

乐毅　廉颇　虞卿

郭隗　白起　田单　赵奢　缩高　公孙弘 师古曰：“齐人也，孟尝君所使。见战国策。”　侯嬴

叶阳君　泾阳君　安陆君　唐雎　孟尝君　魏公子　朱亥

秦昭襄王 武王弟。　穰侯　赵惠文王 武灵王弟。　陈筮　雍门周　范座 师古曰：“座音才戈反。”　左师触龙

韩釐王 襄王子。　魏安釐王 昭王子。　燕武成王 惠王子。　赵孝成王 惠文王子。

赵括　韩王安 为秦所灭。

蔺相如　孙卿

朱英　王翦

平原君　毛遂　蒙恬

春申君

秦孝文王
昭襄王子。

华阳夫人

秦严襄王
文王子。

吕不韦

庞煖
师古曰：“煖音许元反，又音许远反。”

楚考烈王
顷襄王子。

韩桓惠王
釐王子。

卫元君
怀君弟。

燕孝王
四十二世，武成王子。

李园

鲁顷公
为楚所灭。

魏景湣王
安釐王子。

赵悼襄王
孝成王子。

赵王迁
为秦所灭。

楚幽王
考烈王子。

燕栗腹

剧辛

楚王负刍
为秦所灭。

燕王喜
为秦所灭。

孔襄 孔鲋弟子。
韩非　燕将渠　乐閒　高渐离
淳于越　李牧　燕太子丹　鞠武 师古曰："鞠音居六反。"　荆轲　樊於期　孔鲋 孔穿孙。
秦始皇　李斯　秦武阳　项梁　秦子婴　项羽　陈胜　吴广
卫君角 为秦所灭。　董翳　司马欣
代王嘉 为秦所灭。　秦二世胡亥
魏王假 为秦所灭。　齐王建 为秦所灭。　赵高　阎乐

【校勘记】

〔1〕“九黎”二字据景祐、殿本补。

〔2〕景祐本“戮”作“飂”。齐召南说作“戮”刊本之误。

〔3〕“帝尧”二字据景祐、殿本补。

〔4〕景祐本“娇”作“莽”。

〔5〕景祐、殿、局本“支”都作“友”。局本“宇”作“宇”。

〔6〕王先谦说次“中”字当作“仲”。按景祐、局本都作“仲”。

〔7〕钱大昭说南监本、闽本有“杼子”二字。按景祐、殿本都有。

〔8〕“太”字据景祐、殿本补。

〔9〕景祐、殿本“来”下有“朝”字。王先谦说有“朝”字是。

〔10〕景祐殿本“建”作“斿”。杨树达说据钱大昭校闽本亦作“斿”，“建”字以形近而误。下六格同。

〔11〕宋弗父何本在上上格，钱大昭说南监本、闽本在上下。王先谦说殿本在上下，此误。按景祐本亦在上下。

〔12〕王先谦说“厉”当作“献”。按景祐本正作“献”。

〔13〕“子”字据景祐、殿、局本补。

〔14〕王先谦说“幽”下脱“公”字。按局本有。

〔15〕王先谦说“幽”下脱“伯”字。按局本有。

〔16〕景祐、局本“于”作“千”。

〔17〕“宋正考父”据局本补。殿本作“宋考正父”。景祐本无。

〔18〕“桓公弟”三字据景祐、殿本补。

〔19〕钱大昭说南监本、闽本“驻”作“骓”。按景祐、殿、局本都作“骓”。

〔20〕景祐、殿本都作“完”。王先谦说作“完”是。

〔21〕钱大昭说“叔”当作“射”。按景祐、殿本都作“射”。

〔22〕“嘉子”本作大字，误，据局本改小。

〔23〕“叔子”本作大字，误，据局本改小。钱大昕说鬭伯比已见前

五等。

〔24〕 钱大昭说“失”当作“先”。按景祐、殿、局本都作“先”。

〔25〕 钱大昭说“白”当作“向”。按景祐、殿、局本都作“向”。

〔26〕 梁玉绳说各本“晋阳罕”三字误分为二。“罕”乃“毕”之讹。阳毕，晋大夫，见晋语。

〔27〕 “齐景公杵臼严公弟”八字据景祐、殿本补。

〔28〕 “秦惠公哀公孙”六字据景祐、殿本补。

〔29〕 景祐、殿、局本“戚”都作“成”，“字”都作“子”。

〔30〕 卫慎公原在八等，据景祐、殿本移上。

〔31〕 景祐、殿本“郑”都作“鄭”。

〔32〕 “显王子”三字据景祐本补。